钩沉历史资料

荟萃传统英华

载道启智化人

续写锦绣未来

《菏泽历史文化丛书》之八

宋江起义的长歌流韵

——菏泽水浒文化

张　宇　编著

中国文史出版社
CHINA CULTURAL AND HISTORICAL PRESS

图书在版编目（CIP）数据

宋江起义的长歌流韵：菏泽水浒文化 / 张宇编著. --
北京：中国文史出版社，2024.4
（菏泽历史文化丛书 / 韩广洁主编. 第三辑）
ISBN 978-7-5205-4657-7

Ⅰ. ①宋… Ⅱ. ①张… Ⅲ. ①《水浒》研究②文化史—
研究—菏泽 Ⅳ. ① I207.412 ② K295.23

中国国家版本馆 CIP 数据核字（2024）第 080973 号

责任编辑：胡福星

出版发行：中国文史出版社
社　　址：北京市海淀区西八里庄路 69 号　邮编：100142
电　　话：010-81136606　81136602　81136642（发行部）
传　　真：010-81136655
印　　装：菏泽英华彩印有限公司
经　　销：全国新华书店
开　　本：787 × 1092　1/16
印　　张：24
字　　数：320 千字
版　　次：2024 年 12 月北京第 1 版
印　　次：2024 年 12 月北京第 1 次印刷
定　　价：1080.00 元（全 6 册）

《菏泽历史文化丛书》编委会

《菏泽历史文化丛书》编纂部

宋江画像

郓城水浒好汉城忠义楼

郓城水浒好汉城城门

宋江武校大门

宋江塑像

郓城黄泥岗

郓城宋江故里碑

郓城宋江湖

水泊梁山

梁山黑风口

梁山寨

东平湖聚义岛

东平湖影视城

阳谷“景阳冈”石碑

“景阳冈”大门

阳谷狮子楼

高唐柴进府

高唐李逵井

莘县十字坡

目　录

序

历史是城市的记忆，文化是城市的灵魂。菏泽市中华文化促进会策划并组织编纂的《菏泽历史文化丛书》全部付梓，标志着这项历时十一年、填补菏泽文化通史空白的宏大工程圆满收官。这是菏泽文化强市建设的一件盛世喜事，对于挖掘、传承和弘扬菏泽优秀历史文化具有重要意义。

菏泽历史悠久、人文厚重，传说乃伏羲之桑梓、尧舜之故里，先为商汤之京畿，继属曹国之疆土，是中华文明的重要发祥地之一。翻阅历史长卷，步入文化长廊，这片古老美丽的土地孕育了绵延千年的灿烂文化，滋养了灿若星河的名人巨匠，曾数度成为中原地区重要的政治、经济、文化中心。远古至夏商时期，传说中的“三皇五帝”在此留下足迹，伏羲授渔猎、造八卦，帝尧制历法、兴禅让，虞舜耕历山、陶河滨，带领先民族群繁衍生息，开启华夏文明之源。西周至战国时期，菏泽人文荟萃、百家争鸣，齐鲁、荆楚、吴越、中原文化在此交汇融合，涌现出一批著名的思想家、文学家、军事家，被《史记》誉为“天下之中”。秦之后的两千多年封建社会时期，菏泽虽饱经沧桑、几经沉浮，但深厚的历史文脉赓续不辍，孕育了象征繁荣昌盛、幸福和平的牡丹文化，蕴含忠孝仁义、重信守诺的水浒文化，体现风俗人情、先民智慧的非遗文化，奠定了菏泽“一都四乡”的文化根基。近现代，作为冀鲁豫边区的首府，这里发生过彪炳史册的红三村保卫战，见证了刘邓大军强渡黄河的战略转折，更诞生了数不尽的仁人志士，用满腔热血和赤胆忠心浇灌出生生不息的“菏泽红”。

习近平总书记指出，修史立典，存史启智，以文化人，这是中华民族延续几千年的一个传统。《菏泽历史文化丛书》坚持以史为据、依史寻源，集中展现了菏泽历史概貌和文化辉煌时期，系统介绍了菏泽的贤哲志士、民俗风物、非遗艺文、战争史话和“一都四乡”等内容。这套丛书共十四卷十六册800余万字，文风朴实、秉笔直书，采撷英华、荟萃众美，钩沉历史、通贯古今，是一部全面反映菏泽历史文化的资料性文献。细细品读，定会深切感受到菏泽历史文化的厚重与璀璨、曹州大地的苍茫与崇高、先贤圣哲的智勇和才情、风土人文的深邃与隽美……历史是最好的教科书，只有铭记历史，才能深刻了解过去、全面把握现在、正确创造未来。我们要以高度的文化自信，深入挖掘菏泽历史文化，坚持创造性转化、创新性发展，古为今用、推陈出新，让历史文脉融入现代生活，让文化基因代代相传。

回眸来时路，菏泽市委、市政府始终牢记习近平总书记“后来居上”的殷切嘱托，全面贯彻落实党中央决策部署和省委工作要求，坚定不移推动高质量发展，经济总量、财政收入分别突破4000亿元、300亿元大关，均跃居全省第8位，实现了由“全省垫底”到“跻身中游”的历史性跨越。展望前行路，菏泽已站在新的历史起点上，全市广大党员干部群众要坚持以习近平新时代中国特色社会主义思想为指引，用好《菏泽历史文化丛书》，学史明理、以文铸魂，从历史经验中获得启迪，从文化传承中凝聚力量，从先贤实践中汲取智慧，全力加快突破菏泽、后来居上步伐，奋力谱写无愧于先贤、无愧于时代、无愧于后世的辉煌新篇！

是为序。

中共菏泽市委书记 张伦

菏泽市人民政府市长 李春英

二〇二三年十二月

引 言

菏泽市中华文化促进会策划并组织编纂《菏泽历史文化丛书》，始于2013年。菏泽市委、市政府对这套丛书的编纂高度重视，给予了有力支持。本市十几名专家、学者在编纂中付出了辛苦劳动和不懈努力。现在，这套丛书已陆续付梓。该丛书是菏泽历史文化的百科全书，堪为菏泽文化建设的一项重要工程。

菏泽历史悠久，文化底蕴丰厚。

远古至夏商时期，菏泽为中华民族的重要发祥地之一。历史文献、远古遗存显示，这里是华族、夏族和东夷族群社会与文化的交融之地，各部族首领和远古先贤们或诞生于此，或创业于此，开启了广阔深厚的远古文明。

两周时期，这里河网纵横，交通便利，人口繁盛，经济发达，为齐鲁文化、荆楚文化和吴越文化的交汇之地，被称为“天下之中”，曾孕育了影响深远的兵家文化、道家文化和儒商文化。

秦代之后的两千多年封建社会中，菏泽虽饱受黄河水患和战争离乱之祸，几经兴衰变迁，但深厚的文化传统仍脉延长续，历代名家贤达辈出，文化成就彰明昭著。

至近现代，菏泽作为民主思想的较早传播地和一方革命老区，民主运动和武装斗争风起云涌，薪火相传，以鲁西南战役为代表的革命战争文化永载史册。

在漫长的历史发展进程中，菏泽还孕育了灿烂的文化艺术，以牡丹、戏曲、书画、武术、民间艺术为主的特色文化，以诗歌、文赋、风物、民俗为基础的地域文化等，在中华民族的艺术百花园中大放异彩、耀眼夺目。

以上表明，菏泽在齐鲁和华夏文明的史册中，书写了一页页光辉灿烂、源远流长的历史篇章。

基于以上人文背景，我们经过广泛征集和挖掘资料、史料，精心打造了这套《菏泽历史文化丛书》，使之为继承弘扬中华民族的优秀传统文化，为建设美好、文明、富裕的菏泽服务。

《菏泽历史文化丛书》，是奉献给菏泽人民的精神食粮。这套丛书计 14 卷 16 册，分三辑先后编纂出版。丛书涵盖的主要内容为：菏泽史上四大文化辉煌时期、菏泽非物质文化遗产、菏泽历史名人、菏泽历代科举登科录、菏泽“一都（牡丹之都）四乡（戏曲书画武术等）”、菏泽水浒文化、菏泽艺文、菏泽风物、菏泽民俗和商周时期的菏泽杰出人物伊尹、范蠡、庄子、孙膑等。这套丛书的最大特点，一是时间跨度长，从远古至近现代，悠悠五千余年；二是史实涵盖面广，既包括古今重大文化活动、历史事件和名人志士，又包括个性鲜明的地方特色文化，充分展示了菏泽悠久的历史和丰厚的文化底蕴。《菏泽历史文化丛书》宏富博大，出版这套丛书具有重要的现实意义和深远的历史意义。

首先，丛书给人们提供了一份宝贵的文化遗产和精美的爱国主义教材。丛书从纵向和横向多层面、多角度，比较系统完整地记述了菏泽的历史、文化。横观世事知风雨，纵览史实知兴衰。丛书对于我们进一步了解菏泽，以史为鉴，增强自豪感，树立民族自尊心，陶冶热爱家乡、建设家乡的志向和情操，无疑是十分有益的。丛书各卷中许多史料、图片鲜为人知，是经过广泛走访民间，接触各种线索，查阅多种典籍，或与大专院校、研究机构的专家学者交谈、切磋而获得的。书中相当多的史实、成果是挖掘抢救出来的，弥足珍贵。若不是经过这次大规模收集整理和撰写，丢失难以避免，会留下无尽遗憾和不可挽回的损失。可以说，此套丛书的出版，在菏泽历史文化传承中作用极大。随着时间的推移和岁月的流逝，丛书的价值和重要性将会更加凸显。

其次，丛书有助于提高菏泽人民的人文素质、文化品位，因而对菏泽的文化、社会、经济发展都是十分有益的。文化是灵魂，文化是打开人们心扉、打开社会封闭之门的钥匙。这套丛书会让人们增长历史知识和历史智慧，明确文化与社会、经济的互动作用，自觉加快文化建设的步伐；随着文化品位的提升，文化翅膀将会使菏泽飞得更高、更远，让外部世界更多、更快地了解菏泽、认识菏泽，进而助推菏泽的突破、跨越。

对《菏泽历史文化丛书》的编纂，市有关部门和袁焕勇、冯林、陈一东等同志给予了鼎力相助，我们表示衷心的感谢。

历史是凝固的现实，现实是流动的历史，文化则是历史和现实的折射与升华。菏泽的历史文化、特色文化、革命文化底蕴丰厚、博大精深。在本书编写过程中，我们力求实现科学性、知识性与趣味性的统一，尽量做到图文并茂、雅俗共赏。但是，由于年代久远、资料欠缺，加之我们学识所限，在事件和人物选录、内容取舍、文字表述、图片配置，甚至史实等方面，都可能产生错讹或不妥之处，恳请社会各界有识之士批评指正。

菏泽市中华文化促进会主席　**韩广洁**

二〇二三年十二月

前 言

特色独具、亮点突显的水浒文化，是鲁西南，特别是菏泽市郓城一带历史文化的重要组成部分，也是中华历史文化的瑰宝，千百年来在社会前进中产生了积极的作用和深远的影响。

水浒文化的形成，基于北宋末期宋江起义的史实，源于宋江起义传说故事、相关戏曲、古典小说《水浒传》的广泛流传。特别是《水浒传》作为一部描写北宋末期农民起义的文学名著，犹如一幅波澜壮阔的历史画卷，在展现宋代政治文化、市井风情、社会面貌中，塑造了一批侠肝义胆、敢抱打天下不平、英勇威武、质朴豪爽的英雄好汉形象，极大地引发了后世的由衷赞叹和景仰，以至逐渐孕育为一种特色独具、亮点突显的文化现象，并浸润到人们生产、生活的各个方面。

菏泽市郓城一带，是水浒文化的发源地，同时也是水浒文化体现最为集中的区域。其一，北宋末期的宋江起义，起义领导人宋江是今郓城县人。在鲁西南民间，更广泛流传有“水浒一百单八将，七十二名在郓城”之说。这充分说明，宋江起义队伍的主体人员是郓城一带的人。其二，郓城一带广泛流传有许多脍炙人口的水浒传说故事，如宋江享誉及时雨、吴用学馆救难女、三阮大闹寿张城、时迁仗义惩贪官等。据郓城有关人士搜集整理，水浒传说故事达近百篇之多。其三，《水浒传》中大量的地理名称与今郓城一带紧密关联，现境内仍存有一些水浒遗迹遗址，如宋江河、宋江故里宋家村、宋江杀惜的乌龙院、宋江躲藏追敌的玄女庙等。郓城周边县域，也有着如景阳冈、狮子楼、十字坡、李逵井等水浒遗迹遗址。其四，受《水浒传》、相关戏曲、水浒传说故事的熏染，郓城一带形成了不屈抗争、忠义刚烈、质朴豪爽、讲情重义的民风习俗，水浒精神在很大程度上影响了当地人民品格的塑造和形成。其五，郓城一带人民群众有着非常浓郁深厚的水浒情结，大家说水浒，爱水浒，以身居水浒之乡为自豪，继承弘扬水浒文化的历史传统源远流长。

故此，进一步研究水浒文化，弘扬水浒文化，就成为今天我们继承菏泽优秀文化传统、增强民族文化自信、树立社会主义核心价值观的一项重要内容。

一、水浒文化的定义

我们研究水浒文化，弘扬水浒文化，首先要明确水浒文化的含义。就是说，要弄清什么是水浒文化，它的定义是什么。只有把这个问题搞清弄准了，在研究和弘扬时才会方向正确，不陷入误区。

所谓水浒文化，我们认为，第一，它基于北宋末期宋江起义的史实；第二，它源于宋江起义传说故事、相关戏曲、《水浒传》小说广泛而深远的影响；第三，它有着宋江起义传说故事、相关戏曲、《水浒传》中不屈抗争、侠肝义胆、英勇威武、质朴豪爽等方面的主要精神和思想内涵；第四，以上三点因素的潜移默化，逐渐形成了浸蕴于人民生产生活各个方面、引起重视探讨的一种文化现象。这种现象，当代人们在研究探讨时，把它特指，就称之为水浒文化。

用上述水浒文化的定义，来纵观当今水浒文化研讨的现状，我们会发现，突出存在着两种关于水浒文化定义上的误区。

一是把水浒文化狭义化、片面化。这种观点认为，水浒文化，其实就是《水浒传》文化，是源于古典名著《水浒传》的巨大影响，才呈现了中华历史文化进程中的一个亮点，被人们称为水浒文化。没有小说《水浒传》，可以说就没有水浒文化。所以，他们在研究探讨水浒文化时，把眼光和精力都放在了《水浒传》这部小说上，各种水浒文化的研讨活动，也都成了《水浒传》小说的研讨专场（见李艳丽主编《水浒文化概论》第 3 页，山东人民出版社 2011 年出版）。我们认为，这种观点的不妥在于，《水浒传》成书的时间是元末明初，在这之前，宋江起义的水浒传说故事已经在流行。南宋的《大宋宣和遗事》讲史话本中，就记载了宋江起义的一些故事。元代盛行的杂剧，更有大量的水浒戏剧目上演。在《水浒传》成书之后，同样有一些区别于《水浒传》内容的水浒传说故事在继续流行。比如“水浒一百单八将，七十二名在郓城”的传说，其中所说的宋江起义将领“七十二名在郓城”，就与《水浒传》中的描写不同。此类的传说故事，当然可以认为是与《水浒传》并行相异的水浒文化。另外，还有大量的水浒诗歌、后续水浒小说陆续出现，毫无疑问，这也属于水浒文化的内容。

二是把水浒文化宽泛化、无限扩大化。另有些人认为，水浒文化的“水浒”二字，就是水泊岸边的意思。由此推论水浒文化应是以“水浒”地域为主要特征的地域历史文化，是水浒之乡（即郓城一带）“自文明史以来政治经济、民风民俗、人心向背等所有精神思想范畴的一种地域文化”，是“从古至今人们所创造的物质文化、行为文化以及精神文化等的总和”（见李艳丽主编《水浒文化概论》第 3、52 页，山东人民出版社 2011 年出版）。在这一观点的笔下，水浒文化完全等同水浒之乡（郓城一带）的古代历史文化和当代地域文化。从时间上，他们把水浒文化推到了两三千年以前的远古和先秦时期，说是“属于齐鲁文化，是鲁文化的一个子集”。从范围上，则把地域文化中大到社会政治、小到衣食住行的内容，均视为水浒文化的范畴，水浒故事也成了水浒之乡发生的所有古今故事。我们认为，这一观点的不妥在于，水浒文化仅仅是水浒之乡（郓城一带）古代历史文化和当代地域文化中的一个方面、一个亮点，当地历史文化和当代地域文化的内容可谓包罗万象、贯通古今，岂是水浒文化能够涵盖得了的？比如鲁西南一带长期奉行的耕读传家、勤劳致富的思想传统，显然就不能归于水浒文化的内容范畴。

二、水浒文化的内涵

水浒文化的思想内涵有哪些？其精神主旨是什么？目前学术界众说纷纭，无一定论。当然，水浒文化蕴含的思想内容很多，很难用十分简练的一句话来概括。但对它的思想核心和精神主旨，是应该简明扼要地搞清楚弄明白的，不可以模棱两可的。

我们认为，水浒文化的思想核心和精神主旨用四个字概括，就是“不屈抗争”。作为个人，面对社会邪恶见义勇为，抱打不平。作为群体，面对朝廷暴政揭竿而起，反抗斗争。假如用文学语言来形容，就是当代电视连续剧《水浒传》中《好汉歌》所说的“路见不平一声吼，该出手时就出手”。一些人称水浒文化为路见不平、出手相助的“好汉文化”，从某种意义上讲，这是很有道理、深得要义的。

围绕“不屈抗争”这一思想核心和精神主旨扩展开来，延伸出去，水浒文化的内涵还包括：义气为先，为朋友两肋插刀；朴实豪爽，坦诚待人而不拘小节；逞勇尚武，学成一身好武艺杀敌报国；等等。总之，水浒文化是一种相对区别于传统“文”文化的“武”文化，是主要靠武力向社会邪恶英勇斗争的文化。一谈论水浒文化，人们头脑里涌现的是血脉偾张、义薄云天、勇武刚强等的景象，而绝不是夜半苦读、谈经论道、吟诗作画的场面。民间人们常说“老不看《三国》，少不看《水浒》”，这也从一个方面说明，水浒文化的精神主旨和思想核心就是见义勇为、抱打不平、不屈反抗。

在近些年的学术界，对水浒文化以及《水浒传》思想核心和精神主旨的认识，盛行着一种“忠义思想说”。这一观点指出，《水浒传》描写宋江身在梁山心在朝廷，专待招安保国安民，最后带领起义队伍被朝廷招安，随即参加了征辽反侵略斗争，所以宋江等梁山头领都是既忠又义的英雄好汉形象。由此他们认为，虽然《水浒传》写的是反抗朝廷的农民起义，而要大力宣扬的东西，还是儒家文化中非常浓厚的忠义思想（见樊庆斌主编《水浒别传》序言首页，北京体育大学出版社 2017 年出版）。我们认为，首先，这是一种早就存在、有着某些道理、并非完全错误的学术观点。明代的思想家李贽在评点《水浒传》时就曾指出："独宋公明者，身居水浒之中，心在朝廷之上；一意招安，思图报国；卒至于犯大难，成大功，服毒自缢，虽死而不辞，实忠义之烈也。"故此他把《水浒传》的书名添上"忠义"二字，冠以《忠义水浒传》作序刊行。从书中的实际描写来看，宋江的情况确实如李贽说的那样，是一位十分典型的"忠义之人"，作者也确实在书中宣扬了儒家的忠义思想。其次，这终归是一种主次颠倒、认识片面的观点。关于忠义中的"义"，《水浒传》中存有大量充分的描写，自不待说。而对"忠"的描写，也即是对忠君报国的描写，比起大量的杀贪官斩污吏、赢童贯败高俅的"反叛朝廷"即"不忠"行为，无疑属于次要的内容。并且这种"忠"的次要内容，也仅仅局限于宋江一人身上（当然，一些朝廷投降将领也会持与宋江同样的想法，只是作者没有这方面的具体描写），是他一心要带领起义队伍走投降朝廷、忠君报国之路。而另外如鲁智深、武松、林冲、李逵等人，却是强烈反对，特别是鲁智深一针见血地指出，朝廷的黑暗就如同自己的僧衣染成黄色了，怎么洗也变不了白色的，招安不管用，走投降朝廷、忠君报国之路行不通。书中宋江最后招了安、为朝廷出了力，不但得不到重用反被奸臣毒害而死的悲惨结局，完全证明了鲁智深等人的见解正确，彻底宣告了宋江忠君报国之路的破产。

因此，说《水浒传》写了"忠"的内容，水浒文化中含蕴了儒家忠君报国的思想，固然不能说完全错误，但把"忠"说成是《水浒传》宣扬的居第一位的思想内容，列入水浒文化的思想核心和精神主旨，却是明显的主次不分、非常片面的欠妥之论。

三、水浒文化的地缘

水浒文化有没有地缘范围？对这个问题应该辩证地加以具体分析和解答。如果从其内容含义上说，绝对是没有地缘范围的。但如果从状态表现方面说，却是有着明显的地缘范围。

为了能比较通俗明了地说明这个问题，这里让我们拿牡丹文化来加以比喻。大家知道，牡丹是起源于中国大地、人们称誉为国花的花卉，牡丹文化无疑应该是全国性的文化，岂能有什么省市地缘范围可言？但从牡丹种植历史、种植规模、品种质量、科技水平、人文环境、思想认同等方面而论，当然就应该有省市地缘范围的。我们菏泽是闻名古今的牡丹之乡，上述牡丹状态的几个方面，其他地方都不可比，所以牡丹文化当然应该是我们菏泽的特色文化。相同的道理，从宋江起义史实、传说故事、遗迹遗址、人文环境、思想认同等方面来说，菏泽市郓城一带为水浒之乡、水浒文化为当地特色文化，无疑是名副其实的。只是这种水浒文化，是一种“特有”和“突出”的文化，而不是“独有”和“专有”的文化，别的地方根本没有的文化。

随着20世纪八九十年代“水浒热”的兴起，全国范围内出现了“水浒文化特色地”的诸多纷争。有人以宋江起义故事的传播是从南宋时杭州书场说书开始的、《水浒传》中关于杭州一带地理场景的描写十分逼真为据，认定杭州是水浒文化的孕育之地。有人以《水浒传》作者施耐庵是江苏盐泰地区人、书中有不少这一地区风土人情的描写、一些梁山起义将领后裔曾归宿此地为据，认定江苏盐泰地区是水浒文化的集中体现之地。有人以《水浒传》中宋江起义故事的地理背景多在当时的北宋首都河南开封，特别是后期许多重大事件都在此发生为据，认定开封同样是水浒文化的集中体现之地。如此等等，不一而足（见李艳丽主编《水浒文化概论》第171页，山东人民出版社2011年出版）。

作为研究探讨，如上种种论证都是可以的，也是百家争鸣、学术繁荣的象征。但这些观点的论证与结论之间，还缺乏较为充分的证据，因而是不能令人信服的。

关于水浒文化的地缘问题，还有人提出了“三圈论”。说可以围绕宋江起义的根据地梁山泊，画三个圆圈，用来大略显示水浒文化不同的体现程度。水浒文化内圈以百里为半径，包括郓城、梁山、东平、阳谷等地，是水浒故事体现最多、最集中的区域；水浒文化中圈以五百里为半径，包括大名、开封、高唐、青州、沂水、清河、东昌等地。这一地域，水浒故事涉及的也不少；水浒文化外圈以千里为半径，包括登州、蓟州、延安、渭州、江州、杭州等地。这一外圆里，涉及的水浒故事只与个别人物和事件有关（见李艳丽主编《水浒文化概论》第65页，山东人民出版社2011年出版）。

我们认为，这种以里程画水浒文化圈的做法，不可能符合具体的实际情况，因而是不科学的。另外，以水浒故事涉及的多少画水浒文化圈，也是十分片面的做法，不可取的。如果要划定所谓的水浒文化圈，必须依据宋江起义史实、水浒故事流传、《水浒传》书中描写、水浒遗迹遗址，以及人文环境、群众认同等多方面的因素来考虑。综合分析，只有上述的“内圈”，也就是郓城、梁山、东平、阳谷一带，才称得上水浒文化圈。其他的所谓中圈和外圈，未免均属于牵强附会之说。

四、水浒文化的弘扬

改革开放后的20世纪八九十年代，源于对“文革”政治运动中评《水浒》批宋江的反弹，全国学术文化界掀起了一股“水浒热”。突出表现为：各级水浒研究学会纷纷成立，相关研讨活动迅速开展，评论文章连篇累牍，续写小说接连出现，央视和山东两版《水浒传》电视连续剧的开播，更将这股“水浒热”深入普及广大城市乡村。宋江等梁山起义好汉的英雄形象走进平民百姓的日常生活，被广泛街谈巷议。特别在水浒之乡菏泽市郓城一带，人民群众说水浒、爱水浒，维护水浒英雄的形象，继承弘扬水浒文化，形成了十分浓厚的舆论氛围。所有这些，都充分体现了当时水浒文化继承弘扬、繁荣发展的喜人景象。

如前所述，水浒文化是我国历史文化中一种特色独具、亮点突显的优秀文化，它所集中体现的崇尚正义、不屈抗争、勇武刚强、朴实豪爽等精神和思想，千百年来在社会前进中产生了积极的作用和深远的影响。在我们倡导树立社会主义核心价值观、进一步繁荣文化事业、促进社会经济快速发展的今天，水浒文化同样会展现出正能量的巨大魅力，大力弘扬水浒文化，意义十分重要。比如，面对社会邪恶和腐败现象，就需要发扬武松打虎的大无畏精神。在同志朋友之间，又应该像梁山好汉那样义气为先、朴实豪爽等。当然，我们继承弘扬水浒文化，既要注意吸收其中大量民主性的精华，又要注意剔除个别封建性的糟粕（如人际相处只讲哥们义气、不讲原则等）。

我们应该认识到，继承弘扬水浒文化，除精神层面的内容外，其他具体工作方面，尤其是硬件建设方面也大有可为。比如繁荣水浒文化学术研讨和文艺创作，发展水浒文化产业，开发水浒旅游项目，文化搭台经济唱戏加快建设等。

郓城县作为水浒之乡，近些年来在弘扬水浒文化方面成就显著，走出了一条打水浒牌、做水浒文章、大力发展水浒旅游事业、水浒文化搭台经济建设唱戏的路子。他们在学术文化方面，成立了水浒研究学会，创办了《水浒文化》杂志，主办和参与了一系列的水浒文化研讨活动，出版了水浒文化系列丛书和水浒续传、水浒故事等多部文学作品。在创办水浒品牌实业和旅游方面，宋江武校以突出的办校成绩和文演活动闻名全国，水浒好汉城加快建设步伐成为4A级景区，以“水浒”冠名的产品在广大消费者中赢得口碑，水浒故里、好汉之乡成了郓城一张亮丽的名片。

菏泽学院作为地处水浒之乡的综合性本科高校，进入21世纪以来，在弘扬水浒文化、开展水浒研究方面也引起了高度重视，做了很多基础性的工作。

他们成立了水浒文化研究院，专门负责开展水浒文化的研究探讨。还建立了水浒文化研究基地，培养骨干研究人员，开展研究活动。《菏泽学院学报》开辟了水浒研究专栏，立足本校面向全国刊发相关稿件。一批水浒研究专著和百余篇论文相继推出，数次全国性的水浒文化研讨会在菏泽举办。

时代在前进，事物在发展，弘扬水浒文化结出的累累硕果，定会在实现中国梦、达成民族复兴的征程中绽放闪耀的光彩。

张　宇

二〇二三年十二月

第一章　北宋末期的宋江起义

北宋末期，朝廷统治迅速走向昏庸和腐朽。哲宗一朝，新党旧党纷争倾轧不已，导致政坛动荡，百姓深受其害。至徽宗执政，奸臣当道，大兴党狱，是为北宋历史上最黑暗的时期。统治者政治上打压忠良，经济上横征暴敛，广大百姓陷入水深火热之中，社会矛盾进一步激化，农民起义相继发生。山东郓城人宋江所领导的农民起义，就是其中较有影响的一支队伍。

第一节　北宋末期的腐朽统治

北宋元符三年（1100），哲宗病死，其弟赵佶继位，为宋徽宗。宋徽宗在位25年，是北宋历史上最黑暗的时期，也是政局发生大变动的一个时期。徽宗先是改年号“建中靖国”，意为要“消释党争”，推行不偏不倚的治国策略，以减少统治阶级内部的摩擦与消耗。接着，又改年号“崇宁”，表示尊崇熙宁朝政之意，恢复新法。但事实上，这些都是表面文章，不仅这一时期的党争没有消除，反而愈加严重，不仅没有实行新政，反而在恢复新法的旗号下使新法彻底变质。整个政局，呈现奸臣弄权、忠良受害、百姓遭殃的现状。

一、统治黑暗奸臣当道

政治上，北宋末期先后由蔡京、童贯等奸臣主持朝政。他们培植亲信，卖官鬻爵，史称其时“卖官鬻爵，至有定价。故当时为之语曰：三千索，直秘阁。五百贯，擢通判”。而同时，再次大兴党争之狱，严酷镇压、迫害、禁锢持不同政见者。如崇宁元年（1102）蔡京指示监官罗列“元祐党人”共120人之罪行，由宋徽宗亲自书写这些人的姓名，刻在石碑上，立在端礼门外，一手制造了宋史上著名的“崇宁党禁”或称“崇宁党锢”。宋徽宗所书写的石碑，历史上称之为“元祐党人碑”或“元祐奸党碑”，一大批人牵连其中，受到各种严重迫害，以致政坛上忠良之士人人自危，奸诈小人胡作非为，各种时弊令人发指。

当时的朝廷黑暗统治，后来成书的《水浒传》也有着深刻的揭露。宋徽宗整天琴棋书画，甚至在风月场中厮混，把国家大事抛于脑后。蔡京、童贯、高俅等奸臣弄权朝廷，胡作非为，引发政局一片混乱。最典型的官场乱象，是高俅发迹的具体景况。高俅本是一个人见人厌的浮浪破落户子弟，啥本事没有，仅会踢得一脚足球。不料却因为十分偶然的一次机遇结识了宋徽宗，竟被提拔为殿帅府太尉，掌管起京城禁卫军指挥大权。子系山中狼，得志便猖狂。他一上任就陷害忠良，把八十万禁军教头王进逼得远走他乡，接着又把继任的林冲害得全家死散，不得不造反上了梁山。高俅这样既无道德品行又无水平能力的人竟能成为朝廷重臣，为所欲为横行朝野，这既说明了朝廷提拔任用官吏制度的昏庸腐败，又揭示了“乱自上作”、农民阶级爆发反抗斗争的必然性。

二、搜刮民财穷奢极侈

经济上，北宋末期的统治者大肆搜刮民财，穷奢极侈，荒淫无度。为了修建宫殿、园林，朝廷建立了专供皇室享用的造作局。又设应奉局，从各地四处搜刮奇花异石用船运至京城开封，称为“花石纲”。还成立了专门机构，由宦官主持圈括所谓隐田、荒地为公田，如京东路梁山泊的大片湖泊地便被括为公田，由官府收取租税，上供朝廷挥霍。各地贪官污吏也大兴此道，极尽搜刮之能事。正是这种横征暴敛，使得广大百姓陷于水深火热之中，阶级矛盾、社会矛盾迅速激化，人们不堪重负，遂纷纷揭竿而起，聚众为盗，反抗朝廷。仅京东地区，农民起义就接连发生多起。

李焘《续资治通鉴长编》卷五〇四载，元祐六年（1091）十二月礼部侍郎兼侍讲范祖禹上言："熙宁四年中书检正官奏请开封府东明、考城、长垣等县，京西滑州、淮南、宿州，河北澶州，京东应天府、濮、齐、徐、济、单、兖、郓、沂等州、淮阳军，别立盗贼重法。其后，有他州奏请，乞比东明等处行重法者。夫溥天之下，谁非吾民。今独视此州县，如度外之人。自行法以来二十余年，不闻盗贼衰止，但闻其愈多耳。"其中列举了诸多州县二十多年来，反抗斗争不见其少，反而越来越多。当时的山东宋江起义，以及江南的方腊起义，就是较有影响的两支起义队伍。而方腊起义爆发的原因之一，就是广大民众受不了花石纲之役而揭竿而起的。

在《水浒传》中，晁盖等人"七星聚义智取生辰纲"一章，就突出反映了当时朝廷统治者极尽搜刮民财、横征暴敛的客观现实。北京大名府知府梁中书，为给他老丈人蔡太师庆祝生辰，准备了十万贯金银珠宝，要送上东京。一个知府的薪水哪会攒得了十万贯金珠宝贝？显然是搜刮民财、横征暴敛所聚集，属于"不义之财"。晁盖等七人于路上进行了"智取"，取之有理，大快人心，这无疑是一次小规模的反抗朝廷腐朽统治的斗争。

第二节　宋江起义的史料记载

关于宋江及宋江起义的史料，正史集中、详细的文字记载较少，只是散见于其他人物或事件的记载。据一些史学家分析，之所以出现这种情况，大概有以下两种原因：一是宋江领导的农民起义威胁了北宋政权的统治，这些人是"强盗贼寇"，由封建士大夫们执笔编纂的正史中一般都不详记；二是宋江起义的规模较小、时间较短，虽然在民间的反响强烈，许多故事广泛流传，但对推动朝代更替的作用不大、影响不深。

散见于史书、文集和文人笔记中关于宋江起义的史实，综合归纳起来，大致有以下几个方面。

一、《宋史》中的有关记载

宋江及其所领导的农民起义，在《宋史》中未单独列传，只是散见于《宋史》的《徽宗本纪》《侯蒙传》《张叔夜传》中。从这些零星的记载，可以看出宋江起义军所向披靡的气势和威力、朝廷官军设计诱降的计谋和方略，以及宋江起义的最后失败结局等。

《宋史》卷二十二《徽宗本纪》载："宣和三年（1121）二月，淮南盗宋江等犯淮阳军，遣将讨捕，又犯京东、河北，入楚、海州界，命知州张叔夜招降之。"《宋史》卷三百五十一《侯蒙传》载："宋江寇京东。蒙上书言，江以三十六人横行齐魏，官军数万，无敢抗者，其才必过人。今青溪盗起，不若赦江，使讨方腊以自赎。"《宋史》卷三百五十三《张叔夜传》载："宋江起河朔，转略十郡，官军莫敢撄其锋，声言将至，叔夜使间者觇所向，贼径趋海濒，劫巨舟十余，载掳获。于是募死士得千人，设伏近城，而出轻兵距海，诱之战。先匿壮卒海旁，伺兵合，举火焚其舟。贼闻之，皆无斗志。伏兵乘之，擒其副贼，江乃降。"

以上这些记载虽然简略，但大体可见宋江起义的基本脉络，知道他们的失败，是被海州知州张叔夜设伏击溃招降的。

二、南宋史书文集的记载

至南宋时，最早记载宋江起义的是李焘的《续资治通鉴长编》，在这部五百二十卷编年体的史书卷十八记载："宣和二年十二月，盗宋江犯淮阳及京西、河北，至是入海州界，知州张叔夜设方略讨捕，招降之。"

王称的《东都事略》卷十一记载：侯蒙上书"宋江以三十六人，横行河朔、京东，官军数万，无敢抗者，其材必过人，不若赦过招降，使讨方腊以自赎，或足以平东南之乱"。"宣和三年二月，方腊陷楚州。淮南盗宋江犯淮阳军，又犯京东、河北，入楚、海州。夏四月……庚寅，童贯以其将辛兴宗与方腊战于青溪，擒之。五月丙申，宋江就擒。”同书卷一百〇八记载：“（叔夜）以徽猷阁待制出知海州。会剧贼宋江剽掠至海，趋海岸，劫巨舰十数，叔夜募死士千人，距十余里，大张旗帜，诱之使战。密伏壮士匿海旁，约候兵合即焚其舟。舟既焚，贼大恐，无复斗志。伏兵乘之，江乃降。”

徐梦莘的三百五十卷《三朝北盟会编》有三处涉及宋江起义。一是卷五十二引《中兴姓氏奸邪录》载：“宣和二年，方腊反睦州，陷温、台、婺、处、杭、秀等州，东南震动，以贯为江浙宣抚史，领刘延庆、刘光世、辛宗兴、宋江等军二十余万往讨之。”二是卷八十八载：“张叔夜，字嵇仲，有文武大材。后起知海州，破群盗宋江有功。”三是卷二百十二引《林泉野记》载：“宣和二年，方腊反于睦州，光世别将一军，自饶趋衢、婺，出贼不意，战多捷，数郡之民，皆为立生祠。腊败走，入青溪洞。光世遣谍察知其要险，与杨可世遣宋江并进，擒其伪将相，送阙下。”

李埴的《皇宋十朝纲要》卷十八记载：“宣和元年十二月，诏招抚山东盗宋江。”方勺的《泊宅编》卷五记载：“宣和二年十二月初七日，歙守天章阁待制曾孝蕴，以京东贼宋江等，出入青、齐、单、濮间，有旨移知青社。”

如上的这些史书和文集，记载宋江起义的史实与《宋史》大同小异，所不同的是，说宋江起义失败投降朝廷后，跟随朝廷将领参加了平定方腊起义的行动。

三、南宋文人笔记的记载

涉及宋江起义的南宋文人笔记，有张守的《毗陵集》和汪应辰的《文定集》，其中记载了宋江领导的起义军两次受挫的情况。还有范圭撰文的《宋故武功大夫河东第二将折公墓志铭》，其中记载了宋江最后的结局是被朝廷大将折可存捕获杀掉，而捕宋江是在平方腊之后，从而说明宋江并没有参加平叛方腊的行动。

张守所撰《毗陵集》卷十三《秘阁修撰蒋园墓志铭》记载：蒋园“徙知

沂州，宋江啸聚亡命，剽掠山东，一路州县大震，吏多避匿，公独修战守之备，以兵扼其冲，贼不得逞，祈哀假道，公阳然阳应，偵食尽，督兵鏖击，大破之，余众北走龟、蒙间，卒投戈请降”。墓志铭的记载表明，宋江南下进军到沂州时，为知州蒋园所阻，曾受挫请求投降。

汪应臣所撰《文定集》卷二十三《显谟阁学士王公墓志铭》记载："公讳师心……登政和八年进士第，授迪功郎、海州沭阳县尉。时承平久，郡县无备，河北剧贼宋江者，肆行莫之御，既转掠京东，径趋沭阳，公独引兵要击于境上，败之，贼遁去。"据此可知，宋江农民起义军从河北南下，经过京东路，一直打到沭阳境内，在这里受到沭阳县尉王师心的阻击，战败退走。

范圭撰文的《宋故武功大夫河东第二将折公墓志铭》（墓碑于 1939 年陕西府谷县出土）称："公讳可存……宣和初……方腊之叛，用第四将从军，诸人借才互以推公，公遂兼率三将兵，奋然先登，士皆用命，腊贼就擒，迁武节大夫。班师过国门，奉御笔捕草寇宋江，不逾月继获，迁武功大夫。"其中的记载表明，武节大夫折可存先是平定了方腊起义，班师回来后又平定了宋江起义，从而因功被朝廷升迁为武功大夫。

第三节　宋江起义的大体过程与特点

结合正史中关于宋江起义的零乱、简略记载，以及南宋文集、文人笔记中的宋江起义记载，再参考南宋书场民间艺人说讲的宋江起义故事，可以大体勾勒出宋江起义的大致过程与主要特点。其中，南宋时期关于宋江起义的一些故事，因为距宋江起义的史实时间较近，所以应该具有很大程度的真实性。

一、作战英勇所向披靡

宋徽宗宣和元年（1119）十一月，宋江领导的农民起义爆发。宋江，郓州（今郓城县）水堡集人，年轻时曾在县衙当过押司。他性格豪放，仗义疏财，好结交江湖朋友，在当地很有威望。

宋江起义的导火线，大的时代背景是朝廷成立括田所，提高全国税收，加重了农民的负担。具体原因是当地官府为解决财政困难，宣布将整个梁山泊水域全部收为“公有”，规定百姓凡入湖捕鱼、采藕、割蒲，都要依船只大小课以重税，若有违规犯禁者，则以盗贼论处。贫苦的农民与渔民交不起税赋，长期积压在胸中的对社会现实的不满终于像火山一样爆发了。

起义军在宋江等人的领导下，铤而走险，相聚梁山，扯起“替天行道、杀富济贫”的义旗。他们先是凭借梁山泊易守难攻的地形，阻杀前来镇压的官兵。继而又主动出击，活动在山东、河北一带，杀贪官，惩污吏，每打下一个州县，就开仓放粮，救济百姓。起义军将士人人武艺高强，英勇善战，常常以一当十，逢战必胜。

由于宋江极讲义气，知人善任，爱护士兵，致使起义队伍很快发展壮大起来，一时威震中原，撼摇京师。当年十二月二日，徽宗下诏“令东、西路提刑督捕之”；二十四日，又诏“招抚山东盗宋江”。宋江起义后的第二年，他们的活动范围已由京东扩大到河北（指黄河以北）一带，重要首领有三十六人，数万官军都不敢与之对抗。随即宋江又由河北又向南进攻，路经沂州时，曾一度受到沂州知州蒋园的阻击。之后，宋江起义军进入江苏地区。打到沭阳境内，再次受到沭阳县尉王师心的阻击，战败退走。

宣和三年（1121）二月，宋江起义军进入淮阳军（今江苏邳州南）。朝廷见宋江起义势头很大，诏令“海州知州张叔夜招降之”。张叔夜接到招降宋江的诏旨后，进行了周密的策划，于海州（今连云港）设下圈套，于五月三日包围了农民起义军。宋江进退无路，只好接受“招安”，向张叔夜投降。

二、再次起义终被镇压

宋江投降后，朝廷对起义军将领都授以了官位，进行笼络。这一情形，宋人李若水在其《捕盗偶成》诗中曾做过描写：

去年宋江起山东，白昼横戈犯城郭。
杀人纷纷剪如草，九重闻之惨不乐。
大书黄纸飞敕来，三十六人同拜爵。
狞卒肥骖意气骄，士女骈观犹骇愕。

李若水是北宋末期人，北宋灭亡时死难，南宋初期被谥为“忠愍”，他的著作由其子编为《忠愍集》，这首诗见于《忠愍集》第二卷。李若水目睹了宋江受“招安”的情形，因而写了这首诗，记载了宋江起义三十六名头领一起被封官职的情景。但由于他仇视农民起义军，反对“招安”，所以在诗中对起义军的形象大肆污蔑，说“狞卒肥骖意气骄，士女骈观犹骇愕”。

宋江投降朝廷，并非出于本意，而是为了保存实力，以图东山再起。所以当时机成熟时，宋江再次起义，重新举起了反抗的旗帜。关于宋江第二次起义的情形，由于缺乏史料记载，其详情不能全部了解清楚，而从1939年陕西府谷县出土的《宋故武功大夫河东第二将折公墓碑》中可以得知，宋江确实发动了第二次起义。该墓志铭称：“公讳可存……宣和初……方腊之叛，用第四将从军，诸人借才互以推公，公遂兼率三将兵，奋然先登，士皆用命，腊贼就擒，迁武节大夫。班师过国门，奉御笔捕草寇宋江，不逾月继获，迁武功大夫。”

可见，宋江发动的第二次起义，是被宋将折可存平定方腊起义后不到一月时间镇压下去的。宋江的失败，是在方腊失败之后。所以，不可能存在宋江投降朝廷后参加平定方腊之举。宋江的结局，同方腊一样，也遭到了朝廷的残酷杀害。

第二章　宋江起义故事的后世流传

宋江领导的农民起义虽然失败了，但他们的英勇事迹和抗争精神却在民间影响很大、流传很广。至南宋时，民间已街谈巷议关于宋江起义的故事，并有书场艺人讲述宋江等起义英雄的事迹。讲史话本《大宋宣和遗事》，又进一步将宋江起义的史实加以演义化、故事化；到了元代，歌颂宋江等英雄豪杰的传奇话本、杂剧剧目开始十分盛行。元末明初，在这些宋江故事、话本、戏曲的基础上，施耐庵加以文学再创作，最终写出了中国古典名著《水浒传》。

第一节　宋江起义故事的南宋话本

北宋末期，政治黑暗，官府腐败，徭税繁重，民不聊生。宋江发动、带领一些农民揭竿而起，劫富济贫，反抗官府，必然引起人民群众的同情和支持，宋江起义军的英雄事迹、遗闻轶事也容易引起街谈巷议、赞颂咏叹。特别是到了南宋，朝廷偏安江南，中国北部的很多人跟随南迁。他们愤慨于南宋统治者丧权辱国、被金灭亡的事实，非常期望像宋江那样的英雄豪杰能够站出来救国救民，于是街谈巷议宋江故事的现象得以普及。南宋画家和文学家龚开在其《宋江三十六人赞》中曾说："宋江事见于街谈巷语。"随之，民间艺人也开始在书场讲说宋江故事，并有了讲述宋江故事的"话本"。

一、宋江起义故事的书场"说话"

南宋建都杭州后，使得杭州这个城市急剧发展，成为全国政治、经济、文化十分集中的第一大都市。当时北方迁来的大量军队驻扎于杭州内外，数百万的市民与士兵都需要文化娱乐，这样，民间书场的“说话”就成了最受他们欢迎的文艺形式。其时的“说话”，即是现在民间的说书艺术。在此同时，全国各地尤其是北方开封一带的文人为了躲避金兵的蹂躏，纷纷南逃，汇集杭城。这些文人中，有的就是依靠编写“说话”底本或者讲说各种故事为生。以上两个方面的因素，促使杭州的民间书场“说话”艺术空前繁荣。杭州城内外，曾有30余处大型的文化娱乐场所——“瓦子”。这些瓦子中，均有“勾栏”一类专供“说话”的场所。一些酒馆也常有“说话”以助兴，甚而街头巷尾的空隙地也有民间艺人“说话”。而“说话”的内容，就包括宋江起义的事迹。

元代陈泰在《江南曲序》中，曾回忆了南宋时期民间传播宋江起义故事的盛况，其中说：“余童时，闻长老言宋江事，未究其详。元至治癸亥秋九月十六日，舟过梁山泊，遥见一峰嵲雄跨，问之篙师曰：此安山也，昔宋江起事处，绝湖为池，阔九十里，皆蕖荷菱芡，相传以为宋妻所植。宋之为人，勇悍狂侠，其党如宋者三十六人。至今山下有分赃台，置石座三十六所，俗所谓‘来时三十六，归时十八双’，意者自誓之辞也。”这里，以“勇悍狂侠”描述了宋江的个性特征，这是民间流传过程中对宋江性格的概括。同时，把“梁山泊”这个地理称谓和宋江三十六人举义造反联系起来，点明了梁山泊就是宋江起义的根据地。

此后，元代以及明清时期，民间书场“说话”关于颂扬宋江起义的内容，一直占据较大的分量，并形成一些经典的“说话”片段。

二、宋江起义故事的讲史话本

南宋的民间书场“说话”中，有人把宋江故事笔录整理或虚构演绎成话本（即底本），使其传奇性更强，更易于遵循和传播。南宋罗烨的《醉翁谈录》甲集卷一《舌耕叙引·小说开辟》论述小说（即由“说话”话本而成）所包括的灵怪、烟粉、传奇、公案、朴刀、杆棒、神仙、妖术等八大类时，其中就有六类与宋江起义的故事有关，它们是“灵怪录”中的“李逵道”；公案类中的《石头孙立》、朴刀类中的《青面兽》、杆棒类中的《花和尚》和《武行者》等。后来《水浒传》中所写李逵、孙立、杨志、鲁智深、武松等人的事迹，就是依据这几种话本演化而来。

原为宋人所作、元代人增益的《大宋宣和遗事》讲史话本，是把宋江起义故事的大体轮廓、主体结构系统整理，进而串联成文学整体的最早资料，也是宋江等三十六位起义人物在长篇话本中的第一次出台亮相。其中“梁山泺聚义本末”一节，将散见于说话、话本、文人杂记中的宋江起义故事辑录，综合在一起，成为一部缩影的“水浒故事”。它讲述了杨志卖刀、智取生辰纲、晁盖等七人联络杨志同上梁山泊落草、宋江杀阎婆惜、宋江得天书、鲁智深反叛上梁山、张叔夜招诱梁山将、遣使宋江征方腊、宋江受封节度使等故事情节。至现代，鲁迅先生谈及此书时曾说，“惟其中已叙及梁山泊的事情，就是《水浒》之先声”。

《大宋宣和遗事》讲史话本中，“梁山泺聚义本末”和《水浒传》中的故事情节已经基本趋于一致，如“杨志等人押花石纲违限配卫州”“孙立等人夺杨志往太行山落草”与《水浒传》“梁山泊林冲落草、汴京城杨志卖刀”的故事情节大同小异。“晁盖劫取生辰纲”“宋江私放晁天王”“宋江因杀阎婆惜往寻晁盖”与《水浒传》中的情节基本一致。“宋江得天书三十六将名”与《水浒传》“还道村受三卷天书，宋公明遇九天玄女”情节十分接近。这说明，讲史话本《大宋宣和遗事》中的宋江故事，大部分被后来成书的《水浒传》吸收了进去。

第二节　宋江起义故事的元代杂剧

至元代，一种新兴的戏曲——杂剧盛行，大受群众欢迎。元代杂剧中的水浒戏，不但内容丰富，品种也多，进一步将南宋时期的宋江起义故事进行了演绎化、传奇化。元代杂剧中的“水浒戏”，是把宋江起义故事逐渐演变成小说《水浒传》的重要环节，对小说《水浒传》的诞生有着很大影响。

一、元代杂剧中的“水浒戏”

元代杂剧，是融合了唐宋以来各种表演艺术形式而结成的一种新的戏剧形式，同时它也是时代的产物。在元灭金的过程中，由于统治者是异族更替，汉族下层文人的仕进道路大大缩小。一些文人经受战争的动乱和朝代的更易，与民众的关系趋于密切。他们和民间艺人结合，探索创造更受民众欢迎的戏剧形式，对元杂剧的兴盛起了推进的作用。并且，一些从事通俗文学创作的作家在利用杂剧形式表现内心忧愤中，也明显提高了杂剧剧作的文学水平。所以，元杂剧是当时广泛流行、深受民众欢迎的一种戏剧形式。

把南宋以来口头传说中的宋江起义故事，搬上元代杂剧舞台，被称为“水浒戏”者，计有30余种。今存作品仅《梁山泊李逵负荆》《黑旋风双献功》《同乐园燕青搏鱼》《都孔目风雨还牢末》《争报恩三虎下山》《鲁智深喜赏黄花峪》六种。这些水浒戏取材于宋江起义故事，以生动的艺术形象颂扬起义英雄为民除害、疏财仗义的事迹，表达了被压迫人民对社会政治黑暗的不满。

元杂剧中水浒戏的代表剧作家当属山东的高文秀和康进之，他们都以写黑旋风李逵著称。高文秀的《黑旋风双献功》和康进之的《李逵负荆》，堪称元代“黑旋风杂剧”的双璧。

高文秀，东平（今属泰安市）人，钟嗣成《录鬼簿》说他一生创作杂剧34种之多。其中“水浒戏”9种，以“黑旋风”为主的就有《黑旋风双献功》《黑旋风大闹牡丹园》《黑旋风借尸还魂》《黑旋风诗酒丽春园》《黑旋风敷衍刘要和》《黑旋风乔教学》《黑旋风穷风月》《黑旋风斗鸡会》等8种。他的水浒戏，目前仅存《黑旋风双献功》一出。

《黑旋风双献功》，是写李逵下山保护郓城县孙孔目与妻子郭念儿到东岳庙进香还愿的故事。孙妻郭念儿与权贵白衙内私通，约定在进香路上一起潜逃。白衙内竟随意借个衙门坐堂，待孙孔目来告状时，借机把他打入死囚牢里。李逵知道此事后，并没有鲁莽地抡起板斧去劫狱救人，而是扮作一个呆头呆脑的庄稼汉后生，去囚牢里给孙孔目送饭。他以笨拙的言行麻痹牢子，并骗其吃下放了蒙汗药的饭菜。然后救出孙孔目，放走押在牢里的其他人。第二天，李逵又乔装打扮成一个"伺候仆人"，混进白衙内家中，趁其醉眼蒙眬、让随从添酒之际，杀死白衙内与郭念儿，提着两个人头上梁山献功。

康进之，棣州（今滨州市）人，他所创作的杂剧，全部为水浒戏。他的《李逵负荆》，写在梁山附近杏花村开酒店的王林，被冒称宋江、鲁智深的恶棍抢去了女儿"满堂娇"。李逵下山到店里饮酒，王林向他哭诉此情。李逵听了大怒，回山斥责宋江。宋江为辨明事实，同他一起下山找王林质对。李逵在认识了错误之后，向宋江负荆请罪。接着，恰好两个恶棍又送"满堂娇"回门，王林上山报信，宋江即指派李逵前去捉拿恶棍，将功折罪。

二、元代"水浒戏"的主要贡献

元代杂剧中的水浒戏，将宋江起义故事进一步演绎化、传奇化、丰富化，对后来《水浒传》的成书产生了较大的影响，

元代杂剧中的水浒戏，对《水浒传》的成书主要贡献有二：一是将水浒人物由36人发展到108人。元杂剧水浒戏文《木梳记》中，最先有了"三十六大营，七十二小营"的记载。戏中宋江在开场白中提到梁山好汉是"三十六大伙，七十二小伙"，这是梁山泊故事由36人转向108人的前奏，接近了《水浒传》中的"天罡地煞"一百单八将。二是确立了宋江起义大本营梁山泊的地理位置。元杂剧中的水浒戏，把梁山泊的位置说得十分清楚。高文秀《黑旋风双献功》中宋江的开场白说道："寨名水浒，泊号梁山，纵横河港一千条，四下方圆八百里。东连大海，西接济阳，南通巨野、金乡，北靠青、齐、兖、郓。有七十二道深河港，屯数百只战舰艨艟、三十六座宴楼台，聚百万军马粮草。声传宇宙，五千铁骑敢争先，名达天庭，聚三十六员英雄将。"这段文字被《水浒传》的作者施耐庵几乎原样抄录到小说第七十八回的开篇处。

宋江起义的故事，经过南宋口头传说和艺人讲述、元代杂剧演唱阶段后，元末明初的施耐庵集其大成，对原有散乱、零碎、单篇的话本和戏文等进行编辑融合，加工创作，结晶出了《水浒传》这一中国文学史上卓立千古之作。

施耐庵采取扩充、细化的手段，以《大宋宣和遗事》中的宋江故事作为主要框架，进一步丰满了宋江等水浒英雄的形象，构筑了他们起义失败被招安的结局。他吸收了元代杂剧中关于宋江起义的根据地在梁山泊的叙述，使宋江等水浒英雄有了进可攻、退可守的立足之地。并在此基础上，精心创造了宋江、林冲、鲁智深、李逵、武松等众多有血有肉的人物形象和一个个鲜活生动、脍炙人口的故事情节，丰富和充实了全书的内容。

第三节　宋江起义故事的诗词礼赞

在宋代以后的历史上，除民间书场讲述、讲史话本录记、戏曲舞台演唱宋江故事外，还有人写下了许多歌颂宋江起义英雄业绩和凭吊英雄遗迹的诗篇。这些诗篇，情感真挚，文采飞扬，通过对宋江等英雄好汉的赞颂，倾注了对人间真善美的向往、对社会丑恶现象的鞭挞、对封建黑暗统治的揭露，堪称古典诗作的佳品。

一、南宋龚开《宋江三十六人赞》

南宋一代，先后有高如、李嵩、龚开等人写诗作画盛赞农民起义领袖宋江。可惜高、李所作已经散失，仅有龚开的《宋江三十六人赞》尚存于世。

《宋江三十六人赞》是一组距离宋江起义时间最近，且诗行较长的诗篇。龚开（1222—1304），字圣与，楚州淮阴人，南宋理宗景定年间任两淮制置司监官。南宋灭亡后，他守节不仕，志趣高尚。龚开善画山水、人物，画笔粗放，名重一时，又工于诗文，清雅古朴，且喜在自己的画卷上题诗或赞跋。

《宋江三十六人赞》是龚开的代表作，诗前有“赞序”，主体是“赞诗”，诗末有“后记”。龚开的“赞诗”，由36首四言四句的短诗组成。组诗分别对宋江、吴用、卢俊义等36名水浒人物的诨名及其形象，以赞诗的形式做了诠释。龚开的组诗，可称为一部诗化的“水浒英雄谱”。其“赞序”中说：

> 宋江事见于街谈巷语，不足采著，虽有高如、李嵩辈传写，士大夫亦不见黜。余年少时壮其人，欲存之画赞，以未见信书载事实，不敢轻写。……余然后知江辈真有闻于时者。于是即三十六人为一赞，而箴体在焉。盖其本撰矣。将使一归于正，义勇不相戾，此诗人忠厚之心也。余尝以江之所为，虽不得自齿，然其识器超卓有过人者，立号既不僭侈，名称俨然，犹循轨辙，虽托之记载可也。古称柳盗跖为“盗贼之圣”，以其守一至于极处，能出类而拔萃若江者，其殆庶几乎！虽然，彼跖与江，与之盗名而不辞，躬履盗迹而无讳者也，岂若世之乱臣贼子，畏影而自走，所为近在一身，而其祸未尝不流四海。呜呼！与其逢圣公之徒，孰若跖与江也！

龚开在“赞序”中提示了他之所以对宋江等人加以题赞，是想以此惊顽起懦，唤起百姓的民族意识和反抗斗志。他称赞宋江等人“识器超卓有过人者”，并且将宋江与春秋战国时期率“从卒九千人，横行天下，侵暴诸侯”的起义领袖柳下跖相提并论。他认为，宋江差不多就是柳下跖一样的人物，进而感叹道：柳下跖与宋江不怕被诬为“盗”，不隐讳自己所做的事情，哪里像那些世间的乱臣贼子，见到一点所谓“盗”的影子就胆怯地躲避，另还干尽坏事，祸害天下。“与其逢圣公之徒，孰若跖与江也”，意思是与其碰到那些所谓“圣公”的朝廷大臣，倒不如见到柳下跖、宋江那样的人。

龚开的“赞诗”，由36首四言诗组成，全诗如下：

呼保义宋江：不称假王，而呼保义。岂若狂卓，专犯忌讳？

智多星吴学究：古人用智，义国安民，惜哉所为，酒色粗人。

玉麒麟卢俊义：白玉麒麟，见之可爱。风尘太行，皮毛终坏。

大刀关胜：大刀关胜，岂云长孙？云长义勇，乃其后昆。

活阎罗阮小七：地下阎罗，追魂摄魄。今其活矣，名喝大伯。

尺八腿刘唐：将军下短，贵称侯王。汝岂非夫？腿尺八长。

没羽箭张清：箭以羽行，破敌无颇。七札难穿，如游斜何！

浪子燕青：平康巷陌，岂知汝名？太行春色，有一丈青。

病尉迟孙立：尉迟壮士，以病自名，端能去病，国功可成。

浪里白条张顺：雪浪如山，汝能白跳。愿随忠魂，来驾怒潮。

船火儿张横：太行好汉，三十有六，无此火儿，其数不足。

短命二郎阮小二：灌口少年，短命何益！易不监之，清源庙食。

花和尚鲁智深：有飞飞儿，出家尤好。与尔同袍，佛也被恼。

行者武松：汝优婆塞，五戒在身。酒色财气，更要杀人。

铁鞭呼延灼：尉迟彦章，去来一身。长鞭铁铸，汝岂其人？

混江龙李俊：乖龙混江，射之即济。武皇雄尊，自惜神臂。

九纹龙史进：龙数肖九，汝有九纹。盗从东皇，驾五色云。

小李广花荣：中心慕汉，夺马而归。汝能慕广，何忧数奇。

霹雳火秦明：霹雳有火，摧山破岳。天心无妄，汝孽自作。

黑旋风李逵：旋风黑恶，不辨雌雄。山谷之中，遇尔亦凶。

小旋风柴进：风存大小，黑恶则惧。一嗯之微，香满大虚。

插翅虎雷横：飞而肉食，存此雄奇。生入玉关，当伤今姿。

神行太保戴宗：不疾而速，故神无方。汝行何之？敢离太行。

急先锋索超：行军出师，其锋必先。汝勿锐进，天兵在前。

立地太岁阮小五：东家之西，即西家东。汝虽特立，何有吾宫？

青面兽杨志：圣人治世，四灵在郊。汝兽何名？走圹劳劳。

赛关索杨雄：关氏之雄，超之亦贤。能持义勇，自命可全。

一直撞董平：昔樊将军，鸿门直撞。斗酒肉肩，其言甚壮。

两头蛇解珍：左齿右噬，其毒可畏。逢阴德人，杖之亦毙。

美髯公朱仝：长髯郁然，美哉丰姿。忍使尺宅，而见赤眉。

没遮拦穆弘：山没太行，茫无畔岸。虽没遮拦，难离伙伴。

拼命三郎石秀：石秀拼命，志在金宝。大似河蚌，腹果一饱。

双尾蝎解宝：医师用蝎，其体实全。反其常性，雷公汝嫌。

铁天王晁盖：毗沙天人，澄紫金躯。顽铁铸汝，亦出洪炉。

金枪班徐宁：金不可辱，亦忌在秽。盍铸长殳，羽林是卫。

扑天雕李应：挚禽雄长，唯雕最狡。毋扑天飞，封狐在草。

在“赞诗”部分，作者引经据典，画龙点睛，将水浒人物比作刘邦属将樊哙、西汉名将李广、三国名将关羽、唐初名将尉迟恭、宋初名将呼延赞等，对水浒人物充满了由衷的敬佩之情。

龚开在《宋江三十六人赞》的“后记”中写道：“此皆群盗之靡耳。圣与既各为之赞，又从而序论之，何哉？太史公序游侠而进奸雄，不免异世之讥，然其首著胜、广于《列传》，且为项籍作《本纪》，其意亦深矣！识者当自能辨之。”

龚开认为，宋江等36人可谓“群盗”之中最美好、最杰出的人物，将其“赞诗”与《史记》里的“世家”“本纪”相比喻，称宋江等36人和陈胜、吴广、项羽等人一样，都是值得颂扬、流芳千古的英雄人物。

二、元代陆友仁的《题宋江三十六人画赞》

至元代，关于颂扬宋江等起义英雄的代表诗作，有陆友仁的《题宋江三十六人画赞》。陆友仁，号研北，生卒年不详，吴郡（今江苏吴县）人，元代诗人。少时攻苦于学，及长成博极群物，工汉隶书法，尤善五言诗。著有《墨史》《研北杂记》《杞菊轩稿》等。他在《题宋江三十六人画赞》一诗中写道：

忆昔熙宁全盛日，百年未曾识干戈。
江南丞相变法度，不恤人言新进多。
蔡家京卞出门下，首乱中原倾大厦。
睦州盗起㶊连城，谁挽长江洗兵马。
京东宋江三十六，白日横行大河北。
官军追捕不敢前，悬赏招之使擒贼。
后来报国收战功，捷书夜奏甘泉宫。
楚龚如古在画赞，不敢区区逢圣公。
我尝舟过梁山泊，春水方生何渺漠。
或云此是石碣村，至今闻之犹虢魄。

这首诗中，作者从宋太祖赵匡胤登基到宋神宗熙宁年间100余年的太平盛世写起，然后回顾了王安石变法失败后，蔡京勾结童贯，爬上高位，加重剥削，排斥异己，导致政治腐败、北宋灭亡的历史往事，继而热情歌颂了宋江等36人“白日横行大河北”“官军追捕不敢前”的起义造反壮举。最后两句，作者舟过梁山泊，听人说这里便是水浒好汉阮氏三雄故里石碣村，就像听到猛虎怒吼一样惊心动魄。此诗与南宋龚开的赞诗一样，均为歌颂水浒英雄的名篇佳作。

三、明初刘伯温的《分赃台》

到了明代，颂扬宋江起义英雄的代表诗作，有刘伯温的《分赃台》一诗。刘伯温（1311—1375），名基，字伯温，以字行世，处州青田（今浙江青田）人，元末进士，官至浙东行省郎中、浙江儒学提举，因受排挤而归隐。后应朱元璋之召，协助其平定天下，为明朝开国功臣。明初深受倚重，草写典章制度，官至御史中丞兼太史令。后被朝臣胡惟庸所谗构，忧愤而死。刘伯温著有《诚意伯文集》20卷、寓言体散文集《郁离子》等，其乐府诗、古体诗以古朴雄放见长。刘伯温在《分赃台》一诗中写道：

突兀高台累土成，人言暴客此分赢。

饮泉清节今寥落，可但梁山独擅名。

《分赃台》这首诗，是刘伯温外出巡游路过梁山时所作。分赃台系宋江等36人聚集分配财物之地，封建官府视宋江等为“贼寇”，称他们劫富济贫之财为“赃物”，故此台称“分赃台”。而在平民百姓眼里，却称它为“疏财台”。元代陈泰在《江南曲序》中写道：“至今梁山下有分赃台，置石座三十六所，俗所谓‘来时三十六，归时十八双’，意即自誓之词也。”

面对宋江36人聚集分配劫来贪官之财的高台遗址，《分赃台》作者刘伯温以赞赏的态度肯定了起义英雄打家劫舍、杀富济贫是光明磊落、节操高尚的壮举，梁山因有他们的足迹而享有盛名。这里，作者借此抒发了自己愤世嫉俗的情怀。

第三章 古典名著《水浒传》的诞生

源于北宋末期宋江起义的史实，在南宋宋江故事话本和元代水浒杂剧的基础上，元末明初的文人施耐庵集其大成，写就了我国著名的古典小说《水浒传》。这是一部讴歌、描写农民起义的文学作品，其中艺术塑造了宋江等一百零八名起义英雄的群像，对后世产生了深远的影响，在中国文学史上有着十分重要的地位，并形成了特色独具、亮点凸显的水浒文化。

第一节 《水浒传》的作者及版本

关于《水浒传》作者及其《水浒传》版本的情况，现存史料较少，并且说法不一。现在一般人认为，是施耐庵写成了《水浒传》，其弟子、《三国演义》作者罗贯中之后进行了编辑。所以，《水浒传》大多署名为“施耐庵本、罗贯中编”。至于《水浒传》的版本，也有多种，现在较为流行的是七十一回本和一百二十回本。七十一回本是写到一百零八位水浒英雄排座次结束，一百二十回本包括水浒英雄招安后征辽、打田虎、王庆和方腊，这是内容最为完整的一种版本。

一、《水浒传》的作者

关于《水浒传》的作者，在明代，曾有罗贯中所写的说法。这一观点认为，历史上就没有施耐庵这个人，或许这是捏造出来的一个化名，现实中其人并不存在。《水浒传》的作者为罗贯中的观点，散见于明人的笔记，如郎瑛《七修类稿》卷二十三和卷二十五、田汝成《西湖游览志余》卷二十五、王圻《续文献通考》卷一七七和《稗史汇编》卷一〇三、许自昌《樗斋漫录》卷六、阮葵生《茶余客话》卷二十一。对这一观点，有人曾提出过两点质疑：一是罗贯中所著《三国演义》为浅显的文言文，《水浒传》为通俗的白话文，两书语言形式有差异。二是罗贯中所著《三国演义》反对农民起义（黄巾起义），《水浒传》则为歌颂农民起义（宋江起义），两书政治态度有差异，所以，很难令人相信《水浒传》《三国演义》都是罗贯中一人所著。

后来，随着《水浒传》研究的深入发展，有关施耐庵身世的史料陆续被发现，证明历史上确有施耐庵其人。于是就有了第二种观点，认为是施耐庵和罗贯中合写。施耐庵写了百回本的前七十回，罗贯中写了后三十回（见明人徐渭仁《徐钢所绘水浒一百单八将图题跋》）。

对于这一观点，有人亦质疑缺乏事实方面的根据，并认为此观点提出的时间较晚。

最为流行的、并最为人们认可接受的，是第三种观点，即是施耐庵写成《水浒传》后，其弟子、《三国演义》作者罗贯中进行了编辑。这一观点，见明人胡应麟《少室山房笔丛》卷四十一、高儒《百川书志》卷六、徐复祚《三家村老委谈》、徐树丕《识小录》卷一、周晖《金陵琐事》卷一引李贽语、钱希言《戏瑕》卷三、刘仕义《玩易轩新知录》卷十九、王士祯《居易录》卷七、金埴《巾箱说》、梁玉绳《瞥记》卷七、焦循《剧说》卷五、李超琼《柜轩笔记》。所以，后来《水浒传》大多署名为“施耐庵本、罗贯中编”。有的版本，则直接署名为施耐庵著。在我们当代人的眼里，施耐庵已成了没有任何人怀疑的唯一作者。

有关施耐庵生平事迹的史料较少，有些记载并颇多矛盾。自20世纪20年代，江苏兴化地区陆续新发现了一些有关施耐庵的资料，如《施氏族谱》《施氏长门谱》和《兴化县续志》《兴化县续志》卷十二补遗载有《施耐庵传》1篇，卷十四补遗载有明初王道生撰《施耐庵墓志》1篇。据这些资料，施耐庵（约1296—1370），元末明初作家，名子安，兴化（今江苏兴化县）人，祖籍苏州。

他自幼聪明好学，才气过人，事亲至孝，为人仗义。19岁中秀才，28岁中举人，36岁中进士。施耐庵曾在钱塘（今浙江省杭州市）为官三年，因不满官场黑暗，不愿逢迎权贵，弃官回乡。

张士诚起义抗元时，相传施耐庵曾参与了这支队伍的军事活动。张士诚占据苏州时，施耐庵在他幕下参与谋划，和他的部将卞元亨相交甚密。后因张士诚贪享逸乐，胸无大志，不纳忠言，施耐庵与鲁渊、刘亮、陈基等人大为失望，相继离去。施耐庵与鲁、刘两人相别时，曾作《新水令秋江送别》套曲，抒发慷慨悲痛之情。不久，张士诚身亡国灭。施耐庵浪迹天涯，漫游山东、河南等地，曾与山东郓城县教谕刘善本友善，先于该县当训导，后寓居江阴，为人私塾教师。再后来，还旧白驹，隐居不出，感时政衰败，作《水浒传》寄怀。

二、《水浒传》的版本

施耐庵在搜集大量资料、素材的基础上，先是完成了《江湖豪客传》的创作。当时，他对书中的大部分情节感到比较满意，只是觉得书名欠佳。其弟子罗贯中看过之后，建议将书名改作《水浒传》。施耐庵听后连声说好："水浒即水边的意思，有在野的含义，切合《诗经》里'古公亶父，来朝走马；率西水浒，至于岐下'的典故。妙哉！"于是，一部古典名著的书名因此被确定下来。

《水浒传》的版本较为复杂，说法也多。据社会科学文献出版社2014年出版的刘世德《水浒论集》考证，《水浒传》的版本，以回数来区分，有100回本、120回本、70回本（71回本），有104回本（25卷本）、110回本（106回本）、115回本（113回本或114回本）、124回本，此外还有分卷本（分回，但无回数的顺序号）等多种类型。

以刊本而论，100回本，有国家图书馆藏残存8回本、天都外臣序本、容与堂刊本、日本林九兵卫刊本、钟伯敬评本（四知馆刊本、积庆堂刊本）、大涤馀人序本、芥子园刊本等。120回本，有袁无涯刊本、郁郁堂刊本等。

70 回本，有贯华堂刊本等。104 回本，有双峰堂刊本。110 回本，有雄飞馆刊本。115 回本，有刘兴我刊本、藜光堂刊本、文星堂刊本、聚德堂刊本、兴贤堂刊本等。124 回本，有大道堂刊本、恒盛堂刊本等。分卷本，有映雪草堂刊本等。

以刻本而论，120 回本中，就有余象斗、杨定见两种。

以年代而论，又有明代嘉靖、万历、崇祯年间的。

以文字的繁缛、简略而论，则可以把《水浒传》的各种版本区分为繁本和简本两大系统。100 回本都是繁本。120 回本、70 回本基本上也是繁本。简本则包括 104 回本、110 回本、115 回本、124 回本等等。

最接近于《水浒传》原本面貌的，是 100 回本。现存的天都外臣序本、容与堂刊本等，都属于 100 回本的行列。人民文学出版社 2002 年出版的游国恩等人编《中国文学史》中认为，明代高儒在《百川书志》中题为"施耐庵的本，罗贯中编次"的《忠义水浒传一百卷》，应是《水浒传》的祖本。根据李卓吾（李贽）的《忠义水浒传叙》以及最后一回诗句"一心征腊摧锋日，百战擒辽破敌年"看，在祖本里应该已经有了征辽、破方腊的故事。

明代嘉靖年间的百回本，在艺术上有了较多的加工。万历年间余象斗的一百二十回本，又增加了"征田虎""征王庆"的故事，但文字比较简略。天启、崇祯之年间，出现了杨定见的一百二十回本，除增饰了余象斗本中的"征田虎""征王庆"故事外，其余部分主要根据嘉靖本。

明末清初金圣叹腰斩《水浒传》，改成七十回本，由于它保存了水浒故事的主要部分，文字也比较洗练和统一，因此就成为清代最流行的版本。

20 世纪 50 年代人民文学出版社出版的七十一回《水浒传》，以金圣叹批改的七十回本为底本，作了一些必要的校正：把金本的"楔子"改为第一回，并把"噩梦"内容删去，将最后一回回目恢复为"排座次"。人民文学出版社后来出版的《水浒全传》，是以属于百回本系统的天都外臣序刻本作底本，并参校了其他几种较早的本子，以一百二十回本印行，可以说，这是内容最为完整的版本。

第二节 《水浒传》的思想内容

《水浒传》作者采取现实主义的写作手法，通过生动具体的艺术描写，反映了宋江领导的梁山农民起义发生、发展直至失败的整个过程。它深刻地挖掘了这次起义的社会根源；成功地塑造了起义英雄们的群像；通过他们不同的反抗道路，展现了起义如何由零散的复仇怒火发展到燎原之势的；客观地揭示了导致起义失败的内在原因；同时还抒发了十分矛盾复杂的忠义思想。《水浒传》的思想内容，大致可概括为下列五个方面。

一、宋江起义的社会根源

在艺术性地反映宋江起义全过程的《水浒传》中，作者首先揭示了农民起义爆发的直接原因，是封建统治阶级的昏庸和腐朽，是他们对农民大众的残酷剥削和压迫，这也即是说，乱自上作，官逼民反。

为了表达这一观点，作者在《水浒传》开篇写了一个社会渣滓人物高俅的发迹史。高俅原是一个“浮浪破落户子弟”，整天游手好闲、好吃懒做，品行全无、人见人烦。但只因踢得一脚好球，一次偶然的机遇受到皇帝的赏识，从一个社会小混混，没半年时间竟做到了殿帅府太尉之职，掌管起京城禁卫军的指挥大权。从此，高俅小人得志，迫害忠良，干尽了一系列的坏事。他一上任，就挟嫌报复，将其父曾经打过自己一顿的八十万禁军教头王进逼走他乡。他的螟蛉之子高衙内倚仗权势，无恶不作，青天白日竟敢抢人妻女。他不但不予制止，反而定下“私闯白虎堂”之计，又陷害得继任八十万禁军教头的林冲家破人亡。他的堂弟、高唐州知州高廉为非作歹，纵容小舅子殷天锡明目张胆夺人花园，气恼得身为贵族的柴进之叔柴皇城命丧黄泉。高俅的这种罪恶行径，以及仅仅会踢球就可以得到火箭提升的朝廷用人之道，深刻地揭示了当时封建官场的昏庸和混乱，

《水浒传》不但重点描写了封建统治集团中高俅这一反面人物的典型，还揭示了整个封建统治阶级的腐朽和没落，描写了一批贪官污吏的丑恶形象，以及附属于他们的地痞流氓、土豪恶霸等社会基层人物。比如，封建地主阶级的最高统治者宋徽宗，把朝廷政务全都交与权臣处理，自己整天琴棋书画、吃喝玩乐，并经常出入风月场所，与京城名妓李师师卿卿我我关系火热，完全是一个昏君的形象。太师蔡京、宦官童贯之流倚仗宋徽宗的信任，把持朝政，狼狈为奸。他们排除异己、网罗亲信，在整个朝廷胡作非为。在州府一级的官员中，很多都是他们的亲朋或帮派人员。蔡京的儿子在江州当知州，与帮闲小人黄文柄相勾结诬陷无辜，将酒醉题诗的宋江打入死牢。蔡京的女婿梁中书仗着"泰山之恩、提携之力"当了大名府知府。此人在任上横征暴敛，一次就搜刮了十万贯金银珠宝为老丈人做寿。宋徽宗的慕容贵妃之兄慕容彦达，也倚托妹子的势力，当上了青州知府，此人在青州横行霸道、残害良民、欺罔僚友、恶贯满盈。在社会基层，另还大量存在着如毛太公、西门庆、蒋门神、镇关西等一批土豪恶霸，直接对广大民众进行各种迫害。这各级大大小小的统治者、作恶者、帮凶者，形成了一个很大的黑暗势力网，残酷压榨着人民群众，使广大民众陷入水深火热之中。宋江领导的梁山起义，就是在这样一个现实背景上，气势磅礴地爆发了。

在书中，被逼起义造反的梁山英雄好汉，不仅有那些处于社会底层、深受压迫的贫苦人物，如李逵、阮氏三雄、解珍和解宝等。这些人是封建地主阶级直接压迫剥削的对象，他们奋起反抗，投身到起义队伍中来，自然会让人理解。但同时，一些处于社会中上层和属于封建统治营垒中的人物，也因遭受这样那样的迫害，纷纷参加了起义军队伍，如家藏"丹书铁券"的世袭贵族柴进和将门后裔杨志等。这些人先后被卷进了起义队伍的行列，充分说明封建统治集团的极端腐朽性，导致了其阶级内部的分裂。其中，逼上梁山起义造反最为典型的人物，是八十万禁军教头林冲。他本有着优厚的待遇、舒适的家庭、美丽的妻子，种种客观条件形成了他安分守己、怯于反抗的性格。

但就是这样的一个人，竟被高俅一次次逼得上天无路入地无门，最后才不得不怒杀仇人，毅然决然地走上了起义道路。林冲的起义造反，十分深刻地揭示了在封建统治的残酷压迫下，乱自上作、不得不反的残酷社会现实。

二、反抗斗争的燎原星火

封建社会里的农民起义，一般都有一个由个人反抗、小规模集体反抗，到大规模起义造反的过程。《水浒传》正是采取现实主义的写作手法，客观真实地描写了农民起义如何由“星星之火”，一步步逐渐形成“燎原之势”的发展趋向。

在书中，开始以单打独斗形式反抗封建腐朽统治和社会邪恶势力的，以鲁智深、林冲、武松等人为代表，比如鲁智深的“拳打镇关西”“大闹野猪林”、林冲的“火烧草料场”、武松的“斗杀西门庆”“醉打蒋门神”“血染鸳鸯楼”等。这些个人的反抗斗争，每一起都写得惊心动魄、鼓舞人心。当然，这些斗争毕竟还只是属于“星星之火”的个人反抗，不能形成对整个封建统治阶级的巨大威胁。

随着客观形势的发展，书中又深入描写了英雄好汉们逐渐由个人反抗，进而小规模地联合起来反抗的景况。“智取生辰纲”，可以说是他们小规模斗争的最初事例，参加这次智取行动的有渔民、文人，还有地方士绅等。他们出于对腐败当权者的仇恨，为夺取这笔不义之财，齐心协力运用智慧取得了胜利，事发后又一起上了梁山，奠定了梁山起义事业的基础。“孙立孙新大劫牢”，是另一小规模反抗斗争的具体事例。面对解珍、解宝被恶霸地主毛太公陷害入狱，孙氏兄弟等人在顾大嫂的带领下深夜劫牢，救出解珍、解宝。之后，又义无反顾地投奔梁山而去，进一步壮大了起义队伍的力量。

以宋江上梁山为标志，梁山起义队伍呈现迅猛发展之势。究其原因，一是得益于宋江的江湖威望和个人魅力；二是竖起了“替天行道”吸引民众广泛参加的造反大旗。在这种情势下，二龙山、桃花山、少华山、白虎山、清风山、对影山等众多山头的豪杰们相继归顺，形成了“涓涓细流、奔腾入海”的局面，使梁山起义英雄们的“武装割据”基本形成。一开始反抗斗争的“星星之火”，终于燃起了能够对抗整个朝廷的“燎原之势”。

此后的反抗斗争，主要表现为梁山起义武装力量和官府、劣绅武装力量之间的较大规模斗争。起义队伍在统一指挥下能攻善守，采取了灵活多变的战略战术，不断打击各方敌人，壮大自己的势力。他们连续取得了三打祝家庄、踏平曾头市、攻陷东昌和东平府、两赢童贯、三败高俅等一连串的辉煌胜利，沉重打击了封建势力，震撼了封建朝廷的统治根基。

梁山一百单八将“排座次”，是起义事业发展的顶峰期，作者热情洋溢地歌颂了梁山起义英雄好汉们建立起能够对抗封建朝廷的农民新政权盛况，描绘了“八方共域，异姓一家”的理想社会情景。

八方共域，异姓一家。天地显罡煞之精，人境合杰灵之美。千里面朝夕相见，一寸心死生可同。相貌语言，南北东西虽各别；心情肝胆，忠诚信义并无差。其人则有帝子神孙，富豪将吏，并三教九流，乃至猎户渔人，屠儿刽子，都一般儿哥弟称呼，不分贵贱；且又有同胞手足，捉对夫妻，与叔侄郎舅，以及跟随主仆，争斗冤仇，皆一样的酒筵欢乐，无问亲疏。或精灵，或粗鲁，或淳朴，或风流，何尝相碍，果然识性同居；或笔舌，或刀枪，或奔驰，或偷骗，各有偏长，真是随才器使……

这种封建社会里广大农民所追求的理想境界，读之令人欣喜万分。因为这是广大农民反抗斗争取得的胜利成果，它有着巨大的激励作用，将鼓舞起义将士们向封建朝廷发起更猛烈的攻击，直至最后的胜利。

三、英雄好汉的群像塑造

《水浒传》把那些被封建统治阶级视为“盗贼草寇”的梁山起义者，放在主人翁的地位给予充分的肯定和高度的赞颂，描写了他们所表现出的强烈反抗精神和优秀思想品德，成功地塑造了一批起义英雄的光辉形象。这些梁山起义好汉们出身不同，或是来自社会底层的贫苦农民，或是行走江湖的豪杰之士，或是投降起义队伍的朝廷官吏，或是闻名一方的地方乡绅等。他们的思想秉性有异，或豪爽，或忠厚，或机警，或沉稳等。总之，他们都以各自生动鲜明的面貌呈现出来，组成了光彩夺目的英雄好汉群像长廊，赢得了后世人们的高度敬仰。

在人物塑造方面，《水浒传》在思想性和艺术性两个方面均取得了极大的成就。首先，将封建统治阶级和传统知识分子眼中的“盗贼草寇”，作为英雄好汉来看待、来歌颂，具备了思想上的进步性。其次，运用现实主义的写作方法，把人物塑造得栩栩如生，具备了艺术上的典型性。完全可以说。成功的人物形象塑造，是《水浒传》深受后世人们欢迎、民间广泛流传、位列四大古典名著的一个十分重要的因素。清代文学评论家金圣叹曾高度赞扬《水浒传》在人物描写方面取得的成就，认为写得非常精彩，是与《庄子》《离骚》《史记》《杜诗》《西厢记》并列的六大才子书之一。书中的人物形象，千人千面，各个不同，性格鲜明，栩栩如生，具备很强的生活典型性和艺术魅力。特别是宋江、鲁智深、林冲、武松、李逵等一些主要人物的形象塑造，更显示出作者高超的写作技巧，使这些人物形象逾越千百年时空，仍被今天的人们引为津津乐道的话题。

比如，起义首领宋江忠和义思想的一次次矛盾和冲突，均表达得真实生动、深入细致，令人读之爱恨交加、褒贬不一。林冲被高俅一步步设计迫害、逼上梁山的层层递进描写，更是揭示出封建统治者的无比恶毒，令人读之义愤填膺。鲁智深与武松，两人同属于《水浒传》中位列前茅的英雄好汉，都有一身好武艺和扛鼎之力，都惯于见义勇为、抱打不平，是“路见不平一声吼、该出手时就出手”梁山精神的自觉践行者。但从两人的个性描写看，却同中有异，鲁智深面对邪恶势力是主动进攻，经常是一招制敌，轻松取胜，读之大快人心。而武松面对邪恶势力则是兵来将挡、水来土掩，魔高一尺、道高一丈，读之有一种惊险刺激的感觉。另外，鲁智深和李逵相较，两人都是外表粗野、性若烈火的莽汉形象，但在《水浒传》作者的笔下，两人在许多地方却是呈现个性差别。鲁智深是粗中有细、急而不燥，看问题一针见血，无论办什么事情都有始有终。而李逵却是真正的蛮悍，说话不过脑子，不考虑后果，经常好心办坏事。正是这种高超的艺术表现力，书中的人物形象被塑造得印象鲜明，令读者过目不忘。

关于《水浒传》中主要英雄人物的成功塑造，本章第三节将有专题，加以详尽具体论述。

四、起义队伍的失败结局

封建社会里农民起义的结局，总是未免以失败而告终。究其原因，正如毛泽东同志在《中国革命和中国共产党》一文中所指出的："由于当时还没有新的生产力和新的生产关系，没有新的阶级力量，没有先进的政党，因而这种农民起义和农民战争得不到如同现在无产阶级和共产党的正确领导，这样，就使当时的农民革命总是陷于失败，总是在革命中和革命后被地主和贵族利用了去，当作他们改朝换代的工具。"

综观历史上农民起义失败的形式，概括起来不外乎这样三种：一是被封建统治阶级所镇压；二是向封建统治阶级投降；三是起义领袖当上了新的皇帝，建立起新的封建王朝。《水浒传》中梁山起义军接受招安的结局，正是属于历史上农民起义失败的第二种形式。只是书中通过具体描写，揭示了梁山起义队伍虽然走的是招安投降的道路，但却有着别于一般的表现形式和内在原因。

在书中，作者描写梁山起义队伍不是通常在形势对自己极端不利的情况下由于走投无路，才被迫接受统治阶级招安的。恰恰相反，是他们取得了两赢童贯、三败高俅等一系列辉煌胜利的大好形势下，主动向统治阶级投降。之所以出现这种情况，与起义首领宋江的思想立场及其所推行的起义路线有着密切的关系，是宋江一生奉行的"忠君报国"思想，直接导致了这样的结果。

梁山起义队伍的受招安，在《水浒传》前七十回的故事情节里早已埋下了伏笔。宋江从一上梁山开始，出于根深蒂固的忠君报国思想，就公开声称自己是“暂居水泊，专待招安”，从而制定了一条“只反贪官、不反皇帝”的起义路线。伴随梁山起义事业的发展，一大批统治阶级中的人物迫于这样那样的原因相继加入了起义队伍。这些人的加入，虽然对壮大起义军的力量方面起到了积极作用，但也使起义队伍的社会成分、思想成分变得复杂了。其中大部分人，上山的目的也同样是“暂在山寨安身”“等候日后招安”。他们这种意图和起义军领袖宋江的“忠君报国”思想完全合拍，这就很自然地在起义军内部形成了以宋江为代表的妥协、投降的舆论氛围。这种情况，越到后来越占据了主导地位。虽有一些出身下层的起义英雄如李逵、鲁智深、武松等人对其进行抵制，但终因力量单薄而未能扭转局面，致使这场轰轰烈烈的农民起义，先是走上了“被招安”的道路，接着又被奸臣所害，最终落了个十分悲惨的失败结局。

据史料记载，宋江本是“勇悍狂侠”之人，极具反抗斗争精神。这和《水浒传》中宋江缺乏斗争坚定彻底性的形象有很大的不同。小说中的宋江形象，显然是作者按照自己的意愿来塑造的，使之成为引导起义军走向妥协投降的关键人物。《水浒传》里的宋江，作为起义军领袖自然有他的特点和长处：他反对贪官污吏，同情人民的疾苦，因济人贫苦江湖上被称为“及时雨”；智取生辰纲事发，他担着血海也似的干系营救过晁盖；他为人精明练达，能团结部下，有相当广泛的社会关系，懂得斗争策略，梁山好汉愿意紧密地聚集在他的周围等等。但是上述这些特点，对一个农民起义的领袖来说还不是最重要的。而具有决定意义的，而是在起义斗争中坚持的政治路线如何。恰恰在这个重要问题上，宋江存在着严重的思想缺陷。他不愿走反抗到底、推翻现有统治阶级改朝换代的道路，而是对现行统治者抱有幻想，认为皇帝还是好的，不好的只是那些贪官污吏。所以执意在斗争取得节节胜利之时，主动接受招安，然后在朝廷统治下，实现自己保国安民的远大理想。

《水浒传》作者对宋江追求招安的结局，态度上也是有矛盾的。一方面，他对宋江的受招安完全是肯定的、颂扬的，认为这是唯一正确的道路，因此一再称赞宋江这样做是“有仁有义”，是为了让兄弟们不当一辈子山大王，能有个好的出路和前程、“忠心报国”，大家都能各尽所能，在文治武功方面实现保国安民的理想等。但从另一方面看，作者对宋江“被招安”的结局又有所批判。这不仅表现在描写了李逵、鲁智深、武松等人的反招安、反投降的斗争，也写出了起义军在受招安后所遇到的种种悲惨遭遇，乃至最终宋江等人被奸臣下毒而死，使小说在七十回后笼罩了一种悲壮凄凉的气氛。这就在客观上告诉人们，接受封建统治阶级的招安是没有什么好结果的、路子是走不通的。

故此，《水浒传》既是农民起义的一曲颂歌、壮歌，也是农民起义的一曲悲歌、挽歌，它完整地描写了宋江起义爆发、兴旺、失败的全过程。而有些论者不能全面理解其意，总认为该书七十回以后写了招安投降，就是歌颂招安投降，宋江就是应该批判的投降派。其实，绝对不是这样的。试问，写了招安投降就一定是歌颂赞扬吗？就不能有如实披露、保留批判的含义吗？接受了朝廷招安就一定是十恶不赦的反面人物吗？就不能在朝廷统治下也有所作为、为保国安民出力吗？更有些论者说什么：七十回本的《水浒传》没有招安投降的内容，所以读者喜欢看。而一百二十回的《水浒传》写了大量招安投降的内容，所以读者厌恶，不愿意看。其实，这种浅薄之见是不值得一驳的。试问，读者都是愿意看喜剧不愿意看悲剧的吗？悲剧不是比喜剧更能引人警示和吸取教训吗？读者愿不愿意看的原因，绝对不应该是写没写招安投降内容的原因。如果是其原因，那么，《水浒传》岂能有“古典名著”之誉？因为七十回本乃为半截子本《水浒传》，一百二十回本方为《水浒传》完整之本啊。

五、复杂矛盾的忠义思想

与梁山起义军领袖宋江的思想立场以及小说作者的世界观有直接关系

的，是《水浒传》中大力宣扬了封建社会的“忠义”思想。关于“忠义”思想，这是一个十分复杂的思想观念，立场不同，理解也就有所不同，或者截然对立。比如，封建统治者的所谓“忠”，就是忠于皇帝；“义”就是维护封建秩序，当好顺民，起义造反就是不忠不义。而在平民百姓和江湖豪杰那里，“忠义”就是忠诚和正义，起义造反就是聚义和义举。而在儒家传统知识分子的思想上，“忠”则是忠君报国，把君与国联系起来，“义”也含有正义、不违社会常理的混合成分。《水浒传》所宣扬的、宋江所秉承的“忠义”，应该大体上属于后者。

关于《水浒传》中大力宣扬、被宋江坚守的“义”，细细品味，应该就是平时人们所说的江湖义气，为朋友两肋插刀。其主要内涵是指被压迫者之间的坦诚相待和相互帮助，以及对邪恶势力的坚决斗争。宋江冒着生命危险相救晁盖，行的是“义”，鲁智深为金氏父女打抱不平，行的是“义”，李逵误信人言而要杀宋江，行的也是“义”。东溪村七星聚义智取生辰纲，劫的是“不义之财”。小说七十一回梁山一百〇八位英雄聚齐庆祝，被称之为“大聚义”。所以，这样的“义”，其主导方面是积极进步、含有正能量的，因而是值得肯定的。只是应该看到，书中的“义”，有时也被写成一种没有原则的私人情谊，这在武松身上表现得较为明显。另外，书中很多情况下把“义”放在“忠”之后，使“义”服从于“忠”。当“义”和“忠”发生矛盾时，总是重“忠”而轻“义”，书中宋江在几次关键时刻的表现，就充分说明了这一点。

《水浒传》中大力宣扬、宋江一生坚持的所谓“忠”，就是传统知识分子心中的“忠”，一方面，它有着愚忠于皇帝、“君叫臣死臣不得不死”的迂腐观念。宋江被招安当了朝廷的命官后，即使皇帝昏庸、奸臣当道、起义英雄们遭到各种残酷迫害也毫无怨言，甚至最后自己被奸臣下了药酒马上就要被毒死，仍然表白忠心说：“宁可朝廷负我，我忠心不负朝廷。”这种忠君思想，是直接导致梁山起义最终失败的主观因素，当然应该否定和批判。

但是另一方面，它又有着保国安民、为国家出力的思想内涵，在梁山一百单八将大聚义时，宋江曾乘着酒兴作《满江红》一词，表达自己坚守忠义的志向：“统豺虎，御边幅。号令明，军威肃。中心愿平虏，保民安国。”鲁智深、李逵、武松等人对招安表示反对时，宋江又解释说：“今皇上至圣至明，只被奸臣闭塞，暂时昏昧。有日云开见日，知我等替天行道，不扰良民，赦罪招安，同心报国，竭力施功，有何不美？”正因为如此，书中所大力宣扬的忠君思想，也并非一无是处、腐朽透顶，这种儒家忠君报国的思想，同样含有一些积极进步的内涵。

所以，《水浒传》中大力宣扬、宋江一生坚持的所谓“忠义”思想，本身具备一种十分复杂的矛盾性，当代人们应该对其做具体分析，而不能一概否定和批判。

第三节　《水浒传》主要英雄人物形象解析

本章第二节中，已经叙述了《水浒传》的主要思想内容之一，就是成功进行了起义英雄们的群像塑造。《水浒传》之所以脍炙人口，被后世高度赞誉，一个十分重要的原因，就是书中塑造了众多起义英雄好汉丰满生动的群像。这些人来自四面八方，出身各个阶层，因受到官府种种迫害，被逼无奈起义抗争，像百川入海般汇集梁山。他们或品行高尚、重情重义，或性格刚烈、除暴安良，或富于智慧、决胜千里，或浑身本事，奋勇杀敌等，其传奇故事，激动人心；其斗争精神，令人敬仰。这些人已成为人民群众心中的英雄偶像，从他们身上汲取了除恶扬善的无限力量。本节中，将试对其中一些主要英雄人物形象加以评论解析。

一、创业首功之晁盖

在《水浒传》中，宋江领导的梁山农民起义，最初的首领是晁盖。虽然他中箭早逝，被摒于梁山一百零八人之外，但其优秀的思想品质和对梁山起义事业的开创作用，还是应该高度赞扬的。以至有人认为，从一定意义上说，没有晁盖，就没有梁山起义根据地的建立，就没有宋江后来的投奔梁山。只是他作为起义首领，与宋江相较，威望和能力欠缺，起义指导路线也存在不同。

1．豪爽之士 道德君子

晁盖和宋江一样，原来都是闻名江湖的豪杰之士，专爱结识天下好汉，凡是有人来投奔的，都热情接待、资助钱财。素不相识的刘唐前来投奔中酒醉被捉，晁盖马上设计相救。他作为东溪村的保正，在地方上敢于出头管事，主持公道，人缘好，威信高，曾独自一人将镇鬼青石宝塔搬移竖于村边，人都尊称他为“托塔天王”。他平日最爱刺枪使棒，亦身强力壮，不娶妻室，终日只是打熬筋骨。

晁盖在人们心目中是一位道德君子、忠厚长者，为人处世特别讲义气，知恩图报。为报答智取生辰纲事发宋江相救之恩，他先是派人专程送上百两黄金，接着，听说宋江因误杀人命被判流刑又路途相救，后来宋江因酒醉题诗被判死刑时再率众劫了法场。待宋江上了梁山，晁盖马上诚心诚意地将头把交椅的位子相让，直到宋江以死坚辞方罢。另外，晁盖对待智取生辰纲事发入狱的结义兄弟白胜，同样是一片义气为先的赤诚之心，苟富贵勿相忘，他在梁山落下脚后，立即设法救其出狱，共聚梁山。

总之，晁盖具有十分优秀的思想品质和较高的社会威望，这是书中描写的基本概况。

2．梁山事业 开创首功

晁盖等七人智取生辰纲事发，他们经宋江报信后收拾行李财物投奔梁山，而却遭到心胸狭窄、嫉贤妒能的山头首领王伦婉拒。在此情形下，吴用设计语激林冲火并王伦，大家推举晁盖坐了头把交椅，从此开创了梁山起义事业新的篇章。

晁盖当上了梁山起义头领，履其职担其责，随即与吴用等众头领共同计议，当务之急做了三件事：一是废除入伙“头名状”（下山杀一个人，将人头交纳）制度，规定从此只许劫持财物不准伤害人命。二是整点仓存，修理寨栅，打造兵器，安排大小船只，教演水上厮杀，准备迎战进剿官军。紧接着，也取得了迎战济州府进剿官军、活捉团练使黄安的大捷。三是派人带着礼物下山感谢救命恩人宋江，并解救因智取生辰纲事发而入狱的白胜。不久，白胜、宋江陆续被救上山。特别是宋江的上山，带来十多位英雄好汉加入起义队伍，迎来了梁山起义事业初步的兴旺局面。

毫无疑问，晁盖对梁山起义事业有着十分重要的开创之功，正是他的人格魅力和秉正主持，梁山才成了容纳百川入海一般起义将领的根据地，才有了后来兴旺发达的景象。同样是他的诚心邀请和全力救助，宋江方能免于被江州官府行刑毙命，才上梁山当了起义的首领。所以，尽管晁盖由于早逝不在一百单八将之列，但梁山全体将士都不会忘记他的开创首功。在一百单八将聚齐派座次的时刻，大家首先在厅堂正中摆上他的神位，加以参拜和供奉。

3. 能力所限　处境尴尬

晁盖虽然是梁山起义队伍的首领，但自从宋江上山以后，由于几个方面的原因，他就被置于较为尴尬的位置，啥事都是宋江说了算，以致有人为其抱打不平，说是宋江作为二把手架空了晁盖。

晁盖处境较为尴尬的事例很多，例如，第一，宋江刚被劫出法场还未上梁山，为了报仇，他主张立即去打江州无为军，杀掉黄文炳。而晁盖认为所带人员太少，力量单薄，取胜没有十成把握，主张回到梁山率领大批人马来打。按说晁盖的意见更为稳妥，但大家一致拥护宋江的主张，却没人理会晁盖的意见。第二，江湖好汉或个人或山头投奔梁山的，绝大多数是慕宋江大名而来，宋江哥哥长宋江哥哥短，亲热崇敬得很，而把晁盖晾在了一边。第三，杨雄、石秀、时迁三人在投奔梁山途中，时迁因偷了祝家庄的报晓鸡被捉，杨雄、石秀请求梁山人马前往营救。晁盖一听大怒，认为坏了梁山义气的名声，声称要刀斩杨雄、石秀二人。这时宋江马上站出来说了一大通不该杀杨雄、石秀，倒应该乘机打祝家庄的理由。宋江刚说完，吴用、戴宗连忙帮腔，晁盖的意见只能作废。如此等等，还有许多。

晁盖作为梁山一把手号令无力、几乎被架空，而宋江作为梁山二把手却赢得大家拥护、令行禁止，这是为什么呢？其中主要原因是他们两人在很多方面存在着较大差距。论江湖地位和人格魅力，晁盖的影响力相对有限，江湖上许多人不知道他，而宋江的声誉却如雷贯耳，铁粉众多。论文化底蕴和政治抱负，晁盖没有文化、目光短浅，他智取生辰纲，只是认为劫了这“不义之财”，可以享“一世快活”。后来上了梁山，也只是想当一个打家劫舍、与官府做个对头的“山大王”。而宋江则不然，他自幼饱读儒家经典，怀有修身、齐家、治国平天下的远大理想。上了梁山，立志把起义队伍改造成“不扰良民、只反贪官”的忠义之师，通过走招安之路，带领兄弟们效命疆场，建功立业，封妻荫子。论领导才能和团结艺术，晁盖作为梁山一把手，缺乏驾驭全局的能力，不能提出切实可行的行动措施，更不能协调复杂的人事关系。他的长处只是严以律己、以德服人，处理问题未免简单武断，不能讲究方式方法。而宋江统领千军万马则显得驾轻就熟，他能及时向晁盖提出合理化建议，并付诸实际行动。他领导的反贪风暴，一次次战斗都取得了重大胜利。对队伍内部出现的有些矛盾和问题，他也能从道理上加以阐发解析，使大家心服口服。他待部下情同手足，恩威并重，注重思想教育和引导，讲究方式方法，所以梁山好汉能如众星拱月般围绕在他的周围，心甘情愿在他的领导下卖命效力。

故此，是两人思想素质和能力等诸多方面的客观原因，造成了晁盖作为一把手处境的尴尬，并非宋江主观有意为之。

4．轻敌早殒命　遗嘱呈疑云

梁山起义队伍平时的主要事情，是开展对敌斗争的军事活动。一般由晁盖坐镇山寨，宋江带兵出征。晁盖为了创造一次征战功劳，取威于众，改变一下风头被宋江压制的状况，在攻打曾头市时执意亲自带兵出战。众将领以山寨之主不可轻动相劝，他一概不听。结果由于误信两个奸细和尚的献言，中了敌人埋伏，不但兵马损失大半，自己也被曾头市武术教头史文恭用毒箭射死。在临终前，晁盖对宋江说道："若哪个捉得射死我的，便叫他做梁山泊主。"

综观晁盖仅一次出征就中箭殒命之事，其中引为教训的方面很多。第一，主帅坐镇，副帅出征，这是古今一般惯例。创造功劳、取威于众的方法很多，不一定非得带兵出征不可。再者，出征也不一定能创建功劳，打了败仗还要接受惩罚甚至斩首示众呢。在战场拼杀，生死一瞬间，亡命战场的情况也时时发生呢！第二，要战胜敌人，就要研究敌人，做到知己知彼、百战不殆。而不能仅仅凭一己之勇，像晁盖那样作为主帅临阵带头拼死冲杀，之后又主观武断，不听林冲规劝，误信奸细献言。曾头市曾家五虎均非等闲之辈，又有武术高强的教头史文恭相助，怎能轻敌蛮干呢？晁盖负气出征，先是过度自信，遇到挫折又为难发愁，最后听信奸细献言孤注一掷，其中种种细节，早已埋下了失败的伏笔。

晁盖死前的遗嘱，是后世人们议论不休、十分费解的一个话题。有的认为是反映了晁盖对被宋江平时架空的不满，有的认为是显示了晁盖作为一把手的心胸狭窄，总之他是不想让宋江接班当梁山起义首领。从中细致分析，晁盖对宋江的不满是肯定的，因为当时宋江已经是二把手，接晁盖的班顺理成章、几近板上钉钉的事情。他之所以不想让宋江接班，一是怨于平时梁山众将领眼中只知有宋江，而不知有晁盖，自己总存在一种被架空的憋屈感。二是怨于两人的思想政治路线截然不同。晁盖一心想当一个劫富济贫、与官府做个对头的"山大王"，而宋江却想接受招安当个朝廷命官，疆场建功，青史留名。但晁盖不知道，这是一个大概率无法实现的遗嘱。试想，按照一般情况而论，能捉住射死晁盖的人，自然是武功高强的人，那么仅凭武功高强就能当梁山首领吗？当然不能。作为梁山起义首领，必须首先具备政治才能、个人威望，还要有理论素养、协调能力、团结艺术，等等，而能担当这一重任的，非宋江莫属。

果不其然，尽管宋江在主观思想上想落实晁盖的遗言，找了卢俊义当梁山首领候选人，并且卢俊义也真的捉住了射死晁盖的史文恭，但是最后，仍由宋江接班当上了首领。晁盖的遗嘱，在宋江的势力早已奠定并丰满的情况下，徒一纸空谈之语罢了。

二、忠义头领之宋江

《水浒传》中，作者是把梁山起义首领宋江作为奉行忠义的典型形象来加以塑造的。宋江也曾自我表白说道："一生秉承忠义，不敢有半点欺心。"在忠义思想的指导下，宋江一方面仗义疏财，敢为智取生辰纲的朋友两肋插刀；另一方面又忠于朝廷，把起义造反看成不可饶恕的弥天大罪。被逼无奈上了梁山后，一方面秉承正义，掀起反对贪官污吏的斗争风暴；另一方面又不反皇帝，主动接受招安，为朝廷疆场效命，奋力搏杀，最后被奸臣陷害，落了个队伍死伤殆尽、起义悲惨失败的结局。正因为如此，后世对宋江这一人物形象褒贬不一，争议较大。

1．宋江的忠义思想

要正确评论宋江的忠义思想，必须紧密结合书中的具体描写，看看这"忠"和"义"的内容究竟是什么，写了哪些方面？而不能脱离文本描写，笼统地阐发议论。

关于宋江的"忠"，宋江在起义前，他对朝廷、对皇帝的"忠"，书中主要写了两点：一是晁盖等人劫了生辰纲，宋江认为这是"犯了弥天大罪，是家灭九族的勾当，无论如何在国家法度上饶不得。"二是宋江误杀了闫婆惜，梁山好汉邀请他上山落草，他马上觉得这是"上违天理，下违父教，成了不忠不孝之人"，所以任凭梁山好汉怎么诚心劝说，他坚决表示愿意坐牢也不愿上山。后来宋江被判死刑无奈上了梁山，根深蒂固的忠君思想，使他继承晁盖之位当了起义领袖做出了三件事：第一，改梁山"聚义厅"为"忠义堂"，打起"顺天、护国"的大旗，声称自己对朝廷、对皇帝并无异心，只是"暂居水泊，专待招安”。第二，在梁山一百单八将聚齐庆功的菊花会上，宋江作词《满江红》一首，再次表白了自己望皇帝“降诏早招安，心方足”的愿望。面对李逵、武松等人的反对，并一再解释说“我等替天行道，不扰良民，赦罪招安，同心报国，竭力建功，有何不美”？第三，宋江两次走李师师的后门，并通过朝臣宿太尉向宋徽宗转达自己的心愿，希望招安早日能够进行。最终梁山起义队伍被朝廷招安，成了朝廷命官的宋江又做出了三件事：第一，朝廷军官克扣起义队伍的酒粮，被梁山的一位士兵杀掉，宋江为表白真心归顺朝廷，就挥泪斩杀了这个士兵。第二，宋江奉朝廷之命征伐辽国、王庆，主动请缨征伐田虎、方腊，梁山起义队伍虽死伤过半，他却毫无怨言，认为这是大丈夫为国报效疆场，死得其所。第三，在明知奸臣赏赐他的是毒酒的情况下，宋江喝了后，还让“天不怕地不怕、敢把皇帝老儿拉下马”的李逵也一同喝下，以免李逵再次造反，毁坏了自己和梁山起义军一贯秉行忠义的名声。

再说宋江的“义”。宋江起义前，作者主要描写了这样两点：一是仗义疏财，扶危解困，无论一般平民，还是江湖好汉，只要有人遇到危难，宋江马上施舍相救，不图回报，人称“及时雨”。二是晁盖等人劫了生辰纲，宋江敢于为朋友两肋插刀，“担着血海也似的干系”出手相救。宋江起义后，作者对他的“义”也主要描写了两点：一是消除等级观念，视所有起义将领为兄弟，不求同生，但求同死，大块吃肉，大碗喝酒，大秤分金银，营造了一种乌托邦式的理想社会氛围。二是从梁山好汉们的前途命运出发，宋江规划了一种“为国效力、疆场杀敌、建功立业、青史留名”的远景规划，并千方百计努力实现。整个起义队伍被招安后，宋江带领梁山好汉们南征北战，以图让大家建立功勋、封妻荫子。可梁山好汉们拼死为朝廷卖命，一百单八将伤亡过半，却遭到奸臣的嫉恨和迫害，在万般无奈之际，宋江只好甘愿饮下毒酒，既是向朝廷表白忠心，同时也是向梁山好汉们谢罪。

综上所述，按照马克思主义唯物史观分析，应该认为宋江所奉行的“义”，就是平时人们常说的江湖义气、仗义疏财、扶危解困、为朋友两肋插刀；就是起义兄弟之间的平等友爱，不分你我，同心协力，除暴安良。关于“义”的这些内涵，无疑具有正面的积极的意义，应当给以赞颂。当然，其中也含有不讲原则式的哥们义气，这是应该摒弃的。

关于宋江的“忠”，可以认为，其中既有相信皇帝圣明、愚忠效命皇帝、“君叫臣死臣不能不死”的封建糟粕内涵，应该批判，也有保国安民、疆场建功的内容成分，属于儒家一贯倡导的修身、齐家、治国平天下思想。这种“忠”，在历史发展进程中同样也含有正面、积极意义的成分，值得在一定程度上加以肯定，一概否定和批判未免失之武断。

2.宋江的起义路线

在书中，参加起义后的宋江从忠君思想出发，制定推行了一条“只反贪官、不反皇帝”起义路线。要正确评价这一起义路线，同样应该看一下他在这条路线指导下具体干了些什么？他干的一些事情在当时有没有什么积极进步的意义？

从书中的描写可知，宋江上了梁山后，带领起义队伍高举“替天行道”的大旗，向一些朝廷官府和地方武装势力主动进行了一系列摧枯拉朽般的进攻和打击。首先，他们大败江州官府的无为军，杀了奸佞小人黄文炳。接着，三打祝家庄，两打曾头市；攻陷高唐州，杀了高廉、殷天锡；攻陷青州城，杀了慕蓉知府；又打大名、打东平、打东昌；两赢童贯，三败高俅。所有这些战斗，均取得了重大胜利，沉重打击了朝廷的统治基础和邪恶势力。

宋江的“反贪风暴”在取得重大胜利的时候，突然停止行动接受了朝廷的招安。为何？这是由他的忠君报国思想所决定的，因为他的人生理想和政治抱负，正如梁山头领阮小七唱的民谣那样，是“贪官污吏都杀尽，忠心报答赵官家”。是在北宋赵姓皇帝领导下建功立业，保国安民，而不是推翻皇帝，自立为王。在他看来，皇帝是好的，只是被奸臣蒙蔽了双眼。他盼望有朝一日皇帝能够摆脱奸臣蒙蔽，变得清明起来。

但残酷的现实是，让皇帝自我觉悟摆脱奸臣蒙蔽，变得清明起来，根本就是一种美好的幻想。不反皇帝，让皇帝自醒，无疑是自欺欺人、画饼充饥。宋江接受招安后拼死为朝廷卖命，反遭奸臣迫害惨死，就宣告了昏庸皇帝自醒梦的破灭。它告诉人们，在统治腐朽、积重难返的时代，反贪斗争固然能在一定程度上扶正压邪，但要从根本上解决问题，是远远不够的，也是不可能的。

3.宋江与晁盖的关系

宋江根深蒂固的忠义思想，与晁盖占山为王的侠义思想，有着明显的区别。因此，宋江上了梁山后，两人之间的亲密关系日趋疏远并产生隔阂。以致不少论者认为，宋江架空了晁盖，将晁盖摒于了梁山一百单八将以外。那么，两人之间的关系真相是怎样的呢？

关于宋江和晁盖在起义前的关系，书中的描写还是比较清楚的。在两人参加起义前，晁盖智取了生辰纲，宋江敢于冒着杀头灭族的危险通风报信，帮助晁盖及时逃走，如果两人不是生死相交的朋友关系，这是无论如何做不到的。关于这一点，书中明确写道，当宋江听说晁盖智取生辰纲的事情败露，心里吃了一惊，顿时寻思道："晁盖是我心腹弟兄，他如今犯了弥天大罪，我不救他时，捕获将去，性命便休了。"宋江飞马送信通知晁盖后，晁盖感谢不尽地对吴用等人说："亏杀这个兄弟，担着血海也似的干系，来报信给我们。""他与我心腹相交，结义弟兄。吴先生不曾得会，四海之内，名不虚传。结义这个兄弟，也不枉今生了。"

只是后来待宋江上了梁山，书中再没有描写他和晁盖两人之间的深厚友谊，而是相互的隔阂和潜在矛盾不时出现，并且在这些隔阂和矛盾中，宋江作为二把手很快大出风头，梁山好汉们凡事听命于宋江，簇拥于宋江的周围，一呼百应，而晁盖一把手的作用则被遮掩弱化。这种情况主要表现为三个方面：第一，宋江带领梁山兄弟们风风火火攻城略地，接连取得一个个的胜利，为梁山起义事业立下汗马功劳，而晁盖仅一次带兵出征曾头市，就无功而返，并中了毒箭。第二，众好汉投奔梁山大都是慕宋江之名而来，晁盖在他们心中并没有什么印象。并且在宋江和晁盖的意见发生分歧时，总是宋江的意见被众人拥护，被最终采纳，而晁盖的意见则被否决。第三，晁盖一死，宋江立即改原来的聚义厅为忠义堂，将晁盖坚持的“占山为王、打家劫舍、与官府做个对头”的起义路线，改为“只反贪官、不反皇帝”的起义路线。

那么，应该如何看待宋江和晁盖之间的思想隔阂和潜在矛盾呢？这主要由《水浒传》作者施耐庵塑造人物的整体构思所导致。在施耐庵的写作框架内，晁盖只是梁山起义的开创者，属于铺垫人物，而宋江才是把梁山起义引向快速发展、繁荣之路的领导者，属于真正的小说主角。所以，作者在书中通过大量情节塑造和描写，阐明了两人在思想素质的较大差别。第一，论江湖地位和人格魅力，晁盖的影响力很有限，江湖上许多人不知道他。而宋江在江湖上却名声如雷贯耳，知道宋江、主动投靠宋江的，则占了梁山好汉的绝大多数。就连天不怕、地不怕、皇帝老儿也不放在眼里的李逵，一听说“宋江”两字，立马倒地磕头，口称“大哥”，终生俯首帖耳，侍奉左右。第二，论文化底蕴和政治抱负，晁盖没有文化，目光短浅，他上了梁山，也只是想当一个打家劫舍，与官府做个对头的“山大王”，享“一世快活”。而宋江则不然，他自幼饱读儒家经典，怀有修身、齐家、治国平天下的远大理想，上了梁山，立志把起义队伍改造成“不扰良民、只反贪官”的忠义之师，通过走招安之路，带领兄弟们效命疆场，建功立业，封妻荫子，青史流芳。第三，论领导才能和团结艺术，晁盖作为梁山一把手，缺乏驾驭全局的能力，不能提出切实可行的行动措施，更不能协调复杂的人事关系，处理问题未免简单武断，不能讲究方式方法。而宋江统领千军万马则显得驾轻就熟，他能及时向晁盖提出合理化建议，并付诸实际行动。对队伍内部出现的一些矛盾和问题，他也能从道理上加以阐发解析，使大家心服口服。

如果从人的主观方面来分析，宋江也是心甘情愿当二把手、辅佐大哥晁盖的，一生坚守忠义的思想品格，也使他从无架空晁盖进行篡位之野心，两人的深厚友谊可谓地久天长的。晁盖在世时，宋江对晁盖始终抱着尊重信赖的态度，凡事主动征求晁盖的意见。当然，两人的意见有时不同，但这属于正常现象，有了不同的看法就当面提出来，也是一种光明正大的行为。晁盖死后，宋江同样遵守晁盖的遗言，千方百计创造条件，想让射死晁盖仇敌的卢俊义当梁山一把手。只是众人的一致拥护和强烈呼声，宋江无奈才坐了第一把交椅。这一切都充分说明，虽然客观上存在晁盖被架空的表象，但从主观上，宋江没有任何妄图排挤和架空晁盖的故意，对晁盖是十分尊重的。

4.宋江形象的作者映照

《水浒传》的作者施耐庵之所以要把宋江塑造成一个奉行忠义的典型形象，其中蕴含着作者的自身映照，从宋江这一形象可以窥见作者的思想影子。作者是想通过宋江这一自画像式的文学形象，表达自己的思想观点和理想追求。

施耐庵是一位正统的、正直的封建文人，有资料说，他还一度参加了张士诚领导的反元起义。这样一位封建文人，在塑造宋江的形象时，必然要融入自己的一些思想理念，对历史上的宋江加以改造和取舍。这样一来，《水浒传》中农民起义首领宋江的状况，就有了与作者施耐庵十分相似的状况：他们都具有正直、正统的品格，饱受儒家文化熏陶，秉持传统的忠义观，怀揣儒家一贯倡导的修身、齐家、治国平天下的理想抱负。

在书中，作者施耐庵正是从封建传统的忠义观出发，把宋江塑造成了秉持忠义思想的典范。一方面，以十分肯定的态度歌颂了宋江起义反抗官府的英雄壮举，揭示农民起义乱自上作、官逼民反的客观必然性。另一方面，他又把社会上的一切邪恶现象，归罪于奸臣当道、蒙蔽皇帝。所以他为宋江勾画了一条“只反贪官、不反皇帝”的起义路线，让宋江起义力量达到鼎盛、扬眉吐气之时，主动接受朝廷招安，在朝廷领导下建立功业、立身扬名。

但无情的封建社会现实是，宋江受招安后为朝廷南征北战，出力卖命，不但无功受赏，而且遭到迫害，奸臣照样当道，贪官依旧横行，这不禁令施耐庵仰天长叹，找不到出路在于何方？正统文人的思想束缚，使他不允许小说中的宋江像历史上的宋江一样，再举行第二次起义，无奈只好让宋江喝下朝廷赏赐的毒酒，空留“忠义”的虚名，在青史传扬。

所以说，在宋江这个人身上，我们可以在很大程度上看到施耐庵的影子，他倾心塑造的宋江形象，既可以认为是对传统忠义观的颂歌，也可以认为是对传统忠义观的悲歌。

5.宋江的后世评论

《水浒传》中宋江的形象，是引起后世热点评论、褒贬不一的一个文学形象，至今无一定论。

明代后期，第一个认真评《水浒传》赞宋江的，是思想家李贽。李贽从大力褒扬封建社会传统的忠义观念出发,对宋江这一形象给予了极高的评价。他说：“独宋公明者，身居水浒之中，心在朝廷之上；一意招安，思图报国；卒至于犯大难，成大功，服毒自缢，虽死而不辞，实忠义之烈也。”他称颂宋江是秉承忠义思想的楷模，是曲线忠君报国、死而无憾的英雄人物。

到了明末清初，第二个认真评《水浒传》批宋江并产生巨大影响的，是文学批评家金圣叹。金圣叹对宋江的形象是完全否定、深恶痛绝的。他反对李贽关于赞扬宋江是“忠义之烈”的观点，认为如果承认宋江等人为“忠义之烈”，那么无异于承认“水浒有忠义，国家无忠义”“无恶不归朝廷，无美不归绿林”，无异于让“已为盗者，读之而自豪，未为盗者，读之而为盗”。他列举书中的一些事例，说明宋江的所谓“忠义”，统统是“假忠假义”，是“内小人而外君子”，是“欲以银子一物买天下”，是欺骗蒙蔽人的奸诈之术。金圣叹认为，宋江作为起义领袖，煽动人们起来造反，破坏国家纲纪，导致社会动乱，这样的罪魁祸首应该严惩不贷、以儆效尤。于是他在夹批中，系统地数列了宋江罢吏为盗、私放晁盖、远近相煽、题写反诗、杀惜贻父、唆人落草、火烧肆毒、打州劫县、拒抗王师、称尊为王等十大不可饶恕的罪状，极力反对朝廷对宋江进行招安。他认为，如果招安了宋江，那么就会“失朝廷之尊，坏国家之法，显当时之无人，有负养士百年之恩，纵贼猖狂愈甚”，“有罪者可赦，无罪者生心，从此无治天下之术”。所以，金圣叹采用偷梁换柱的手法，将《水浒传》拦腰砍成七十回本，不让宋江受招安、打方腊，而以“卢俊义惊噩梦”一回结束全书，使宋江等一百零八人死于朝廷的刀斧之下。这，就是文学史上的金圣叹腰斩《水浒传》事件。

金圣叹与李贽对宋江一贬一褒的评价，在明代、清代以及民国时期的知识学术界及其他社会阶层，具有广泛的代表性：在思想激进的革命者眼里，宋江是品格优秀的农民起义领袖；在思想传统的保守者眼里，宋江是破坏安定、煽动动乱的贼寇。尽管其中具体的观点有所区别，但总的大的观点意见不出以上两种。

中华人民共和国成立后，劳动人民当家做了主人，阶级统治地位发生了根本性的变化。在这种形势下，《水浒传》中的宋江作为农民起义的领袖，自然受到了众口一致的肯定。宋江的形象之所以受到普遍肯定，还有一个重要因素，就是中华人民共和国成立后《水浒传》出版了两个版本，一是宋江没有接受招安打方腊的70回本；二是120回全本。而当时被广泛普及、深刻影响了全国人心的，是70回本的《水浒传》，所以宋江的形象，无疑是高大的英雄豪杰形象，是农民起义的优秀领导人形象。就是人们读了120回全本的《水浒传》，也都能从时代的局限性、农民阶级反抗斗争的软弱性加以分析，充分理解宋江受招安、打方腊的行为。

这种情况延续到“文化大革命”后期，因毛泽东同志的一番评《水浒》谈话被“四人帮”等极左势力所利用进行大肆宣传，宋江由正面形象一下变成了反面形象，被戴上了投降派的帽子。改革开放以后，全国经过几次解放思想，学术理论界一面倒批宋江的情况才有所改变。近些年来，有些人开始承认宋江是农民起义的领袖，但只是认为他是一个素质不好、主张投降的领袖。说他仗义疏财是用银子收买人心、在梁山队伍中架空晁盖、奴颜婢膝投降朝廷的观点，仍然流行。这就是说，目前的宋江评论，仍呈现一种褒中有贬、褒中多贬的现象。这种现象，已经超出评论宋江这个人物本身，其中蕴含着论者对历史人物、文学形象的整体认识观。

三、勇冠三军之卢俊义

《水浒传》中众英雄之起义造反，绝大多数是“逼上梁山”的。如林冲和解珍、解宝兄弟等，是受了奸臣和劣绅的迫害；宋江、鲁智深、武松等，是杀了恶人；晁盖、吴用和三阮兄弟等，是劫了官财；关胜、秦明、呼延灼等，是作为朝廷军官兵败被捉，如此等等。而卢俊义却是个例外，他的上梁山，是吴用“计赚”的，也即是说用计谋邀请的。为什么要邀请卢俊义上山呢？他上了梁山后又发挥了什么样的作用呢？

1.棍棒世无对

关于梁山起义军要邀请卢俊义上山的原因，书中交代主要有两个方面：一是他社会威望高，江湖影响大：“是北京大名府第一等长者，河北三绝，绰号玉麒麟。”二是他武艺高强，勇冠三军：“一身好武艺，棍棒天下无对。”总之，邀请卢俊义上山，是为了壮大梁山起义军的声势，对抗朝廷的官兵。用宋江的话来说就是：“梁山泊寨中若得此人时，何怕官军缉捕，岂愁兵马来临！”

于是，军师吴用就略施计谋，装扮成算命先生，与装扮成随从哑童的李逵混入大名府，为卢俊义算命。他先以百日内有血光之灾设下圈套，再以向东南千里之行可以避祸作为诱饵，经过捕捉、放回、相救、失陷、劫法场等一番周折，终将卢俊义“计赚”上山，让这个声称“生为大宋人，死为大宋鬼”的卢员外，变成了死心塌地起义造反之人。

2.活捉史文恭

卢俊义上梁山之前，晁盖攻打曾头市时，曾被曾家五虎的师傅史文恭毒箭所伤，不治而死。晁盖临终前留下遗言：“若捉得史文恭者，便让他为梁山泊寨主。”卢俊义刚上梁山，就赶上起义军攻打曾头市、为晁盖报仇之战。本来按照作战部署，卢俊义并没加入主攻队伍，而是作为一支接应部队埋伏起来。可是，事有凑巧，曾头市溃败时史文恭逃跑，正遇上英勇无敌的卢俊义，几个回合就被轻松活捉。

宋江遵照晁盖的遗言，请求卢俊义落坐梁山泊寨主之位。卢俊义誓死不从，宋江执意坚持。一番谦让后，宋江就采用两人抓阄分打东平、东昌两府，先胜者坐头把交椅的办法。结果宋江首先取得胜利，只好自己坐了头把交椅，卢俊义则坐了第二把交椅，成为总督兵马第一副元帅。忠义堂前，亦竖起了“山东呼保义”“河北玉麒麟”两面大旗。

3．征战显神威

卢俊义上梁山后，跟随宋江一起南征北战，参加了一系列的大型战役，凭借其天下无对的武艺，数次立下大功。

两赢童贯时，卢俊义活捉童贯手下大将酆美。

征辽之战中，卢俊义大显神威，独自跃马挺枪与辽国四员猛将酣战一个时辰，最后战胜耶律宗霖，吓跑耶律宗雷、耶律宗电和耶律宗云。紧接着，又将约有一千多人的辽兵队伍杀得四散奔逃。

卢俊义在征讨宋朝其他三个心腹之患“田虎、王庆、方腊”时，同样所向披靡：活捉卞祥、斩杀杜壆、秒杀方翰、杀厉天闰、破司行方、秒杀方垕、捉贺从龙，从中印证了其“天下无对”的武功绝非浪得虚名。

4．悲惨遭毒害

在平方腊之后，梁山众将领血洒战场十剩二三。朝廷封赏时，卢俊义被授予庐州安抚使兼兵马副总管。高俅、杨戬两个奸臣眼见自己曾经的对头——梁山将领受到重用，便利用皇帝的信任，暗中定下一个个害人诡计。其中，他们两人在皇帝所赐卢俊义的御酒里放入水银。卢俊义喝后不能骑马，在泗州淮河乘船时失足落水而亡。

卢俊义这位勇冠三军的起义将帅，没有牺牲在对敌斗争的战场上，却被奸臣一杯毒酒轻易害死。这一残酷无情的事实，一方面让人们为英雄豪杰痛惜；另一方面更增添了人们对奸臣贪官的憎恨。在一切反动腐朽的政权里，那些奸臣贪官们是维持其统治的重要支撑，是广大民众遭受残酷压迫的痛苦根源。因此，一切推动历史前进的革命斗争，都必须对奸臣贪官们施以打击重拳，直至死地，绝不可有丝毫的姑息宽恕。

四、智忠双全之吴用

在《水浒传》中，梁山起义队伍的军师吴用，绰号“智多星”，道号“加亮先生”。意为他要像《三国演义》里的诸葛亮一样，成为足智多谋、神机妙算的人物。虽然同为军师，吴用比诸葛亮在传奇性和影响力方面要逊色得多，但他在“智”和“忠”方面还是亮点不少的，作者也是紧紧围绕着这两个方面，尽力想把他塑造成诸葛亮一类的智囊人物。

关于吴用的“智”，书中有大量事例的描写。比如，智取生辰纲、江州劫法场、三打祝家庄、大破连环马、计赚卢俊义、两赢童贯、三败高俅等，基本上梁山起义队伍每次大的军事行动，都有吴用参与策划的身影。并且，由他策划的每次军事行动，基本上都取得了胜利。可谓运筹帷幄之中，决胜千里之外。

吴用施“智”，数“智取生辰纲”描写得最为生动具体、有声有色。押解生辰纲的杨志，武艺高强，胆大心细。因为有以前押镖失手的沉痛教训，所以他的警惕性非常高，一路上采用了很多预防性的措施。虽则如此，吴用还是心有奇妙计、稳坐钓鱼台，一步步将杨志等一干人引入早已谋划好的圈套之中。从中，充分印证了其“智多星”的绰号绝非浪得虚名。

诚然，吴用施“智”也有失算的时候。如第三十九回“梁山泊戴宗传假信”中，他伪造蔡京给其儿子蔡九知府的回信，误把蔡京的署名印章刻错，导致戴宗下狱，与宋江一起被判死刑。幸亏发现得早，及时派人劫了法场，救出了宋江、戴宗二人。但吴用的这一失算，如同《三国演义》中诸葛亮失街亭一样，并不能说明他的智慧欠缺。智者千虑，必有一失。偶尔一次判断上的错误，应该是正常的现象，这反倒说明他是人而不是神，具备了人物塑造的客观真实性。

关于吴用的“忠”，主要是指他忠于梁山起义事业的首领宋江。起初，他是与晁盖一起上梁山的，是晁盖的嫡系兄弟。但自从宋江上梁山后，他就转而跟随宋江，忠心耿耿，尽力辅佐，没有半点的懈怠。特别是晁盖与宋江产生意见分歧时，他总是坚定地站在宋江一边。因而，有人说吴用背叛了晁盖。其实，这种观点是不对的。因为吴用和宋江同为饱读儒家经典的知识分子，他们有共同的思想基础，共同的志趣爱好，所以他们在有些事情上认识一致，这是自然而然的。而晁盖没有文化，目光短浅，考虑问题比较简单，以致吴用不能因与晁盖感情较深就事事顺从，也是可以理解的。

吴用忠于宋江，既有两人思想基础相同的因素，也有感谢宋江知遇之恩的成分。在他眼里，宋江是一位“明主”，对自己有重用提携之恩。所以他尊重宋江，处处维护宋江的权威。他经常说的一句话就是“哥哥说得对”，为落实宋大哥的命令而尽心尽力。即使他有与宋江意见不一致的地方，也不争执，而是行动上顺从。如宋江执意接受朝廷招安，吴用心里虽明明知道此路不通，但也从没表示过反对意见，而是默默地加以执行。梁山起义队伍招安后为朝廷南征北战却受到歧视，众英雄好汉皆有反意时，吴用为了维护宋江的权威，也是耐心做大家的思想工作。

梁山起义军接受了朝廷招安，十分惨烈的南征北战后十剩二三，宋江又被奸臣用药酒毒死。吴用闻听此讯，随即前往宋江墓前自缢而亡，与宋大哥相会于九泉，以实现结义兄弟同生共死的誓言。吴用对宋江来说，可谓真正做到了鞠躬尽瘁，死而后已。以致有论者说，宋江作为起义首领，能有吴用这样的智忠双全的军师，是十分幸运，死而无憾的。

五、逼上梁山之林冲

清初文学评论家金圣叹指出，一部《水浒》，开篇不写梁山一百单八将起事，而写高俅发迹，何也？其意在阐明“乱自上作”，也就是说农民起义是“官逼民反”“逼上梁山”。一个“逼”字，道尽了历代农民起义的真正动因。在封建社会中，地主阶级的昏暗统治和残酷压迫，不但将广大农民逼入生活绝境而揭竿举事，统治阶级内部有些中下层人士也由于受到迫害打击参加农民起义以求生路。那么，在梁山起义一百单八将中，体现“逼上梁山”最彻底，写得最真实、最生动、最感人的是谁呢？这个人毫无疑问就是林冲。

林冲这个人物，在当时的宋代封建社会里原是一个打死也不会起义造反的主儿，究其原因，起码有三：第一，林冲有着较高的社会地位。书中写林冲是京城八十万禁军教头，虽然这是军队里的技术职称，政治地位不高，但他却因拥有教头头衔、武艺高强、浑身本事而社会脸面大，受到人们的普遍尊敬。第二，林冲有着舒适的家庭生活。京城八十万禁军教头的工薪待遇，应该是不菲的。另外他家有娇妻婢女，生活温馨而富足，无疑早已达到了小康境况。第三，林冲具有卑恭谦让的思想品格。他正直、仗义而有教养，逢人讲平和，遇事忍三分，受到上司的欺压甚至逆来顺受、委曲求全。正因为如上的原因，决定了林冲是绝不会与起义造反的事有任何瓜葛的。然而，施耐庵在《水浒传》中，却以现实主义的创作方法和高超的写作艺术，向读者真实生动地呈现了林冲一步步走向起义造反的人生路程，从而突出了“官逼民反”“逼上梁山”的农民起义动因，提升了《水浒传》全书的思想意义。

综观描写林冲“逼上梁山”的有关章节，是全书写得最真实生动、最精彩感人的篇幅之一。作者通过描写高俅之子高衙内意欲霸占林冲美丽的妻子，仗势步步相逼，务取林冲性命，把封建社会一些中下层人士遭受打击迫害的悲惨遭遇、遇事软弱怯懦的思想性格，以及统治阶级伤天害理祸及无辜的罪恶行为、为所欲为穷凶极恶的卑鄙伎俩，阐发得淋漓尽致、入木三分。

在书中，作者分了这样五个层次，环环相扣，逐渐深入，从而揭示了林冲“逼上梁山”的必然性：第一，高衙内竟敢于公众场合调戏林冲的妻子，而林冲怒冲冲拳头举上去一看，是自己顶头上司高俅的儿子，“手先自软了”。第二，林冲的朋友陆谦为了攀附权贵而出卖林冲，假意相邀喝酒，而腾出时间让高衙内欺侮林夫人，幸亏丫鬟机灵报信使林夫人幸免，对此林冲只能再一次忍气吞声。第三，高俅为了让儿子霸占林冲妻子的阴谋得逞，指使亲信以要看林冲新买的宝刀为名，把他骗到军机要地白虎堂，然后扣了个刺杀罪名发配沧州。林冲遭受如此陷害又百口难辩，无奈只能任人宰割。第四，高衙内的帮凶买通押差，要在荒郊野外的野猪林结果林冲性命。被鲁智深相救的林冲仍然心存幻想，盼望刑满释放后能与妻子家人团聚。第五，在野猪林没能害死林冲，高衙内于是又派陆谦、富安二人赶往林冲服刑的草料场，务必取林冲性命。大雪之夜，他们一把火想将林冲烧为灰烬，庆幸的是林冲因屋塌移居山神庙躲过一劫。至此，高衙内等人的穷凶极恶、赶尽杀绝，致使林冲有家难奔、有国难投，上天无路、入地无门。残酷的现实教育了善良懦弱、委曲求全的林冲，他终于猛然觉醒，快意恩仇，枪挑了陆谦等三个帮凶的性命，然后义无反顾地奔向梁山。林冲的“逼上梁山”，是封建社会阶级矛盾异常尖锐以致发生激烈冲突的一个缩影，林冲这样统治阶级营垒中人士的命运尚且如此，更何况身处社会底层的广大农民群众呢?

林冲“逼上梁山”不久，得知妻子自缢身亡，岳父悲愤病故，这样，就进一步逼得林冲处于与封建统治阶级势不两立的地步，使他成为梁山起义军中十分坚定的造反派。由于《水浒传》是为梁山起义英雄集体塑像，林冲上了梁山就由“浓墨重写”逐渐转为“轻描淡写”，但尽管如此，在书中仍会时不时地看到这位被封建统治阶级逼为坚定造反派的身影。他火并心胸狭窄的白衣秀士王伦，奠定了梁山起义事业初创的基础；他作为五虎上将之一，在战场上冲锋陷阵所向披靡，是一位少有的“常胜将军”。林冲的人生历程和命运转折告诉人们，为何封建社会农民起义会星星之火骤起燎原之势，为何性格怯懦之人也会成为斗争勇士，物极必反，置于死地而后生，恐怕道理正是如此。

六、邪恶克星之鲁智深

如果说，《水浒传》中宋江是作者施耐庵刻意塑造的自画像式人物，那么，鲁智深则是作者施耐庵精心塑造的理想式人物。施耐庵作为肩不能挑手不能提、手无缚鸡之力的正直知识分子，他迫切盼望有鲁智深这样一个武力超群的英雄好汉抱打天下不平，惩治人间邪恶。所以书中鲁智深的形象，被他塑造成了“路见不平一声吼，该出手时就出手”梁山造反精神最自觉、最彻底的践行者，是人世间一切邪恶的克星。

1.闻听邪恶事　主动勇出击

作者写鲁智深的见义勇为、除暴安良，主要是通过“拳打镇关西”“大闹桃花村”“大闹野猪林”三个情节，来体现了他邪恶克星的英雄形象。

人们一般常说的见义勇为，是看到邪恶正在欺压善良时，勇敢出手相救。而鲁智深则不然，他是仅仅闻听邪恶之事，便义愤填膺，像好斗的公鸡一样主动进攻，给为非作歹者以猛烈一击。如：他与史进、李忠三人正在喝酒，闻听一阵哭声传来，经询问，知道了镇关西郑屠欺压金氏父女的事，便气愤地立马去揍这个恶霸，被劝阻后，“晚饭也不吃，气愤愤地睡了”。第二天一早把金氏父女送走，就找上门去，用重重的三拳惩罚，将这个恶霸打死。他前往东京途中路过桃花村，也是仅仅看到刘太公一脸愁容，经询问，知道了其女儿被山大王周通抢亲的事。又主动献计，说自己能够说服这个强盗收回歹意。于是他假扮新娘，一番洞房狠揍，让山大王周通连连告饶。他与林冲仅是一面之交，但英雄相惜的情分使他主动担负起保护林冲发配路途安全的责任。当野猪林里两位押差举起棍棒要结果林冲性命的一刹那，鲁智深似天神般从树上一跃而下，若不是林冲执意劝阻，两个押差的脑袋就会随之开花。

总之，一身凛然正气的鲁智深眼里容不得半粒沙子。他认为，除暴安良乃英雄使命，挺身而出自是必然。于是每听到、遇到邪恶欺压善良之事，则奋不顾身地勇敢站出，全力相助，动不动就说出“吃洒家三百禅杖”的话来。以致清代金圣叹评《水浒》时由衷地感叹道：“写鲁智深处，一片热血直喷出来，令人读之深愧虚生世上，不曾为人出力。”

2．杀人要见血　救人要救彻

鲁智深在见义勇为、除暴安良时，还有一个令人敬佩的特点，就是他自己常说的，“杀人要见血，救人要救彻”。办事要有始有终，一定负责到底。

例如，“镇关西”郑屠让店小二扣押金氏父女卖唱还账，鲁智深解救时在店里坐镇了两个时辰，估计金氏父女已经走远，人身有了安全保障，执行扣押任务的店家想追也追不上了，才放心地站身离开。接着，再找“镇关西”郑屠算账。在桃花村营救刘太公女儿被抢亲时，对山大王周通先是设计痛打了一顿。为了防备自己走后周通再来报复，使其彻底改过自新，放弃抢亲歹意，随之就好言相劝，晓之于理，最后让其折箭为誓，表示从此不再前来骚扰。英雄相惜的林冲被发配沧州，鲁智深则主动担负起路途保护的责任。为了摸清两位押差加害林冲的意图又不打草惊蛇，就暗中紧紧跟随，并提前赶到十分凶险的野猪林隐蔽起来，在押差正要杀害林冲时从天而降。鲁智深本想结果两位押差的性命，林冲执意阻止。鲁智深只好继续护送，直到路程较近且没有了险要之处，又严正警告了押差，方才安心地告别而去。如此等等，鲁智深这种救人就要救彻底的精神，是非常难能可贵的，从中凸现出他胜人一筹的英雄本色。

3．粗中见精细　观事窥本质

作者塑造鲁智深的形象时，给了他一个粗鲁的外表。但他的粗绝并非粗鲁之粗，而是性子急、势如烈火。金圣叹曾说道：“鲁智深粗鲁是性急，史进是少年任气，李逵是蛮，武松是不受羁绊，阮小七时悲愤无说处，焦挺是气质不好。”实乃中肯之论。鲁智深是外粗而内细、有勇有谋，并在大的原则问题上能够透过表象窥见本质，抓住要害之点。

对于鲁智深性急如烈火、心细如线丝的“智侠”特色，书中有着非常详尽的体现和描写。如他在救助金氏父女脱险时，搬个凳子在店家门坐了两个时辰、估计金氏父女走远了、店家想追也追不上了，才放心地离开。他三拳下去，不经意打死了“镇关西”，为了能从容逃走，就故意说：“这厮诈死，洒家慢慢和你理会。”在桃花村痛打抢亲的山大王周通时，为了防止周通以后报复刘太公一家，就好言相劝晓之于理，最后让其折箭为誓，断其再行骚扰的念想。林冲发配沧州，鲁智深一路暗中保护，严防押差加害，直至送到安全之地。特别应该指出的是，在宋江执意接受朝廷招安的关键时刻，众人皆醉英雄独醒，鲁智深一眼看穿在奸臣当道的情况下这条投降朝廷的道路走不通，于是挺身而出，声音一如钟声绕梁：“只今满朝文武，俱是奸佞，蒙蔽圣聪，就比俺的直裰，染做皂了，洗杀怎得干净？招安不济事，便拜辞了，明日一个个各去寻趁罢。”

然而，曲高和寡，大势难违，梁山英雄们碍着一个“义”字，终究跟着宋江改辙易帜归顺了朝廷。经过一场场腥风血雨，一次次惨烈拼杀，擒方腊获得头功的鲁智深心疲力尽，萌生退意。当论功行赏要荐他为官时，他异常平静地说道：“洒家心已成灰，不愿为官，只图寻个净了去处，安身立命足矣。”时势天命注定，英雄终将无奈。

4.面凶而性纯　最具菩萨心

鲁智深不但外粗而心细，而且面凶而性纯。他身为一个和尚，最懂得佛家要义、最具佛家慧根和菩萨心肠。只是他是以一种一般人不易理解的别样的形式，来施佛法和行善事罢了。

比如，佛家要义的宗旨是普度众生，救人于苦难。而鲁智深就是终生以见义勇为、救人危难为使命，奋不顾身，主动出击，达到忘我的境界。在施佛法和行善事中，作者赋予鲁智深不同一般的做事形式和风格。第一，他每每走惩罚人、杀人以救人之路，一条禅杖管尽天下不平事，杀尽天下不平人。也就是说，以暴制暴，用憎达爱 ，在血与火的刀光剑影中实现社会和谐与民众安全。第二，他杀人不嗜杀，不像李逵那样简单蛮干，胡乱砍杀一通，而是以救人扶弱为目的。对“镇关西”一类地痞恶霸，他痛下杀手，三拳毙命。而对山大王周通，则是先行惩揍，再晓之以理，让其改过自新。第三，他重实不重名，存真不务虚，不说偈语，不看经典，不遵守佛家诸如不喝酒、不吃肉等清规戒律，而实实在在地做着普度众生、救人于苦难的佛事。

书中将鲁智深的绰号名为“花和尚”，这里的所谓和尚之“花”，不仅仅是明指他刺了一身花绣，还暗蕴他不是一个循规蹈矩、通常正统的和尚，而是一个被世俗视为另类的和尚，一个难被人们理解却真正具有慧根的佛家弟子。

5.作者钟爱　读者喜爱

在《水浒传》中，作者是怀着十分钟爱的心情来塑造鲁智深的英雄形象的。在具体描写时，运用了十分高超的艺术手段，把这一形象体现得生动鲜明、高大丰满、光彩照人。以至这一英雄形象，成为最受后世论者、读者推崇和喜爱的人物。

小说开端，作者首先用反面人物高俅、正面英雄史进等人为铺垫，将一般人物故事的画面徐徐展开，接着由水浒第一英雄好汉鲁智深闪亮登场，一回“鲁提辖拳打镇关西”的精彩华章，将整部小说推向高潮。这种小说写法，犹如戏曲中的“起霸”，先把气氛造足，场面铺好，然后由主要人物猛地一下向观众亮相，顷刻赢得满堂彩。接着，作者浓墨重彩描写了鲁智深见义勇为、除暴安良的具体情节，笔法大张大合、酣畅淋漓，读之给人以正义伸张、扬眉吐气的无比快感。后来再读到鲁智深反对招安以及拒绝封赏的精到话语，又给人以时势难违、英雄无奈的阵阵悲凉。小说末尾，作者写梁山英雄全力围剿方腊而不得，却让鲁智深无意中轻松擒拿。英雄们经过战场激烈拼杀十存二三，而鲁智深却坐化杭州，得以善终。这种让人明显感觉因作者钟爱而写就的英雄结局，也给了读者以些许的心理安慰。

梁山一百单八将中，谁是最受人喜爱推崇的英雄人物？谁最能体现梁山一百单八将的英雄本色？当代有关多次测评中，鲁智深每次都得票稳居第一。明清两位著名的《水浒》评论家金圣叹和李贽谈起鲁智深，均都给予了十分崇高的赞誉，金圣叹称他是“人中绝顶”“上上人物”，李贽则说他是“大丈夫，真男子”“仁人、智人、勇人、圣人”。古往今来，人们对鲁智深赞赏有加、推崇备至，这从客观效果方面印证了作者塑造这个英雄人物的极大成功。

七、正义复仇之武松

在《水浒传》中，如果说鲁智深是“路见不平一声吼，该出手时就出手”梁山造反精神最自觉、最彻底的践行者，那么能与他比肩的，只有武松。另外由于《金瓶梅》小说与民间说书“武老二”的影响，武松还是梁山一百单八将中在民间流传最广、影响最大的水浒人物。

武松的人物形象，与鲁智深一样，都具有武艺高强、有勇有谋、除暴安良、敢作敢当的血性男儿特色。但他们的不同是，鲁智深面对邪恶是主动进攻，武松面对邪恶是被迫复仇。作者施耐庵在书中通过一系列“复仇”的故事情节，让笔下的武松代表人间正义向着社会丑恶进行无情的毁灭性的打击，使善有善报、恶有恶报的传统伦理观念得到了极大的弘扬，读者阅后，一种酣畅淋漓的快意油然而生。

在书中，武松第一个复仇的故事情节，是“打虎景阳冈”。阳谷县景阳冈上，出现了一只吃人的斑斓老虎。这只老虎有两个特点，一是残暴。它屡屡吃人，伤害百姓，连官府都惊动了，以致贴出了过冈需白天结伴而行的安民公告。二是凶猛。它体形硕大，庞然大物，当地的猎户几次组织围捕都奈何它不得。面对如此凶残的老虎，武松艺高人胆大，偏向虎山行。他不听酒店老板的劝告，趁着酒兴月夜过冈，而正赶上吃人的老虎呼啸而来。经过一场惊心动魄的搏斗，终将老虎打死，为民除了一害。武松向吃人老虎的“复仇”，从表面来看，是自己过冈险被老虎吃掉的个人复仇，实际上是代表善良百姓向残害无辜的人间邪恶势力的社会复仇。那只吃人的老虎，毫无疑问应该就是动物化的人间邪恶势力。

武松第二个复仇的故事情节，是“斗杀西门庆”。西门庆是一个地痞流氓，是封建腐朽势力的基层代表人物。他作恶多端，危害乡里，与武松的嫂子潘金莲勾搭成奸，并指使王婆将武松的哥哥武大郎用毒药害死。这种情状让武松知道后，指望昏庸黑暗的官府不能解决问题，一场复仇行动势必在所难免。狮子楼上，满腔仇恨的武松向着西门庆一阵拼杀，将其扔下街心并取了首级。武松对恶霸西门庆的复仇，既是复的家兄之仇，亦是解的百姓之恨。在封建社会里，平民百姓中很多是像武大郎这样生活在社会底层、既善良本分又性格懦弱的人，他们饱受地痞恶霸的欺压凌辱，却怯于淫威敢怒不敢言。武松的勇武除奸，快意恩仇，自然是为广大平民百姓出了一口恶气。

以醉打蒋门神为主的几个故事情节，是武松第三次大的复仇行动。他的这次复仇，从表面来看，与第一次为自己、第二次为兄长不同，是为朋友——报施恩及其父照顾之恩，而实际上同样是对封建邪恶势力的再次勇猛搏杀。因为蒋门神与西门庆一样，都是凌强欺弱、任意胡为的地方霸头。武松正义在身，武艺在手，乘着酒兴一阵醉拳把这个昔日不可一世的霸头打得跪地求饶。平时只欺别人从未被欺的蒋门神当然不甘受辱，他勾结官府设下圈套陷害武松。而武松又以超常的胆略和果敢的决心大闹飞云浦、血染鸳鸯楼，摧枯拉朽式地连续向封建邪恶势力痛下杀手。彼情彼景，令人读来酣畅淋漓、大感过瘾。

《水浒传》中武松正义复仇的每一个故事情节，都写得文字精彩纷呈、场面激烈紧张，具备扣人心弦、引人入胜的艺术魅力。景阳冈上，人虎相博本来就力量悬殊，作者偏让武松酒醉，并手中的哨棒打在树上断为两截而毫无用处，呈现徒手搏虎的不利情势。当时场面惊心动魄之险、武松艺高胆大之勇、老虎庞然大物之凶，都以特写的笔法向读者一一展现，令读者如临其境、如听其声，心绷如弦、手掌冒汗。武松复仇的其他故事情节同样如此，面对孤注一掷，也有一身武艺的西门庆，武松手中的单刀被踢飞；两边尽是悬崖峭壁的飞云浦桥头，身系枷锁、赤手空拳的武松面对的是一前一后、手持刀棒的押差；鸳鸯楼上，敌我对阵的形势是一比三，如此等等。随着故事的发展，形势急转直下，化险为夷，正义最终战胜邪恶，从而以神来之笔彰显了邪恶虽然凶恶、但邪总不压正的历史规律。

在长期的封建社会里，正义复仇寄托了农民百姓的一种心愿和理想。因为当时官府黑暗、污吏横行，平民百姓有了冤屈、受了欺压，根本不能通过正常的渠道加以解决，于是只好盼望行侠仗义之人为之抱打不平。而《水浒传》中的武松形象，正是人们理想化的行侠仗义英雄形象，他凭着一种神勇之力，向人间一切邪恶伸出无情铁拳，使那些平时不可一世的地痞恶霸统统面临灭顶之灾。武松的胜利，是神勇英雄的胜利，是人间正义的伸张，是百姓的心理慰藉。所以，武松这样一位理想化的行侠仗义英雄形象，深受后世读者喜爱推崇、津津乐道，是十分容易理解的。

八、鲁莽率直之李逵

《水浒传》描写的一百零八位梁山起义首领中，李逵是一位造反最坚决、斗争最彻底、作战最勇敢的英雄人物，连当朝皇帝宋徽宗做梦都害怕他的一双板斧；而他又是一位头脑最简单、行动最盲目、破坏力最大的莽汉，打仗只图痛快胡杀乱砍了不少无辜。他鲁莽率直的思想性格犹如一把双刃剑，指导并引发了一系列或褒或贬的生动鲜活的故事，令读者读来可笑、可气、可爱、可叹而津津乐道。

李逵出身一贫如洗、饱受欺压的农民家庭，是一字不识的大老粗。他秉性鲁莽，凡事率直而为，正所谓“四肢发达、头脑简单”。如此的一种家庭和本人状况基础，使得起义造反这样关系全家性命的事情，在他那里却非常容易接受。因为起义造反让他失去的只是受穷、受窝囊气的枷锁，得到的却是大碗喝酒、大块吃肉的快活。他根本不会考虑起义造反的个人风险，更多是想到抡起大斧向着社会邪恶势力一阵痛杀的舒畅。一旦决定的事，他总会不计利害后果而一往无前。书中描写的事实正是如此，李逵从踏上梁山举起义旗的那一天起，思想就从来没有丝毫动摇过，而是作为最坚定、最忠诚的造反勇士，像他的绰号“黑旋风”那样，身影飘洒在对敌斗争的最前沿，一路拼杀，所向披靡。

在起义造反的过程中，李逵动不动就说出一句豪言壮语：“杀去东京，夺了鸟位。"他的这种天不怕、地不怕、皇帝老子也不放在眼里的大无畏精神，曾被有些论者演绎开来，称其是一条与宋江招安投降相对立的正确起义路线，声称如果按照李逵坚持的这一路线发展下去，梁山的起义事业就不会最后失败。其实，李逵的这句名言，正是他头脑简单、无拘无束、率直而为、鲁莽行事的具体体现，与什么起义路线云云是根本不搭边的，坚持他的这一做法，与起义事业不但无补而且有害。在书中，李逵看事判物的标准大多是快活与否，酒场上讲喝得快活，战场上讲杀得快活，上山造反讲大碗喝酒、大块吃肉活得快活。谁让他不快活他就反谁。皇帝老儿昏庸，贪官污吏横行，欺压得他不得快活，他当然要反；就连宋江整天嚷嚷着要接受朝廷招安，要大家继续受朝廷的窝囊气，絮絮叨叨地让他不快活，他也要反。总之，李逵动不动就反就杀，至于怎么反怎么杀、反后杀后干什么，他就不清楚明白也不可能清楚明白了。

应该说，李逵的头脑简单、行动鲁莽是一种本色的、纯正的简单和鲁莽。也就是说，对那些一眼就能看出的青红皂白、是非曲直，他会分得十分清楚，并且会疾恶如仇、抱打不平。他的鲁莽也最多会在与人争执中要点小无赖、占点小便宜，而绝不会干出助纣为虐、伤天害理的事情来。也即是说他会办错事、傻事，而绝不会办恶事、坏事。有人冒充宋江霸占民女，李逵闻听后怒火万丈，急匆匆一双板斧要砍倒"替天行道"的杏黄旗，杀掉自己无限崇拜的大哥宋江，但他不清楚事情复杂，会有人冒充。跟随众弟兄救宋江劫法场时，李逵一马当先杀得兴起，胡乱砍死了许多看客，但那是在战场上，平时他也绝不会滥杀一个无辜百姓。所以，施耐庵笔下的李逵，是具赤子之心，怀天真之情，秉鲁莽之性，容易上当受骗，经常好心办错事，一不小心闯大祸。

李逵头脑简单，行事鲁莽，率直而为，犹如一匹极具破坏力、脱缰狂奔的野马，必得有人管得住他，而这个人就是宋江。正所谓一物降一物，李逵天不怕、地不怕，皇帝老儿不放在眼里，但就怕宋江。特别是犯错闯祸时，在宋江面前就像一只温顺的小猫，以至说出“我梦里也不敢骂他，他要杀我时便由他杀了吧”。据此有人认为李逵也具有奴才意识，其实更确切地说是他具有一种盲从和崇拜思想。因为在他眼里，宋江是一个对自己有恩有义的大哥，一个江湖上备受敬仰的“及时雨”人物，一个众望所归的起义领袖，作为只有将才而根本没有帅才、四肢发达而头脑简单的李逵，不死心塌地地跟宋江走又能跟谁走呢？在日常生活中，宋江是李逵的思想依靠，更是他精神寄托。作者这样安排他俩之间的关系，是非常符合李逵的性格特点的。

在《水浒传》全书的最后，李逵为他的简单、鲁莽和盲从付出了十分惨痛的代价。这位手执两把板斧冲锋陷阵所向披靡的勇士，没有悲壮地死在对敌斗争的战场上，而是惨死在无限信赖的宋江大哥手中。当宋江为了一生忠义名声怕李逵再次造反，把朝廷送的毒药分给李逵喝下，临死前的李逵也没有觉悟猛醒，认识到世事的纷杂、人间的险恶，而是长叹一声：“罢罢罢，生前当哥哥的小兵，死后做哥哥的小鬼。”李逵的悲剧，既是他个人的悲剧，也是古往今来一切简单、鲁莽、率直人们的悲剧，它告诫我们，人生一世不但需要健康的肢体，更需要智慧的头脑。

九、草根豪杰之阮小七

《水浒传》中一百零八条好汉梁山聚义，犹如百川入海，涓涓汇集而至。他们原来的身份或是朝廷命官，或是地方士绅，或是绿林豪强，或是生活在社会底层的草根百姓，各色人等，不一而足。其中有一位来自草根百姓的人物，虽出场不多，着墨不重，但思想性格却是异常的生动鲜活和独具特色。他直言快语、放形不羁、忠心义胆、诙谐乐观，读后令人耳目一新、印象深刻，并备受大家的喜爱和推崇。这个人，就是“阮氏三雄”之一、绰号“活阎罗”的阮小七。

阮氏三兄弟，原是梁山泊石碣村的渔民，平日靠打鱼为生。由于处在天高皇帝远的穷乡僻壤，一方面，他们的生活较为贫苦，穷则思变，不断萌生发家致富的梦想；另一方面，相对偏远的地理环境，也养成了他们无拘无束、放形不羁的性格。他们三阮兄弟犹如乡野田间的一道亮丽风景，彰显了草根阶层的豪爽之气。而其中，最数阮小七以放形不羁为著。

在书中，阮小七开始出现于吴用动员他们参与劫取生辰纲一节。对于这一弄不好就"灭九族的勾当"，阮小七闻听后没有丝毫的胆怯和犹豫，而是直言快语、口无遮拦地说道："若有识我们的，水里水里去，火里火里去。""这腔热血，只要卖与识货的。"愣青果敢、义胆忠心的性格和盘托出，以至清初金圣叹评阮小七时由衷地称赞："梁山一百零八人中，真要算作第一快人，心快口快，使人对之，龌龊全都销尽。"

阮小七从踏上梁山的那一天起，就和李逵等草根英雄一样，尽显忠诚梁山事业、敢于赴汤蹈火的豪杰本色，给山寨带来一种义气为先、肝胆相照的清新气象，军师吴用赞扬他说道："虽是不通文墨之人，为见他与人结交，真有义气，是个好男子。"阮小七战场上冲锋陷阵，奋勇顽强，不顾生死，如同他的绰号"活阎罗"，令敌人闻风丧胆。并且他坚决反对招安，戏弄朝廷派来的招安使者，与鲁智深、武松、李逵站在一起，同是坚定的起义造反勇士。

书中第七十五回关于偷换御酒的情节，详尽描写了阮小七放形不羁、藐视朝廷的精彩表现。朝廷招安使者乘三条大船抵达梁山，阮小七先是机敏地用计向其中两船灌水，逼得他们挤到一条船上。接着，阮小七放掉载着御酒船上的水，招呼士兵们把朝廷送来的御酒揭去封条，畅快地大呼小叫一饮而尽，然后装入一般的低劣白酒，再把封条依旧贴好。梁山寨上，招安使者趾高气扬地宣读完诏书，又把带来的朝廷御酒打开让大家品尝。梁山英雄们搭唇一喝，一股劣质酒气扑面而来。这一下可惹恼了众怒，招来骂声一片，有人扑将上来要痛打使者。亏得宋江等人急忙遮拦，朝廷派来的招安使者才灰溜溜地落荒而逃。阮小七偷喝御酒戏使者之举，大灭了封建朝廷的威风，让梁山英雄们狠狠地出了一口恶气。

梁山英雄们在宋江的领导下，后来接受招安归顺了朝廷。但阮小七并没有因此就老老实实甘受朝廷的管束，而是自始至终保持了一种放形不羁、无拘无束、敢说敢当、诙谐乐观的草根豪杰风采。在书中，梁山英雄们损兵折将，最终征服了另一起义首领方腊。取得胜利的战场上，阮小七搜得方腊割据称帝制作的龙衣蟒袍。此时他完全不顾战场上的惨烈，忽起童顽之心，穿了方腊的御衣裳，戴了平天冠，嘻嘻哈哈地与将士们嬉戏取乐起来。两个朝廷派来的监军见此情景，气急败坏地训斥他这是要学方腊造反。阮小七闻言大怒，指着两个监军的鼻子骂道："你这两个，直得甚鸟！若不是俺宋公明哥哥时，你这两个驴马头，早被方腊已都砍下了。"接着就要与气势汹汹的两个监军火并。此情此景，那种藐视朝廷、独力独行，不受任何窝囊气的铮铮傲骨又跃然纸上。

两个监军怀恨在心，在阮小七受赏封官未及数月之时，向朝廷告状说阮小七胆敢大庭广众之下穿起方腊的龙衣玉冠，证明居心不良，反心未除。昏庸的皇帝听信谗言，随即追夺了阮小七的官诰，复为庶民。此时的阮小七仍然一副放形不羁、乐观豁达、笑傲人生的草根本色，并没有把削官为民放在眼里。因为他知道，当人官，受人管，朝廷昏庸，社会黑暗，要当一个好官不易，少不了要受奸佞之辈的窝囊气，而一生耿直、不受约束的自己哪里窝憋得了这个？书中写道："阮小七见了，心里也自欢喜，带了老母，回还梁山泊石碣村，依旧打鱼为生，奉养老母，以终天年。"他到了老家，堂前孝老母，泊里打鱼虾，从此告别了战场厮杀的惨烈，享受了渔歌篝火的清闲，活到六十岁，得以寿终。

出身草根，梁山寨上不改草根本色；回归草根，石碣村里照过草根生活，坦坦荡荡，潇潇洒洒，笑傲人生，这就是阮小七。由此，我们赞叹阮小七，赞叹阮小七一类的人。

十、为友殉义之花荣

在《水浒传》的结束篇，宋江被奸臣下毒冤死后托梦了两个人，一个是军师吴用，另一个就是武将花荣。吴用作为军师，生前为宋江运筹帷幄出谋划策，功劳巨大又两人关系密切，托梦自然可以理解。而梁山起义军中武将如林，为什么独托梦于花荣呢？在书中花荣又是一个什么样的人物形象呢？

1.神箭闻名

在书中，花荣绝大多数的出场，作者写他的言语并不多，而是尽情展示了他的射箭神技。神箭，可谓花荣的代名词。读者一看到花荣这人的名字，首先就会想到他百发百中的神箭。他的绰号叫“小李广”，意思也是形容拥有如西汉大将李广那样的射箭神技。花荣靠着这样一支神箭，在梁山起义军中既赢得了威信，又立下了战功。

花荣显示神箭的场面在书中比比皆是，如对影山吕方、郭盛比武，花荣一箭射开两人缠绕在一起的戟绦，艺惊众人。上梁山后晁盖疑惑花荣的射箭神技，恰好天空有雁群飞过，花荣声称要射第三只雁的雁头，弓开瞬间，弦响雁落。三打祝家庄射掉敌方设置的指路红灯；攻打高唐州射死薛元辉；攻打大名府射杀李成副将；攻打曾头市射伤曾涂。朝廷第二次招安时，当听到不赦免宋江当场射杀来使。征田虎时，接连射杀方琼、张翔、杨端三员大将。征方腊时，一箭射死方腊的国师方元觉，如此等等，其箭技如同神助。

凭着这些神箭表现和赫赫战功，花荣在一百零八位梁山英雄排座次时，名居第九，仅在五虎将的前四位之后，职务为马军八虎骑兼先锋使之首，如此靠前的排位，也当属于名副其实。

2.情重千斤

如果说神箭是花荣的技艺特长，那么重情重义则是他的思想秉性。自从他认定宋江是一个值得信赖尊重之人以后，便全心全意追随，把两人之间的情分视若千斤。

宋江杀了阎婆惜，成了朝廷通缉犯。按照当时社会的人情世故，人们大都会唯恐连累自己，躲都躲不及的。而花荣闻听后，却主动几次去信，诚心邀请宋江到他那里匿藏居住。待宋江真的投奔了他，花荣则像对待亲兄长一样照顾得无微不至，全然不顾如若官府知晓此事自己会惹祸上身。当清风山的燕顺等人杀了陷害宋江的刘高夫妇，宋江本人也加重了罪名、无奈只好与众人齐上梁山时，花荣又全然不顾自己的仕途前程，不顾家中的妻小生计，毅然决然跟从宋江一起投奔梁山，同进同退、同生共死。

如果说，宋江等起义将领大都是不得已“逼上梁山”的，花荣则完全不是这种情况。他有着十分舒适的生活环境，以及非常看好的仕途前程，根本没有起义造反的那种被迫和无奈。他完全是为了朋友之情，而舍家抛业上了梁山。其情其义，读之令人感动。

3、为友殉义

花荣上了梁山，他与宋江之间的情义自然非同一般，更近一层。花荣作为一员武将，主要靠阵前杀敌立功来效忠大哥宋江，宋江也有意罩着小弟，投桃报李，让他位居第九，担任马军八虎骑兼先锋使之首。在一些重大问题或军事活动中，两人的思想认识总是趋于一致，没有出现过任何的分歧。所以，花荣在大家的眼中，一直是宋江的嫡系力量。

正因为两人这种亲密无间的兄弟友谊，宋江死后托梦花荣，让他前往坟茔一聚，就是十分自然、顺理成章的事情了。花荣到了宋江坟前痛哭凭吊一番，想起仁兄交情难忘，恩义难报，遂产生了一死为友殉义的念头。于是，他与同样有此想法的吴用双双自缢，追随大哥宋江的亡灵而去。

对花荣这种为友殉义的做法，我们当代人诚然不会认可，但他这种讲情重义的精神品格，倒实在是可歌可泣、令人感动的。

十一、义勇称著之朱仝

《水浒传》中，朱仝是郓城县人氏，富户出身，武艺超群，起初在县衙担任巡捕马兵都头，与步兵都头雷横一起专管擒拿贼盗，保境安民。因他生得面如重枣，美髯过腹，酷似三国名将关羽，人称“美髯公”。他不但长得像关羽，而且性格特点同样酷似关羽，为人处世特讲义气，上梁山后以作战神勇闻名。

朱仝的“义气”，充分表现在书中三个故事情节中。

第一次是义救晁盖。晁盖、吴用等人智取生辰纲后，被官府探知身份，郓城知县便让朱仝与雷横前去捉拿。朱仝有意私放晁盖，便让雷横去攻打晁家庄园的前门，自己去后门埋伏。晁盖果然从后门突围，朱仝放走晁盖，并建议他们去梁山泊落草。之后，朱仝假作失足摔伤腿脚，以此撇清了自己放人的嫌疑。晁盖等人经朱仝解救，方才安全地上了梁山。

第二次是义释宋江。宋江失手杀死阎婆惜后，被其母阎婆告到郓城县衙。知县虽有意徇私照顾，又怕阎婆去州里告状，只得命朱仝与雷横去追捕宋江到案。朱仝来到宋家庄，让雷横等人守住庄门，独自进庄搜查。在佛堂的地窖中找到宋江，他非但没有抓捕宋江，还劝宋江远行避难。返回县衙后，朱仝又上下打点，终于使宋江的案子被暂且压下。宋江历经波折，最终也上梁山入了伙。

第三次是义放雷横。郓城新任知县的相好白秀英当街厮打雷横的母亲，被雷横一枷砸死，陷入囚牢。朱仝此时已改任当牢节级，出于友情上下打点。最终雷横判处解赴济州，由朱仝押送。朱仝在途中将雷横放走，而后回到县衙自首，被“断了二十脊杖，刺配沧州牢城”。雷横则偷偷返回家中，带了老母连夜投奔梁山。

朱仝到沧州后，得到沧州知府的赏识以及其子小衙内的喜爱。知府便让朱仝每日抱着小衙内上街玩耍。盂兰盆斋节时，朱仝带小衙内去看河灯，遇到奉命下山的吴用、雷横。吴用请朱仝上梁山入伙，被朱仝婉拒。但返回原处时，却不见了小衙内。他在城外找到小衙内时，小衙内已被李逵杀死。朱仝大怒，与李逵相斗，被引到柴进的庄中，经众人相劝，只得同意上梁山。

朱仝上了梁山后，书中则着重描写了他像关羽一般的“神勇”。夜打曾头市时，朱仝与雷横、邹渊、邹润一同攻打正西大寨，搠死曾密。两赢童贯时，朱仝在九宫八卦阵中镇守中央，后大战御前飞龙大将酆美。

梁山起义军受了朝廷招安，朱仝随宋江南征北战，屡立战功。征讨辽国时，朱仝担任董平的副将，攻破太乙混天象阵中的水星阵，生擒番将曲利出清。征讨田虎时，朱仝与孙立、燕顺、樊瑞一同镇守壶关。曾与雷横一起，生擒玉门关守将冯山。征讨方腊时，朱仝在苏州之战中大展神威，阵斩飞云大将军苟正，生擒飞熊大将军徐方，后又在睦州枪挑元帅谭高。

平定了江南的方腊，朱仝回京受封，被授为武节将军、保定府都统制。以义勇著称的朱仝，终于在激烈的疆场拼杀中幸存下来，并没有受到奸臣的迫害。由于他率军有方，后随刘光世大破金兵，官至太平军节度使。朱仝的结局，应该是水浒众英雄中较好的一位。

十二、仗义疏财之柴进

《水浒传》中，在仗义疏财名震江湖方面能与宋江比肩的，唯有柴进。并且按具体描写分量来讲，宋江要比柴进逊色得多，不少梁山好汉在上梁山以前都得到过柴进的钱财和人情相助。如果说，李逵的绰号“黑旋风”是指战场上对敌人的抡斧拼杀，柴进的绰号“小旋风”则是指江湖上对朋友的广施博助。柴进对江湖朋友的慷慨，可谓一掷千金、毫不吝惜。

1.没落贵族

书中写柴进是沧州人氏，大庄园主，后周世宗柴荣的嫡系子孙，因祖上有陈桥让位之功，家中持有宋太祖赵匡胤御赐的丹书铁券，可以享受高于平民的一些特权。但由于这类旧贵族已经退出政治舞台，所以他们的那些特权也仅是一种虚名。一旦到了关键时刻，比如与当代封建统治者发生冲突，则马上处于弱势的一方。

柴进的叔父柴皇城家居高唐州，有一漂亮花园被州官高廉的小舅子殷天锡看中，青天白日竟要抢占过去。柴皇城和及时赶到的柴进以丹书铁券加以自护，殷天锡倚仗州官权势，根本不屑一顾。柴皇城被殴打羞辱而亡，逼得李逵只好用拳头解决问题——将殷天锡打死。之后，柴进被官府逮捕，动刑后投入死牢。幸亏梁山好汉闻讯前来，将他救上梁山。

2. 仗义疏财

柴进作为旧贵族，虽然显赫的政治地位已经不再，但社会威望犹存，被人们尊称柴大官人，经济方面也有着较为雄厚的基础。他生性豪爽，喜好结纳四方豪杰，在江湖上仗义疏财、扶危济困，享有当世孟尝君之誉，绰号小旋风。

书中写道，柴进曾慷慨帮助过很多的江湖朋友。林冲刺配沧州得到他的盛情款待，并写信给沧州府尹、牢城管营，让他们照看林冲，免了一百杀威棒，还得到看守天王堂的舒闲差使。林冲风雪山神庙杀人逃走后，再次得到柴进相助，修书一封，推荐林冲到梁山泊入伙。宋江杀了阎婆惜，也选择到沧州投奔柴进。柴进让宋江安心居住，声称就算“杀了朝廷的命官，劫了府库的财物”，自己也敢藏在庄里。

此外，白衣秀士王伦、摸着天杜迁、行者武松、石将军石勇等，都曾得到柴进的帮助。因此，只有他在江湖上的威望和声誉，可与宋江比肩。

3. 功成归隐

柴进上了梁山后，利用自己的江湖威望，又为梁山起义事业屡立大功。卢俊义受家仆李固陷害，被打入死牢。柴进奉命到北京打探消息，通过蔡福花钱打通关节，保住了卢俊义性命。宋江东京观灯时，柴进陪同前往。他一番打扮混进内庭，潜入睿思殿，在御书四大寇姓名中刮去“山东宋江”四字。接着又陪同宋江去见名妓李师师，希望借助她与宋徽宗的私情达成招安愿望。

梁山受招安后，柴进随宋江南征北战，在粮草保障方面尽心尽力。特别在征讨方腊时，他化名柯引，与燕青潜入江南卧底，被任命为中书侍郎，并招为方腊驸马。清溪之战时，柴进临阵倒戈，与燕青斩杀方杰，引宋军攻入帮源洞，平定方腊。

平定了方腊，柴进随军回京受封，被朝廷授为武节将军、横海军沧州都统制。他因曾为方腊驸马，担心日后奸臣会以此谗害，便以患有风疾为由，纳还官诰，复回沧州为民。最后，无疾而终。

《水浒传》通过柴进这一形象，既颂扬了江湖豪杰的那种仗义疏财、广结善缘的精神品格，又说明了封建时代农民起义范围之广、人员之杂，连一些旧贵族人物都给卷了进来，并在起义事业中发挥了重要作用。

十三、舍生取义之石秀

《水浒传》中写石秀“平生性直，路见不平，便要去舍命相护”，因此人都称他“拚命三郎”。他的这一“拚命三郎”绰号，后来竟成了一个成语，比喻一个人自己认定的正义之事，可以为之不惧生死、拼尽全力。

石秀出身平民，自幼父母双亡。他随叔父北地贩马赔本后，流落到蓟州以打柴为生。他有一身好武艺，专爱打抱不平。在讲义气、为朋友两肋插刀方面，与渔民出身的阮小七有得一拼。《水浒传》主要通过三个事件，着重描写了石秀抱打不平、舍生取义、不惧生死的“拚命三郎”精神。

第一件：出手救杨雄。当时，蓟州节级杨雄被人簇拥着正在大街上行走。军汉张保惹是生非，与两个小混混将他前后逼住，“动挥不得”。素不相识的石秀见情，勇敢出手相救，三拳两脚就把张保一伙打跑了。杨雄十分感激，有心结交石秀。随即两人结拜为兄弟，杨雄并将石秀接到家中居住。

既然结拜了兄弟，石秀也就尽心尽力帮助杨雄办事。先是辛苦操持好杨雄老丈人潘公的肉铺，接着又出于关心向杨雄告知了其妻与和尚裴如海的奸情。没料到杨雄之妻恶人先告状，反咬一口说石秀调戏自己。石秀为了洗白自己，诱杀奸夫，换来杨雄悔过道歉。两人将杨雄之妻潘巧云骗到翠屏山对质，清楚事实真相后，怒杀潘巧云和婢女迎儿，投奔梁山落草而去。

第二件：立功祝家庄。为了救出同投梁山时被祝家庄捉住的伙伴时迁，石秀跟随宋江三打祝家庄，全身心参与进去，利用自己的胆大心细，在战斗中立下了大功。祝家庄道路难走，机关重重。石秀奉命探路，机智地从钟离老人那里探明了盘陀路的所设机关。接着，帮助陷入迷宫的宋江突围而出。

在与祝家庄的人马对阵拼杀时，石秀又勇敢出列，假装战败、甘愿被卧底的孙立俘虏到祝家庄当内应。最终，使得梁山将士一举攻陷祝家庄，救出时迁等人。通过三打祝家庄，石秀的能力得到大家的认可和赞誉，很快在梁山站稳脚跟。

第三件：只身劫法场。石秀和杨雄上梁山后，奉命前往大名府打探卢俊义的处境情况，路途得知燕青救下了判为流刑的卢俊义，却又被追捕的人抓走。于是大家商议，杨雄与燕青回梁山搬兵求救，而石秀则继续前往大名府关注事态的发展。

当石秀赶到大名府时，知府梁中书怕夜长梦多，决定将卢俊义立即就地正法。正当刽子手举刀行刑的千钧一发之际，石秀当机立断，孤身一人劫了法场。但由于人单势孤，又不识道路，虽然将卢俊义劫出，仍未能成功逃离，自已也被逮捕，打入死牢。后来梁山派兵攻破大名府，石秀方与卢俊义一起获救。

之后，石秀作为梁山的骨干将领，在每次征战中都舍生忘死，屡立大功。最终，在征方腊的昱岭关战役时中箭身亡。

石秀的人物形象，集中体现了舍生取义的英勇大无畏精神。这样的拼命三郎式的人物，在历史上每次革命斗争中都是中坚力量，都能一往无前、舍生忘死，十分值得人们尊重和敬仰。

十四、机灵百巧之燕青

在《水浒传》中，燕青是一个机灵百巧式的英雄形象。他“多才多艺，吹弹唱舞、各路乡谈、诸行百艺，无有不精”，并“善用弩箭，精通相扑，武艺高强”。正是这种“机灵百巧”，使他在救助主人卢俊义、协助宋江求招安、痛打高俅和任原等一系列事件中轻松取胜，最后又看清朝廷黑暗的现实，不愿受封官职而飘然归隐。

燕青自幼父母双亡，由卢俊义抚养长大，成为卢俊义的心腹家仆。当梁山军师吴用假扮算命先生诓骗卢俊义入伙之初，他就凭着机智看透这是一计，力劝卢俊义不要上当。后来当卢俊义被管家李固诬告谋反刺配途中，他又机智地用冷箭射死押差，救下卢俊义。可惜由于势单力薄，卢俊义被追捕的官军抓走。于是他紧急前往梁山求援，一番周折，终将卢俊义救出，共同上了梁山。

梁山一百单八将聚齐后，三次打败率兵前来征剿的高俅，并将高俅生擒上山。高俅当面允承，回去立即在皇帝面前转达宋江希望朝廷招安之意。宋江不放心高俅的虚意承诺，派机灵的燕青与戴宗前往东京探听消息。燕青扮作小闲，第二次去见李师师，告知高俅兵败答应转达招安之事，请她面奏皇帝。李师师倾慕燕青俊秀多艺，却只和他谈及风月，数次以言语撩拨，燕青始终不为所动。为摆脱李师师的纠缠，就果断与她结为姐弟，断了她的非分之念。随即在李师师的引见下得以见到皇帝宋徽宗，并通过一番机智应对，骗得宋徽宗赏识，最终促成招安一事的进行。

燕青精通相扑，武艺高强。每次与人比试，均以机智灵活取胜。气焰嚣张、不可一世的擎天柱任原在泰安州摆擂争跤，两年未遇敌手。燕青听闻便扮作山东货郎，与李逵潜入泰安州，与其一争高下。在擂台上，他以弱战强，斗智斗勇，几番腾挪转移，瞅准空当，一个“鹁鸽旋”之技将对方摔到台下。殿前太尉高俅率军征讨梁山，三番兵败被张顺擒上山寨。宋江想通过高俅促成招安，对他以礼相待，还设宴款待他。高俅大醉后言语放荡，自夸相扑天下无对。卢俊义便让燕青与其切磋。燕青略施“守命扑”绝技，一跤便把高俅撷翻在地。

梁山起义军受招安后，燕青随宋江南征北战，同样凭着机智灵活屡次立功。征讨王庆时，燕青在龙门关之战前分析战情，预先调五百步兵砍伐树木，于河上搭建浮桥。卢俊义交战失利，原有桥面被乱军踩塌，全亏燕青搭建的浮桥，方使大军得以保全。征讨方腊时，燕青假扮吕师囊帐前虞候，与解珍、解宝一同混入扬州城外定浦村，杀死勾结叛军的陈观父子。后又化名云壁，随柴进诈投方腊，以为宋军内应。清溪之战展开，燕青协助柴进阵前倒戈，杀死敌将方杰，引宋军攻入帮源洞得胜。

梁山起义军平定方腊，班师回朝。燕青私下去见卢俊义，劝他急流勇退，隐姓埋名以终天年，卢俊义不肯。燕青又以汉高祖杀戮功臣之事劝谏，仍遭卢俊义拒绝。他只得拜别卢俊义，并留书信给宋江，当夜飘然而去，从此隐身乡野，不问世事。卢俊义不久被奸臣用水银坠腹而死，燕青的机智灵巧又一次得到印证。

十五、出海为王之李俊

李俊，绰号“混江龙”，是梁山起义军水军头领第一人。他人缘好、具备政治眼光，做事低调实干、疆场屡立战功，并懂得识时务、能够顺势调整人生进取方向。最终出海称王，成就了另一番事业。

李俊原在扬子江中做撑船艄公，还与出洞蛟童威、翻江蜃童猛一同贩卖私盐。他和催命判官李立同霸揭阳岭，与揭阳镇穆弘、穆春兄弟，浔阳江张横、张顺兄弟合称揭阳三霸。通过江湖传闻和熟人称颂，他认定宋江是仗义疏财、值得信赖之人，于是曾三次尽力相救。

第一次，宋江刺配江州途经揭阳岭，李俊得到消息，便与童家兄弟在岭下专门等候，却与宋江错过。宋江在李立的酒店里吃酒，被李立用蒙汗药麻翻，险遭杀害。李俊久候不至，返回岭上寻找李立，恰遇李立要宰杀宋江，便将宋江救下，并与他结为兄弟。

第二次，宋江离开揭阳岭后，在揭阳镇打赏街头使棒卖药的病大虫薛永，得罪了穆弘、穆春兄弟，被穆家兄弟率庄客追至浔阳江边。他情急之下，又上了船火儿张横的黑船。张横将船驶至江心，要夺宋江的财物，并逼他跳江。李俊恰巧撑船碰见，再一次救下宋江。宋江与张横、穆弘等人化敌为友。

第三次，宋江在江州题写反诗，遭黄文炳告发，与戴宗一起被判斩首，被梁山十八位头领劫法场救出。此时，李俊与张横、穆弘等九人也驾船赶赴江州，要救宋江。却在江边白龙庙与宋江等人相遇，一行二十九人在此聚会后攻打无为军。李俊协助张顺，生擒黄文炳。

李俊上了梁山，奉命镇守东南水寨，位居水军头领第一位。他从此低调实干，在对敌斗争中屡立战功。三败高俅时，李俊擒杀金陵水军统制官刘梦龙，又与张横合擒京北弘农节度使王文德。征讨辽国时，李俊率领水军夺取檀州水门，攻占檀州。征讨田虎时，李俊随关胜连破榆社、大谷等县。他听闻卢俊义攻太原不下，便辞别关胜，冒雨驰赴卢俊义军中，进献水攻之计，掘开智伯渠，水灌太原。征讨王庆时，李俊率水军大战瞿塘峡，杀死水军都督闻人世崇，义释副将胡俊，夺取云安州，斩杀留守施俊。后又和童家兄弟扮做渔人，埋伏在清江边上，生擒寇首王庆。他在胡俊的协助下，招降东川、安德，使得“农不离其田业，贾不离其肆宅”，在平淮西之战中功居第一。

平定淮西后，梁山起义军班师回朝，驻扎在东京城外。朝廷颁下诏令，禁止诸将擅自入城，梁山诸将尽有怨言。李俊与三阮、二张等水军头领去请军师吴用做主，表示要劫掠东京，复回梁山泊落草。吴用不敢做主，李俊等人只得作罢。从此，李俊对朝廷大感失望，暗暗埋下日后另谋出路的念头。

征讨方腊时，李俊率水军收复江阴、太仓，并与童威、童猛到太湖侦察，在榆柳庄与费保、倪云、卜青、狄成四人结义，后协助宋江攻占苏州，斩杀飞水大将军昌盛。宋江取杭州时，李俊率军攻打靠湖门，与石秀率先登城，合擒守将吴值。接着，李俊又率水军头领到清溪城中诈降，被方腊封为水军都总管，而后在城中纵火，协助大军破城，最终平定方腊。

平定了江南方腊，李俊随大军班师。他行至苏州，诈称中风，要求留下童威、童猛看视，让宋江先行回朝。宋江怕耽误行期，只好留下李俊三人，自率大军回京朝觐。宋江走后，李俊依照旧约，与童家兄弟前往榆柳庄，寻找费保等四人。随即打造船只，从太仓港扬帆出海，投向境外而去。经过艰难曲折，最终成为暹罗国之国王。

李俊面对朝廷昏暗另辟蹊径，到海外创就另一番事业，给悲惨失败的宋江起义平添一抹亮色。所以，李俊的形象，得到当代评论者较高的评价，称他是“梁山起义将领结局最好的人”。

十六、巾帼英雄之顾大嫂、扈三娘、孙二娘

有人认为，《水浒传》是血性男儿的世界，作者施耐庵着力刻画描写的，是那些“路见不平一声吼、该出手时就出手”男性豪杰的人物形象。但也应该说，其中同样塑造了十分成功的巾帼英雄人物，如顾大嫂、扈三娘、孙二娘等，从而使该书更全面、更真实地反映了当时的社会面貌。

1. 敢作敢当顾大嫂

在《水浒传》描写的梁山起义军三员女将中，顾大嫂是性格最鲜明、塑造得最成功的一个人物形象。她生得“眉粗眼大，胖面肥腰”，人送绰号“母大虫”，相貌极具粗犷男性化的特点，并且脾气性格也十分男性化，其义气豪爽似鲁智深，勇猛急躁似李逵，敢作敢当、有勇有谋，是一位很不寻常的巾帼英雄。

书中关于顾大嫂的描写，主要是围绕“劫狱反牢”的有关章节来展开的。解珍、解宝射杀吃人老虎为民除害，不料被地方恶霸毛太公诬陷，勾结官府将他俩打入死牢，性命危在旦夕。在劫狱反牢营救解珍、解宝的事件中，顾大嫂作为组织者和领导者，其人品和性格显示了三个方面的特点：一是讲情重义。解珍、解宝是顾大嫂丈夫孙新姑家的两个儿子，与孙新是姑表兄弟。两家来往密切，关系较好。按一般亲情来说，自然应该营救。并且解珍、解宝射杀吃人老虎是为民除害，毛太公勾结官府制造冤狱是陷害忠良，按江湖义气来说，也应该出手相帮。但只是劫狱反牢的后果，必然是抄家杀头诛灭九族，将全家的生命财产毁于一旦。在这种生死攸关的情况下，讲情重义的顾大嫂没有丝毫的犹豫，而是立即展开了营救工作的筹划和准备。这种舍己为人、义无反顾的精神，是一般女流根本做不到的。二是勇猛果敢。劫狱反牢的计划确定后，性急如火的顾大嫂马上对丈夫孙新提议：“我和你今夜便去！”恨不得马上付诸行动。当孙新请了朋友邹渊、邹润叔侄当帮手，设想劫了狱就去投奔梁山水泊入伙，顾大嫂听了立即干脆利落地说道：“最好！

有一个不去的，我便乱戳死他！”接着在实施劫牢的过程中，顾大嫂一马当先打头阵，勇猛威武犹如战场上的“黑旋风”李逵一般。三是粗中有细。为确保劫狱成功，大家决定拉孙新的哥哥、登州提辖官孙立一起干。此时只见顾大嫂急中生智，先用“自己装病”计赚孙立前往，再用“武力硬逼”迫使孙立就范，又用“分析情理”让孙立无后退之路。十分精彩的此情此景，把一个智勇双全的巾帼英雄形象跃然纸上。

劫狱反牢成功上了梁山后，顾大嫂和孙立、孙新、乐和、邹渊、邹润、解珍、解宝八人组成的“孙氏集团”，作为坚定的起义造反派，各显其能，团结奋斗，为整个梁山起义事业的兴旺发展做出了突出贡献。而顾大嫂作为“孙氏集团”的中枢人物和实际领导人，凭着她的机智勇敢也发挥了重要作用。攻打祝家庄时，顾大嫂假扮孙立的女眷混入庄内，和其他好汉一起里应外合攻破了祝家庄。之后，顾大嫂与丈夫孙新奉命在梁山脚下开起东山酒店，负责接待客人和刺探情报。

梁山一百单八将在宋江的带领下，集体接受朝廷招安攻打方腊等农民起义军，经过一场场惨烈拼杀，梁山将士十损有八，伤亡殆尽，而顾大嫂和孙立、孙新兄弟披一身征尘腥风而归，也算庆幸。朝廷封赏时，顾大嫂被任为东源县君。对这个小小的县令官职，她不屑一顾，舍弃诰命跟随丈夫回归故里，依靠继续为官的大哥孙立过起平民生活，淡泊功名利禄的气节和操守令顾大嫂更添令人赞叹的又一亮色。

顾大嫂这个人物形象，虽然缺乏女性所具有的娇柔妩媚的相貌美，但却有着善良刚直的心灵美。她外粗而内细、形丑而心善，是一位有些男性化的巾帼英雄形象。如果借用现代京剧《沙家浜》里赞颂阿庆嫂的一句唱词，那么我们完全可以说：顾大嫂，这个女人不寻常。

2. 悲情女将扈三娘

有认真细心的读者指出，《水浒传》中梁山三女将之一的扈三娘全书只说过一句话，并且是一句无关紧要、可有可无的话。这即是第九十八回与田虎起义军作战时，敌阵中冲出一员美貌女将枪挑扈三娘的丈夫王矮虎，扈三娘见情拨马向前，大声喝道："贼泼贱小淫妇，焉敢无礼！"据此，不少读者、论者批评扈三娘这一形象塑造得不成功，是"概念化的影子人物"。更有论者以扈三娘武艺高强、战功显赫却让她成为"哑美人"，并且梁山排座次仅列第 59 名表示不理解，大呼"不公平"。那么，应该怎样正确认识扈三娘这一人物形象呢？

其实，持如上观点者并没有能够真正理解作者施耐庵的创作意图。第一，作者是把扈三娘作为书中次要人物来塑造的，并没想让她夸夸其谈、声情并茂而喧宾夺主。第二，作者的本意是把扈三娘塑造成根本不能掌握自己命运的悲剧女性人物形象，徒有美丽容貌和高超武艺，而一生命运却飘若浮萍。在这种情况下，其话多何益？话少何妨？战国时期美丽的息国夫人被俘纳入楚王后宫，三年不曾说过一句话，以表示无声的反抗，那么扈三娘的"失语"，也岂不是口中无声胜有声吗？

漂亮、英武的扈三娘一生命运自己不能做主，飘若浮萍，首先表现在她的婚姻大事上。扈家、祝家、李家三村结盟，共同联防，其中数祝家势大，扈家力单。扈父把扈三娘许给祝家的三公子祝彪为妻，这在很大程度上是想攀附祝家以求自保，两家所结的实为一桩政治姻缘。儿女婚事由父母做主的传统思想，加上父亲的一片良苦用心，使扈三娘只有保持沉默失语的权利。那么未婚夫祝彪是何样的人呢？从书中的描写得知，这是一个恃强称霸、心高气傲的纨绔子弟，梁山托人求情让他释放被擒的时迁，他不但辱没人情、不予放人，反而口出狂言称要把梁山起义将领一个个擒来绑了，向朝廷邀功请赏，由此揭开了双方对垒厮杀的序幕。扈三娘如果嫁与这一纨绔子弟，终生命运能有何幸福可言？幸亏梁山起义军三战扫平祝家庄，使她的这一政治婚姻不解自除。但谁知刚脱狼穴又入虎口，上了梁山的扈三娘被宋江以兑现当初承诺为由，当成礼物送给王矮虎为妻。碍于宋大哥的情面和义气，她只得又一次保持沉默失语。这个王矮虎也不比祝彪强点，书中写他不但身材粗壮矮小，人品猥亵，而且好色如命。扈三娘与这样的人相伴终生，真乃一朵鲜花插到牛粪上，只有对隅孤灯、无声悲叹的份儿。

漂亮、英武的扈三娘一生命运自己不能做主，还表现在她的梁山座次和最后死亡上。扈三娘武艺高强，在战场上屡捉敌将，战功十分显赫，但却位居梁山地煞星第23位，整体排名59位，以致一些论者纷纷为她鸣不平。而造成这种状况，能够怨谁呢？是宋江排挤她吗？否！宋江是她的媒人，她又是宋江老爹的干女儿。是别的将领谗毁她吗？否！她与他人无任何矛盾冲突。天降石碑上每个人的星宿座次写得清清楚楚，红颜薄命，天意如此，你能怨谁呢？所以，扈三娘面对并非论功行赏的座次，只能继续保持沉默失语而心甘情愿。最终，梁山一百单八将集体接受招安征剿方腊等起义军，在惨烈搏杀的战场上，有的将士死于敌人的明枪，有的将士亡于对手的暗箭，疆场效命，马革裹尸，也算死得其所。而扈三娘却“天上掉石头”被一个敌将的镀金铜砖砸到脸面倒马立毙，近似非正常死亡。一生沉默失语的扈三娘如一缕清风，悄无声息地离世而去，这一悲剧女性人物的惨淡人生，直令后世读者嗟叹不已。

《水浒传》作者施耐庵塑造的一生沉默失语、命运飘若浮萍的扈三娘形象，是封建社会里根本不能掌握自身命运的广大不幸妇女的一个缩影。虽然这仅是书中一个次要人物形象，但作者却以独具视觉的写作手法，达到了出人意料的客观效果。如今一些读者、论者对扈三娘引来热议，也从另一个方面说明了这一人物形象描写得非常成功。

3. 金盆洗手孙二娘

我们今人读《水浒传》，无不为梁山一百零八条英雄好汉“路见不平一声吼，该出手时就出手”的事迹和精神所敬仰、所赞叹。但在“英雄好汉”这沉甸甸、金灿灿的称号面前，其中有些人却名不副实、当之有愧。如若举例，孙二娘就是最典型的一个。这个开黑店拿无辜客商当牛宰、当鸡杀的女恶魔，在历朝历代都属官府严厉打击的邪恶势力，都是人民群众深恶痛绝的社会渣滓。所以不少后世读者、论者认为，如果把这类人物也列入英雄好汉一类，则未免颠倒了是非曲直，亵渎了人间正义。那么，作者施耐庵为何塑造了这一绰号“母夜叉”的女魔形象呢？这一女魔形象的滋生基础和社会意义又是什么呢？

在书中，孙二娘的故事是随着武松发配孟州道而展开的。通过武松的所见所闻所遇，孙二娘及其黑店的情况一一呈现在读者面前：这个女人长相粗俗、打扮妖艳、眉横杀气、眼露凶光，一副妖魔化的悍妇形象。她继承父业，和丈夫张青在交通要道十字坡开下人肉馒头店，专门干一些杀人越货的勾当。凡有客商入来，拣那些财物多、体形重的，用蒙汗药蒙翻杀死，大块好肉切作黄牛肉卖，零碎小肉做馅包馒头。孙二娘坐店经营，丈夫张青则挑着人肉馒头出卖。时间一长，她这人肉馒头店也就闻名江湖，以致人多传言：“大树十字坡，客人谁敢那里过？肥的切做馒头馅，瘦的却把去填河！”尽管丈夫张青与她定下“僧人、妓女、囚犯三不杀”的戒条，而她仍我行我素，武松、鲁智深等人都险遭毒手。武松和孙二娘、张青由打相识，被引到人肉作坊里看时，只见“壁上绷着几张人皮，梁上吊着五七条人腿”。书中描写的此情此景，令人读来不寒而栗、毛骨悚然，孙二娘分明就是名副其实的“母夜叉”，她的黑店也分明就是摄人魂魄的阎罗殿。

像孙二娘此类“黑道”人物，是封建社会阶级矛盾激化、压迫剥削加剧情况下滋生的“毒瘤”。有些人缘于个人和家庭的重大变故，灵魂扭曲、心理昏暗、行为极端，以至铤而走险迈入邪恶的“黑道”之途。他们和那些劫富济贫、重讲义气的江湖好汉不同，突出表现为私欲膨胀，心狠手辣，劫富不济贫、杀人又越货，不但肆意践踏社会秩序，而且严重祸害无辜百姓。这类人中，也不乏一些较男性更为狠毒的女魔头，正所谓“蝎毒不过女人心”。施耐庵着意通过孙二娘及其“黑店”的描写，把写作笔触深入当时社会最阴暗的角落，将最丑恶的东西撕裂开来给人看，这不仅是现实主义创作方法原则的需要，也增添了作品深刻久远的社会意义。

书中写道，孙二娘夫妇认为开“黑店”终究不是长远之计，于是应鲁智深等人之邀，摘牌关门、改邪归正入伙梁山，成为起义军的将领。在当时的情况下，农民起义如大河奔流、百川入海、泥沙俱下、鱼目混珠。像孙二娘这样三教九流、各色人等的社会渣滓，由于种种原因纷纷加入其中，都是可能的。大敌当前，团结最广泛的同盟者，壮大起农民起义军的队伍，自是严峻形势的需要。在任何大革命行动中，企求队伍成员统统苦大仇深、根正苗红既无必要也无可能。三教九流混杂人等和苦大仇深、根正苗红者的枪弹同样可以致敌于死命，并且还由于三教九流混杂人等一般都具有某种特长，在对敌斗争的战场上有时会起到更大的作用。只是随着斗争的发展和深入，这些人一般会重新分化，有的人能洗心革面，坚持斗争到底；有的人则旧念萌发，或队中开溜，或危害革命。

按照书中描写，杀人女魔孙二娘到了梁山，属于金盆洗手、洗心革面一类。她同丈夫张青被起义领袖宋江安排在梁山脚下的西山酒店，负责迎来送往、打探情报。之后在征讨方腊等其他起义军的惨烈战场上，双双马革裹尸英勇殉命。集杀人成性的女魔和效命疆场的勇士于一身，是矣？非矣？褒矣？贬矣？孙二娘的形象留给后世读者的是仁者见仁，智者见智、无穷尽的评说和联想。

第四节 《水浒传》中主要反面人物形象解析

在《水浒传》中，作者不但成功塑造了正面人物特别是水浒英雄好汉们的形象，同时也成功塑造了一些反面人物的形象，有的人物形象如西门庆、潘金莲等，流传至今让人们印象犹新。这些反面人物形象，有的属于封建统治集团的高、中层，有的属于统治阶级的底层社会基础，他们代表了当时整个社会的黑暗一面。从他们身上，也揭示了农民起义爆发的根本动因。

一、小人得志之高俅

《水浒传》作者施耐庵为了揭示农民起义爆发“乱自上作”“官逼民反”

的社会原因，开篇没写贫苦农民如何遭受残酷的压迫和剥削，而是写了封建统治阶级高层中的一个奸臣人物高俅。通过这个社会小混混的逆袭发迹，反映了封建社会腐朽的用人制度、杂乱的官员队伍构成、广大民众深受这类贪官污吏迫害的无穷灾难。

1. 毬而优则仕

书中写道，高俅乃一个“浮浪破落户子弟”，“自小不成家业，只爱刺枪使棒，最是踢得一脚好气毬。他吹弹歌舞、刺枪使棒、相扑顽耍、诗书词赋颇知一二。但若论仁义礼智、信行忠良，却是不会，只在东京城里城外帮闲。”因教唆一个生铁王员外的儿子花钱挥霍，不干正事，被其父在开封府告了一状。府尹把高俅断了四十脊杖，发配出界。之后，东京城里人不容他在家宿食，高俅无奈只好投奔他乡找人寄住。先后被当成烫手的山芋，转了三家收留。由此可知，高俅是一个典型的社会小混混，品行恶劣，人见人烦，仅仅是会一点帮闲的本事，特长是擅踢气毬。

高俅这样一个社会小混混，按常理说，怎么也与从政当官联系不到一起。但在黑暗的封建社会里，这样一个人的身上也会发生奇迹。书中写道，一次偶然的机会，高俅向宋徽宗展示了一下毬技，受到青睐。没半年之间，竟火箭般被提拔为殿帅府太尉之职，执掌起京城禁军的指挥大印，正式进入朝廷高层统治集团。由高俅这样的社会小混混当权，广大民众怎能不面临无穷的欺压和迫害，从而揭竿而起加以抗争呢？

2. 得志便猖狂

子系山中狼，得志便猖狂。高俅一上台，便露出了小人得志、疯狂报复他人的狼子野心。到任当天，他发现八十万禁军教头王进请病假没来报到，不问青红皂白即以“抗拒官府，搪塞下官”的罪名派人捉拿。待看到王进，知道了他是曾打过自己一顿的王升的儿了，仇恨报复之心更是暴露无遗，随大声喝道：“这厮！你爷是街市上使花棒卖药的，你省得什么武艺？前官没眼，参你做个教头，如何敢小觑我，不服俺点视！你托谁的势，要推病在家安闲快乐！”不容王进辩解，就要动刑惩戒。后经部下求情，方怒气难消地再次喝道：“你这贼配军，且看众将之面，饶恕你今日之犯，明日却和你理会！”

高俅把王进逼走后，接着又对继任八十万禁军教头的林冲痛下黑手。他为了使儿子高衙内霸占林冲妻子的目的得逞，设计陷害林冲误入军机议政处“白虎堂”。待林冲上了圈套，高俅立即闪了出来，大怒说道：“林冲，你既是禁军教头，法度还不知道？因何手执利刃，故入节堂，欲杀本官？”随即，叫左右把林冲捆绑起来。之后林冲含冤被判流刑，高俅又派人中途谋杀、草料场放火等，务必要取林冲的性命。林冲被高俅逼得上天无路、入地无门，万般无奈只好上了梁山，举起了起义造反的大旗。

3.欺诈无赖相

在书中，高俅曾奉命征剿宋江领导的梁山农民起义军。结果三次进剿，均被打得落花流水。第三次进剿，高俅本人还被俘虏到山上。宋江为了让高俅向皇帝转达希望招安的愿望，不但没有杀他，还对他热情招待。高俅当面应承得斩钉截铁，说一定转达宋江的这一心愿。他信誓旦旦地说道：“若是义士肯放高某回京，便将全家性命于天子面前保奏义士，定来招安，国家重用。若更翻变，天所不盖，地所不载，死于枪箭之下！”为了让宋江相信自己是真心并无假意，还装模作样地把随带官军中的闻参谋留下来，作为人质。

其实，梁山起义军的军师吴用观察高俅的长相，见他“生的蜂目蛇形”，就断定这是个“转面忘恩之人”。果不其然，高俅回到朝廷，只用谎言汇报“官兵病患严重不能征进，权且罢战回京休整”等，把宋江之“请”一字没讲。后来还是燕青通过李师师面见宋徽宗，方才促成了梁山起义军接受招安之事。

4.害人毒蝎心

宋江领导的起义军接受了招安，为朝廷南征北战十死七八，幸存人员好歹最后得到一些官职封赏。高俅见此，顿生忌妒之心。他与另一奸臣杨戬商议道：“宋江、卢俊义皆是我等仇人，今日倒让他们做了有功之臣，受朝廷这等恩赐，教他们上马管军，下马管民。我等省院官僚，如何不惹人耻笑？”

于是，两个奸臣定下毒计：先找人诬告卢俊义谋反，待朝廷安抚时在所赐御食中掺入水银，害其坠腰肾而死。断了宋江的臂膀大将后，再让朝廷赏赐宋江御酒，其中放进慢性毒药，终其性命，以彻底绝了后患。

明枪易躲，暗箭难防。宋江、卢俊义终被于高俅等奸臣相互勾结所害，其他幸存的梁山起义将领也受到各种打击迫害，少有命运很好的。一场轰轰烈烈的农民大起义，就此落了个十分悲惨的失败结局。

正因为以上，作者塑造高俅这一“小人得志”式反面人物的形象，具有多重的典型意义，它不但暴露了封建官场的昏庸腐败，揭示了农民起义爆发的社会动因，而且还进一步揭示了农民起义之所以失败的重要因素。任何的革命行动一旦掀起，务必要把这些反动势力的代表人物作为斗争目标，进行摧枯拉朽的致命打击，让他们彻底消失，切不可重复羊和狼的故事。

二、流氓刁徒之西门庆

在《水浒传》中，如果说高俅是封建统治阶级高层的反动腐朽代表人物，那么，西门庆则是封建统治阶级基层的反动腐朽代表人物。作者将他塑造成了一个诱奸人妻的流氓刁徒，他与潘金莲之间的奸情，被人们当作男女通奸的“代名词”，逾越千百年而唾弃至今。

1.地方刁徒

书中交代，西门庆原是阳谷县一个破落财主，后来开了个生药铺，暴发有钱起来。他从小就是个奸诈之人，使得一些拳棒，经常在县里管些公事，与人放刁把滥，说事过钱，排陷官吏。因此满县人都惧让他几分，称他作西门大官人。王婆说“知县相公也和他来往”。何九叔说他是“把持官府的刁徒”。

从这些描写来看，西门庆就是一个典型的地痞刁徒，也就是人们所说的“地头蛇”。其突出的特点有三：一是近年来暴发，家里有万贯钱财，王婆形容说是“钱过北斗，米烂陈仓”。二是生性奸诈，好参与地方公务，经常干一些凌强欺弱的勾当。三与官府关系密切，有政治后台。

西门庆作为封建社会基层的反面人物，具备了为非作歹、欺压百姓的所有资本和条件。街坊邻居明明知道他与潘金莲之间的奸情，但都是敢怒而不敢言。武松告状到县衙，知县与县吏“都是与西门庆有首尾的”，纷纷以证据不足为借口推托不管。武松靠告状的道路走不通，无奈只好自己凭武力来解决问题。

2. 流氓骗奸

西门庆看中武大郎之妻潘金莲以后，心猿意马，朝思暮想，一心想霸占过来归己享用。当然，他是一个面善心恶的刁徒，不是像高衙内那样无法无天的歹徒，不可能运用明抢硬夺的办法。而是在王婆的帮助下，采取了一步步诱骗的计谋。

首先，以帮忙做针线活为名，把潘金莲骗到王婆的茶馆。接着，由王婆对西门庆的人品、势力、家境进行欺骗和夸大式介绍。再施展十步循序渐进引诱法，终将潘金莲诱骗到手。他和潘金莲达成奸情后，竟然天天在王婆的茶馆里厮守鬼混，全不怕街坊邻居风言风语。

西门庆更为嚣张的是，武大郎知道了他和潘金莲的奸情后，与郓哥一起前往捉奸。他不但没有丝毫羞耻之心，反而恶狠狠地朝武大郎的胸口踹了一脚，险些要了武大郎的性命。西门庆所倚仗的是，自己有钱有势，任何事都可以摆平。

3. 害人性命

西门庆为了长期霸占潘金莲，在王婆的帮助下，竟凶狠地将武大郎用毒药毒死。奸人妻子，再害人性命，这进一步反映了西门庆自以为有钱有势、可以任意胡为的嚣张气焰。

事实正是如此。负责验尸的何九叔明明看到武大郎七窍流血、面部发黑，是用毒药毒死无疑。但慑于西门庆的淫威，知道他是一个“把持官府的刁徒”，所以不得不违心地接受他的封口赠银，只是偷偷地留下两根骨头，日后交给出差归来的武松。武松告到县衙，知县和县吏“都是与西门庆有首尾的”，纷纷以证据不足为借口推托不管。武松最后靠着自己神勇的武力解决问题，实在是万般无奈之举。

像西门庆这样的流氓刁徒，因为他们身处社会基层，与广大民众日常接触很多，所以危害极大，被普通百姓深恶痛绝。在任何推动社会进步的革命斗争中，这样的基层败类与高层奸官一样，都应是坚决打击的对象。

三、地痞恶棍之蒋门神

蒋门神与西门庆一样，都是封建统治阶级基层的反动腐朽代表人物。只是他们两人的具体状况，有同也有异。所谓同，即是他们都有钱、有势、有后台，为非作歹称霸一方。所谓不同，即是西门庆表面上风流倜傥、衣冠楚楚，恶行主要用的是欺骗引诱之计；而蒋门神则是一副凶神恶煞、气焰嚣张的样子，恶行主要用的是明抢硬夺之法。

书中写道，蒋门神是新到孟州任职的张团练带来的一个地痞恶棍人物。他身高体胖，面目凶恶，有一身武艺，尤善相扑之技。到了孟州后，他看到施恩的快活林酒店生意兴隆，顿生霸占之心。于是带着一帮徒弟，明火执仗、强抢硬夺过来。施恩稍有争辩，马上遭受了一顿棍棒痛打。蒋门神敢于在光天化日之下施展这种强盗暴行，这充分说明了当时社会之极度黑暗，广大民众遭受迫害之水深火热。武松强硬出头，替施恩报仇雪恨，醉打蒋门神，将酒店夺回，这无疑是对正义的伸张，对邪恶的惩罚，读之不禁大快人心。

惯于凌强欺弱的恶棍蒋门神，吃了如此大亏，当然不会甘心。他央求其后台张团练为其撑腰，张都监的结义兄弟张都监遂定下毒害武松的连环计：先是拉拢武松，加以重用；接着诬陷偷盗，送官判刑；最后派人追杀，务取性命。从中显示出邪恶势力对正义人士迫害的穷凶极恶，一个毒招连着一个毒招，非要结果人的生命不可。武松凭着高超武艺和无穷神力，大闹飞云浦，血溅鸳鸯楼，将张都监、蒋门神全部杀死，连毙一十五人。有些读者、论者称如此杀人太过，然则，过则过矣，但也反映了武松对邪恶势力的无比愤恨、不能自控之情。

蒋门神、西门庆之流，虽然他们比起封建统治高层人物如高俅来，危害面要小一些，但论其危害性质并无二致，为广大民众所深恶痛绝。所以，在任何推动社会进步的大革命中，这些社会渣滓均属于无情打击之列。通过对他们的打击，使“善有善报，恶有恶报”的道德理念得到伸张，使广大民众终有了报仇雪恨、扬眉吐气的一天。

四、浪荡淫妇之潘金莲、潘巧云、阎婆惜

《水浒传》在成功塑造男性反面人物的同时，还成功塑造了一些女性反面人物，如潘金莲、潘巧云、阎婆惜等，从而更宽阔地展示了当时的整个社会面貌。其中的潘金莲形象，甚至被当作妖冶、淫荡、狠毒女人的典型，广泛传诵于当今的社会民间。

1.潘金莲：人生嬗变三部曲

由于《水浒传》的巨大影响，几百年来，书中潘金莲的形象一直被当成妖冶、淫荡、狠毒女人的典型，牢牢地钉在历史耻辱的柱上。而随着改革开放以来几次思想解放的步伐，开始有人同情她惨苦的人生遭遇，钦佩她追求新生活、反抗旧伦理的勇气，出现了林林总总的一些翻案风。那么，根据书中的描写，潘金莲终究是一个什么样的女性形象、她的案翻得翻不得呢？

书中开始介绍道：“清河县里一个大户人家有个使女，娘家姓潘，小名唤作金莲，方二十余岁，颇有些颜色。因为那个大户要缠他，这使女只是去告主人婆娘，意下不肯依从。那个大户以此记恨于心，却倒赔些房奁，不要武大一文钱，白白地嫁与他。”由此可见，潘金莲作为出身贫苦、地位低下的丫鬟，敢于对主人的淫威表示反抗，绝非一般青春少女所能做到，其心地纯正、坚贞不屈的品格令人钦佩和赞叹。而那个大户因淫威不能得逞恼羞成怒，采取恶作剧的办法将其嫁与身材矮小、近似侏儒的武大郎为妻，这种悲惨的人生遭遇，又令人顿生无限惋惜和同情之心。

如果说潘金莲出嫁前为其人生的第一阶段，那么与武大郎成婚即可视为

迈入了第二阶段。起初，潘金莲忍辱负重，强咽苦水，与相貌猥琐、毫无感情基础的武大郎一心一意生活，这也是常人所难为。只是武松的出现，唤醒了潘金莲沉睡的心灵，使她重新审视起自己不幸的婚姻家庭。她见武松一表人才，心里寻思道："武松与武大是嫡亲一母兄弟，竟生得这般长大。我嫁得这等一个，也不枉了为人一世！"于是由日常对武松嘘暖问寒，操持饮食，逐渐发展到多次挑逗勾引。按一般常理，美人爱英雄，自是情有可原。但潘金莲未免看错了恋爱对象，摆错了自身位置。她在婚姻续存期间情感出轨爱上自己的小叔子,这就违反了公序良俗和社会道德,应该受到人们普遍的指责。之后她又与浮浪子弟西门庆勾搭成奸，在滑向堕落的道路上更进一步。诚然她的这次婚外恋中，有老鸨王婆中间牵线、西门庆主动勾引的因素，而俗话说"篱牢犬不入"，毫无疑问潘金莲也存在自身品格上的责任。不幸的婚姻、压抑的灵魂，并不能成为红杏必然出墙的理由。并且她和西门庆之间也绝非那种情投意合、心心相印的爱情，而是属于苟且之合、鱼水之欢一类，普遍为人们所不齿，与追求婚姻自由、反对旧伦理根本搭不上界。特别是在奸情败露时，她鼓动西门庆脚踹武大郎，致使武大郎口吐鲜血、一病不起，如此狠毒的行为，更使昔日那个心地纯正、坚贞不屈的形象渐行渐远。

从潘金莲伙同王婆、西门庆计划毒害武大郎的那一天起，她就一改令人同情可谅、成了思想品格存有瑕疵的女性形象，成为蝎毒心肠的悍妇、谋害丈夫的凶手，迈上其人生的第三阶段。书中写道，潘金莲为了达到与西门庆长期厮守的目的，将砒霜当成良药灌入重病在床的武大郎嘴中，"怕他挣扎，便跳上床来骑在武大身上，把手紧紧地按住被角，哪里肯放些宽松。那武大哎了两声，喘息了一回，肠胃迸断，呜呼哀哉，身体动不得了"！此情此景，我们哪里还能看到潘金莲当初纯洁无瑕、坚贞不屈的一点影子？

概言之，潘金莲的人生嬗变三部曲脉络还是十分清晰的：她当初品格纯洁无瑕、抗争主人淫威坚贞不屈，无疑应该肯定和赞赏；之后她与西门庆勾搭成奸，人品思想和生活作风逐步走向堕落，其中纵然有着许多令人同情的因素，但也应受到公序良俗和社会道德的批判和指责；只是当她走向伙同他人谋害丈夫的时刻，所有情势瞬间性质大变，杀人凶手的罪名事实确凿、铁证如山，这个案是任何时候都翻不得的。如果后世人们由此演绎出另样的潘金莲形象加以同情和歌颂，那么这就与《水浒传》中的潘金莲无关了。

2.潘巧云：心理压抑酿孽情

在《水浒传》中，潘巧云是作者施耐庵塑造的潘金莲之外的另一“淫妇”形象。两人有“同”：都是因婚姻不幸而红杏出墙，最后被残忍地杀死。也有“异”：潘金莲亲手谋害了自己的丈夫，而潘巧云则没有。正因为如此，潘巧云获得了后世读者更多的同情，不少人认为她红杏出墙罪不当死，命运结局太冤屈、太悲惨了。并有人从自己的理解出发，演绎出另外一个新的潘巧云形象加以翻案，说她的红杏出墙是追求自由爱情、是对男权社会的违抗和挣扎云云。那么，书中的潘巧云终究是一个什么样的女性形象？她的红杏出墙又是怎样的一种情景呢？

按书中所写，潘巧云是前夫去世后改嫁杨雄的。杨雄公务繁忙，一个月有二十多天需在衙门当值夜班，平时又苦练武艺，打熬筋骨，不贪女色。而潘巧云正青春芳龄，独守空房，青灯孤影，时间一长自然就耐不住这份寂寞。情感空虚、心理压抑之际，因祭奠前夫病故二周年的偶然机遇，昔日相识和尚裴如海出现在了她的视野。这个裴如海原是一绒线铺老板的儿子，出家当和尚后认潘巧云的父亲为干爹，目的就是想接近潘巧云。两个人一个是情感极度寂寞，主动投怀入抱；另一个是心中早有预谋，顺势巴结勾引，干柴烈火遂酿成一段男女私情。

综上所述，潘巧云形同活寡的婚姻不幸纵然令人顿生怜悯同情之心，而她春心萌动，耐不住寂寞竟向一个和尚投怀入抱，又把人们的些许怜悯同情之心抛洒殆尽。因为她与和尚裴如海之间根本没有什么情感相慕、志趣相投的思想基础，仅是心理压抑、灵魂扭曲所致的鱼水之欢、苟且之合。两人之间的这种近乎性本能的男女私情，既为公序良俗、社会道德所不允，更被一般人们、普遍舆论所不齿，它从一开始就如同一株罂粟之花，必定结出毒苦之果，这与封建社会受压迫妇女追求自由爱情、反对封建旧礼教云云，是不能同日而语的。有些人把潘巧云的红杏出墙，归结为是对男权社会的违抗和挣扎，和尚裴如海是她一心追求的情人，这也是缺乏书中的具体描写为依据的。

书中接着写道，潘巧云红杏出墙，被杨雄的结义兄弟石秀发现，随后告知了杨雄，杨雄酒醉之际含沙射影地痛骂了一番。潘巧云为了自保，倒打一钉耙，竟反诬陷石秀调戏自己。她的这种做法，就在与和尚偷情之错的基础上更错一步。所谓利己不能损人，出于自保的原因而嫁祸于人，这种思想道德方面的错误就不能为人们所谅解了。

诚然，潘巧云的红杏出墙和诬陷他人纵然令人再怎么憎恶，也不致罪该当死，杨雄和石秀最后联手将她割舌刨心杀死，实乃残忍至极、不人道至极。但在当时的情势下，妻子与和尚发生奸情，杨雄作为丈夫，戴上这种“绿帽子”早已让他义愤填膺，情绪上不能自控。石秀作为朋友，起初的想法是劝杨雄一张文书休了妻子，后来因遭到潘巧云的诬陷，充满复仇心理也属自然。他们联手将潘巧云残忍杀死，也是封建时代人们处理恩仇事件的常有手段，我们不能按一般法理常态来苛求古人。

综观《水浒传》中的潘巧云形象，由于她仅是因婚姻不幸而红杏出墙，而没有像潘金莲那样狠毒地将亲夫谋害，所以更具典型性和普遍意义。在封建社会里，更多的妇女是像潘巧云这样，因婚姻有名无实、形同活寡而情感极度压抑，心里备受煎熬，以致耐不住寂寞发生婚外情。但她们的红杏出墙又多为饥不择食的鱼水之欢、苟且之合，极少心心相印、情投意合式的恋爱，并且灵魂逐渐扭曲，另又做出一些违反公序良俗、社会道德的不齿之事，令人可怜、可叹，又可怨、可恨。

作者施耐庵以现实主义的笔触，通过潘巧云的形象将封建社会不幸女性的诸多“特点”撕裂开来给读者看，这正是《水浒传》的极大成功之处。

3.阎婆惜：由怨生恨觅情恋

《水浒传》作者施耐庵塑造的阎婆惜和潘金莲、潘巧云三位“淫妇”形象，虽然她们都是因婚姻不幸而红杏出墙，最后命运结局十分悲惨，但阎婆惜的具体情况与“二潘”有着诸多不同，以致后世读者、论者在对她们评论时仁者见仁、智者见智，分歧颇多。那么，书中究竟是怎样描写阎婆惜这一人物形象的呢，她们三人之间的种种不同又表现在哪些方面呢？

书中写道，阎婆惜原为一走串娱乐餐饮场合卖唱的歌女，因其父得病身亡无钱安葬，宋江施舍棺木又给了十两银子，其母感恩图报将她典与宋江做外室，以使母女俩终生有靠。而宋江却只爱学使枪棒，不贪女色，十天半月不去一次。正值青春妙龄、惯于风情的阎婆惜独守空房，未免心存怨言。时间一长便由怨生恨，认为将终身托付与这木头疙瘩似的宋江实在不值。后来宋江带着同事张三到她处喝酒，阎婆惜见张三这人生得眉清目秀、齿白唇红，一身风流俊俏，更兼品竹调丝无有不会。于是便与其眉来眼去，两人很快如胶似蜜，演成一段风流韵事。宋江知晓了此情不但不以为念，反倒像卸掉了包袱似的，主动疏远了与阎婆惜的关系。

由此可见，阎婆惜的红杏出墙既缘于她的不幸遭遇和轻浮品性，又经历一个情感空虚、由怨生恨的过程，宋江的引狼入室和自动疏远也是一个重要的客观因素。

我们如果把阎婆惜红杏出墙的情况与“二潘”比较一下，就会发现有以下几点不同：第一，“二潘”发生婚外恋的身份都是妻子，是瞒着丈夫委身他人。而阎婆惜的身份是没有名分的妻子（外室），其婚外恋对“非正式丈夫”宋江和外人来讲都处于半公开状态。第二，“二潘”中，一个是被已有三妻六妾的地痞流氓当着性的玩物所勾引，一个是被佛法不能娶妻的出家和尚当作性的工具所偷情，两人的婚外恋均为畸形的性爱。而阎婆惜则是向尚未结婚的风流小生投怀入抱，可属于帅哥美人一类的情恋。第三，由于妻子背着丈夫红杏出墙严重违反公序良俗和社会道德，以致“二潘”的婚外恋受到作者旗帜鲜明的批判，一个被视为“奸情”，详尽描写了“挑逗”“勾引”的情节；另一个被视为“偷情”，多处骂其为“淫妇”“秃驴”云云。而阎婆惜因为不是妻子仅为外室身份，作者描写她的婚外恋时，则视为“男女幽会”，绝少批判性的龌龊语言。综上所述，阎婆惜的红杏出墙较之“二潘”，从一般道理上讲，更应该得到人们的同情和谅解。

然而在后世关于阎婆惜和潘金莲、潘巧云的实际评论中，属于“性爱”出轨的“二潘”反倒得到人们更多的同情和谅解，呈现林林总总的鸣不平翻案观点，而属于“情恋”出轨的阎婆惜则为大家普遍所不齿。其原因何在？应该说，潘金莲本是纯正无邪的美貌女子，却被恶作剧似的嫁与一个侏儒男人，一朵鲜花插到牛粪上，这种婚姻不幸情况下的感情出轨、由错到错，很容易引起人们的可怜、可谅。潘巧云也本是恪守妇道的青春少妇，只是托付身与一个整天舞枪弄棒、不解风情的丈夫，心理压抑形同守寡，这种婚姻不幸情况下的感情出轨，任凭怎样错误，也不应遭到刨心戮首的惨剧，未免令人可悲、可叹。而阎婆惜却是水性杨花的歌女，宋江有恩于她，她却公开给这个“准丈夫”戴“绿帽子”，在宋江已准许她和情人结婚的情况下，又以“梁山书信”做筹码，非要索取已被宋江退回、并不存在的一百两黄金，否则就揭发告官。此时宋江杀她，当属迫不得已，而她被杀，也可为咎由自取。

综上所述，人们在评论三位“淫妇”时，或重于情理分析，或偏于情感怜悯，以致得出截然不同的结论。正为如此，人们钦佩现实主义伟大作家施耐庵把人物形象塑造得异常丰富、复杂，让后世读者引发多样性的思考、启示和联想。

第五节　《水浒传》产生的不同反响

《水浒传》出版刊行后，很快在全国范围内，特别是在水浒故里鲁西南一带产生了巨大的社会反响。一是引起人们广泛阅读，明代胡应麟《少室山房笔丛》卷四十一载：“今世人耽嗜《水浒传》，至缙绅文士亦间有好之者”，

“嘉隆间一巨公案头无他书，仅左置《南华经》，右置《水浒传》各一部”。二是激发了官私书坊刻印该书的热潮。据马蹄疾《水浒书录》不完全统计，明代从嘉靖至崇祯的123年里，《水浒传》刊印达到31次之多，清代查禁此书虽然严厉，但自顺治至同治的231年里，刊印也达到了22次。

只是《水浒传》的这种巨大反响，在各个社会阶层有所不同。封建统治阶级把它看作倡导犯上作乱的书籍，明令禁止和焚烧。而广大人民群众则高度称赞水浒英雄们的形象，喜爱阅读，广泛传播。在传统知识分子眼中，又出现了议论繁杂、褒贬不一的情况。

一、封建官府眼中的倡乱禁书

施耐庵的《水浒传》小说刊行后，先后被明清两代封建官府斥责为犯上作乱、大逆不道之作，明令禁毁。在封建统治者眼中，水浒人物是一帮与官府作对、“无父无君、杀人越货”的强盗，必须消除这些艺术形象的影响，不能让这样鼓励犯上作乱的书籍流传。

现存史料中，明确提出禁毁《水浒传》是在明代崇祯年间。崇祯十五年（1642），朝廷兵部《为梁山寇虽成擒仍严禁〈水浒〉等事》的咨文中说：“希严饬道府有司，实实清察，务使降丁各归里甲，勿令仍前占聚殃民；一面大张榜示，凡坊间家藏《水浒》并原版，速令行烧毁，不许隐匿；仍勒石山颠，垂为厉禁，清丈其地，归之版籍。期于窟穴肃清，萑苻屏迹。”其中很明确地说道，民间印坊凡藏有《水浒传》原版的，必须烧毁，不得隐匿。

在清代，封建统治者曾几次开展对《水浒传》禁毁运动。顺治九年，康熙二年、二十六年、四十年、四十八年、五十三年，朝廷均下令严禁“琐语淫词”的小说，列出的此类严禁小说中，都包括《水浒传》一书。乾隆十八年，朝廷颁布上谕：“近有不肖之徒，并不翻译正传，反将《水浒》《西厢记》等小说翻译，使人阅看，诱以为恶。甚至以满洲单字还音抄写古词者俱有。似此秽恶之书，非惟无益，而满洲等习俗之偷，皆由于此。如愚民之惑于邪教，亲近匪人者，概由看此恶书所致，于满洲旧习，所关甚重，不可不严行禁止。将此交八旗大臣、东三省将军、各驻防将军大臣等，除官行刊刻旧有翻译正书外，其私行翻写并清字古词，俱着查核严禁，将现有者查出烧毁，再交提督从严查禁，将原板尽行烧毁。如有私自存留者，一经查出，朕惟该管大臣是问。”这里着重将《水浒传》一书点名，进行严格查禁。

清代查禁《水浒传》较为严重的，是康熙和乾隆年间。后来的几位皇帝，也是一直采取了查禁的措施，从而致使《水浒传》的民间广泛流传受到影响。

明清统治者不但严禁《水浒传》小说印刷发行，连戏剧舞台上的水浒戏也一同禁止。清道光十六年（1836）颁布的《禁止演淫盗诸戏谕》称：“水浒一书，亦在禁限……凡为不轨者，可以鉴戒。今登场演水浒，但见盗贼之纵横得志，而不见盗贼之骈首受戮，岂不长凶悍之气，而开贼之杀机乎。”光绪十六年（1890）六月十四日《申报》刊出一系列禁戏名单，其中就有所谓强梁戏《浔阳楼》《鸳鸯楼》《杀嫂》等，声称“一概不准演唱，如敢故违，一经访闻，定即封班拿究”。在封建统治者看来，写水浒书，演水浒戏，表现水浒英雄们的高大形象，而见不到这些贼盗骈首受戮的情景，这是助长反抗朝廷的凶悍之风，必须严加禁止。

二、农民反抗斗争的励志兵书

《水浒传》出版刊行后，明清两代的一些农民起义军视之为参考借鉴、鼓舞斗志的兵书。加以珍藏阅读。在水浒故里鲁西南一带，更有不少民众以水浒英雄的后代而炫耀自豪，《水浒传》得到广泛流传。

据史载，明万历末年，水浒故里郓城、巨野一带徐鸿儒领导的农民起义，就是在水浒故事的影响下起事的。清人查继佐《罪惟录》记载：“徐鸿儒，山东巨野人，迁郓城。万历末年，用白莲教惑众……儒误信梁山泊演义故事，巢于梁家楼。”有许多农民起义首领，还以水浒英雄的名字称呼自己，以扩大影响。崇祯十四年（1641），山东总兵杨御藩在题为《塘报畿省会兵合剿等事》

奏折中记载："共计剿杀有名贼首大胆黄文、燕青、焦赞等二十三名……贼首宋江被大败……生擒贼首柴进。"同年，山东巡按李近古在题为《塘报防河事》奏折中记载："又据王李口防官刘哲报称……土贼头目称宋江、一条龙等贼，自马牧集起营。"崇祯十七年（1644），河道总督杨方兴在题为《备陈兖属土寇情形并剿抚机宜事》中记载："该职看得兖属东西州邑土寇不下数万，其最著者，如满家洞之擎天大王宫文彩……桑科集之插翅虎阎清宇……皆积年巨盗，不比寻常土贼也。"这些山东地方官的奏折中，都提到明末起义者用水浒人物的名字。

到清代后期，聊城人宋景诗发动起义，更以《水浒传》上描写的"替天行道""劫富济贫"为旗号，对广大群众进行动员。清人刘治襄的《庚子西狩丛谈》一书，在分析义和团成因时说，义和团之乱，所以酿成此大戾者，原因固甚复杂，而根本症结乃是《水浒传》等小说影响的结果。可见，《水浒传》对农民反抗斗争的影响之大。

水浒故里鲁西南郓城一带的民众，普遍以身处水浒故事发生地而感荣耀。有许多百姓自认为是水浒英雄的后代，以致广泛宣扬流传水浒英雄的事迹。清康熙六年（1667），寿张知县曹玉珂《过梁山记》所载当地父老言："郓城有曾头市，晁、宋皆有后于郓。旧寿张，则李逵扰邑故治也。武松打虎之景阳冈，今在阳谷。且战阵往来，皆能历述，多与《水浒传》合，更津津艳'忠义'之名，里闾犹余慕焉。"

郓城县晁庄村，全为晁姓，他们自称是《水浒传》中晁盖的后人，《晁氏宗谱》记载的九世祖"晁盍"，就是水浒英雄晁盖。因其造反起义，为避免官府追究，将其名砍头入谱，即把"盖"字去掉头成为盍字。清乾隆四十年（1775）、光绪二十四年（1898）和民国二十三年（1934）的《晁氏宗谱》，均沿袭关于晁盖的这一记载。

郓城县水堡村，相传是宋江故里宋家村。村中百姓世代传说，宋江兄弟五人，宋江排行老三称为黑三郎，老大叫宋淮，老二叫宋汉，老四叫宋河，老五是宋清。郓城县的白垓村，相传是白胜故里。梁山县的石庙村，相传是阮氏三雄故里石碣村，村里曾有一座七贤庙，其中就有阮小二、阮小五、阮小七的塑像。

这些世代相袭的传说，大都依据《水浒传》的描写附会而成，它从一个侧面也表明当地民众对水浒英雄的敬仰怀念之情。

三、传统知识分子的褒贬评论

《水浒传》成书后，影响最大最深入的是在知识分子阶层。他们中一些人不但认真阅读《水浒传》，而且热衷于评论《水浒传》。在评论《水浒传》的观点中，还出现了褒贬不一，甚至严重对立的现象。

明代后期，第一个认真评《水浒传》、评宋江的，是当时的正直思想家李贽。李贽从大力褒扬封建社会传统的忠义观念出发，把《水浒传》冠以《忠义水浒传》，精心进行了点评。其中对《水浒传》小说、对宋江这一形象，李贽给予了极高的评价。他说："北宋末年，忠义不在朝廷，不在君侧，不在城腹心，呜呼在？在《水浒》。"他又说："独宋公明者，身居水浒之中，心在朝廷之上；一意招安，思图报国；卒至于犯大难，成大功，服毒自缢，虽死而不辞，实忠义之烈也。"在长期的封建社会里，许多人称农民起义为"贼寇"、为"洪水猛兽"，而李贽能够如此高度赞扬农民起义及其领袖人物，这是十分不简单的，是需要大无畏的勇气的。

明末清初，第二个认真评《水浒传》、评宋江、并产生巨大影响的，是当时的文学批评家金圣叹。金圣叹评点《水浒传》，分为艺术性和思想性两个方面。在艺术性方面，他对《水浒传》高度赞扬，认为写得极好、极为精彩，是与《庄子》《离骚》《史记》《杜诗》《西厢记》并列的六大才子书之一。在思想性方面，金圣叹对《水浒传》是总体否定，贬中有褒，对其中的宋江形象则是完全否定、深恶痛绝。针对有人称《水浒传》为"倡乱之书"的观点，他说："《水浒传》有大段正经处。只是把宋江深恶痛绝，使人见之，真有犬彘不食之恨。”在金圣叹的点评中，他总体上憎恶农民起义，骂农民起义为贼为寇，但他承认农民起义是“乱自上作”，是封建朝廷昏庸、贪官污吏横行的结果，农民起来造反是无法忍受才被“逼上梁山”。

金圣叹批判否定宋江的言论，大体分为这样三个方面：第一，他反对李贽关于赞扬宋江是“忠义之烈”的观点，认为如果承认宋江等人为“忠义之烈”，那么无异承认“水浒有忠义，国家无忠义”“无恶不归朝廷，无美不归绿林”，无异于让“已为盗者，读之而自豪，未为盗者，读之而为盗”。于是，他列举书中的一些事例，说明宋江的所谓“忠义”，统统是“假忠假义”，是“内小人而外君子”，是“欲以银子一物买天下”，是欺骗蒙蔽人的奸诈之术。第二，金圣叹认为，宋江作为起义领袖，煽动人们起来造反，破坏国家纲纪，导致社会动乱，这样的罪魁祸首应该严惩不贷、以儆效尤。于是他在夹批中，系统地数列了宋江十大不可饶恕的罪状。这十大罪状分别为：罢吏为盗；私放晁盖；远近相煽；题写反诗；杀惜贻父；唆人落草；火烧肆毒；打州劫县；拒抗王师；称尊为王。第三，金圣叹极力反对朝廷对宋江进行招安，让他做朝廷的命官去打方腊。他认为，如果招安了宋江，那么就会“失朝廷之尊，坏国家之法，显当时之无人，有负养士百年之恩，纵贼猖狂愈甚”，“有罪者可赦，无罪者生心，从此无治天下之术”。所以，金圣叹采用偷梁换柱的手法，将《水浒传》拦腰砍成七十回本，不让宋江受招安、打方腊，而以“卢俊义惊噩梦”一回结束全书，使宋江等一百零八人死于朝廷的刀斧之下。这，就是文学史上的金圣叹腰斩《水浒传》事件。

金圣叹与李贽对《水浒传》、对宋江一贬一褒的评价，在明代、清代以及民国时期的知识学术界，具有广泛的代表性：在思想激进的人眼里，《水浒传》是弘扬正义和反抗精神的书籍，宋江是优秀的农民起义领袖；在思想保守的人眼里，《水浒传》是倡乱之书，宋江是破坏安定、煽动动乱的贼寇。如清代的作家陈忱，曾写成百回本《水浒后传》，秉承《水浒传》原有的主旨精神，叙述了幸存的三十余位梁山好汉和部分英雄后代重举义旗，或杀贪官污吏，或抗击金兵侵略，或海外建业的故事。而清代另一位作家俞万春，则写成《荡寇志》，把《水浒传》中起义的英雄好汉统统视为贼寇，重新编写了他们一一被朝廷逮捕正法的故事。

第四章　水浒英雄的民间传说

《水浒传》成书以前，在水浒故里鲁西南特别是菏泽市郓城一带，就流传着北宋末年宋江领导的农民起义军杀富济贫、行侠仗义、惩恶扬善的故事，其中不少故事脍炙人口，成为广受欢迎的民间文学。这些故事，有些由施耐庵选择、演绎，成为《水浒传》中的重要情节；另有一些在书中未能展示，却继续在当地民间传播下来，经历千百年而影响至今。

民间的水浒人物传说，它可以和《水浒传》中的描写相互补充、相互印证。这部分传说内容大致有三种类型：一是介绍水浒好汉上梁山前行侠仗义、扶危济困的传说故事；二是众英雄上梁山之后，未见于《水浒传》书中记载的传说故事；三是起义失败后，一些存活下来的英雄好汉继续行侠仗义、反抗封建官府的传说故事，可以说是《水浒传》原著的延伸。另外，还有一些与水浒英雄们相牵连的人物传说故事。

总的来说，民间的水浒人物传说，比《水浒传》中的描写更具传奇色彩，浸润了人民群众更多的英雄情结。有些传说故事，明显为现当代人所整理、丰富。水浒传说，现已被列入菏泽市非物质文化遗产名录。

第一节 郓城一带里籍水浒英雄的民间传说

在《水浒传》中，写明菏泽郓城籍的水浒英雄好汉计有 9 人，他们是宋江和宋清兄弟，晁盖、吴用、白胜、朱仝、雷横、李应、扈三娘。写明郓城周边济州（巨野一带）、濮州（鄄城一带）等籍贯的计有 8 人，他们是三阮兄弟、时迁、金大坚、安道全、萧让、樊瑞。民间传说家在郓城一带的，有燕青、张青、孙二娘等人。这些郓城一带里籍的水浒英雄，都有传说故事在当地广泛流传，深入人心。

一、晁盖民间传说四则

1.晁盖捉鬼东溪村

晁盖是山东郓城东溪村（今郓城县郓城镇七里铺村）人，外人送号“托塔天王”。这外号是怎么来的呢？它源于当地百姓的一个“晁盖捉鬼”传说。这个传说，与《水浒传》里的描写有一些差别。

东溪村和西溪村，中间隔一条溪。有段时间，两个村常常闹鬼。一到天黑，吓得大人小孩不敢出门。东溪村人一商量，就请了个风水先生来看看有啥妨碍。风水先生来到溪边，问一个岁数大的老人：“这溪有多少年了？”老人说：“我不记得了。听爷爷说，爷爷的爷爷小时候在溪里洗过澡。”风水先生说：“一百多年前，一个年轻漂亮的媳妇在溪里淹死了。这媳妇怨气大，阴魂不散，一到夜里就出来。日子长了，道行大了，就要把年轻后生拉到溪里淹死。”老人们听了，都恐怕祸及自身，纷纷问风水先生破解之法。风水先生说：“破解倒容易，用石头刻凿个镇妖塔，放置在溪边，就能把鬼镇住了。不过，这要花一大笔银子。”

大家听了，都同意风水先生的主意，以为只要能消灾免祸，多花点钱也乐意。于是很快就凑齐银两，请来了石匠，把塔凿好后放在了溪边。那塔七尺多高，一千多斤重，有力气的年轻人连晃都晃不动。

修了镇妖塔，而村上照样闹鬼。并且，不是东家没了鸡，就是西家少了羊。再去找那个风水先生，连影子也不见了。没办法，大家就都去找晁盖，因为他是保正（相当于现在的村长）。晁盖想了想，说："这样吧，不管谁看见鬼，赶快来喊我，我看它能有多大本事。"

这天是四月十五，一入夜月亮照得如同白昼。半夜里，鬼又出来了，有人就去喊晁盖。晁盖掂着一把朴刀，赶到近处一看，见那鬼披头散发，浑身上下呈雪白色，红舌头耷拉半尺长。俗话说，艺高人胆大。晁盖自幼习武，练就了一身功夫。只见他手提朴刀，大步跑过去。说来也怪，那鬼见有人过来，便想开溜。晁盖在后边紧撵，眼看到了溪边，那鬼正在躲藏。晁盖大喝一声："哪里跑，看刀！"一刀砍去，说来也巧，那刀不偏不斜，正打在镇妖塔上，将刀折为两截。晁盖大怒，把手中半截刀扔了，双手抓住那塔用力只一举，便举过头顶，吓得藏在塔下的那鬼磕头求饶。

晁盖一听是人的声音，把塔一扔，砸下的坑足有四指深。仔细一看，原是郓城东关的赌鬼张三。他穿的是白孝褂子，那舌头是用红纸剪的。原来张三赌输了，没钱还账，就装鬼吓人，顺便搞点偷鸡摸狗的勾当。这次又输了，来东溪村偷东西，没想到遇到晁盖，偷不到东西反倒露了馅。晁盖一把将张三提起，又摔在地上，骂道："你这泼皮，竟敢装猫变狗，吓唬百姓。如不改过自新，我便托起塔来，把你镇在这塔底下，让你永世不得翻身！"再看那张三，只是呜呜地哭泣。晁盖觉得他怪可怜的，就随手掏出五两银子，扔到地上说道："先拿这银子把账还上，以后不许再赌！"张三诺诺连声，拾起银子，飞快地跑掉了。

自此，东溪村再也没闹过鬼，而晁盖便落了一个"托塔天王"的绰号。

2. 晁盖除夕交白胜

有一年除夕，晁盖在东溪村家中正堂的八仙桌上摆满供品，祭祀祖先。其年幼的侄儿在室内玩耍，一不小心，玩的小球掉在地上滚进八仙桌下。晁盖掀开桌幔想找出小球，一眼望去，突然掀而又止，忙叫家人炒四个菜、烫一壶酒上来。家人很快端酒上菜，一切准备停当，晁盖朝桌下笑道："朋友，请出来饮酒一叙吧。"说毕，掀开桌幔。

此时，一个人满面羞愧地从桌下钻出，连声告罪。晁盖问及详情，他说自己叫白胜，家住黄泥岗东十里路的安乐村，家有老母，过年无粮，特来"借年"。晁盖见他生得还算伶俐，并自言有一身轻功，甚是喜欢，于是请他入座饮酒。临别，晁盖赠其食物两筐，外加白银二十两，嘱咐他以此为本钱，年后做些生意，切不可再靠"借年"混日子了。

白胜遵照晁盖的嘱咐，便用这些银两从梁山泊贩鱼到郓城出售。每次经过晁盖家门，为了报恩，总是在天未亮时悄悄放几条大鱼在晁盖门前。晁盖的朋友多，他也猜不出究竟是谁送的。一日白胜又去送鱼，远远瞧见有个人影在晁盖门前晃动。他见情，便施展轻功来到近旁。原来是一恶霸与晁盖为敌，想栽赃陷害晁盖，便杀一穷人，将尸体置于晁盖门前，计划待天亮之后去告官。白胜不动声色，待那人一走，立即移尸于恶霸门前。结果官司反打到恶霸自己头上，晁盖无事，那恶霸却落了个蹲大狱的结局。

不久，晁盖知道了白胜赠鱼和移尸相救的事情，便登门致谢，两人结为兄弟。此时，白胜已用贩鱼赚得的钱在黄泥岗开了个酒作坊。后来，晁盖智取生辰纲时，自然首先想起了白胜，于是便有了他们智取生辰纲、事发躲避官府追捕、共同聚义梁山之举。

3．晁盖大义杀外甥

有一天，一位讨饭的老婆婆领着女儿来到郓城东溪村。其女姓柴名秀娥，年方二十八，因家贫饿得骨瘦如柴、面色蜡黄。秀娥的母亲见了晁盖，跪地含泪说道："久闻晁爷的慈善大名，望您施舍些米面，救俺母女。"晁盖急忙将婆子搀起，命庄客取来一些米面，并亲赐白银十两。

那婆子得了所赐银子，在村里找一处陋房暂住，用米面糊口，为女儿休养。一个多月后，女儿秀娥吃得水灵起来，换了新衣，竟然像花朵儿似的漂亮。

那婆子想起晁盖许多好处，闻听人言他尚无妻室，心想不如将女儿相嫁，以报答救命之恩。主意定了，便托人说与晁盖。不料晁盖是个不近女色的男子，将此事推得一干二净。无奈，那婆子又想了个到附近灵官殿祭祀还愿的办法，以感激晁盖的恩情。

一日，秀娥母女还愿完毕出得庙门，与一位花花公子撞个正着。但见那公子虽五官端正，却露出吊儿郎当之气。此人见秀娥容颜俊俏，不觉垂涎三尺，两只贼眼滴溜溜地转动。随行的两个家丁见状，心中早已明白。他们本想动手抢人，怎奈离东溪村不远，因惧怕晁盖的英名，迟迟未敢下手。

你道这公子是谁？此人姓贾，单名一个正字，年方二十，城西贾家村人。其父贾洪，中过秀才，颇有家资。其母晁氏，系晁盖的姐姐。晁氏生罢此子三年，不幸病亡。贾家五世单传，贾洪视儿如掌上明珠，自幼娇生惯养。而儿子贾正一向游手好闲，专爱烟花买笑，懒读诗书文章，贾洪也管他不得。有一日，竟于光天化日之下抢去一美貌民女。苦主告到县衙，县令得了贾家的贿银，不仅不问，反将苦主痛打四十大板。无奈，苦主哭诉于晁盖。晁盖闻听大怒，气冲冲赶到贾家村，将外甥贾正打得皮开肉绽，三个月未能起床。自此，贾正收敛了许多。

且说那贾正与朋友饮酒，喝得酩酊大醉，带了家丁出外游逛，正遇秀娥姑娘，不禁寻花问柳的旧病复发。一时未能得手，急得抓耳挠腮。但在舅父晁盖的村边，加之上次的教训，便不敢妄自抢人。而面对姑娘那飘然而去的身影，他简直看傻了眼，呆呆地站在那里，良久方如梦初醒。

贾正认识灵官殿的住持和尚，知道此人老谋深算，便前往求教良法。和尚开始一番推诿，后来贾正在身边摸出五十两银子相送。和尚接了银子，两眼眯成一条线，便附在贾正耳旁说道："公子听我一言，你便能得手。你舅父与这娘俩有天大的恩惠，趁夜深人静，你蹿入姑娘房中，好话多说，再施银两。她如不同意，顾及你舅的面子，也无可奈何的。再说家丑不可外扬，一个姑娘家，此事若张扬出去，岂不丢了她一生的名声？有了一回，便有两回、三回，这姑娘便是你的了。”贾正听了大喜，便转身离庙，回家准备去了。

再说秀娥回到东溪村临时的住处，脸羞得如红布儿似的，心中怏怏不乐。一天汤水未进，入夜就躺在床上睡了。蒙眬中见一只恶狼闯进屋里，将自己按倒在地，双爪撕破上衣，欲掏出心来吞吃，吓得她出了一身虚汗，连被子都湿了。醒来，原是南柯一梦。片刻，心还在突突跳个不停。

秀娥姑娘正乱想间，听得似有拨门的声音，急忙将油灯点着。猛见闯进一个人来，细看竟是白天灵官殿前碰到的恶人，不觉大惊失色，说道：“你是谁，半夜三更敢私闯民宅？”闯入的贾正答道：“小生白天对姑娘见爱，与你私会来了。”姑娘骂道：“大胆狂徒，你家也有姐妹，与你家姐妹私会岂不更为方便？”贾正见姑娘出口骂人，将一牛耳短刀在姑娘眼前晃了两晃，喝道：“丫头不必逞强，若敢不从，难免做刀下之鬼。”姑娘道：“贼子且莫逞狂，真有胆量，我纵然一死，也休想占半点便宜。”贾正见秀娥是个有骨气的姑娘，强逼恐难到手，转而“扑通”跪在地上，哀告道：“小生乃晁盖的外甥，爱上姑娘的容貌，望姑娘成全。”秀娥道：“你舅父如此好人，想不到有你这等不肖外甥。岂不辱没了人家名声。看在恩人面上，我不声张，你快快离去，免得自讨苦吃。”贾正软硬兼施，见姑娘还不应从，一时兽性发作，将刀照定姑娘腹部刺去。姑娘惨叫一声，躺在血泊里。

有几个打更的庄客听见喊闹声，忙报与保正晁盖知道。晁盖提了一把朴刀赶了过来，正碰着贾正匆匆外逃，于是大喊一声：“什么人？再跑我就下刀了。”贾正一听是舅舅的声音，眼看已经逃不掉了，就忙止住脚步，说：“舅舅住手，我是贾正。”晁盖仔细一看，果真不假，正是自己那个不争气的外甥。“深更半夜，你为何跑到这里？”贾正见没有外人，再说这事瞒也瞒不住，便如实相告。

晁盖一听，顿时大怒，忙喝令庄客将贾正绑了个结结实实，一起直奔秀娥的住处而来。刚到院门，秀娥母亲的哭声已传了过来。晁盖进得院来，见秀娥已死，便对贾正怒道：“杀人偿命，欠债还钱，你还有何话讲？”贾正虽然惧怕舅父，但他心想：我是你的亲外甥，自家又是五世单传，量你不能杀我。于是道:“一个要饭女子，杀了又有何妨?”晁盖闻听，不禁勃然大怒:“好你个衣冠禽兽的家伙，前些日子曾教训与你，你不仅不思悔改，反而越发作孽。留你在世上，不知今后还要有多少人遭你祸害。今日除了你，以绝后患！”说罢手起刀落，贾正顿时人头落地。

晁盖安排家人好生照顾秀娥母亲的生活，第二天一早便到郓城县衙自首。一来晁盖与郓城县令关系向来很好；二来贾正平时作恶多端，晁盖大义灭亲，精神可嘉，于是县衙判决暂不追究，等候处理。后来，此事不了了之。

4．盖字砍头入族谱

晁盖故里郓城县丁长镇晁庄行政村的三十二卷本《晁氏宗谱》中，晁盖的名字却写成了“晁盍”，而且字体也比别人的小约三分之一。这是为什么呢?原来晁氏族人有这样一个传说。

当年，晁盖与吴用、公孙胜、刘唐以及阮氏三兄弟“七星聚义”，在黄泥冈劫了北京大名府梁中书送给他丈人、当朝太师蔡京的十万贯生辰纲。后来事发遭官府捉拿，晁盖一把火将东溪村的自家院落烧了个精光，随即奔上梁山，火并了王伦，当了梁山寨寨主，举起了反抗封建朝廷的义旗。

由于晁盖的这次“叛逆造反”，晁氏家族的人们无法再在东溪村正常居住，便迁往郓城正南十里之处建村，起村名为“晁庄”。

后来晁盖于曾头市中箭身亡，依照家族惯例，应该及时入谱。可是问题出来了：晁氏世代代为名门望族，多人在朝中当官。始祖为西汉御史大夫晁错，晁错之后的晁迪迁至郓城，晁迪官居朝廷工部侍郎。可到了晁盖，他不仅拦路抢劫，还上梁山当了草寇，与朝廷作对。依照以往族规，这样的人要逐出家门，死后也不能入宗谱、进祖茔的。

但由于晁盖劫的是不义之财，上梁山落草为寇实属不得已而为之，加之他所领导的梁山好汉杀贪官、除污吏、救百姓、堪称一代豪杰。影响这么大的英雄好汉如果死后不能入谱，不仅对晁盖太不公平，而且也实为晁氏家族的一大憾事。族人经过再三斟酌，决定将晁盖姓名中“盖”字的上面两点砍掉，变成“盇”字，然后再让其入谱，这叫作“砍头入谱”。所以，“晁盖”在《晁氏宗谱》上就变成了“晁盇”。

将晁盖的“盖”字砍掉上面两点，意为砍掉了草字头。晁盖落草为寇，砍掉草字头，便是去掉了“草寇”之嫌。这样，晁氏后人再也不把他看作“强盗”“草寇”了。如此写入族谱，就成了十分正常的事情。

二、宋江民间传说三则

1.宋江享誉及时雨

北宋末期的一年夏天，郓城一带大旱，土地龟裂，禾苗焦枯，百姓心急如焚。这天晚上，梁山泊西南岸边的一座古庙里，一位老道士正忧虑地诵读着经文，期盼上天能降福人间。

突然，一个矮黑汉子闪了进来，向老道深施一礼道：“俺在门外听道长诵经多时，声音如此悲凉，定有伤心之事，能否说来俺听？”老道士长叹一声说：“天旱成这样，当官的整天花天酒地，不顾百姓死活，害得许多人背井离乡，逃荒要饭，苍天也不给人留一点活路？”黑脸汉子见情对老道士再施一礼：“道长如此怜悯百姓，令人钦佩。看到百姓受苦，生灵涂炭，俺也心如刀绞，难过万分。实不相瞒，俺乃梁山泊小黑龙。道长有所不知，半年之前，玉皇大帝对这方百姓供奉太少甚为不满，下令大旱三年以示惩罚。并传旨四海龙王，谁敢擅自下一滴雨水，定是掉头之罪。”听此言语，老道士连忙祈祷说：“万望神龙显灵，救救这方黎民吧。”

这时，黑汉咬咬牙说：“今天，俺就是特意为这事而来。俺早就有了冒死也要设法下一场雨的想法，为防不测，还望道长相助一臂之力。”老道士爽快地回答了：“只要能下雨解旱救民，贫道万死不辞。”黑汉随即从怀里掏出一个小包递给老道并嘱托说：“等明天天降大雨过后，梁山泊里如风平浪静，算俺躲过了一场杀身大祸。要是风浪滚滚，泛出三个血浪，这就是俺遇到了凶险。麻烦道长预备一口大缸、一把笊篱，将那三个血浪捞到缸里，撒上这包药密封好，放在庙前的大路边，每天让过路人朝大缸喊一声：及时雨！等到七七四十天打开缸盖，俺就会死而复生。”说罢，出门飘然而去。

第二天上午，随着西北半天边涌来一片乌云，瞬间便下起了瓢泼大雨。待到风停雨止，老道士踏着泥泞来到梁山泊岸边，只见水里果然冒出了三个血浪。老道士知道是黑汉已经遇难，含泪把冒血浪头收进缸里，按照黑汉昨天的嘱咐一一做好。老道士从早到晚，整日守在缸边，央求附近的百姓每天都到缸前喊一声“及时雨”。四十九天后，老道士掀开缸盖，只见缸里坐着个白胖的小男孩。老道士明白，这是黑脸汉子转世。于是将小孩抱到庙中，好生喂养，起名叫“及时雨”。

这个名叫“及时雨”的小孩，第一天会说话，第二天会走路，第三天就会出门玩耍。玉皇大帝得知消息，就派天兵天将前来捉拿。“及时雨”见情转身便跑，而天兵天将紧跟着在后面追赶。“及时雨”跑着跑着，突然一条黑河出现在面前，河边一位老奶奶正用手梳理着花白的头发。“及时雨”央求老奶奶救命，老奶奶不慌不忙地说：“好孩子，别慌张，快到河里用泥土把脸抹黑。”天兵天将赶到一看说：“不对啊，刚才追的是个白脸，这个小孩是黑脸，继续追。”

躲过了天兵天将的追杀，“及时雨”心想，老道士的庙里是不能回去了，只有再找个地方安身。后来他讨饭来到郓城宋家庄，善良的宋太公可怜这个没爹没娘、无依无靠的孩子，便收留他作为自己的儿子。因宋太公已有两个儿子，就把他排行第三，取名宋江，而他的本名“及时雨”则成了诨名。

这则传说虽然神话色彩浓郁，但从中反映了人们对宋江仗义疏财、救人危难的称誉，形容他就像久旱过后的“及时雨”一样。

2．宋江惜失董姑娘

宋江的家中，原有一花园。宋江的母亲在世时特别爱花，这里的奇花异草，无所不有。其母亲死后，宋太公仍安排专人栽培，悉心护理。由于宋家花园品种多、面积大，每逢花开时节，邻里乡亲纷纷前来赏花，甚至方圆几十里的人们也慕名而至，宋家花园热闹非凡。只是宋太公思想保守，不许大脚女子进入花园。

宋家庄正东三里有一董家村，村里有位董姑娘长得花容月貌。她从小随父学武，故不曾裹足 。董姑娘闻听宋家花园美如仙境，还有那个孝义黑三郎宋江大名鼎鼎。心中暗想：人人都说宋家花园好，不知究竟好到啥模样，待我想个法子，前去瞧瞧。

一天，董姑娘悄悄来到宋家花园墙外，见前后无人，便轻提罗裙，一跃而入。来到园内近前，果然万紫千红、百般娇娆。此时，宋江正在给花丛浇水，听见有动静便喊道："谁？"董姑娘吓了一跳，定下神来一看，原来是位公子。这公子虽说个子不高，面容黑些，但英气勃勃，二目炯炯有神，憨厚中透着刚强。她心想，这八成就是宋三郎宋江了。人人都说宋江讲义气，不知真假，待我试他一试。

于是，董姑娘假意哭丧着脸，低声说："我家离此不远，因家中贫寒，无钱买花，想来这里采几朵花戴，不知公子是否允许？"宋江闻听，立时就说："这有何难，你只管拣自己相中的采就是了。"董姑娘采了几朵，又说："花儿这么漂亮，如果拿到集市上，肯定能卖个好价钱，不知公子是否允许我多采一些？"宋江听罢，心中暗想，这花虽然漂亮，拿到集市上确实能卖一些钱。但是一个姑娘家，到集市上卖花多有不便。于是就说："这花到集市上也卖不了多少钱，我这里有一锭银子，姑娘拿去用吧。"说罢，取出一锭银子放在了地上。因为他想到男女授受不亲，便挑起水担子要走。

董姑娘见情赶忙紧走几步，一把从后边扯住了扁担，说："你这银子能够我花几天？还是让我采花吧。"宋江觉着在此和一个姑娘私下交谈不妥，便不耐烦地说："你想咋办就咋办吧。"董姑娘一听宋江话头不对，就挑衅地说："听说宋公子武艺高强，咱俩比试比试怎样？你如果打得过我，我花也不采，银子也不要；你若打不过我，就得敞开园门，任我天天来采花。"

宋江一听，这不是找事来了吗？于是回过头来，仔细端量起这位女子。只见她衣着艳丽，头发乌亮，一看就不是穷人家的姑娘，这才想起她是怎么来的。这么高的院墙竟能翻墙而入，定然是个武术高手。如此一想，宋江来了兴致，忘了她是个女子。于是，二人各整衣袖，拉开架势，在花园之中你来我往打了起来，直打了二十余个回合不见胜负。

这时，忽然园门一阵响动，有人进来。董姑娘连忙收了架势，“嗖”地跃上院墙，回头朝宋江嫣然一笑，说声“我明天这个时候再来”，翻墙而去。

宋江原本不近女色，许多人曾给他提媒，他都不感兴趣，所以一直单身。但自从见了董姑娘，却心神恍惚起来：想不到天下竟然还有这等可爱女子。第二天，董姑娘果然如期而至。这次两人不再交手比试武艺，而是先互通了姓名，然后叙文论武，谈得十分投机。从此，董姑娘常来常往，二人爱慕日深，便私下订了百年之好。

有一天，二人正在花园内的一棵大树下谈古论今，忽然宋太公驾到。慌得董姑娘无处躲避，只好三蹿两蹦爬上了树。太公是来纳凉的，往树下竹椅上一躺竟不走了。他不经意间往树上看了一眼，忽见一双穿绣花鞋的大脚板子，顿时大吃一惊。宋江立在旁边，吓得冷汗滚下额头。董姑娘眼见藏不住了，只得下树参拜。宋江也跪地恳请爹爹原谅，并说明原委，请求父亲准婚。

宋太公一怪姑娘不守闺规，翻墙爬树不成体统；二怪他们偷情约会，传扬出去有辱门风。最不满意的，是董姑娘那一双大脚。当时男女婚嫁，对女方脚的要求是重于头的，脚裹得越小越好。花轿进门，人们掀开帘门不看模样，先撩起裙子来看脚丫。脚若小，一片欢腾；脚若大，人人撇嘴。宋太公忖思半天，最终还是摇摇头，不肯答应这桩婚事。宋江以大孝驰名，自然不敢忤怒父亲。万般无奈，一桩美好姻缘惋惜失之交臂。

3. 宋江巧理官亲案

有一天，宋江、宋清兄弟俩正在郓城大街上行走，突然发现前面围着一群人。近前一看，只见地上躺着一个十七八岁的男子，面色蜡黄，双目紧闭，浑身抽搐。男子身边坐着一个十五六岁的女子，蓬头垢面，双眼垂泪，两手扶在那男的身上。宋江见状，忙问道：“你们何故如此？”那女子听有人问，抬起泪汪汪的眼睛，双膝跪在宋江面前说：“大叔行行好，救我哥哥一命吧！他病了三天，汤水没进。俺家在临清，这是俺二哥，名叫颂哥，我叫颂妹，俺家因为欠债，父母被逼致死。我大哥被抓去抵债，还要让我也顶债。俺二哥领我逃出，没料到逃到这里，他竟病成这样！俺这里一无亲，二无故，俺哥若有好歹，我也活不成了！”说罢，连连给宋江磕头。

宋江听罢，向前两步，弯腰用手摸了摸颂哥的头，烧得烫手，若不赶快医治，恐怕性命难保，于是忙对宋清说：“快去请郎中来诊治！我送他们到前边客店。”宋江又招呼旁人道：“众位请帮帮忙，抬他到前边客店去好吗？”宋江在郓城做押司多年，人们都知道他乐善好施，是个好人，一听叫唤，赶忙将颂哥抬到客店。

到客店后，宋江交上店钱，又给颂妹五两纹银，嘱咐她好好伺候哥哥。正在这时，宋清请来了郎中。郎中把过脉后说：“伤风过重，看得有些晚了。不过吃几服药后，自然会好。”宋江问：“需要多少药钱？”郎中说：“四两纹银足够。”宋江叫宋清掏出四两纹银交给郎中，说：“我在县衙，此病你一定细看，银钱如若不够，我再交你。”随后又转身对颂妹说：“有事到县衙找我，我名叫宋江！”

到了县衙，宋江还在思虑颂哥、颂妹之事。他心中暗想：最近十天半月兄妹俩的生活是没问题了，可以后咋办？必须想一个解决二人生活的长久之计才好。

第二天，郓城知县时文彬把宋江叫到跟前，对他说：“有件案子我不便出面，你抽个时间代我处理一下。”原来，时文彬的姑夫和舅父都在郓城居住，两家虽是亲戚，但一直不和。前几天两家为长工和丫鬟的事闹起了纠纷，地方处理不了，他们就告到县里。这可让知县时文彬作了难：两边都是至亲长辈，判谁输谁赢自己都不好开口。忽然想起宋江为人正派，点子也多，就决定让他代替自己审理，不论结果如何，自己谁也不会得罪。

宋江接过案子，知道案情后思虑再三，终于计上心来。于是，他派人传双方到县衙听审。升堂后，宋江说道：“你们都是知县的亲戚，今日由我二堂审问，为的是怕案情传扬出去，有伤官亲的脸面，这个道理你们两人明白吗？”两人齐答：“明白。”宋江又说：“好！你们二人谁先说？”两人都争着要先说，经宋江一番教训，知县的舅父想了想，说：“让他先说，我后说。”说完，自觉退出屋外听传。

宋江转向知县的姑夫，说：“你家的丫鬟是买的还是雇的？”知县的姑夫答道：“是雇的。每年二两银子，管饭，夏天一身单，冬天一身棉。上半年交付一两，下半年交付一两。”宋江又问：“你告他家长工拐走了你家丫鬟，可有真凭实据？”知县的姑夫说：“没有！”宋江说：“无凭无据即为诬告，你可知罪！”知县的姑夫红着脸说：“是他先告官，说我雇的丫鬟拐走了他的长工，我才赌气告他！”宋江说：“这就是你的不对了，常言说，是亲三分向，不亲另一样。亲戚之间有事应商量解决才是啊。常言道家丑不可外扬，你当打官司是好打的吗？现在听我裁断：让他重新给你雇个丫鬟，过几天你来找我领人。至于条件嘛，还是原来的标准，你看咋样？”“中！听您断决！”

接着，宋江又照前法，把知县的舅父唤进二堂，经一番审问，判决说道：“事出有因，都在一个‘争’字上。常言说：争着不足，让着有余嘛！过几天让对方重新给你雇个长工，薪水照旧。你亲自到我这里来领人，你看如何？”知县的舅父满意地答道：“押司明断，哪还有不中的道理？”此案审理后，两家都很满意，都认为自己是知县的亲戚，宋江给留足了脸面。

没几天，两家分别找到宋江，而宋江就让他们领走了走投无路、无依无靠的颂哥和颂妹兄妹俩。这样，宋江既解决了两家官亲的矛盾，又给落难的颂哥兄妹俩找到了生活的门路，可谓两全其美。

三、吴用民间传说七则

1.吴用智助王老汉

吴用家住郓城正东三十里的车市村，他小时候身体瘦弱，但头脑聪明，勤奋好学，十几岁就考取了秀才。凭其道德文章，在郓城一带逐渐成了名流人士。

当时的兖州知府是郓城人，与吴用有点拐弯亲戚关系。这位知府为官还算清正,只是他老家的人仗势霸道。这位知府家的地与一王姓老汉家的地为邻，王老汉的地每年都要被知府的家人犁去两垄，积少成多，没几年就被蚕食了小半边。王老汉很是委屈，想告状又觉得自古小民不告官亲，官司没有打赢的可能。

不久，这事被吴用知道了，于是就代写了一张状纸，并如此这般地对王老汉交代了一番。王老汉虽半信半疑，但为了一家人的生计，也只得壮着胆子到郓城县衙击鼓喊冤。县令接过状纸一看，只见上写："告欺天，不告冤。"仔细一问，才明白了其中缘由。但审理与上司相关的案子，他还真感到棘手。好在这县令也算得上是个清官，眉头一皱，计上心来，遂写了张请柬，说是遇上一件疑难案件，恭请兖州知府大人前来定夺。

兖州知府来到郓城县衙大堂，王老汉口称要告自己死去的父亲。知府不解，就问其中原因。王老汉说："俺和知府大人的家人是地邻，俺爹爹死了，我把他埋在了自家的地中间。可他老人家不老老实实地躺在那里，却一个劲地往知府大人家的地边挪。一年挪两垄，日子长了就多了，现已将坟头挪到了咱两家的地边上。再过几年，不就挪到知府大人家的地里了吗？这可是强占别人土地的罪过。所以，我才前来告他，请大人判他重回原地。"

知府一听，就明白了其中缘由，王老汉实际是告自己的家人侵占了他的土地，便说："回去还是把你爹圈到地中间吧，地不够就往我们家地里凑，圈好后在地边上栽上几根石柱子，他以后再想挪也无法挪了。"就这样，在吴用的巧妙安排下，知府既不失体面，王老汉也要回了自己的土地。

2. 吴用赶考拜老师

因为吴用是郓城有名的才子，“五经”“四书”尽皆知晓。大比之年，其父亲就命他前往汴京赶考。吴用不负众望，应试文章赢得考官称赞，欲报请皇帝钦点他为新科状元，可对此事有定夺之权的太师蔡京却不同意。蔡京对吴用的文章是佩服的，可吴用进京后不曾到蔡府参拜和送礼，他想：如果报吴用当状元，他日后定然不会对自己唯命是从，故而决定万万点他不得。

第二天皇帝早朝，确定状元之事，蔡京出班奏道：“吴用的文章虽好，但名字太不吉利。若钦点他为状元，天下人听说‘无用之人’都可被点为状元，连异邦也会耻笑我中原无人的。”皇帝一听，认为言之有理，宁可不选，也不能重用无用之人。于是金口玉言敲定：不录用吴用，状元依次往下录取。

吴用名落孙山，其中的原委自然一点不知。后来，他在父亲的催促下第二次进京赶考。行至曹州（今菏泽市）附近，天气闷热，块块乌云从远方飘来，正是下大雨前的征兆。吴用见前面不远处场内晒着一片小麦，旁边有一老汉在闭目养神。吴用担心大雨突来会冲走麦子，使老汉蒙受损失，便急忙上前叫醒老汉，劝他赶快喊些人来把麦子收起。老汉闻听捻须一笑，说；“不妨，不妨。大雨虽有，但下不到我场里，刮一阵风正好吹吹麦中的糠土。”吴用闻听大吃一惊，心中暗想：世上难道还有如此神奇之人？

不大一会儿，东南风骤起，乌云突至，忽听一声炸雷，大雨倾盆而下。奇怪的是，麦场外水流成河，麦场内滴雨未落，只是过了一阵风而已。吴用知道遇到了高人，纳头便拜。老汉见他面相忠厚，聪明伶俐，料他日后能成大事，便收其为徒。

自此，吴用放弃科考，跟从老汉苦研起易经和用兵之术。三年后，吴用学成回家，父亲斥其为逆子，逐出家门。他无奈便投靠西溪村的舅父，在那里当起了教书先生。不久，与邻庄东溪村的保正晁盖相识，二人结成挚友。再后来，吴用参与智取生辰纲，事发上梁山，成为梁山农民起义军的军师，外人送号“智多星”。

3．吴用写诗结晁盖

晁盖家住郓城县的东溪村，与吴用教书的西溪村只有一溪之隔。晁盖早闻吴用治学有方，便把自己的义子晁龙送去受教。

晁龙孤自一人，上无兄下无弟，也无姐妹。晁盖三十多岁才收此义子，当然视若掌上明珠。俗话说“惯子如杀子”，小晁龙被惯得淘气异常。课堂上，先生讲课不听；课间里，常出坏点子戏弄同学。吴用对小晁龙费尽心机施教，可咋着也不中，总不见好转。

这一天，小晁龙又上演了一场恶作剧：不知从哪里逮来一只青蛙，偷偷放在一个同学的书包里。那同学胆小，吓得“哇哇”大哭，一时整个学堂乱哄哄的。吴用知情后非常生气，不但当场用戒尺将小晁龙的手掌狠狠打了一顿，而且放学后又把他留下狠狠教训了一番。

小晁龙回到家里，委屈得大哭小叫起来，还不吃不喝。晁盖一看，儿子的手肿得像发面馍一般，这可把他疼坏了。晁盖问儿子：“你和谁打架了？”小晁龙摇摇头。“先生打你啦？”小晁龙点点头，哭得更凶了。

晁盖被儿子哭得像猫抓心一样，就说道：“咱一不图以后当官，二不图将来发财，不过为了识几个字，能看书写信，何苦受这个委屈？算了，从明天起，咱不上学了。”

第二天，吴用不见小晁龙来上学，心里明白了八九分，暗想：“早听说晁盖是个通情达理的人，怎么竟做起糊涂事来了？我不妨劝导他一番。”于是随写信一封，找个学童捎给晁盖。晁盖拆开一看，是一首诗，上面写道：

钢刀不磨刃要钝，小童不教难成人。
教徒不严师之过，养子不教父之错。

俗话说，明白人一点就通。晁盖读罢书信，愧疚之念一时涌上心头 。当天晚上，便对小晁龙严厉训导了一顿。第二天，又命他到先生面前认错赔礼。

同时还回诗一首，叫小晁龙捎给了吴用。诗中写道：

锈铁百炼才成钢，严师教徒理应当。

晁某一时如喝醉，先生送来醒酒汤。

俗话说："名人识才子，英雄爱好汉。"从此，吴、晁二人书来信往，时常相聚饮酒叙谈，交往日益亲密，不久结成了知心朋友。

4.吴用出谜戏县令

吴用上梁山之前，在乡下以教书为生，聪明才智众人皆知，当地人们都以能结交吴用为荣。此时的郓城县令是个贪官，欺压百姓，横征暴敛，老百姓对他恨之入骨。这个县令虽然不把吴用放在眼里，但为了增加炫耀的资本，也曾几次请吴用来县衙叙谈，却都被吴用以种种理由拒绝了。

这天，郓城县令将要离任，当地乡绅名流闻讯都来送行。此时县令心想：自己在郓城为官三年，竟然请不来大才子吴用一次，倘若离任前吴用也能前来捧场，岂不是自己在郓城也算有了圆满的结局。于是，赶忙派人去请。

本来，这位县太爷对请来吴用之事也没抱多大希望，可出乎预料的是，吴用竟很快就来了。县官赶紧把吴用让进客厅，在主宾之位落座，吴用一看，地方上的名流均到了现场。便说："小生布衣平民，一个穷教书的，一无钱财为县太爷备办赠礼，二无美酒为大老爷摆宴送行。可是大人离任，众位到来，我也得略表寸心。"

县令一听，顿时喜出望外，连忙道："吴先生不必客气，不必客气！"吴用道："今天高朋满座，我来出一个哑谜，大家猜猜如何？也权当一个助兴的酒令。"大家为了讨好县太爷，一齐说："好！正好一睹吴先生的才学！"吴用趁势又说："既是猜谜，也得立个条令，要猜错了怎么惩罚呢？"县令忙说："就请先生做主。"吴用一笑，也不客气，就说："猜错了也不必罚钱，就请衙役打他一个嘴巴吧。"

吴用接着开始出谜，出的是一个哑谜。只见他举起左手，向上一指，向下一指，向左一指，向右一指，然后向前跨一步，挽挽袖子就坐在了椅子上。在场的人看完这套手势，谁也猜不透是什么意思，都不敢轻易开口。县令见众人不语，心想：论学问在座的文举人懂得最多，于是就指着身边的文举人说："你先猜。"

文举人觉得自己已经胸有成竹，只是不敢抢在县太爷的前面。既然县太爷让自己先说，机会难得，就赶紧走上前说："上知天文，下晓地理，左通古，右博今，笔前砚后，本人是位举人，人前一站，当之无愧。"说罢，洋洋得意。可是，吴用连连摆手，县令只得命衙役打了文举人一个嘴巴。

在场的武举人脾气火暴，他见文举人挨了打，很不服气，不待县令吩咐，便挺身上前，大叫："我来猜！上打雪花盖顶，下打古树盘根，左枪右剑，前弓后箭，本人是一方武举，人前一站，从不吃亏！"说完了，怒目瞪着吴用。吴用不慌不忙，仍旧连连摆手，县官只好让衙役又打了武举人一个嘴巴。

县令见文武举人都猜不对，知道其他人再猜也是枉然，便对吴用说："吴先生，他们都是无用之辈，还是有劳先生把谜底说出来吧。"

吴用喝了口茶，清了清嗓子，起身对众人道："这个谜底是：我上天无路，入地无门。左不如大人会抠，右不如太爷会诈。你前名后利，今朝离去，良心何在？"

说罢，不待县令发作，大笑而去。

5.吴用学馆救难女

吴用进京赶考，尽管考试文章才气过人，却因其姓名"吴用"二字谐音"无用"不吉利，以致名落孙山。人生坎坷，怀才不遇，造就了吴用笑傲风月、蔑视王侯的鲜明个性。他看透了官场的昏庸、社会的腐败，一时间倒也乐于在乡间设馆授徒，培育后生。如此虽生活清苦，却也桃李满天下，心感欣慰。

一日闲暇时间，吴用和晁盖正在学馆里谈古论今，忽见有两个女子闯了进来。那两个女子生得眉清目秀、五官端正，大的约二十二三岁，小的也有十七八岁。她们眼含泪花，进来朝吴用、晁盖双膝跪倒，拜求在学馆暂避一时。

原来，郓城有个恶霸地主名叫商言，他生有五个儿子，个个习武逞强，横行乡里，外号“五只狼”。他们所住的商庄，人称“五狼庄”。商言另有两个闺女，一个嫁到东京朝廷权贵之家，一个嫁给潭州太守之子。因此商言倚仗权势为非作歹，地方官府也怕他三分。商言虽年近花甲，却好色如命，整天谋划着找民间年轻貌美女子做填房。

一天，商言到赵王河畔巡游，遇到一美丽浣纱女子，一眼就看上了。经打听是其佃户王实之女，名叫王翠珠，已经许配给前屯赵贤生为妻。针对此情，他心生一计，写了一张假字据，差人去王家讨债。经官府审理，王实输了官司，翠珠被抢到五狼庄逼迫成亲。

翠珠被抢到五狼庄后，幸有邻女偷开房门，把翠珠救了出来。翠珠和邻居之女二人为逃避商言追赶，慌乱中闯进了吴用的学馆求救。

吴用听罢姑娘的诉说，微微一笑道：“无妨，你们放心好了。”接着拿出自己的衣服叫两个女孩换上，扮作男孩模样进入课堂伏案读书。商家的家丁赶来后，一看满屋都是男生，又深知吴用的声望，以及保正晁盖的威名，不敢放肆，只好回去言称翠珠姑娘追无踪迹，草草交差了事。

6.吴用异方治怪病

吴用有一好友王先生，他和三个儿子都是医术高明的郎中。一次，王先生得了一种怪病，整日愁眉不展。他和三个儿子都看不好，家里笼罩着一片阴云。

吴用听说后，前往看望王先生。吴用与王先生一番寒暄落座后，见这位老友身体还算康健，不像生病的样子，只是眉头紧锁，心事重重。两人交谈了一阵子，吴用说道：“我有一方，王兄可以一试。”随即，铺纸提笔，开了一剂药方。王先生及三个儿子也是急病乱求医，连忙称谢。

吴用走后，王先生拿过药方来看，只见上写着：“甘草桔梗金银花，吃完之后再去抓。主治：经血不调。”这哪是什么药方，简直是开玩笑！让人笑掉大牙。王先生自忖："我的好吴先生，连男女都不分，还想治病？你真是聪明一世糊涂一时啊！"一阵笑完之后，忽然觉得身上轻松了一些。他便顺手把药方贴到墙上，看见了就想笑。不长时间，病情竟然奇迹般地好了。

之后两人再次相见，王先生向吴用问起药方的事情。吴用说："你得的是忧郁症，无药物可治，要想去掉心中烦闷，需要笑口常开，所以，我才给你开了那张看似荒唐的药方。"王先生听后，茅塞顿开。连连说："吴先生，你的聪明智慧非一般人可比，真会洞察人的内心世界啊。"

7.吴用施计烧葛针

郓城县城西北约二十里处的玉皇庙镇曾庄村，传说即为《水浒传》中晁盖中箭身亡的曾头市。

当年水浒一百单八将之一的金毛犬段景柱在北疆盗得一匹"照夜玉狮子马"，欲献宋江。途经曾头市，被曾家五虎夺去，并且扬言要"扫荡梁山清水泊，剿除晁盖上东京！生擒及时雨，活捉智多星"。晁盖大怒，率军出征，不料身中曾家教师史文恭的毒箭，随即身亡。自此，梁山和曾头市结下冤仇。

曾头市有三里长街，五千余人，是一个大村。村内习武之风盛行，男性青年个个都会舞枪弄棒。为防外敌入侵，他们在寨墙之上，密密麻麻地栽着一种满身长刺的灌木，鳞次栉比，犬牙交错，俗称"葛针"，犹如铁丝网一般。为替晁盖报仇，梁山起义军几次攻打，因有"葛针"阻挡，无法攻入寨墙，只得悻悻而归。

第二年夏初，曾头市的寨墙周围忽然冒出了无数的梅豆，枝蔓相连，果实累累，异常繁茂。曾头市的村民以为这是老天爷赐福，送来了可以食用的丰硕蔬菜。

其实，此乃智多星吴用采取的一计。他见曾头市久攻不下的原因，主要是有"葛针"这道自然屏障。"葛针"不除，曾头市难破。他苦思冥想，终于萌生一条妙法：春天季节，派白胜、时迁等人偷偷在曾头市围墙脚下点种梅豆，梅豆秧顺墙而爬，不久就和"葛针"缠在了一起。秋后时节，万木落叶，梅豆秧枝也渐渐干枯。

刚入冬季，梁山起义军又来攻打曾头市。他们首先乘夜点着了寨墙四周干透了的梅豆秧,风助火势,一眨眼爬上寨墙,将所有灌木点燃,霎时火光冲天，“葛针”灰飞烟灭。守寨人见此情景，不战而退。梁山将士乘势攻破寨墙，把寨中曾氏族人杀了个大半,并将曾家教头史文恭活捉砍首,为晁盖报了仇。

曾头市因与梁山起义军作对，并害死了杀富济贫、行侠仗义的头领晁盖，以至在十里八乡坏了名声。提起曾头市,很多人都嗤之以鼻。为消除不良影响，避免以后再生灾难，村民无奈便以“曾庄”替代“曾头市”，并延至今日。

四、三阮民间传说三则

1.三阮捉鱼救病父

阮小二、阮小五、阮小七兄弟三人是梁山起义军的水军头领，分别名列一百单八将中第二十七位、第二十九位和第三十一位，人称“阮氏三雄”。兄弟仨本是一母所生，为什么他们却起了阮小二、阮小五、阮小七的名字?有没有老大和小三、小四、小六呢?

阮氏三雄的父亲，是梁山泊岸边一个打鱼的穷汉。都四十出头了，好不容易才找了个老伴儿。这老伴也真争气，结婚头一年，一胎就生下了三个小子。可万万没有料到，老伴竟是个短命之人，生下兄弟仨的当年，就撒手人寰了。阮老汉既当爹又当娘，白天打鱼，把三个孩子拴在船舱里玩；夜里休息，把三个孩子搂在怀里睡；孩子饿了，跑门串户找人求奶吃。几年后，孩子都长大了，弟兄三人长得一般高、一般胖，鼻子眉眼全一样，连他们的老爹也难分出个大小来。老汉心想：儿子都这么大了，还没起个名字咋行呢？其实，他不是不想给孩子起名，而是自己斗大的字不识一个，不知道该起个啥名字才好，所以一直拖了下来。平日里不管叫哪个，一下子都到了跟前，一个做错了事，想说几句，一转眼，又认不出来了。

一晃过了几年，三个儿子出落成了三条汉子，都练就了一身好水性。有一年冬天，老汉忽然得了病，三天没吃一口饭，没喝一口水。找个郎中看了一下，郎中说，这病非得吃一种叫“泥里钻”的鲶鱼才能治好。可这鱼平日全藏在深水里，用网是压根儿撒不上来的，眼下又是冬天，就更难了。

三个儿子听了，你看我，我看你，谁也没有说话，转身都走出了家门。傍晚三个儿子又一块回来了，浑身湿漉漉的，衣裳上结满了冰碴子，冻得直打哆嗦，每人手里提着一条“泥里钻”鲇鱼来到爹爹的床前。爹爹见了不禁心痛，忙催儿子们换了衣裳，说：“你们三个都是孝顺儿子，我就是死了，也知足了。看你们提的这鱼，大小各不一样，郎中吩咐吃时要掌握好数量，你们都称一称吧，我吃的时候，也好心里有个底。”三个儿子听了，赶忙拿过秤，一条一条地称了起来。结果三条鱼一条是二斤，一条是五斤，最大的一条是七斤。老汉见情，忽然想起了一件事，就说：“你们兄弟三个，至今还没有名字，今天你们为了孝敬爹爹，豁上命去捉鱼，我看就依你们各自所捉鱼的斤数取个名字吧，捉到二斤的叫小二，五斤的叫小五，七斤的就叫小七。”兄弟三个连忙答应下来，从此也算有了名字。

这时爹爹又把小二叫到跟前，小声嘱咐道：“小二啊，你们三个你就是大哥了，可论水上的功夫，还数你差一点哩，你可要下功夫，做出个当哥哥的样儿来。”从此以后，阮小二下了狠心，苦练水上功夫，成了名副其实的大哥。

2．阮小七怒封水井

阮小七上梁山入伙之前，以打鱼为生。有一天，他挑了两篓子鱼赶集去卖。行至一村头，只觉着口干舌焦。于是就放下担子，到附近一户人家找水喝。好话说了一大堆，主人只给了少半碗。阮小七叹了口气说：“凉水又不值钱，天底下也没遇到过这样小气的。”

他这一说，这家的老汉说话了：“年轻人呀，你只知道俺小气，就是不知道俺这里的苦处哇！俺吃水比吃白面都难得多。”阮小七一听很纳闷：这里离八百里梁山水泊很近，天又不旱，村村都有水井，喝口凉水还不容易？

可老汉告诉他：这里原先吃水非常容易，可现在就不同了。村上仅有的一口水井，被村里的大财主“东霸天”给霸占了。他硬说这口井是他祖辈上出钱打的，乡亲们挑水，要交水钱，不交水钱滴水不让用。春荒夏旱，用水多了，东霸天就把水价抬高。村周围的地都是他家的，穷人想另打口井也找不着个地方，真是滴水贵如油呀！

老汉这么一说，阮小七心里明白了。他对老汉说：“老人家请放心，明天老百姓打水就用不着拿钱了。”说罢，便挑起鱼篓去找那口井。水井就在东霸天大院前的街边上，阮小七走过去，故意把水桶弄得叮当响，提上来满满的一桶水，抓住就往鱼篓里泼。一个收水钱的人看见过来喊：“穷卖鱼的，你好大方，俺的水是收钱的！”阮小七心里想：你不收钱我还不来哩！可嘴里却这样说：“你甭吓唬俺，井里的水，地下的泉，用不完的，俺打点泼泼鱼有啥？”“有啥？”那个人使劲瞪起两只眼说：“不要说你是个外乡人，就是这村上的人，用水也不能随随便便的呀！”说完，不等阮小七分辩，把两篓子鱼挑起来就走，几步进了东霸天的院子里。

阮小七心里说：狗杂种，过一会儿你还得还给我！只见他四下里望望，凑巧不远处有两个大石磙，于是就运了运劲，一个一个地推到井沿上。接着伸开双臂，两手往中间一推，两个大石磙碰了头，正好严严实实地盖在了井口上。

东霸天听狗腿子说，白得了一挑子鲜鱼，心里喜滋滋的，想出门看看卖鱼的走了没有。这老家伙出门朝井上一看，只见两个大石磙在井口上悬着，稍一碰就会落到井底下。如果两个大石磙掉到井里，压住泉眼，这井里的水用不了几天就会干掉。要想把两个石磙捞上来，谁有那么大的力气？如此一来，不但断了他家的财路，就连自家吃水也成难事了。东霸天心里琢磨：保准是那个卖鱼人干的，此人肯定力大如牛，既然能把两个大石磙搬上井口，那他肯定也能把两个石磙搬开。得罪了这样的人，对自己没啥好处，得赶快差人追回他来才好。

狗腿子奉命，把阮小七追了回来。东霸天装出一副笑脸，又打拱又作揖，对阮小七说："都是手下人胡闹腾，好汉甭跟他们一般见识。"阮小七说："俺出来卖两篓子鱼,不过提了桶水泼了泼给鱼冲个凉水澡,让它们活蹦乱跳一些，也好多卖几个钱，又没拿你家的半根柴火棒子，你的人凭啥抢走俺的鱼？水井是大家伙的，你家为啥要收钱？"东霸天一口一个"不该"，一口一个"是，是"，叫人赶快还了阮小七的两篓子鱼。

这时，村里的老百姓都围过来看热闹。俗话说：好汉不打坐地汉。阮小七见此，便对东霸天说："我也不难为你了，但你要答应我一条。"东霸天连声说："好汉请讲，好汉请讲。"阮小七朝大伙看了看，高声说："你只要答应从今以后百姓打水随便，不收一分一文，我立马把石磙搬开。"东霸天忙说："这个当然，当然！"阮小七大声说："你说话底气不足，要大声对百姓讲！"东霸天无奈，只好面向人群，大声说："老少爷们听着，从今以后，谁家用水就来这里打，绝不会再有人收钱了！"

阮小七面对村民们说："大家伙都听清楚了，这话可是他自己说的，如果以后他再收钱，我就再把井口盖上。到那时，他就是给我磕头也不行了。"东霸天连声说："绝对不再收钱，绝对不再收钱。"阮小七听罢，慢慢走到井前，站在两个石磙中间，一手一个石磙，猛一用力，两个大石磙就咕噜噜地滚出了井沿。老百姓个个喜笑颜开，赞不绝口，阮小七没有停留，挑起鱼篓赶集卖鱼去了。

3."三阮"大闹寿张城

早在跟随晁盖上梁山之前，阮氏三弟兄曾打死了家乡石碣村的一个渔霸。为逃避官府追捕，就到了一座山上落草，拉起了几百人的起义队伍。

一天，阮小七出去侦察敌情回来说，有官兵二百来人住在寿张城县衙里，正谋划近日袭击起义军。阮小二听了，沉思片刻说："这正是消灭官兵、扩大影响的好时机。可他们武器精良，训练有素，只能智取，不能强攻。近几天寿张城里有大集，我们可以打扮入城，伺机行事。"大伙儿一听，个个摩拳擦掌，决心打一个漂亮仗。

两天过后的集市日，阮小五带领几百人的队伍从四面八方拥进了寿张城里。他们扮成卖鱼的、卖枣的、卖姜的、卖蒜的、算卦的、看病的，挤满了大街小巷。傍晚太阳就要落山时，几十辆卖枣的车子散停在县衙附近吆喝叫卖，只见一个歪脖子阔少领着几个官兵走过来招呼："这些枣我们全要了，都推到县衙后院里去！"

等卸完车子要付钱时，那歪脖子阔少耍起了赖皮："账房先生没在家，明天来取。"扮成卖枣的人阮小五振臂一呼说："没钱不要紧，我们住下等！"几十辆空车随即拥向县衙后院。歪脖子阔少见情把院门一锁，气急败坏地大声说："有种你们就住上一年，看我明天怎么收拾你们。"

天还没黑时，阮小二、阮小七就带领人马按计划赶到寿张城外等候。夜半时分，住在城里客店的起义士兵打开了城门，阮小二、阮小七带领的人马一下拥进了城内。随着一声信号，以阮小五为首的几十个卖枣人在县衙后院放了火。内外结合、阵阵喊杀，县衙大院正在酣睡的官兵一时大乱。不到一个时辰，二百多个官兵被打得死伤多半，少数人落荒而逃。

五、时迁民间传说六则

1. 时迁发明叫花鸡

《水浒传》里的鼓上蚤时迁，本名李迁，高唐州（今山东省高唐县）人，从小练就一身轻功，能攀高走壁。后来，本村恶霸李老虎强行夺走了他家的一亩半地，李迁一怒之下杀死了李老虎全家六口人，惹下人命官司。李迁不敢在家，只好改姓母姓，叫起时迁来，并远走高飞。

时迁随身所带银两，不几天就全部花光。没了银子，只好扮作叫花子沿途乞讨。有一天。他看到一富家灯红酒绿、大摆宴席准备过中秋佳节，而自己却衣衫褴褛、饥肠辘辘，心中愤愤不平。于是，他顺势跳进这富家偷了一只鸡，跑到河边。

时值半夜，杀鸡没有刀，拔毛看不清楚，煮鸡又无锅灶，怎么办？时迁看到自己因蹚河水沾满了两脚泥，便灵机一动，心中暗想，用泥把鸡糊起来，再用火烧烤岂不是一个好办法吗？随即，他在地上挖了一个坑，用力把鸡头一拧，再挖把河泥糊在鸡身上。最后将糊好泥的鸡放在坑上边，便用柴草在下面点火烧烤起来，直烧得糊鸡的泥巴硬邦邦如石块一般。这时，停火把鸡放入坑内，上面用坑周围的热土将鸡盖了个严严实实。如此闷大约半个时辰，将土扒开，取出鸡来，往地上猛地一摔，泥块裂开后一剥，不但鸡毛被泥块沾了个精光，露出红嫩喷香的肉质，而且被熏得清香味儿十分诱人。

这时已到黎明时分，有个厨师一早上集买菜，路过时迁吃鸡的地方，鼻子直觉得奇香无比。上前一看，只见一个叫花子正在啃吃一只鸡。连忙上前询问做法，时迁一一说了。这位厨师是个烹饪高手，回去后将做法加以改进，在鸡腹里放了葱姜、料酒、酱油、花椒等，再裹上一层网状油和荷叶，外涂黄泥，烧成后味道更加鲜美。这种熟食一问世，就受到食客喜欢。

因为这种鸡是跟叫花子学来的，所以人们便把它叫作“叫花子鸡”。其名称和做法并一直延续至今，成为一种传统美食。

2.时迁出师练盗宝

时迁因在老家惹了人命官司，不得不流落他乡。后来他拜一神偷为师，学艺三年有余。一天，师傅对时迁说：“徒儿，你学的时间不短了，今晚跟我走一趟，看看你学得怎么样？”时迁一听能跟着师傅行动了，十分高兴地点头答应。

夜里，师傅在前，时迁在后，走了很多路，奔向一座黑黝黝的庄园。穿过一片树林时，师傅用手朝下一指，说：“记住，这儿有眼深井。”时迁嘟囔着说：“井有的是，记它干什么？”“干什么？自己动动脑子！”

走着走着，师傅又往身边一指，说：“记住，这儿有堆土坯。”时迁又嘟囔着说：“土坯多的是，记住它有啥用？”“有啥用？自己动动脑子！”走出不远，到一座庄园围墙边，他们“噌噌”翻过围墙，师傅回身再用手朝墙下一指，说：“记住，这儿有个鸡窝。”时迁接着嘟囔着说：“谁家没有鸡窝？记住它有啥用处？”“有啥用处？时时处处都得动脑子！”

这座庄园是县太爷小舅子的家，这个小舅子靠盘剥老百姓起家，拥有很多财产。今夜师傅领时迁来，就是要取他的不义之财去周济百姓的。此刻庄园里静悄悄的，两人轻手轻脚溜到一座小楼下，撬开窗子，钻了进去。师傅打开一个大钱柜，悄声对时迁说：“进去，挑值钱的东西往外递，我在外边接着。”时迁纵身跳了进去，一吊一吊的铜钱，一捧一捧的珠宝金器，一直往外递。递了一会儿，忽听“砰”的一声，柜盖关死了，又听“咔嚓”一声，上了锁。

时迁心里猛地一惊，忙压低声音喊师傅，可是一点回声也没有，急得他顿时头顶冒汗，心想：这可咋办哪，老这样待在黑咕隆咚的柜子里，就是不让人家开柜逮住，憋也得憋死啊！他脑子一转，计上心来，猛地一拳砸到自己鼻子上，立刻有鲜血流出。他张开手一抹，成了个大红花脸。随后，放开嗓门，抡起拳脚，在柜子里又敲又喊。

柜里的喊叫声，惊醒了庄园里的人。有的叫喊：“准备好家伙，门窗都把好，别让贼人跑了！”接着锁被打开，柜盖掀起来。这时，时迁猛地伸出脑袋，粗声憨气地说：“本财神爷为你家送宝来了！何人胆敢如此无礼？”人们借着灯笼火把的亮光，一见是个大红花脸，慌忙丢下手中的武器，齐刷刷地跪了一屋子。时迁乘机一个蹦高儿蹿出来，冲过众人，朝屋外撒腿就逃。

那一屋子的人，听到脚步声去远，方猛地醒悟过来，知道上当了。于是一齐叫喊着，举着灯笼火把，又抡起家伙追了出去。时迁跑到围墙下，双手朝鸡窝上一点，“腾”地一下就跃出墙外。跑了没多远，只听得身后追喊声越来越近，忽然想起那堆土坯，随手抓起一块，来到深井边，就“咚”一声把土坯投入井中，自己闪身躲进树林中。人们追到井边，一个说：“别追了，刚才‘咚’的一声，准是盗贼吓得跳井了。看，井里还冒水花呢。算了，等天亮捞人就是了。”众人在井边停了一会儿，都信以为真，便转身而回。

时迁见人们回去了，正要往前赶路，突然背上挨了一巴掌，扭头一看，正是师傅。只听师傅满意地笑着说：“干得好，干得好，我看你可以出师了。”

事隔两天，师傅对时迁说：“告诉你一个消息：高太尉的二闺女嫁给了童贯的三儿子，今天就要拜堂成亲。高太尉那老贼一向敲骨吸髓，鱼肉百姓，单是他闺女头上佩戴的首饰就价值万贯。徒儿，不知你敢不敢去一趟把它盗来？”时迁说：“徒弟不是胆小鬼，怎么不敢？不过希望师傅肯出面给我壮胆，我保管马到成功。”“好，好，师傅今天听你的。”当下，师徒两人立即上路，紧走慢赶，待到日落西山，恰好赶到城里。

他俩来到一座四合院的童府，只见这里张灯结彩，达官显贵进进出出，热闹得胜过七月十五的庙会。师徒二人趁宾客进出之际溜了进去，到了府内东北角的马厩。里边的马匹膘肥体壮，马夫也都热闹去了。于是，他们便解开了几根缰绳。那马开了缰绳，立时跑出屋外。时迁折身蹿至大院，扯开喉咙连声高喊：“抓贼啊，抓贼啊，有人偷马啦！”

时迁一喊，满院人的注意力立时转向马厩这边。大家果见有几匹马在跑，便信以为真，都慌忙拿家伙抓贼。就连新郎童三公子也离开洞房，加入了抓贼的行列。

时迁见机会来了，便快步奔向洞房。他朝新娘子深深一拜，说道：“新嫂子，今天实在是太突然，你刚才也都听见了，贼人趁咱家忙乱之际偷咱的东西来了。母亲大人怕你这里出事，特地派我前来照看。请你快把首饰都摘下来，我交给母亲藏到保险的地方去，以防贼人。”高二小姐确实听到了抓贼的喊声，见丈夫也抓贼去了，自己独自一人在这里正感到害怕，一听“小叔子”这番言语，马上动手摘下所有首饰。时迁接过首饰，用布包好，转身同师傅一起飞离童府。

3．时迁离奇偷媳妇

时迁号称“天下第一神偷”，他一辈子什么都偷过，偷金偷银、偷珠偷宝、偷牛偷羊。其中，还传说有最离奇的一偷——“偷媳妇”。

有一天早上，时迁早起到村外的小树林里练功，见有个老头儿正要往树上上吊，赶忙救了下来。一看，是邻村姚家岗的穷秀才姚中举，便问他上吊的原因。

原来，姚秀才为给家中妻子看病，借了外号“活扒皮”的十两银子。结果妻子的病没看好死了，钱也花光了。昨天活扒皮带着恶奴来要账，十两银子驴打滚，利滚利，竟成了八十两。活扒皮眼见姚秀才还不起，就打起了其漂亮女儿玉秋的主意。说限姚秀才一天期限，如交不上银子，便拿玉秋抵账。姚秀才想到女儿若被活扒皮掠走，还不是和进狼窝一样！思来想去，无活路可走，不如一死了之，就跑到这儿上吊来了。

知道了来龙去脉，时迁便对姚秀才说：“为这事也不能死呀，你死了撇下女儿咋办？你先回家，一切都包在我身上，天塌下来由我撑着，明天活扒皮来要账，我还他就是啦！”姚秀才早就知道时迁行侠仗义、扶危济困，也就信了他的话，回家而去。

到了第二天，时迁吃了早饭，自己精心“打扮”一番，成了一位风水先生的模样。再说活扒皮，此时正坐在客厅里喝茶，管家跑进来说：“老爷，门外来了个看风水的先生，他老在咱门外转悠。我问他转啥，他说咱家不洁净，有阴气扑宅，还说三日之内，当家人有血光之灾。”

啊！有这事？活扒皮像被蝎子蜇了似的，身子一哆嗦，赶忙欠欠身子说道：“这种走江湖人的话不可全信，也不可不信。他走了没有？给我留住他！”“那好吧。”管家出去不大会儿，领来一个精瘦的老头。这老头白眉白须白头发，斯斯文文地走着，两眼不住东瞧西望。他不是别人，正是乔装改扮后的时迁。

时迁来到客厅，活扒皮急忙让座，并叫管家沏茶。他看时迁一副气派不凡的样子，心想：看样子倒是有些学问，不过我得脱鞋蹚水——试着来。便说：“先生，你看我这宅子哪里不好？”时迁眯缝着眼，不慌不忙地说：“你家有恶鬼闹宅，三日之内必有血光之灾，不过今日我来到贵府，又见庄主面带吉祥之气，难道您眼下要操办什么喜事不成？”

活扒皮心想：这人还真有本事，我如抢来姚玉秋，不等于纳个妾吗？不是喜事是什么？但他不便说出，忙问："先生，你刚才说我有大灾大难，有啥破法没有？"时迁一本正经地说："先生要没办法，还怎为先生？请到你卧室里看看再说吧。"活扒皮将时迁请进卧室，时迁看了一阵说："门口阴气笼罩，夜间必有鬼魅入室，待我作法镇之！"说罢，他就吹胡子瞪眼，跺足捶胸，这边一指，那边一戳，又到四个墙角，似在埋什么东西，嘴里念念有词，不知说的是什么。完了之后，就趴在活扒皮耳朵眼上低声吩咐道："今夜要小心，啥时听见屋内有'吭吭'的咳嗽声，那便是鬼魅入了来，你和你夫人必须赶快到别的屋去睡。我埋伏的天兵天将自会出来捉那鬼魅。再有喜事一冲，保你家平安无事。"活扒皮脸都吓青啦，连连答应。

夜里，活扒皮吓得怎能睡着？他支着耳朵细听，一阵果然出现了"吭吭"的几声咳嗽。活扒皮拉起妻子就往外跑，也顾不上妻子还光着身子。来到西厢房，老婆问他咋回事，他什么也不说。停了一会儿，声音停止，活扒皮方稳下心来。

天明后，活扒皮以为鬼魅已除，平安无事了，于是就继续找姚秀才要账。他带领一帮人，赶着一辆车上了路。吃顿饭的工夫，便来到了姚秀才家门外，随即粗声恶气地说："姚中举在家吗？"姚秀才边答应边同一个年轻人走了出来。不用说，这年轻人就是时迁。活扒皮拖着长腔说："你欠我的银子，都准备好了吗？"没等姚秀才搭腔，时迁就抢着问："他欠你多少银子？""八十两。你是谁？问这做什么？是想替他还账吗？""这话叫你说准了，我是他家的亲戚，当然想替他还，行吗？"活扒皮心想，看你这穷酸样儿，哪里趁八十两银子？够你小子还的。边想边把借约递了过去，说："有钱抓紧拿钱，差一两拿玉秋顶账。"时迁不慌不忙从腰里掏出十两一锭的八块银子递了过去，顺手将借约撕了个粉碎。这下活扒皮可傻了眼，无奈只好拿着银子垂头丧气地走了。

活扒皮走后，姚秀才感动得不知说啥才好，忙问："时义士，我知道你家中并不富裕，哪来的这么多银子？”“偷的！”时迁边说边把还剩下的二十两银子扔到桌子上。“我昨天在地里逮了个蛤蟆，将一粒盐疙瘩塞到它的嘴里，然后用线把蛤蟆嘴一缝，趁给活扒皮看宅子时，偷偷将蛤蟆扔到他住室的墙脚里。蛤蟆胆小，白天有动静时不敢动，夜里憋得难受，便‘吭吭’地发出声音，像人咳嗽一样。这样，就把活扒皮那老家伙吓跑了。我趁机进了屋，因为看宅子时已经摸清了情况，不费劲就偷到了百两纹银。用偷他的钱还他的账，这不行吗？”几句话说得爷俩都笑了起来。

为了报答时迁的大恩大德，过了几天，姚秀才托人说合，将女儿玉秋嫁给了尚还单身的时迁。晚上，夫妻俩又说起偷银子的事。因为是时迁用偷的银子还了债，才娶到了媳妇姚玉秋。于是，时迁对妻子开玩笑说：“你还是我偷来的呢！”谁知这话被听洞房的人听了去，很快便传开了，都说时迁的媳妇是偷来的。时迁偷媳妇的故事，也就在民间流传下来。

4．时迁入夜盗神鸡

北宋末期，郓城西南四十里处有一村庄，名叫“棘城寺”。此村有一寺，寺内养一公鸡，不但声音格外洪亮，可传达数里之外，而且清晨报时非常准确。周围十里八乡的报晓鸡唯它是瞻，它鸣众鸡则鸣，它止众鸡则止，所以当地百姓都把它视为“神鸡”。棘城寺这一村庄，也因此改称了“鸡鸣寺”。

这个时候，以宋江为首的梁山农民起义军正日益发展壮大，很需要一只报时准确的雄鸡。军师吴用派人下山四处查访，最后了解到棘城寺的这只雄鸡最佳，于是就让人前去购买。岂料寺内的主持具有浓厚的封建传统思想，与官府一样认为起义军是“贼寇”，以种种理由不肯将鸡相卖。

鼓上蚤时迁闻听大怒，便自告奋勇下山前去盗取。病关索杨雄道：“你在祝家庄偷鸡，害得众弟兄跟着受苦，这次万不可重蹈覆辙。”时迁“嘿嘿”一笑道：“哥哥放心，此次非彼次。没有擒龙手，不敢下东洋；没有打虎艺，不敢上山冈。”拼命三郎石秀道：“你这厮还是这样贼手贼脚，咋就改不了本行？难道就没有其他法子可使？”时迁两眼一瞪，说道：“那秃驴与官府一个鼻孔出气，硬是说寺内少它不得，即便给他千两银子也不卖，啥法？对付这等人，盗取有何不可？”众将士闻听言之有理，神行太保戴宗也表示愿意与时迁一同前往。

二人离寨下山，戴宗给时迁的腿上拴了两个甲马，行走神速，不一会儿就来至棘城寺。待到入夜，戴宗在村外接应，时迁只身进村，翻墙越屋悄悄潜入寺中。他蹑手蹑脚地来到鸡架边，左手伸进鸡笼，一下攥住鸡脖，使其发声不得。右手掀开鸡翅，将鸡头折于翅下，随后将鸡塞于腰间——此法偷鸡，鸡既叫不得，也不会窒息死亡。来到村外，见了戴宗，二人连夜返回到梁山寨。自此以后，梁山农民起义军便有了报时准确的雄鸡，为行军作战创造了又一有利条件。

现在的鸡鸣寺，是郓城县武安镇的一个行政村，简称鸡寺，分为东西两村，东村叫东鸡寺，西村叫西鸡寺。据当地人讲，自神鸡被梁山将时迁偷走，鸡鸣寺村内的那座寺院便日趋衰落。在原古寺的遗址上，目前尚有一石鸡架存在。

5. 时迁仗义惩赃官

相传时迁在家乡犯了官司，逃到济州巨野县隐姓埋名，做点小买卖谋生。他秉性正直，好打抱不平，当听到巨野县令王欠贪赃枉法、欺男霸女、巧取豪夺的一件件恶行时，心中不禁燃起一腔怒火，发誓有机会一定要收拾这个赃官。

这天，时迁正在街头摆摊，只听得一阵喊声由远而近：“县太爷的轿子来了，快闪开！”人们躲的躲、藏的藏，街中央随即闪开了一条宽道。时迁一看，惩罚赃官正是时机，于是“嗖”地一下跳到街中央。走在前边的衙役见有人挡道，挥起棍子向时迁打来。时迁一个顺手牵羊，将那衙役摔了个嘴啃泥。别的衙役呼啦啦围上来，只见时迁三拳两脚，打得众衙役滚的滚、爬的爬，倒在街上一大片。紧接着，时迁伸手将躲在轿里打战的县太爷拉出来摔在地上，大声喝道：“你这狗官，敢在巨野地盘上胡作非为，也太目无王法了吧！今天饶你一条狗命，脱下官服，快滚！”在众人的呐喊声中，县官王欠如丧家之犬，钻出人缝溜走了。

这时有人说："好汉爷，狗官走了，你就穿上这官服，戴上乌纱帽，当咱的县太爷吧！"经人这么一劝，时迁心想，到县衙去为百姓审查几件冤案也是好事。于是就对几个轿夫说："当就当。有劳各位，把本知县抬到衙门，咱也尝尝当县太爷的滋味。"

待登上县衙大堂，时迁立即传下话来："本官升堂，有仇的诉仇，有冤的申冤。"第一个进来的是位白发苍苍的老太太，只见她从篮子里拿出一根骨头，边哭边说起事情的原委：头天去南关肉铺里想买半斤肉，那卖肉的街霸嫌买的少，先说不卖，后来十分不耐烦地一把将钱抓走，塞给了一根不带肉的骨头。

时迁听罢，火冒三丈，当即派人到肉铺通知那个街霸，带上三十斤猪肉速来衙门。见了卖肉的，时迁一拍惊堂木，大声喝道："你知罪吗？""我一没偷，二没抢，何罪之有？"卖肉的答道。"你犯了坑人之罪、欺人之罪。"时迁喊出老太太，把猪骨头还给卖肉的，说："这根骨头只有你啃了。"

卖肉的街霸知道不啃骨头绝对过不了关，只得苦瓜着脸"咯吱咯吱"啃了起来。心善的老太太向时迁求情："让他知道没肉的骨头不好啃、别再做坏良心的事就行了。"这时时迁说："给老人家磕个头，把肉送上门去。今后再不改，若是遇上我，比啃骨头的味道还要难受。"

接着时迁又断了几个案子，为无辜百姓出了口恶气，心里有说不出的舒坦。他转念一想，自己在巨野正隐姓埋名，告状的多了，时间一长，身份可能暴露。想到此，时迁一把脱了官服，疾步迈出县衙，消失在茫茫人海中。

6.时迁三偷鲁智深

时迁在祝家庄偷鸡，惹得梁山起义军兴师动众三打祝家庄。之后他要上山入伙，头领晁盖坚决不同意，认为收留小偷，有损梁山起义军的形象。

时迁再三恳求宋江说情，宋江说："人讲你偷技高超，我考考你，如果能顺利过关，我就向晁大哥求情，收你入伙，你可答应？"时迁说："大哥请说吧，如果我办不到，就自动下山。”宋江说：“叫你去偷三件东西，如何？”时迁说：“别说三件，即使三百件，小弟也能易如反掌。”宋江说：“花和尚鲁智深的兵器是一把禅杖，你若能偷来，就算你过了第一关。”时迁满口答应。

宋江接着私下找到鲁智深，把和时迁定下的事情说了，要他一定小心谨慎。鲁智深说：“行武之人视兵器如性命，时刻不离身边，洒家不信他能偷得去！”宋江说：“时迁偷盗本领非同一般，你还是小心一点好。”鲁智深说：“哥哥您就放心吧，时迁他偷不去的。”

当晚夜深人静之时，时迁来到鲁智深的住处，见门窗都紧关紧闭，无处可进。于是飞身上房，轻手轻脚揭开几片小瓦，往房中一看，只见鲁智深盘腿坐在床上，双手合十，面前就放着那把禅杖。他见一时难以得手，便趴在房顶细心观察。过了一会儿，时迁低头看看，鲁智深还在那里盘腿打坐。正纳闷这和尚怎么不睡觉，却听到鲁智深重重的打鼾声，原来鲁智深就是坐着睡的。时迁心中大喜，掏出随身带的一把绳钩，轻轻从房上放下，用钩挂上禅杖的耳环，慢慢轻轻提起。就在鲁智深还在睡梦中时，禅杖已到时迁的手中。

第二天天刚亮，时迁就拿着鲁智深的禅杖向宋江交差。宋江惊奇不已，又对时迁说：“这第一件事你是办成了，还有第二件。鲁智深穿有一件袈裟，今晚你再把它偷来，能否办到？”时迁点头说：“绝对没问题！”

送走了时迁，宋江找到鲁智深，只见鲁智深还在盘腿打坐呢。宋江哭笑不得，说：“贤弟，你的兵器呢？”鲁智深惊醒过来，忙四下寻找？宋江说：“别找了，你自已的兵器，我叫你看住你都没看住，以后如何上阵杀敌？”

鲁智深满脸羞愧，说：“这家伙太神了，他从哪里进来的？洒家就打了个盹。”宋江指指屋顶上的洞，鲁智深看了恼羞成怒：“让洒家捉住，非让他尝尝拳头不可！”宋江没再责怪鲁智深，又把和时迁定下偷他袈裟的事相告。鲁智深说：“这回大哥请放心吧，在我身上穿着呢，我一个大活人，就不信他能从洒家身上偷走！”

到了夜里，鲁智深吃过酒饭，想出去方便一下，再穿着袈裟睡觉。不承想刚出屋门，一盆水迎面泼来，把鲁智深浇成了落汤鸡。鲁智深气得暴跳如雷，站在院中大骂。骂了半天，竟无一人应声，鲁智深只好回屋。他将袈裟脱下，拧了水。这时忽然想起宋江的嘱咐，便小心翼翼地把袈裟挂在床头边，然后把门窗关紧，躺在床上，两眼就盯着房顶上时迁昨夜扒开的洞。他心想：我看你今夜能从哪里进来？

鲁智深怎么也没料到，此时时迁就躲在自己的床下。原来，时迁趁鲁智深不注意浇了他身上一盆水后，乘鲁智深大骂之时，已悄悄钻进了鲁智深的房中，藏在床下，以见机下手。

鲁智深仰面睡在床上，睁着两只大眼，一会儿盯着房顶，一会儿看看房门，一会儿瞧瞧袈裟。直到临近五更，实在疲倦了，又见袈裟还好好地挂在那里，就睡睡醒醒、醒醒睡睡。蒙蒙眬眬中，忽听房门“吱呀”一声，睁眼一看，袈裟已无影无踪。

鲁智深垂头丧气地赶到宋江房里，只见宋江手里正拿着他的袈裟。宋江笑着说：“贤弟，这两样东西可是你随身之物，我还跟你一再叮嘱，怎么又让时迁偷走了？”鲁智深叹口气说：“时迁神出鬼没，随身之物都不能防他偷去，除非我这人他偷不走了。”在一旁的军师吴用笑道：“那就让时迁把你这人也偷来，你可防住了他？”“什么？”鲁智深一听火冒三丈：“就时迁那猴样，洒家这副二百多斤的身板，量他能扛得动？”宋江说：“我和时迁已经约定，今夜就让他把你也偷来，如何？”鲁智深冷笑着说：“他要是能把洒家也偷来了，洒家算是真服他！”

当夜，鲁智深为了防范时迁，把林冲、武松、杨志、李逵及阮家兄弟等人都请来了，几位知己头领大块吃肉、大碗喝酒，热闹非凡。有几名喽啰在一边进进出出，为几位头领端菜递酒。喝酒中，鲁智深将时迁要偷他本人的事讲了出来，几位头领大笑不止。

酒喝到深夜，几位头领半醉半醒，要回去安歇。鲁智深说：“都不要走，你们就住在这里，给洒家做个见证，看时迁怎么偷洒家。”众人也想看个新鲜，就在鲁智深的屋里打盹。也不知过了多长时间，鲁智深被一泡尿憋醒，迷迷糊糊地说道：“洒家到外面方便一下。”看着鲁智醉醺醺的样子，武松怕他摔倒了，忙朝外喊了一声：“来人！扶鲁头领去方便，快去快回！”屋外一小喽啰答应一声，进来扶着鲁智深就出去了。

武松左等右等，已过半个时辰，鲁智深还是没有回来。武松慌了，连忙叫醒林冲等人，分头去找。但只找到几个迷昏的贴身喽啰，没找到鲁智深。林冲说：“别找了，肯定叫时迁偷走了，我们还是上宋江哥哥那里看看吧。”

林冲这么一讲，武松忽然想起，扶鲁智深出去的那个小喽啰，虽然没有看清他的面孔，可那身材越看越像时迁。众人来到宋江的住处，只见屋里灯火通明，晁盖、宋江、吴用和时迁都在。再看宋江的床上，鲁智深睡在那里鼾声如雷。众人哭笑不得，吴用叫醒鲁智深。鲁智深睁眼一看，惊道：“洒家怎么睡在这里？”宋江说：“兄弟，你已被时迁偷来了。”鲁智深还蒙在鼓里，说：“时迁怎么偷得我？洒家喝醉了，被他背来的？”时迁笑着说：“我哪里背得动你，是你自己走来的，不信，你问问他们。”宋江说：“可不是，贤弟，你醉酒撒尿，时迁兄弟就把你给扶过来了。”

晁盖见时迁足智多谋，偷盗本领超人，以后梁山寨肯定有用得着的地方，又见宋江、吴用等头领都有意收留他，于是便对时迁道：“从现在起，你就是梁山寨的一名头领，负责在军中报送机密。但有一条你必须牢记在心：这本事只能用在梁山大业上，绝不能干危害百姓的勾当。”时迁连连点头，这样，他就正式成为了梁山头领中的一员。

六、燕青民间传说两则

1. 燕青学艺大名府

河北大名府员外卢俊义武艺高强，练成了一身超群的拳法，自称是“神拳”。多少自恃有些武艺的人找他比试，结果都败在其手下。有些人要拜他为师学艺，而卢俊义思想保守，不管是谁，一概拒之门外。

有一年，卢俊义家里招来了几个短工。其中有一个叫小乙的青年乖巧伶俐，做事心细稳妥，同行都称他“小乙哥”。他很得卢俊义的喜爱，后来其他人都陆续被辞退了，仅剩下了这个小乙哥。这小乙哥也想拜卢俊义为师学艺，因知道卢俊义概不收徒，只好伺机行事。

卢俊义有个习惯，每天傍晚都要到后花园里去练拳。小乙摸准了这个规律，便事先蹲在花丛里装作给花儿浇水。卢俊义练拳时从不让人看，当他关园门时，忽然一瞥，瞧见了专心致志给花浇水的小乙。卢俊义喜欢小乙，所以也没介意。等他练完拳脚，小乙便主动收拾他的衣着。卢俊义见小乙很有眼力见儿，心里非常高兴。就这样，卢俊义默许了小乙看自己练拳。一晃三年，小乙细心观察揣摩，偷偷习练，也练成了一身好拳法、好功夫。

有一天，卢俊义出外未归，庄上突然来了一帮盗贼。卢家的护院家丁上前和他们拼杀，但个个都不是盗贼的对手。这时小乙急忙赶来，大声说：“别怕！”接着取出小弩，纵身跃上房顶。只见他满扯弓弩，箭无虚发，立时抢劫的盗贼纷纷倒下。

盗贼们一看不好，忙问：“你是何人？”小乙哈哈大笑：“俺乃卢员外门徒小乙是也！”“卢员外从来不收徒弟，一定是个冒牌的！大家不要怕，一齐上。”小乙见他们不信，“嗖”地从房上跳下，抱拳在胸，说声：“我拉趟拳让你们见识见识。”于是亮开架势，但见拳拳生风，步步疾速，出手凶狠，变幻莫测，令人眼花缭乱。强盗们看呆了，有的人说道：“这不是卢员外神拳的套路吗？”但仍有两个人不信，一左一右向小乙发起了攻击。小乙不慌不忙，左右开弓，两个家伙瞬间被打得鼻青脸肿、抱头鼠窜。

卢俊义归来听说了此事，没料到这个打杂的小乙竟有这等武艺。当即宴请小乙，并让他说出自己的真实姓名。小乙回禀道：“恕小人隐瞒之罪。我乃燕青，家住山东郓城西南二十里燕家庄，自小喜爱舞枪弄棒，也曾学过一些拳脚功夫，尤以射弩为精。俺庄上有一口水井，水质甘甜，名唤‘玉液泉’。

家人在井边开一酒坊，用此井水酿造美酒，所酿之酒命名‘玉池香’。由于该酒醇香浓郁、绵柔甘冽，以至买酒者不远数十里慕名而来，生意甚是兴隆。不料，引起邻村‘苏氏五虎’垂涎。五个恶霸寻衅闹事，企图霸占酒坊。我与他们争斗中，两虎身死，三虎受伤。为避官府缉拿，只好逃往他乡。后隐姓埋名，来到员外府上做一家丁。”卢俊义一听，忙说道：“你就是江湖上闻名的浪子燕青？”燕青点头称是。卢俊义大喜，当即答应收他为徒，把自己平生的本事和那套神拳相授。

燕青天资聪明，很快学会了卢俊义拳法的全部套路。他又把自己平时学的拳路也糅进其中，独创了一套奇特的神拳——燕青拳。燕青拳以轻巧灵活称著，一直流传至今。

2. 燕青女装除山贼

一日，浪子燕青奉梁山寨主宋江之命，前往东京去李师师那里打探朝廷消息。天黑来到一处村庄，燕青又饥又渴，想找个地方住下。怎奈家家关门闭户，街上连个人影也见不着。

燕青越想越感到奇怪，天刚黑街上就见不着人，这是怎么回事呢？正在盘算着，突然听到一户人家的门“吱扭”一声开了，从里边挤出一个老汉来。那老汉急忙要走，燕青向前深施一礼，说：“请问此处名叫何村？为啥家家关门闭户？”老汉先是一惊，后见是个问路的，便说：“贺家庄。你出门在外，多一事不如少一事，该问则问，不该问的别问了。”燕青一听，更加奇怪，心想非得弄个清楚不可。

老汉见燕青赶着询问，上了犟劲，只得道出缘由：贺家庄东南十里有座卧虎山，山上最近聚集了一伙强人，为首的两人名叫赵虎、赵豹。他们领着数百名喽啰整天打家劫舍，扰乱百姓。尤其是见了美貌女子，便抢到山上霸占。前几天赵虎见我家贺员外的小女长得漂亮，意欲纳为小妾，昨日派人送来彩礼，说是今晚子时前来娶亲。村里人害怕，所以太阳刚落山就家家关门闭户了。

燕青闻听，直气得咬牙切齿：“快领我见你家贺员外，我一定要除掉这一恶魔，救他女儿。”老汉见来人气宇轩昂，非同凡人，便领他来到贺员外家。此时，员外夫妇和女儿正抱头痛哭，燕青上前深施一礼：“老员外家遭不幸，我前来相救。”

贺员外听此一说，又惊又喜，可望了望只有燕青一人，便道：“强人不但人多势众，而且个个武艺了得，你孤单一人，怎能敌过他们？你的好意我领了，请快快离去吧。”燕青说：“我乃梁山起义军的燕青，路见不平，拔刀相助，是宋江哥哥常对我们讲的，我怎能见危不救？”贺员外一听站在自己面前的是梁山好汉，顿时来了精神。这里的百姓都知道梁山好汉杀富济贫、扶危济困，对浪子燕青的名声也早有耳闻。贺员外当即跪下：“壮士若能救我全家，就是再生父母。”燕青向前搀起贺员外：“您老不要这样，快给我弄些吃的，咱们边吃边想办法。”

燕青吃饱喝足，接着面授机宜，让众人依计而行。半夜时分，强人赵虎骑着高头大马，喽啰们前呼后拥，抬着一顶花轿，来到贺员外大门外。贺员外家张灯结彩，一派喜气洋洋，完全是办喜事的样子。众家丁一番忙碌，新娘坐上花轿，赵虎一行人起身告辞。

喽啰们吹吹打打，将花轿抬到山上。举行罢婚礼，便大开宴席。娶亲十分顺利，赵虎越发来了精神，给这个喝一杯，给那个碰一碗，一直喝到四更天。

赵虎醉醺醺地东倒西歪，向洞房走去。见了新娘，“嘿哩”一笑，向前一把揭开红盖头，说：“小美人，让我……”一句话没有说完，说时迟，那时快，“新娘”一伸手卡住了赵虎的脖子。赵虎顿时清醒过来，结结巴巴道：“你、你、你是……”“我乃梁山起义头领浪子燕青，今晚特扮新娘出嫁，来此除害！”说罢，掏出随身的牛耳尖刀，一下结果了赵虎的性命。

燕青脱下女装，紧了紧腰身，从刀枪架上抽过一把大刀，站在院中高喊：“梁山好汉在此，赵虎已被我杀，降我者生，拒我者死！”一个个喽啰见情吓得屁滚尿流，只那二大王赵豹呼喊着冲了过来，与燕青展开厮杀。结果三拳两脚，被燕青一刀劈倒，复一刀，赵豹便身首异处。

众喽啰见两个大王身死，谁还敢再战？贺员外领了数百名百姓，也冲进山寨，喽啰们都跪下求饶。燕青言道："你们也是穷苦人家出身，怎可在这里危害百姓？你们要放下武器，改恶从善，以往罪恶不再追究！如若再敢欺压百姓，定杀不饶！"喽啰们听后，都放下武器，四下分散。

东方发白，燕青要走。贺员外拦住说："你不但救了小女，还为附近百姓除了大害。我们应当重谢，走，回庄里一起庆贺庆贺！"燕青道："除恶扬善是梁山好汉的义务所在，不必言谢。再说，我到东京还有要紧公务，停留不得。"说罢，匆匆而去。

七、扈三娘民间传说三则

1.扈三娘学练武艺

扈三娘的家在郓城扈家庄，她小时候死了娘，跟着爹爹长大成人。两个姐姐都远嫁他乡，家中还有个哥哥扈成。扈太公武艺高强，十八般器械样样皆通，是闻名乡里的武师。扈太公的愿望是盼着儿子扈成能继承父业，学好武功，长大后为国效力，当个贤臣良将，故而平时一有时间就向其传授武艺。他盼着女儿三娘将来做个贤妻良母，专门请了人教三娘针线女红。可三娘从小是个男孩秉性，也愿意侍弄枪棒，见哥哥扈成终日苦练不辍，便也在暗地里偷偷地跟着比画。

一天夜里，月光如水，扈成在院子里把一杆枪挥得虎虎生风，似一树梨花繁开。先前还见人动枪舞，练到后头只见枪影，不见人形了。扈成自己也很得意，不知不觉说道："水泼不进，针扎不入。"话音刚落，"嘭"的脸上挨了一下。他吃了一惊，收住枪一看，一个绣花手帕落于地上。

这时，上空传来一阵"咯咯"的笑声。他昂起头来观看，原来是十三岁的妹妹三娘正在楼上冲他乐呢。扈成想：不对呀，她没练过功夫，怎么会看出我的破绽，还能用软物打中我呢？扈成于是喊道："好你个野丫头，不好好做针线，竟敢偷看我练武。""做够了针线，就想散散心，捞不上看耍猴儿，就看你练武艺呗！”“你懂啥五艺六艺的？刚才你是瞎猫碰上了死老鼠，来来来，你若再能砸住我第二下，我服你！”“说话算话？”“君子一言，驷马难追！”

扈成将手帕扔给妹妹，然后使出浑身解数，一杆枪舞得风车一般，三娘细细观看，瞅准一个空隙，喊声：“着！”绣花手帕扔出，又一次打在扈成的头上。扈成抓抓头皮，想不通是咋回事。三娘从楼上下来，调皮地问：“哥哥，咋样儿，服也不服？”“你偷看我练武，真的学了几招不成？”“别不害羞了！我光偷你那两手儿，还能找出你的破绽？实话对你说，我经常一边看你练武，一边自己揣摩着比画。有时偷拿一件兵器练，有时空着手练，把绣花也当成了练武，每扎一针都要扎出个名堂来，既练得大刀阔斧，又练得心细如发，眼里明，手头准，说扎你的眼睛，保险不沾你鼻子。”“你别说大话，敢和我真刀真枪比一比吗？”“比就比，谁怕你？”三娘从兵刃架上取下日月双刀，拉了个迎战的架势。

扈成见情，像逗孩子一般，虚晃一枪。不料三娘双刀一夹，竟然将枪从哥哥手里拔出，舞上几回，单刀一掷还给了哥哥。扈成这才不敢大意了，只见他脚为根，腰为轴，使腰背之力抵达枪尖，喊声“看枪！”将枪杆一拧，枪缨一抖，直奔三娘刺来。好个三娘，不慌也不忙，等枪头来到眼前，轻举猿臂，“啪”的一声给磕了开去。然后舞动双刀，旋身转体，使哥哥的进招一次又一次地被化解。兄妹俩你来我往，不知战了多少回合，扈三娘越战越有精神，而扈成开始还气势汹汹，慢慢地就只有招架之功、无还手之力了。三娘看准哥哥一个破绽，一把铡刀过去，用力往哥哥身后一拍，扈成站立不住，倒在地上。这一下，扈成对妹妹的武功，终于口服心服。

第二天一大早，三娘向爹爹问安，顺便提出要跟爹爹学武。扈太公一听女儿要学武，立刻沉下脸来：“女孩儿家不好好在绣楼待着，非要舞枪弄棒，成何体统？”三娘毫不示弱，对爹爹说道：“女孩家难道就只能待在家里？有了本事照样能够立功边廷，保家卫国！你不也常提起花木兰、穆桂英的故事吗？”扈太公被女儿说得无言以对，低头沉思。

这时，扈成进得门来，将昨晚比武之事说给父亲听，连连夸赞妹妹的武艺，并劝说父亲让妹妹和自己一起学艺。三娘趁机对爹爹说：“您就答应了吧。再说，这年头匪盗遍地，遇到强人欺负咱家，我也可以助一臂之力呀。”

扈太公见女儿说得有理，便点头答应。从此，扈三娘和哥哥一道向老爹爹苦学武艺，互相切磋。三娘悟性高，肯吃苦，长进很快。太公见三娘真的肯下苦功，又请来了附近山上武艺高强的道姑莲花居士教她。三娘十八岁时，已成为远近闻名的武林高手了。

不久，宋江等梁山好汉攻打祝家庄，扈家庄和祝家庄、李家庄有盟约在先，扈三娘率兵支援祝家庄，先后战败数员将领，并将王英生擒，令众位梁山好汉刮目相看。最终，扈三娘归顺梁山，成为梁山第一女将，坐上了梁山第五十九把交椅。

2.扈三娘被逼上山

扈三娘聪明伶俐，从小喜爱舞刀弄枪，十六七岁时已练得一身好武艺。看三娘长大成人，求婚的人接二连三上了门。三娘厌恶那些纨绔子弟，决心找一个心地善良的侠义男子。可扈太公却另有打算，在这乱世之秋，要保自家平安无事，就必须找一个靠山。

前些日子，东边的祝家庄庄主祝朝奉派人来为三儿子祝彪求婚，扈家庄、祝家庄以及李家庄三村早已结盟，若不应允，面子上过不去，再说，扈太公知道祝家人多势大，祝龙、祝虎、祝彪兄弟三人，个个武艺超群、能征善战，人称“祝氏三杰”。于是便应下了这门亲事，并约好择日订婚。可三娘听说祝家名声不好，对这门亲事很是不满，就多了一个心眼，推说有道士曾与她占卜，说赢得她双刀者方能求婚，必须当面与祝家公子比比武艺才行。

这天，三娘早晨起来，刚梳洗完毕，家人忽然来报，说是有位姑娘要见。片刻，一个端庄秀丽的姑娘进了屋。她朝三娘深施一礼，说道：“妹妹迎春拜见姐姐。”三娘见是早就熟悉的迎春，忙说：“妹妹，快快请坐。”这个迎春，本是祝朝奉一佃户的女儿。有一年发大水，庄稼颗粒无收，因缴不上租子，祝家便抢走迎春顶债。恰巧三娘这天去赶祝家庄的庙会，在街上见有人强抢民女，便拦下问个究竟。三娘可怜这个农家姑娘，就掏出随身所带的银两，替迎春家还了债。迎春千恩万谢，从此她们便以姐妹相称。

迎春一落座，三娘就问："妹妹大清早来找我，有何急事？"迎春道："听说姐姐要与祝家三少爷订婚，这可万万使不得。这祝家为非作歹，并与梁山泊起义军为敌，扬言要踏平梁山，活捉晁盖与宋江。你若嫁给他，岂不是助纣为虐吗？"三娘闻听，为之一愣。祝家做的一些出格之事，她早有耳闻。梁山好汉替天行道，杀富济贫，她也早就听说。可祝家要与梁山为敌，她却不知晓，于是说："妹妹莫慌，慢慢讲来。"于是，迎春就把自己知道的一一说与三娘听。

言谈之间，忽然丫鬟来报，说是祝家三公子祝彪来到，太公命小姐过去。父命难违，三娘只好前去。迎春担心三娘这一步棋走错，万分着急，可又束手无策。她坐立不安，只好耐着性子等三娘回来。约莫一个时辰，一个丫鬟来请：说是小姐要她过去。迎春一进门，只见太公、三娘正与祝彪言谈。祝彪见迎春到来，慌忙站起，笑脸相迎："刚才三娘对俺说明了与梁山为敌的利害，晓之以理、动之以情，俺已明白过来了。你深明大义给俺祝家指出了一条光明大道，俺感恩不尽。从今以后，俺祝家决不再与梁山起义军为敌了。"迎春冷笑道："若真是如此，那就谢天谢地了。"三娘见迎春还不相信，便说道："祝公子刚才已经言明，回去立即修书一封，与梁山起义军赔罪认错。但愿双方都能信守诺言！"

送走祝家公子，迎春也要告辞，三娘拉住她的手说道："妹妹，回去之后，祝家若是有半点为难你处，便来告诉俺，姐姐一定与你做主。"迎春笑道："既然敢做，也就敢当。为了姐姐，我什么也不怕！"言罢，姐妹二人洒泪而别。

当天晚上，三娘刚刚睡下，丫鬟慌慌张张敲门进来，说道："小姐，大事不好，刚才祝家来人说，祝家三公子回去突然得病，生命垂危，要小姐立即前去冲喜。太公已经答应，叫你赶快准备。”三娘闻听，顿吃一惊，慌忙梳洗打扮。可转念一想，白天还好好的，夜里怎么突然病了呢？这时哥哥扈成也满腹疑虑地进了屋，向三娘说道：“妹妹，此事不可轻信，祝家向来诡计多端，今日也难说无诈。刚才我在墙上遥望祝家方向，隐约听到村上鸡鸣狗叫，像是有大队人马在行动呢。”三娘一听，怒气上升，连忙把祝家来人唤出，软硬兼施令其道出实情。原来，祝家见扈家倒向梁山一边，便以娶亲冲喜为名，打算乘扈家不备，一举将其全家除掉。扈氏兄妹忙将事情说与扈太公，太公道：“事已至此，怕也无用。只好拼个鱼死网破。”便吩咐下去，紧闭庄门，严加防守，择机而行。

扈家兄妹将人马分拨已定，便披甲戴盔，上了寨墙。这时祝家人马已到，祝龙高声喊道：“扈家人听着，我们是祝家庄的，奉祝太公之命，前来迎娶三娘冲喜，快打开庄门，放下吊桥，让我们进去！”三娘怒道：“你们想乘娶亲之名，灭我扈家庄，姑奶奶不上你们的当！”祝虎见计谋已被识破，便叫道：“三娘，你若是开门随我们而去，还算俺祝家的人，我们绝不动扈家一草一木；若是不听劝告，我们打了进去，就杀个鸡犬不留了。”三娘大怒，叫喊一声：“打！”檑木、滚石纷纷落下，祝家人马见扈家早有准备，只好退下。

这时，火光处又闪出祝彪高声喊道：“三娘，你不要逞强，你看这里是谁？”只见迎春被五花大绑，浑身是血。三娘一见泪如泉涌，高声喊道：“妹妹，是我害了你！”祝彪说道：“三娘，迎春就是你私通梁山的证人，你逃过今夜，跑不了明天！”扈成与三娘商议道：“他们祝家人多势大，兵多将广。再说，祝家明天如若报了宫，我们更加被动了，你看咋办？”三娘思考片刻，说道：“由妹妹我杀条血路，咱们投奔梁山。”扈成忙说：“若是如此，最好兵分两路。”三娘说：“好，我先出西门去救迎春，然后你保护全家乘机杀出东门。”安排已定，兄妹二人便匆匆各自行事。

三娘来至西门，令人把寨门打开，放下吊桥。随着一阵呐喊，扈家的人马如出水的蛟龙，直向祝家的人马扑去。三娘手舞双刀，冲杀在前。冲杀一阵，迎头遇上祝彪押着迎春。三娘挥舞双刀，直取祝彪。祝彪本来就不是三娘的对手，加上理亏心虚，两人未战几个回合，就被三娘一刀劈下马来。祝家人见祝彪战死，纷纷后撤。三娘下马割断迎春身上的绳索，扶她上马，朝梁山方向奔去。

后来，扈三娘成为梁山一百单八将中的一位骁勇女将，屡立战功。迎春则在梁山寨协助通臂猿侯健制造旌旗袍袄，替将士们缝补浆洗，为梁山农民起义军也立下了汗马功劳。

3.扈三娘血浴牡丹

梁山农民起义军失败之后，扈三娘的丈夫王矮虎战死沙场，她回家恐被官府发现加以迫害，便投奔了曹州乡下的一家亲戚。这家亲戚也怕让她久住会受到连累，就想了一法，将扈三娘隐姓埋名，推荐到桂陵村的万员外家当起用人来。

万员外询问扈三娘的特长是什么，以便于安排干活。扈三娘出身士绅之家，言称对于花草种管较为熟悉，并十分喜爱。万员外闻听，便在村西新辟一处花园让她管理。这一花园的面积较万员外家的后花园大了三倍，遍植牡丹、梅花、菊花、月季等品种。如此一来，扈三娘一人忙不过来了，万员外就又雇来四个穷家姑娘给扈三娘当助手。在扈三娘的带领下，几个女子勤勤恳恳，悉心照料。三年之后，百花长成，满园万紫千红，观花人络绎不绝，一时名扬乡里。

这年谷雨时节，牡丹盛开，香飘数里。万员外为向当地县衙官员献媚取宠，便专门下帖请他们来花园观花。县衙的几位官员观花已毕，万员外又留他们于花园客栈食宿。这些官员酒足饭饱、醉意朦胧，乘着酒劲，提出将养花的几位姑娘送过来陪宿。这下，可惹恼了扈三娘，她痛恨万员外趋炎附势，一掌把要求陪宿的一个官员打得鼻子出血。其他官员见势不妙，慌忙逃之夭夭。

县衙的官员不甘受辱，便以“滋事生非，殴打乡绅”为由，派官兵前来缉捕。扈三娘闻听，赶忙安排几位姊妹打点行装，从后门逃走。她正准备点起火把，烧了房子后远走高飞。“咣当”一声，大门被官兵撞开。扈三娘见情随手抄起一把铁锨，二目圆睁，用手一指：“不怕死的上来，你姑奶奶扈三娘在此！”众官兵对水浒一百单八将谁人不知？一听“扈三娘”三个字，立时吓得抱头鼠窜。

官兵刚刚逃走，万员外则率家丁来到花园。只见他满脸堆笑：“这帮家伙，敲诈勒索，欺男霸女，我早就恨得牙根疼，但又无可奈何。今天你给我出了气，也为百姓撑了腰。来，让我为你设宴压惊。”扈三娘知道他是黄鼠狼给鸡拜年——没安好心，但又心想：官兵我都不怕，还怕几个家丁不成？吃饱喝足再说。哪知万员外在酒中使了手脚，用毒药将扈三娘害死，然后草草将其埋在花园之中。

不久，扈三娘坟前长出了一棵黑色牡丹。这株黑牡丹与其他牡丹格外不同，花株高大挺拔、枝条修长，其花色如墨染、温润晶莹，花朵硕大、似碗口一般，香气纯爽、百步之外亦香气扑鼻。这花容花姿庄重奇丽，正像人们心目中水浒女英雄扈三娘的形象，因而便称这株牡丹为“一丈青”。

逾越千百年历史，一丈青牡丹衍生至今，有人曾赋诗赞道：“向以花朵比娇容，更少鲜卉喻英雄。曹州牡丹有高品，恰似水浒一丈青。”

八、李应深山学武艺

北宋末年，郓城西北三十余里有个村庄叫李家庄。村内一人姓李名应，其家中良田百亩，宅院连片。但他不愿过安逸生活，整天舞刀弄枪。十二岁那年，他辞别双亲，只身外出寻拜名师。发誓不练就一身好武艺，决不回来。

一天，李应行至太行山半腰，看看天色已晚，加上饥饿难耐，便想找个安歇之处。可在这荒山野林之中，哪里有什么人家？正在犯愁之间，忽见前方不远处有一草房，于是强打精神走了过去。刚到近前，一老者走了出来。李应一见，慌忙向前行礼。老者问：“年轻人从何地而来，到哪里去？”李应答道：“我从山东郓城而来，想拜访名师学练武艺，日后也好报效国家。”老者听了“哈哈”一笑，说：“时下朝中奸臣当道，贪官横行。他们对内横征暴敛，鱼肉百姓；对外屈膝投降，割地赔款。你纵有盖世武功，也是枉然。”李应闻听，心中暗道：老者正气凛然，世间少见。便忘掉了饥渴困乏，和他谈了起来。不觉太阳落山，星斗满天，老者就留他吃饭安歇。

四更时分，李应被一阵响声惊醒，起身悄悄开门一看，蒙眬中只见老者身轻似燕，疾走如飞，猛然眼前银光一闪，从老者手中飞出十几把柳叶刀，钉在五十步开外的一棵树身上一字排开。李应惊得目瞪口呆，暗道：这老人真乃武林高手，世外奇人！他不就是我要寻拜的名师吗？于是跑出屋外，双膝跪在老人面前，说：“恩师在上，请受徒弟一拜。”说罢，连磕三个响头，

老者说：“我年迈力衰，功夫低劣，焉敢枉为人师！你还是另投高明吧。”李应跪在地上不起，一再恳求。老者见他情真意切，便说：“好吧，那你就先做好几件事，然后我再收你为徒。”李应说：“请老师明示，我一定照办。”老者说：“第一件事，你每天从树上给我用石子投下来一捆干棒，这干棒不能从地上捡。干棒堆到三丈高时，再做其他事。”

第二天一大早，李应就遵照师傅的安排，到树林里投干棒。开始投不准，十下八下投不下一根，一天下来，虽然累得手酸脖子疼，投下的干棒却只有一小捆。第二天、第三天……两个月过去了，这时他每天都能投下一大捆了。师傅对他说：“从今以后，小干棒不要投了，再投就投擀面杖似的。”到了一年头上，李应投下的干棒堆起来足有三丈多高了。

师傅见情后说：“从现在起，你天天打扫门前到山顶的这条道，每天扫两遍。”说罢，给他一把扫帚。李应原以为这是小事一桩，没想到扫帚拿到手里却非常沉重，每天下来累得腰酸背痛。但是，不久也就习惯了。有一天，师傅把李应叫到跟前说：“明天我要去少林寺一趟，不知啥时候回来。我走后你要干好两件事：一是照常扫路；二是骑上我那匹马，继续用石子投树上干棒。”李应遵照师傅的嘱托，每天起来先去扫路，然后骑马投干棒。开始他不敢让马跑快，慢慢提高速度，后来他骑马如飞，投干棒百发百中。

第二年的一天，师傅从少林寺回来，看了李应的马上功夫，说：“把石

子改为小刀，继续练习。”这样，李应直练到百步之内，刀刀不空。师傅大喜，把他叫到跟前说：“我让你投干棒，是练你的眼力；让你扫路，我在扫帚把里灌上了水银，是练你的臂力。从现在起，为师教你使用兵器。”

过了第三年，李应的武功已达到炉火纯青的程度，尤其是飞刀，堪称天下一绝。一天，师傅对他说：“你功夫已成，明天下山去吧。到了山下，只准替天行道、除暴安良，不准仗武欺人。”李应哭拜于地说：“师傅教诲，弟子至死不忘。师傅恩情，弟子日后再报。”

李应辞别师傅，回到郓城老家，揍地痞、除恶霸，保一方百姓平安。后来，与附近的祝家庄、扈家庄结盟共护村庄。宋江三打祝家庄时，他上了梁山，正式加入了替天行道、除暴安良的起义队伍。

九、朱仝出招整吏治

家居郓城的梁山起义将领美髯公朱仝，跟随宋江招安后，被朝廷派到保定任知府。上任前他了解到，前几任保定知府个个贪赃枉法、徇私舞弊、上行下效，府里的众衙役也都利用手中的权力鱼肉百姓，惹得怨声载道。他上任后，决心替天行道，为民除害，并首先从整顿吏治开始。

上任第二天，就有人击鼓喊冤。原来，村民王三给老母过生日割了一斤肉，卖肉的老板竟然少给了四两！王三找他理论，这老板死不认账。王三不得已，只好告之府衙大堂。朱仝查清问明，发现证据确凿，于是叫来卖肉的老板，惊堂木一拍：“开店铺不讲信义，缺斤少两，坑人钱财，罚你白银四十两，以儆效尤，你可服判？”卖肉老板无奈，只得点头道：“小的服判，以后再也不敢缺斤少两了。”

卖肉老板将罚银如数交清，朱仝转手将四十两银子交给王三：“你是个孝子，生活又困难，送你罚银四十两，回家做个小买卖，或置办几亩薄田，养家糊口去吧。”王三磕头谢恩。朱仝随即对两个班头说：“他带这么多银子回家，路上不安全，你们二人送他一程。”两个班头赶紧带王三下堂而去。

出离大堂，两个班头并没有带王三上路，而是把他领进班房。进屋后，其中一人把手一伸："拿来吧！"王三不知何意，问："拿什么？"另一个道："老爷奖你的银两呀！"王三以为二人想讨杯酒喝，便掏出来二两。哪知对方将眼一瞪："打发要饭的？"王三问："得多少？""我们也不多要，见见面，分一半。我们俩每人十两吧！"没办法，王三只得拿出二十两，给了两人。

出了保定城一段路，两个班头止了步，其中一个对王三道："送人千里，终须一别。你离家也不远了，咱们各自都回吧。"王三连忙双手打拱："谢谢二位大人相送。""光说谢有什么用，不当吃也不当喝。"王三明白了班头的意思，说："前边不远有家酒店，我请二位吃酒。"一个班头道："我们无所谓，府里还有十五个弟兄等着哩。你也是个明白人，这样吧，他们每人一两，银子俺两个捎回去。"

王三敢怒不敢言，心想："这种社会，有一两个清官，也被这些狗腿子给葬送啦。"一气之下，掏出十五两银子，扔在那儿扭头就走。突然，背后一阵尘土飞扬，有一位衙役骑着快马追了过来，王三暗暗叫苦："仅仅剩下的五两银子又要完啦。"这个衙役追上王三，说："老爷让你跟我回衙。"没等王三反应过来，已被携上了马。

那衙役把王三带到大堂，朱仝见了王三，说："给你的那四十两银子，还能如数拿出来吗？"王三心里害怕，唯唯诺诺地说道："我拿、拿不出……"转而下定决心，把事情一五一十全说了出来。说罢，掏出仅剩的五两银子扔到大堂上："就剩这五两了！我一两不要还不行吗？"

朱仝听罢，将惊堂木用力一拍，怒道："护送王三的两个班头何在？"那两个班头早吓得丢了魂似的，连忙跪下："老爷开恩，小人再也不敢了。"朱仝大吼一声："坑蒙拐骗，鱼肉百姓，百姓造反作乱，全是官府逼的。如衙门官清府正，何人再乱？"两个班头从怀里把那三十五两银子掏出，跪在地上，像鸡啄米一般一个劲儿磕着响头求饶。朱仝二目圆睁，厉声道："我初上任你们就敢胡作非为，诈骗钱财，平时贪了多少黑心钱？你们两个，每人罚银三十五两，重打五十大板。今后若有人再犯，定斩不饶！”

原来，朱仝料到众衙役见王三得了意外之财，定会见钱眼开，想方设法敲诈他，便故意派两位班头送他，接着再派人将王三叫回，当面对质，最后来个杀一儆百，达到整顿吏治的目的。

朱仝将两次所罚的一百一十两银子，全部交予王三。王三接过纹银，拜谢说道：“您真是青天大老爷啊！”自此，保定府城乡将朱仝为官清正的事儿迅速传开，买卖人不敢再缺斤少两，衙役们也不敢敲诈勒索百姓了。

十、雷横仗义救少女

雷横出身郓城一铁匠世家，从小跟随父亲打铁。他学成之后，投奔曹州的舅父，在那里开了一个铁匠铺。因他技术高超，打造出来的物件特别结实耐用，没过多久就小有名气了。

麦收前的一天，雷横正在忙着赶制一批镰刀，突然听到街上传来一个女子的呼叫声。他放下手中的活计抬头一看，见被人称作“独眼龙”的一个地痞带着几个随从正调戏一个女孩。那独眼龙是当地一个袁姓大财主的公子，整天不干正事，与一帮游手好闲之徒常常欺负善良百姓。碍于他家中权势，乡亲们对他是又恨又怕，有苦无处去说。

雷横虽然来曹州时间不长，但也知道独眼龙的种种恶行。此刻看到他在光天化日之下竟敢调戏女孩，顿时义愤填膺。于是，他朝独眼龙一伙人大吼一声：“住手！”独眼龙向来蛮横惯了，在曹州大街上从来没人敢对他这般吼叫过，一时愣在那里。

待仔细打量了一下雷横，见雷横乌黑的脸膛，一身破旧的衣衫，哪里还把他放在眼里，随即骂道：“臭小子，少管闲事，小心老子把你废了。”雷横毫不退缩，反倒对独眼龙吼道：“光天化日之下调戏良家妇女，难道就没有王法了吗？”独眼龙身旁的几个随从听罢，都哈哈大笑起来；“王法，我们就是王法！”经过这么一番折腾，过往的行人和邻居都围了上来，虽然不敢直接和独眼龙等人理论，但私下却议论纷纷。独眼龙见围观的人渐多，也减了几分霸气，指着雷横喊道："臭小子，咱们走着瞧。"说着，与那几个随从扬长而去。

独眼龙回到家里，心情自然不爽，又是砸杯又是摔碗的。随从中有个外号叫二坏水的人，这时凑过来说："袁公子，这有什么好气的，一个外乡人，整治他还不是易如反掌？我晚上就去把他那铁匠铺给放火烧了。"独眼龙怒道："对，放把火给我烧了它，让街面上的人都知道和咱做对头的下场。"

到了夜间，二坏水悄悄来到雷横家。他顺着门缝向里一看，见雷横还没有睡，屋里点着油灯。借着灯光，二坏水把屋里的情况看得一清二楚。此时，本来坐在椅子上喝茶的雷横突然站起身，从身后的柜子里拿出一个长方形的锦盒。雷横小心翼翼地打开锦盒，取出一把牛耳短刀。二坏水看到这里，吓了一跳，以为雷横知道他来放火，要出来与他拼命呢。正想撒腿逃命，只见雷横抽出刀来，刹那间屋子里闪出一道白光。雷横端量着那把刀，并无出来打架的意思。

二坏水看了那把短刀，呆呆地给愣住了。心想，挺平常的一个铁匠，却有如此的宝贝。此刻他哪还有工夫去干放火的事，一门心思打起了宝刀的主意。可他孤身一人，硬抢肯定不成，无奈只好折身回到独眼龙家中，把所见之事如实告知。独眼龙听后，也对那宝刀垂涎三尺。两人急忙盘算起如何盗刀，终于想出了一个他们自认为十全十美的主意。

第二天黄昏，雷横的铁匠铺正要关门，只见独眼龙与二坏水拎着一坛酒，嬉皮笑脸地走进了铁匠铺。独眼龙一进门便说："铁匠师傅，我是来向您道歉的。昨天确实是我不对，您的好心劝阻我还当成耳旁风，真是多有得罪。希望您大人不计小人过，原谅我一次吧。"他的话音未落，二坏水也凑了上来说道："是啊，铁匠师傅，我们是真心诚意来向您道歉的，您可无论如何都要原谅我们啊。"他边说边从怀中掏出一个酒碗，独眼龙也赶忙把手中的酒坛盖打开，将那酒碗斟满。然后两人一起说道："这酒是我二人的一点心意，请师傅无论如何都要喝了它。”雷横见他二人一副诚心的模样，便说道：“你二人能改过就好，以后别再欺负善良百姓，咱们就是朋友。”说完，接过酒碗一饮而尽，谁知酒刚下肚，便感觉头晕，一头栽倒在地上。

原来，那酒中已经被独眼龙下了蒙汗药。二人此刻“嘿嘿”冷笑了一声，用脚踢了踢雷横，见确实昏睡了过去，便开始在屋子中翻找起来。不消片刻，就将那装着宝刀的锦盒找了出来。随即，他们拿起锦盒匆匆离开。

两人返回独眼龙家中，小心翼翼地把锦盒放到桌子上打开，一把宝刀立时呈现在跟前。看到宝刀，独眼龙与二坏水不约而同地伸手去抢，都想将宝刀据为己有。二坏水说道：“袁公子，这刀可是我发现的，理应归我。”独眼龙哪听得进这些，怒气冲冲地说道：“计策是我出的，刀自然是我的。”二人就这样抓着宝刀互不相让，一不小心将宝刀抽出了刀鞘，刹那间一道白光闪出。独眼龙看到宝刀发光，更是红了眼，扔掉手中的刀鞘就要去抢。二坏水也是失去了理智，拿着刀朝独眼龙的胸口就是一刺，一下将独眼龙杀死。

独眼龙的死讯立刻传遍了小城，袁家把二坏水告上了曹州衙门。公堂之上，二坏水挨不住杖责之刑，便将经过一五一十地讲了出来。曹州知府立刻派人去寻雷横前来做证，可公差去了以后，雷横早已不知去处。那把宝刀，知府拔出来一看，确是一把好刀，便收缴充公。而二坏水本人，也给判了死刑。

再说雷横醒过来之后，知道中了独眼龙和二坏水的计谋，料到以后在曹州是待不下去了，便又回到老家郓城。通过关系，雷横在郓城县衙当了一名衙役。因为他人缘好，又有力气和武艺，没几年便升为步兵都头。再后来投奔梁山，成为水浒一百单八将之一。

十一、张青除奸杀和尚

菜园子张青是菜农出身，祖父和父亲都是种菜高手。靠祖传技艺，张青年轻时也成了种菜的行家里手，外人送号“菜园子”。后来，他受雇于郓城西南四十里的光明寺（在今陈坡乡杨寺村边）专门种菜。

张青不仅种得好菜，还有一身过人的武艺。为多挣钱养家糊口，他白天为寺里种菜，夜晚为寺里打更。一天夜里，张青打更至二更时分，发现西厢房里有两个和尚正在喝酒赌博。按照寺规，出家人是不准如此的。但这两个和尚仗着会些武功，不把寺规放在眼里，其他和尚敢怒不敢言。

待到三更时分，张青忽然发现刚才还在喝酒赌博的两个和尚悄悄溜出后门，往附近一个村庄去了。深更半夜，他们鬼鬼祟祟地去干什么？张青心疑，便尾随而去。

这两个和尚来至村头一家门口，也不叫门，一下从墙豁口处翻入院内。房里人听到动静，亮起了灯，轻轻开了门。张青知道，这里住的是村上的一个寡妇。只见两个和尚拥着这寡妇进了房，房门随后被关上。张青看在眼里，恼在心中：和尚偷女人，伤风败俗，天理不容！可他寻思再三，觉得还是警告他们痛改前非的好。接近五更，两个和尚出来了，张青忽然闪出，十分严厉地说道："以后不准再来，否则严惩不贷！"说罢扭头快步而去。

两个和尚开始吓了一跳，可后来一想，一个打更的竟敢管我们的闲事，未免太狂了，若不杀杀他的威风，以后还不能来这里快活了。

自此之后，张青种的菜园经常出事，不是篱笆被拔出来猪羊进去毁坏了蔬菜，就是水坝被掘开口子淹了菜园，寺院主持当然埋怨张青管理不当，为此不止一次地对张青指责，张青有口难辩，只好忍着。

秋后白菜收获，张青挖了一个地窖储存起来。有一天，北风呼啸，滴水成冰。他忽然发现不知被谁打开了窖门，一窖白菜全冻成了冰疙瘩。寺院主持见白菜全被冻坏，认为是张青失职，便把他辞退了。

张青料定白菜被冻之事，必是那两个淫乱的和尚所为。当天夜里，他便手提宝剑，翻墙入寺，要找那两个和尚报仇。到了那两个和尚住的屋外，仔细一听，里边一和尚道："小计一条，便除了心头之患。滚了那个菜园子张青，以后可没人敢管咱们的好事了。"张青听了，怒不可遏，推门闯入，厉声道："好你们两个秃驴，喝酒赌博，奸淫妇女，不但不听劝阻，反而陷害于我，不杀你们，后患无穷！”说罢手起剑落，没等对方反应过来，两个和尚便都成了剑下之鬼。

张青杀和尚后，不敢在这一带落脚，便进了郓城县城谋生。几经周转，在孙家包子店当了店小二。孙家掌柜看他又能干又实在，就让女儿孙二娘与他结了婚。

十二、孙二娘开店蒙冤

张青在光明寺杀了两个伤风败俗的和尚，不敢再在那一带营生，便进了县城，到孙家包子店当了店小二。

孙家包子店以包子鲜美闻名，十里八乡都知道孙家店包子好吃，所以生意特别兴隆。店掌柜孙元有一身好武艺，是江湖上闻名的好汉。孙元有一独生女名唤二娘，性情泼辣，精明能干，自幼随父也学得一些拳脚功夫，且知书达理，能织善纺。孙元见张青伶俐正直，人勤貌端，且也有一身好武功，便有意培养他当入赘女婿。张青和二娘朝夕相处，逐渐都有了好感。不久，孙元就为二人办理了婚事。

三年后，孙元过世。市井流氓见张青夫妇没了靠山，欺负张青是个外乡人，便常来店中骚扰，有的还对孙二娘口出秽言。一日，一帮流氓又来捣乱。张青一气之下，竟将一恶棍打死。

为避官司，张青带着孙二娘只好重回旧地光明寺，依寺建起一家客栈，招待往来客商。光明寺是郓城通往孟州的必经之地，沿路前后几十里没有村庄，所以过往旅客常在此落脚住宿。加之张青夫妇态度甚好，客栈生意日益兴隆。

有一天，一吕姓奸商住店。此人专好拈花惹草，见孙二娘年轻貌美，便动了邪念。先是言语轻薄，后又借口没钱，愿以衣服抵押借钱。要孙二娘给他脱衣，并且动手动脚。孙二娘气愤不过，喝道：“来人，将这个人给我剥了！”孙二娘之意，是要剥他身上的衣服令其出丑。但奸商以为是要剥他的皮，吓得屁滚尿流，夺路而逃。

这个吕姓奸商逢人便说：“孙二娘开店剥活人，连包子都是人肉馅的。”

一传十，十传百，越传越离奇，热情好客的孙二娘成了杀人不眨眼的母夜叉，宾至如归的张青客栈也成了剥活人的黑店。后来施耐庵写小说《水浒传》，也采用了这一说法，更助长了这桩千古奇冤的流传。

十三、安道全神医治病

宋江起义失败后，神医安道全领着几位梁山起义士兵流落到郓城的九天玄女庙，隐姓埋名，削发为僧。安道全一边为民治病，一边向庙内僧人传授医术。随来的几位起义士兵，则在庙内一边习武，一边诵经。

有一天，安道全出诊回庙，经过一户人家，见一农家妇女在院内喂鸡，面有病色，呈疼痛模样。于是，就借口要买一只公鸡与她搭话。那时候男女授受不亲，更何况彼此面生，农妇便扭头进屋去了。安道全无法搭话，只好大声说道："我是玄女庙的安道全，有病就让家人找我。"

回到庙里后，安道全正要安歇，忽听外边有人喊；"安先生，我送公鸡来了。"安道全请来人进屋，问清了姓氏住地，知道是那农妇的丈夫，便说："是不是你家大嫂肚子疼？我不是要买你家公鸡，是借故要与你家大嫂看病的。鸡拿回去，我已经配好了药，用公鸡翅作药引，照方子办理吧。"

原来，那农妇当天饭后突然腹痛难忍，正想看医生，被要买公鸡的人一番打扰。待知道那人是神医安道全时，安道全已经离开了。只好等丈夫回家，赶紧送鸡求药。谁知安道全已经为她备了两剂药，一剂熏约、一剂内服。熏药煎好后，与蒸好的公鸡翅一起倒在洗净的马桶里，让病人坐上熏烤，熏一会儿，疼痛就会逐渐缓解。两个时辰后，服下另一剂，可保痊愈。农妇的男人回家遵嘱办理，果然药到病除。

又一天，安道全刚刚走出庙门，见一家出丧的，众人哭得很是伤心。安道全望见地下有从棺材里浸出的几滴鲜血，再仔细观察，是产妇的鲜血，安道全判断只是难产罢了，人并没有死。于是紧走几步，向抬棺材的喊道："你们停停！棺内之人，并没有死，你们千万不要埋啊！"正在悲痛难忍的一青年，一听说没死，忙向前叩首："请先生相救！"

安道全说："我观棺材内是一产妇，难产致此无碍，快快打开棺木！"抬棺材的听他说得这样准，赶忙打开棺盖。安道全拔出随身带的银针，对着产妇的一个穴位扎下，只听产妇开始呻吟。安道全见产妇已经醒来，忙命人给产妇解下裤带，霎时一男婴哇哇连声生了下来。那青年见情感激万分，一连磕了数个响头，边磕边说："您不光救了我妻我儿，连我母亲也救啦，她老人家正为儿媳的死痛不欲生呢！你这一针救三命，真乃神医啊！"

自从安道全带着几位梁山起义士兵的到来，玄女庙内的僧人与其他庙内的僧人便有了区别，习武行医逐渐成了传统。清朝末年，庙内住持法兴武艺高强，能头朝下爬上庙顶。法兴有两个徒弟，大徒弟元斌见世道混乱，庙业日渐衰败，于1928年的一天夜里，偷走宋江重修庙宇时专供的九龙玉杯一对，带到济南卖掉。师傅法兴知道后，将其打了个半死。从此，九龙玉杯失传。二徒弟元善精通医术，尤其擅长外科，为安道全真传。元善一生行医，不但医术高明，而且医德高尚，对贫苦病人常免费诊治，后于1963年圆寂。

十四、金大坚店铺题匾

北宋时期，济州西北与郓城搭界的地方，有个村子叫金家庄。庄内有一人，名叫金大坚。此人出身贫寒，以放羊为生，父亲早亡，只剩下母子二人。金家庄东南有一古林，里边落叶遍地，杂草丛生，是放羊的好去处。林内有许多石碑，碑文都出自名家之手，楷草隶篆，各体皆备。金大坚经常把羊牵到古林内放牧，自己则欣赏各种碑文字体。后来，他就用鞭杆学着碑文的字体在地上瞎画。金家附近有一家私塾，教书先生老实厚道、与人为善。金大坚放羊回到家，一有机会，就找老先生请教生字，每次老先生都耐心教他。

金大坚聪明伶俐，长进很快。私塾先生见他是练写书法的好苗子，越发用心教他，而且还自己出钱为他买来笔和纸。天长日久，金大坚不但学会了很多字，而且写得也十分漂亮。

金大坚长大以后，母亲觉得光靠放羊难以养家糊口，便叫他打柴进城叫卖。这样虽辛苦一些，但挣钱比放羊来得快、挣得多。济州城街道狭窄，行人拥挤，金大坚初来乍到，打的柴在哪儿卖都被人撵，一担柴挑了一上午，也没有找着落脚的地方，直累得他口干舌焦、两眼冒金花。眼看天已过午，金大坚十分颓丧。

就在金大坚一筹莫展时，路过一家剃头铺，从里边走出一位六十岁上下的男子。只见这人腰里系着围裙，肩上搭条手巾。不用问，就知道是这家剃头铺的师傅。剃头师傅见金大坚满脸是汗，步履蹒跚，赶忙叫住他问道："你挑的柴是干啥用的？"金大坚答道："卖的。""为啥到这个时候还没卖掉？""俺人地两生，放哪儿都被人撵，卖给您要不？"剃头师傅一愣，说："我铺子里正需要柴火，这些都卖给我吧："说罢，将金大坚领进铺子里。

金大坚进了剃头铺的内院一看，发现这边还堆着许多柴火。他这下明白了，剃头师傅并不是因缺柴而买，而是出于同情。剃头师傅先让他喝了碗水，接着过了秤，付了钱，说："下趟再来时，就来我的门口卖，我不撵你，别人更不敢撵你。"

从此以后，金大坚每天都把柴挑到剃头铺门前卖。天长日久，便和剃头师傅混熟了。知道剃头师傅姓刘名叫二川，还有个女儿名叫三叶，父女二人相依为命，日子过得也较为艰难。

很快入了腊月，转眼就要过年了。俗话说"有钱没钱，剃头过年"，再穷的人在春节之前都要剃头，以期图个好兆头。所以接近春节，二川剃头铺的生意比平时好了一些，但同其他剃头铺相比，客人明显还是少了许多，金大坚就问当中的原因。二川道："其实，论手艺我并不比他们差，只是他们多了个招牌，来城里的人远远就看得见。而我这里没有任何招牌，生人不知道这里是干啥的，来的人当然就少了许多。"金大坚一听，说："你为啥不也挂块牌子呢？"二川长叹了一口气，说："我早就有这个打算，可一打听请人写块招牌得好几两银子，我家里穷得叮当响，哪有这个闲钱啊！”金大坚说：“招牌是店铺的门面，有了招牌，你头剃得好，人们就会谈论，我这是在哪个铺里剃的，一传十、十传百，来你这里的人就会越来越多。”接着又说：“只要您老不嫌弃，我给您写块怎么样？”

刘二川闻听大喜：“真没看出来你还会识文写字！”于是，赶忙找了块木板，稍加修理。这边金大坚找来笔墨，饱蘸一笔，用力一挥，“五顺剃头铺”几个大字赫然入目。二川父女虽不识字，但也看出此字不凡。来铺剃头的及过往行人看了，也都称赞不已。三叶忽然说：“春节就要到了，金大哥再给俺写副对联吧。”金大坚也不推辞，提笔就写下对联一副。上联是：进店来发长须乱相貌老。下联是：出门去眉清目秀年纪轻。横批是：头等功夫。观者见了，都纷纷喝彩。

不久，济州知府路过“五顺剃头铺”，不经意间看了一眼，觉着不管是招牌还是对联，书法功底都非同一般，便停下来仔细审量起来，越审量越觉着这字一定出自名家之手。本来他并不想剃头，但还是进了铺门。这下可慌了刘氏父女，连忙精心伺候，因为知府大人来这小铺可是百年不遇啊。

剃头间，知府问：“你是不是叫二川，你女儿叫三叶啊？”二川大惊，停住手说：“大人怎么知道小民的名字？”“这不是秃子头上的虱子——明摆着的吗？二加三等于五，三叶谐音三页，来加‘页’字不是‘顺’吗？这招牌不但字好，名字起得也好，这是哪位书法大家写的？”“不是什么大家，是个卖柴的。”知府一惊：“他叫什么名字？”“金大坚。”“家住哪里？”“城西北金家庄。”于是，知府暗暗将金家庄金大坚的名字记在心里。

知府在刘二川剃头铺里剃头，众随从站在门外两旁守护，吸引了许多百姓远远观看。此事一传十、十传百，“五顺剃头铺”的生意很快就红火起来。

没过多久，济州知府派人到金家庄去请金大坚高就，可是金大坚已不知去向。原来，他被梁山寨的戴宗、萧让接走，成为专造一应兵符印信的头领，位列一百单八将的第六十六位。

十五、宋清当厨二三事

宋清年轻时曾想走仕途之路，但多次赶考不中，便丧失了信心，转而对烹饪产生了兴趣。

宋家在郓城县虽谈不上富贵大家，但也有良田百亩，宅院连片，日子过得相当殷实。宋太公有五个儿子，长子宋海和次子宋河因故未能上学。三子宋江有些文化，进县衙当了押司。五子宋淮年幼，只有四子宋清既有文化，又在自己身边，倘若自己有个三长两短，便能执掌这个家。可是宋清迷上了烹饪，对父亲的心思置之不理。宋太公无奈，只好由他。宋清拜师学艺，三年学有所成。出师后，在郓城一个小镇的餐馆里当上了厨师。

一天，餐馆里来了七八个客人。店掌柜一看这群客人，原来是附近山上的一帮强盗。他清楚这几个人可不好惹，于是客客气气地把他们让进雅间，嘱咐宋清千万不能慢待了这帮人。

这家餐馆的后厨，不光宋清一个厨师，还有个姓夏的，外号叫“颠大勺”，当宋清的二把刀。同行是冤家，“颠大勺”这个人心胸狭窄，他一听店掌柜对宋清的嘱咐，便想了个办法，目的是撵走宋清，自己当大厨。

宋清听了店掌柜的嘱咐，不敢怠慢，马上认真做起菜来。其中一道菜做完了，跑堂的还没回来，他就顺手放在桌子上。这时“颠大勺”过来了，说：“我替他送，这帮人得罪不起，上菜不能慢。”宋清闻听，还挺感谢他的。这“颠大勺”乘机就使上坏了，顺手拿了几绺生菠菜混到了熟菜里。

菜端了上去，其中一个头目模样的人一尝，骂了句：“他妈的，这是什么鸟菜！”立刻把掌柜的叫了进来，把桌子一拍，喊道：“这菜谁做的？他妈的，没熟！谁做的叫他进来，不然我把你的店砸了！”店掌柜慌慌张张跑到后厨，跟宋清一说，宋清也有点发傻。他十分清楚自己做的菜绝对错不了，一准是有人从中做了手脚。不过，事到如今，说别的也没用，争辩只能添火加油，跑也是不行的。是福不是祸，是祸躲不过。为了这个店，自己豁出去了，于是就对店掌柜说：“我去见见他们吧。”

宋清边走边想应对之策，一进屋，强盗头子怒冲冲地说："我看你是活腻了！做的那菠菜熟了吗？拿生的糊弄老子，我放你的血！""大人息怒，听我把话说完。我把菜做生了，这是有原因的！"宋清面带笑容说："大人，那菜没熟，就是生菜，我是希望您生意兴隆，天天发财。没想到您不高兴。早知道我就不这么办了。也怪我，没给伙计交代清楚。"

这几句话一说，对方的脾气消了一半。宋清一边笑，一边说："另外，那一撮菜缨，还有另一层意思，就是希望您能成为英雄豪杰。您说，咱们萍水相逢，我也不可能存心和您作对，是不是？您要是不愿意，我给您重做。俗话说：气大伤身。您老不生气就好。"这番话虽然有点牵强，但一说完，对方立时怒气全消了。

事后，宋清猜到必是"颠大勺"所为，觉着与这样的人共事，以后肯定还会出岔子，便辞去厨师之职，回到了宋家村。

郓城城里有个富家老太太，整天山珍海味吃腻歪了，突然来了个一百八十度大转弯——吃全素。这一来可麻烦了，家里的厨师换了一个又一个，没有一人能做出她满意的菜来。无奈，家人只得四处张贴告示聘请名厨，只要老太太满意，工钱随便开，要多少给多少。宋清听说了这件事，仔细想了想，便前往自荐。

没料到，宋清做的头一顿饭菜就令老太太非常满意。接下来几天，老太太顿顿高兴，天天说好。就这样，宋清在这家做了那老太太的专职厨师，一直把老太太伺候到驾鹤西去。

对宋清所做饭菜的奥妙，众人百思不得其解，宋清也笑而不答。老太太逝世后，宋清回到宋家村，用挣的大把银子购置了田产，使宋家成了一方富户。直到宋清成为梁山起义将领又回家搬亲时，他才道出了隐藏多年的秘密：原来宋清品透了老太太的偏食症结所在，一生大鱼大肉，口味特重，突然改吃素食，当然不能适应。手段再高明的厨师，素菜也做不出荤味。为了把素菜做出一些荤味来，他每天杀一只鸡炖了，或者炖鱼、炖肉、炖虾也行，把围裙放在肉汤里面浸透晾干。每天到老太太那里上班后，烧开一小锅清水，漫不经意地把围裙搭在锅里。炒菜时，把锅里的汤汁加上一勺子。这样，虽是素食，但有荤味，老太太吃起来自然就非常可口了。

宋清在外学习烹饪时，结拜了一位仁兄叫章子富。这位章子富的妻子美姿动人，被当地恶霸刘员外看上。这刘员外心狠手辣，就施用阴谋手段，害死了章子富。宋清闻听，恼怒在心，便同仁嫂一起到郓城县衙告状，以求伸张正气，使恶棍受到惩罚。但他们哪里知道，刘员外财大气粗，早买通了县太爷。县太爷大笔一挥，以“查无实据”为由把他们赶出了县衙。

接着，宋清要仁嫂赶紧逃走，以免那刘员外前来报复。临行前，仁嫂为感谢宋清照顾，给他烧了一碗鱼。由于烧法奇特，味道格外鲜美。宋清问仁嫂：今天鱼怎么烧得这样好吃？叫什么菜名？仁嫂说：这鱼是用糖和醋做成，就叫它糖醋鱼吧。这鱼又甜又酸，我是想，即使你今后生活甘甜，也千万不要忘记你哥哥是怎么死的，不要忘记你嫂嫂饮恨的辛酸。宋清听了很是激动，吃了鱼，牢记仁嫂的嘱咐，发誓一定报仁兄之仇。

后来，宋清上了梁山，夜间带着几个弟兄下山处死了刘员外，终于报了仁兄被杀之仇。接着，宋清又带人到处打听仁嫂的下落，可一直查找不到。一次，宋清下山到泰安，饭间吃到一个鱼菜，味道同当年仁嫂做的完全一样，连忙追问是谁烧的。一番周折这才知道，此菜正是仁嫂所做。宋清找到了仁嫂，很是高兴，就把她接上梁山，专门为大型宴席做糖醋鱼。

时至今天，糖醋鱼仍是郓城一带的一道传统名菜。

十六、白胜送粮又送宝

《水浒传》中写道，“黄泥岗东十里路”有一安乐村，村内有一闲汉，叫白胜。黄泥岗即今郓城县的黄堆集，其东南十里确有一个白垓村，早年由白氏建村，取名白垓，此村就是当年的安乐村。

据传，白胜自幼喜爱习武，练就了一双好腿脚，一天能疾走三百里。他读过两年私塾，粗通文字，除种田外兼营卖酒生意。白胜对官府贪污腐败、财主鱼肉乡里的社会现实深恶痛绝，在乡里经常做些周济贫苦、排难解纷、抱打不平之事。

白胜家的邻居白如银是当地的富户，此人十分吝啬，心肠又特别歹毒。一年遭遇大旱，庄稼颗粒无收，百姓饿殍遍野，村里有人向他借粮。可白如银却谎称自己也无米下锅，粒粮不出。白胜帮着百姓求他，反遭他挖苦说："你白胜如果有正义良心，何不开自家粮仓赈济灾民？"白胜虽不是赤贫，但连日来周济邻里，已是颗粒无几。听了这话，白胜牙一咬说："好，那我就开仓放粮。"

不几日，白如银看到白胜家院子边筑起一道土墙，乡邻三五成群地进进出出、络绎不绝。邻居往白胜家新筑围墙的院子里拉进的是黄土，运出的却是粮食，白如银对此大惑不解。等到白胜家恢复往日的平静，白如银才发现自家粮仓的万余斤粮食都变成一袋袋黄土，气得几乎发疯。

原来，白胜带人从自家院子里挖地道通向白如银家中的粮仓，换成黄土，拉出粮食，救了众多百姓。此事传开后，当地的人们都尊称白胜为"白爷"，并送他一个诨名"白日鼠"。

郓城城北黑虎庙村有一恶霸，诨号"黑老虎"。他霸占土地，抢人妻女，无恶不作。为惩罚这一恶霸，劫取他搜刮的不义之财。一年除夕之夜，白胜换上夜行衣，疾行来到黑虎庙村，越墙进了这个恶霸的家中。黑影里，白胜看到这恶霸正在客厅和妻妾饮酒作乐，便悄悄来到西间卧室，轻轻地撬开一个皮箱，携走了存放金银财宝的小柜子。

白胜回到村里，已是四更时分。他在村头一家门口路过时，听见从院里传出一个男人的叹气声："你一胎生了两个儿子本是喜事，可咱这穷日子怎么过？如何养活儿子？"女的少气无力地说："别说了，我饿得难受，快给我舀碗水吧。"那男的又连连唉声叹气："唉！看看这是过的什么年！"

白胜在门外一听，怜悯之情油然而生。他越墙到了这家的厨房，在锅里放了两个元宝。因恐怕他们夫妻不敢受用，遂用锅铲在墙上写了“白赐”二字，之后悄然而去。第二天是正月初一，夫妻俩下厨煮饭时，发现锅里有两个元宝，顿时喜出望外。又见墙上留有“白赐”二字，心想一定是姓白的神仙赐给的。立即请人写了一个神牌，上写“白爷”二字，从此夫妻俩天天跪拜。他们的两个儿子，起名一个叫进财，一个叫进宝，以报答白爷送宝之恩。接着，村里又发生多起贫苦人家接受暗中送宝的事情，引起家家户户都设立“白爷”神位，加以供奉。

后来，白胜和晁盖等人智取生辰纲时，白胜充当卖酒人麻翻了押解军汉，事发被官府捉住，人们这才知道原来元宝是白胜所送。村里人为了感谢白胜的恩德，纪念白胜，遂将供奉牌位上的“白爷”改为“义士白胜”。

第二节　其他地方里籍水浒英雄的民间传说

在水浒故里菏泽市郓城一带，不但有本地及周边里籍水浒英雄的传说故事在流传，其他地方里籍的水浒英雄，同样有大量的传说故事流传于这里。这就进一步证明了郓城一带的确为水浒文化的发源地和集中体现区。其他地方里籍的水浒英雄传说，与郓城一带的水浒英雄传说一样，大多数都可以与《水浒传》的描写互相补充和印证，并从中反映了当地民众对所有水浒英雄的浓郁情结。

一、武松民间传说两则

1.武松学艺惩恶霸

武松家住河北清河县，兄弟二人，父母早亡，靠哥哥租种二亩薄地为生。

有一年遭受蝗灾，庄稼失收，出租土地的恶霸东家又来逼租，哥哥好言求说，无济于事。武松是个刚烈脾气，就向前和东家理论起来。话不投机，三言两语便打了起来。对方人多势众，年少的武松怎是对手？结果被打得鼻青脸肿。武松受不了这口气，决心外出学练武艺，杀尽天下不平人，管尽天下不平事。他听人说河南少林寺和尚武功天下无敌，就千里迢迢直奔少林寺而去。

少林寺收留了武松，老和尚对他说："伙房正少个人，你去烧锅吧。"武松很不高兴，心想：自己不远千里来学艺，怎么干起伙夫来了？可又不能不听师傅的话，只好不情愿地去了伙房。

武松认为，烧锅还不是简单的事吗？从小也没少帮哥哥干，谁知在这少林寺里烧锅非同一般。老和尚吩咐他先烧苇子，并且还得一根一根用手捏劈后再烧。寺里的和尚就餐人多，一顿饭下来就得烧一大捆苇子。武松起初捏几根还不算啥，可一顿饭捏那么多，手可受不了。一天三顿饭，没几天就把手捏肿了，武松疼得直落泪。

武松真想回家不干了，可为了学到武艺，只得咬牙坚持。两个月过去，手指逐渐不疼了，抓起一把苇子捏得啪啪响。一天，老和尚对武松说："苇子快烧完了，就烧竹竿吧。不过，也得把竹竿捏劈，然后再烧。"武松又来气了，这不是活活拿捏人吗？苇子还好说，可这竹竿跟骨头一样硬，咋捏劈呢？但是为了学艺，武松只好继续忍了这口气。一天下来，手指又肿了起来，而且鲜血直流，但也决心咬牙坚持下去。几个月过去，老和尚见了非常高兴，便对他说："从明天起，你不要烧锅了。冬天就要到了，寺里要用地窖储存蔬菜，你就去挖地窖吧。"

武松按照老和尚的要求，独自一人挖起地窖来。开始几天地窖浅，收工时不费力气就能从底下跳上来。随着地窖越挖越深，收工时往上跳的难度越来越大。可老和尚不准武松搬梯子，更不准让人来拉他，自己上不来就在坑底下干饿着。无奈，武松只得拼命往上跳。一次不行两次，两次不行三次。武松是个悟性极高的人，慢慢就掌握了其中的要领。地窖挖了四五米深，武松从底下一跃就能跳上来。

武松进少林寺一年有余，这天老和尚说："武松，地窖已挖好，你来的日子也不短了，给你个假期，下山去看看哥哥吧！"于是武松拜别师父，下山归家。

武松回到故里，兄弟相见，互诉衷肠。正在这时，租地的恶霸东家又领着家丁前来要账。武松走后，武大身材矮小，没有力气，收成当然不好。武大苦苦哀求再宽限一年，恶霸东家不允，一挥手，几个家丁上前就要打武大。本来武松就有仇恨在胸，见此情景，哪里还能按捺住性子？上去抓住一个家丁的手，只听“哎哟”一声，家丁已倒在地上，手脖子都被捏断了。

恶霸东家见此，吆喝着拿刀带枪的家丁一齐上。武松手无寸铁，见院内有棵大树，便几下攀援上去，伸手折断一股碗口般粗的树干，随后来了个“雄鹰扑鸡”，对着恶霸东家一棍子打了下去。那恶霸顿时脑浆迸裂，当场毙命。众家丁见此，知道都不是武松的对手，再加上东家已死，都撒腿逃散。

兄弟俩惹了大祸，知道官府不会算完，就急匆匆逃离家乡。哥哥在山东阳谷县落脚，以卖炊饼为生，武松又重回少林寺学艺。武松这才知道，师父要他烧锅和挖地窖的用意，那是让他练力气和基本功啊！

上山后，武松又刻苦学艺八年，终于成了一名武林高手。

2.武松智斗孙二娘

母夜叉孙二娘和丈夫菜园子张青，在郓城正西四十里的光明寺开了一家客栈。过往行人，凡是穷苦百姓，都好生招待，实在没有钱的，吃饱喝足走人。凡财主奸商，便设计用蒙汗药放倒，财物没收，人则剥皮剐肉，制成人肉包子出售。

这天，店中来了一个花花公子，骑着高头大马，包裹里装得鼓鼓囊囊。这公子进了店，将马拴牢，把包裹往地上一放，“当啷”一声。店小二一惊，料到此人非同寻常，急忙过来掸桌抹凳，笑脸相迎。待这公子落座后，又拿过菜谱，请行自便。

这公子看也不看，一摆手道：“好菜，多多地上，好酒，多多地筛。”说完，踢了一脚包裹，那意思是说：大爷有的是钱！店小二应了一声，转身便走。公子喝道：“回来！”伸手从包裹里抓出一把碎银，“哗啦”一声扔给了店小二，说："这是赏钱，伺候好了，还有重赏。"店小二道了声"多谢客官"，拾起银子，转身报告店主孙二娘去了。

这时，孙二娘正在院中习武。她穿一条红罗裙，搽一脸胭脂粉，精神抖擞，正练到高潮处。她见店小二有事汇报，拳不收，步不停，直接说道："按老规矩，好人放走，坏人蒙翻。"店小二急忙摆手道："不不，那家伙肥得流油，穿戴打扮又非同一般。"孙二娘"噢"了声，收住拳脚，披上衣服，把手一挥："走，看看去！"

孙二娘来到饭厅大堂，只见一客桌旁坐着那位公子，正一条腿踩住凳子跟人发横，满口秽言。孙二娘看罢冷笑一声，走过来冲着公子道："算了算了，凤凰不与鸟争食，真龙不与鱼混杂，来来来，客官里面请！"说罢，腰一弯，手一伸，做了个"请"的动作。公子见老板娘亲自来陪请，就借坡下驴，跟着孙二娘进了里间。

这里间，果然明显优于外间，窗明几净，宽敞舒适。很快，桌上便摆好了酒。孙二娘十分殷勤："客官包涵，小店寒酸，不成敬意。"这公子嘿嘿一笑，对孙二娘说："一人不喝酒，来，陪大爷喝一杯。"孙二娘也不发怒，只是说："自古客人主家请，哪有倒着来。"这公子见孙二娘不喝，站起身走到外面，叫来一个要饭的，拉到桌边，让他一块喝酒。

孙二娘一见，急忙过来就撵。公子不高兴了，说："俺的酒，俺的钱，请他喝酒我自愿，关你什么事？"任他怎么说，孙二娘横竖不让喝，拿来几个包子把要饭的打发走了。这公子又到门口，找来一个地痞模样的。这个人，孙二娘非常熟悉，平时欺男霸女，白吃白喝，孙二娘早有收拾他之心。这个地痞一看这桌酒菜，也不客气，坐下就吃就喝。孙二娘并不阻拦，"哼"了一声，走了出去。

一会儿，只见那公子和地痞两人都口吐白沫，被麻翻在地。孙二娘进来，大手一挥说："送到后面的剥人房！该死的东西，今天撞到姑奶奶手上，你们是活到头了。"话音未落，店小二提着那公子的包裹跑进来："老板娘，

老板娘，上当了！这里面不是钱，是一堆破铜烂铁！”

孙二娘“啊”了一声，刚要转身，只见放倒在地上的那公子一个鲤鱼打挺跳了起来。孙二娘见此，顿时大惊失色。那公子厉声道：“光天化日之下，你竟敢做这种勾当，还有啥说的，快跟俺见官去。”孙二娘岂能容他？一撸袖子道：“看拳！”说着就打。这公子也拉开架子，挥拳相迎。二人你来我往，打得不可开交。

孙二娘和这公子正打得难解难分，店小二一声大喊：“掌柜的回来了。”只见张青手提三节棍闯了进来，刚要举棍相帮，猛然喝叫：“住手！”这是怎么回事？

原来，那公子不是别人，正是好汉武松。张青和武松是结拜兄弟，分别已四五年，情况彼此不知。这次，武松本打算去郓城拜访宋江的。听说孙二娘在此地开店，剥活人皮，把人肉当作狗肉卖。为了看看孙二娘是不是像传说中那样，便来到这里试探。如果是，就狠狠地教训教训她；如果不是，也算结识一个女中豪杰。为了引孙二娘上钩，才故意乔装打扮。孙二娘在酒中下了蒙汗药，属他的意料之中，所以他根本没喝，被麻翻是故意装的。刚才孙二娘决意不让要饭的喝酒，而让地痞喝酒，武松一下就辨清了真伪——孙二娘还是性本善良的。为了领教孙二娘的本事，两人方打斗了一番。

武松见了张青，又惊又喜。张青把关系说明了，三人哈哈大笑，重整酒菜，共同商议起拜访宋江之事。

二、李逵民间传说两则

1.李逵深山得神斧

黑旋风李逵所用兵器，是两把板斧。凭着这两把板斧，他南拼北杀，为梁山起义大业立下了赫赫战功。说起李逵这两把板斧的来历，还有一段传奇故事。

李逵是山东沂水县百丈村人，长相黝黑，性格粗鲁，小名铁牛，江湖人称“黑旋风”。他从小失去父亲，母子两人相依为命。李逵力大如牛，整天上山砍柴，然后换些米面度日。

李逵砍柴用的是一柄板斧，由于力气大，碗口粗的树三下两下就能被他砍断，所以砍的柴每天都比别人多得多。但是，他的斧子也比别人坏得快。他经常抱怨铁匠打的斧子质量差，总想得到一把削铁如泥、永不卷刃的宝斧。

有一天，李逵又来到山上，抡起早已豁了牙的斧子向一棵大树猛地砍去，听“咔嚓”一声，斧头断为两半，而树还没砍断，砍树的家伙却不能用了。买一把新斧子又得花很多钱，直气得李逵二目圆睁，满脸通红：“这是什么鸟玩意儿！真不顶用！”

正当李逵吹胡子瞪眼在那里生气时，忽然传来一阵“哈哈”的笑声。李逵一看，一个白胡子老汉坐在不远处的一块石头上，正朝他发笑呢。李逵不看则已，一看更是火冒三丈：“这糟老头子，竟然看我的笑话，要不是看在你年龄大的份上，我真要揍扁你了。”白胡子老汉一听，说道：“揍我一个瘸腿老头子算什么本事，有能耐去揍那些流氓恶霸、贪官污吏去。”

看李逵脾气暴躁，好动手动脚，但心地善良。一听此言，立时感到内心惭愧，赶忙上前向老汉赔不是。走近一看，老汉一条腿还流着血，忙俯下身子问：“老伯，你的腿怎么啦？”老汉说：“年纪大啦，刚才爬山不小心摔倒了，擦破了点皮，只好坐在这里歇一会儿。见你对着斧子生气，觉着好笑，想不到冒犯了壮士。”“俺家贫穷，全靠打柴为生，没了斧子，怎么打柴？打不了柴，换不了面，俺娘俩吃啥？”李逵丧气地说。

“工欲善其事，必先利其器。打柴没有好的家伙是不行的。壮士，今后一定要有一把削铁如泥的好板斧！”李逵觉着老汉的话很有道理，于是更添了几分敬意。他问老汉：“老伯，您在哪里住，山路不好走，我背你回家。”而老汉却说自家就在不远处的山坡上，自己还行。

李逵见山路崎岖，荆棘遍地，老人家腿又受了伤，不忍心让他自己走，便执意背起老汉，朝那山坡小屋走去。别看那小屋看着不远，其实爬起山路来，走了足足一个时辰，直累得李逵浑身是汗、气喘吁吁。待到了老汉住屋一看，只见屋内除了一张床、一张石桌和几个破碗之外，就没有别的什么了。李逵赶忙把自己身上仅有的一点干粮放到石桌上，对老汉说："大伯，你好好养着，我明儿再给你捎吃的来。"一切安排就绪，李逵便下山回家。

李逵一回到家里，便对娘大声说："娘！快多做些饭，铁牛饿坏了。"李母见儿子今天打的柴比往常少得多，又饿成这个样子，便问："我儿今天怎么啦？干粮没少拿，柴砍得少，还饿成这个样子。"李逵便把救助老汉一事说与母亲。李母听了说："我儿做得对，遇到落难的人就得帮一把。"

第二天，李母专门多做了一些饭，嘱咐李逵说："先把饭给你那个老伯送去，然后再去砍柴。"说罢，又找了一些草药让李逵捎去给老汉疗伤。李逵来到山上，先到了老汉那里，让老汉吃完饭，又给他敷上药，这才去砍柴。从此以后，李逵天天如此。十几天过去了，在李逵的精心照料下，老汉的腿伤好了。

到了第二十天，李逵同往日一样，带着干粮来到老汉住的地方，可是却不见了老汉的踪影。到屋外喊了一阵，仍没见任何动静。他以为老汉腿伤已好，自己到山上转悠散心去了，便把干粮放好，自己又去打柴。第二天，李逵进屋一看，昨天放的干粮原封未动地还在那里，这下李逵惊了。老伯到哪儿去了呢？正疑惑间，忽然发现石桌上有张图，画的是：屋后悬崖中间突出一块碾盘般大小的石头，石头下面有个洞门，洞口里边有两把闪闪发光的板斧。

李逵顿时心中一亮，这不是自己朝思暮想的板斧吗？于是快步出屋，来至屋后，果然发现有一悬崖峭壁，往下一看，深不见底，令人头晕目眩，人根本无法下去。

李逵回到屋内，思虑下崖取斧之法。忽见老汉床底下有一捆粗绳。赶忙拿过来，一头拴在崖边一棵大树上，一头系在自己腰间，然后顺绳而下。当绳子全部放完的时候，他正好落在洞口边。李逵往洞里一看，果然有两把板斧在那里。他拿过板斧一看，的确非同一般，便别在腰间，顺绳上到了地面。

上来一看，老汉的房子竟然不见了。正当他不知所措的时候，耳边又响起老汉的声音：“有能耐的去打杀那些流氓恶霸、贪官污吏去！”李逵顿时醒悟，立即跪倒在地，朝北方连磕三个响头：“老伯在上，俺一定把您老的话永记心中，看我的行动吧。”

不久，李逵投奔梁山，挥舞这两把神斧，杀流氓恶霸，除贪官污吏，干出了一番轰轰烈烈的事业，成为梁山起义军的一员猛将。

2．李逵坐衙审民案

李逵跟燕青在泰安打擂回来，单独行动路过寿张县。他趁着酒劲，拿着双斧闯进了县衙，县官吓得逃之夭夭。这时，李逵找到县官的行头，穿戴齐全，坐上公堂，想过一把县官审案瘾。收拾停当，就喝令衙役传一案件的原告和被告上堂。

随即，一男二女被带上堂来。李逵一看，原告是个五十多岁的婆婆，被告是个年轻的媳妇，还有一个五十多岁的男子。婆婆说，这男子是儿媳的奸夫。男的点头承认，儿媳却哭哭啼啼，坚决否认。李逵听了一会儿，看那婆婆口舌似刀，比比画画。而那女子年纪轻轻，言谈忠厚老实，料这中间必有缘故。便一拍惊堂木，大喊：“衙役们，搬上一筐石头来！”

衙役们谁敢不听？慌忙搬上一筐大小不一的石头。衙役们心想：动刑有板子、棍子，要石头干啥？只见李逵大喝一声：“带奸夫！”衙役忙把那男的按倒在地。李逵对那婆婆说：“这个浑蛋，他奸淫你的儿媳，你恨不恨他啊？”婆婆说：“我恨死了。”李逵说：“那里有石头，你砸他解解恨吧，”那婆婆摸了一块最小的石头，照那男人腚上有气无力地边砸边说：“叫你不要脸，叫你不要脸！”砸了几下便自动住了手。李逵又对那年轻媳妇说：“你恨不恨这男的？”那媳妇恨得咬牙切齿，抱了一块大石头照着那男的头就砸。石头要落下去，男的准得脑浆迸裂。

李逵让衙役拉住儿媳，大喊：“带奸夫，左右给我动大刑，夹板侍候。”男的一听要动大刑，吓得脸色苍白，忙说：“我招，我招。我和这位婆婆通奸，被她儿媳发觉了。于是我们定计，到夜里我去叫她儿媳的门，给她儿媳栽赃。”婆婆见抵赖不过，也只好招了。李逵大喝道：“押下去，这两个老东西，各打五十大板。”

“还有谁来告状申冤？”李逵朝门外大喊一声。一个叫卞玉的男子脸色惨白地奔了进来，说自己刚才坐船过河，艄公抢走了他五十两银子。李逵问道：“你是干什么的？”“小人卖糖为生。”“你的银子原来放在哪里了？”“就放在包袱里。”说着，卞玉打开包袱，只见果有几斤糖放在里边。

李逵当即命衙役前往渡口，捕拿艄公。不大会儿，两个衙役带回一个渔民装束的大汉，回禀道：“盗贼抓到，这是起获的赃银。”李逵打开包裹一看，正好五十两银子。艄公“扑通”跪倒在地说：“老爷明鉴，小人冤枉！”李逵一拍桌案：“不准乱嚷！本官问你，你是干什么的？”“打鱼又摆渡的。”“这银两是哪来的？”“这是我多年的积蓄啊！”

李逵听罢情况，思忖片刻，便命衙役将银子放到院子里晾晒。众人不解，有晒米晒面晒衣服的，哪有晒银子的？但又不敢多问，只得照办。过了一会儿，一只小黄猫来到银两前东闻西嗅。见此，李逵又问打鱼的：“你存这些银两，可有人知道？”打鱼的想了想，说：“昨天我在‘君子来’酒店喝酒，跟那里一位熟人小二说起过。”

随即，店小二被带来了。李逵唤卞玉上堂，指着他问店小二：“此人你可认识？”店小二仔细地打量了一会儿，说：“回禀老爷，此人虽不认识，但记得他昨日在我店中喝过酒。对了，他昨日傍晚与这位打鱼的兄弟是前后脚进的店。”

李逵点点头，一拍惊堂木，厉声道：“卞玉！你竟敢诬陷好人，还不从实招来！”卞玉脸色骤变，声音发颤，大喊冤枉。李逵冷冷一笑：“刚才你说这银子是和糖放在一块的，而银子在院子晒了那么长时间，肯定会爬有蚂蚁。可现在上面连一只蚂蚁也没有，只有那猫在银子上嗅来嗅去。这说明银子上存留的是鱼腥味，根本没有甜糖味。银子的主人是谁，还不很清楚吗？来人，将卞玉押入大牢，传其家人交五十两银子赎人。”

原来，这卞玉是个惯骗。昨天在酒店喝酒，听到打鱼艄公与店小二的谈话。便心生一计，买了几斤糖，自己撕破了衣服，装作遭劫的样子，今早告上公堂。不料聪明反被聪明误，搬起石头砸了自己的脚。

刚审完诈骗案，一个身穿蓝长衫、上套黑马褂的胖子和一个赶车的车夫告状上堂，这胖子首先说：“大老爷，你来评个理，这个车夫在大街上把我的猪碾死了，还不赔钱，咋能行？”车夫委屈地说：“老爷，他的猪撞到我的车轱辘底下，我赶紧拉牲口，但已来不及了，不是我有意碾了他的猪。”在场的人听了这般诉说，判断谁对谁错都感到为难。

只见李逵把脸一板，走到车夫跟前，厉声说：“还嘴硬，你赶车放着大街不走，为什么偏要把车赶到人家的猪圈里？”“老爷，我拉东西从他村里路过，走的是大街，根本没有赶到他的猪圈里。”“车没有赶进他家的猪圈，没你的事了，你赶你的车去吧。”

胖子见李逵放走了车夫，哪能吃这个亏？正待发作，只见李逵阴沉着脸，说：“猪有圈，鸡有笼，不能让它胡乱行。你的猪为什么不圈住？大街上人来车往，幸亏这次碰的是头猪，要是碰的是你爹，你还不得发大丧啊？”一席话说得那胖子无言以对，只好红着脸，提着死猪，在众人的笑声中回家去了。

接着，又上来一对兄弟，弟弟告哥哥分家不公。李逵问弟弟：“你说说，哥哥怎么分家不公呀？”弟弟说：“父母死时我还小，哥哥就把七成家产占了，而我只得了三成。”李逵问哥哥：“是这样吗？”哥哥答道：“没有的事，我分得很公平，我俩的财产绝对一样。”“分家可有证人？”“没有，是我们自己分的。”“可有父母遗嘱？”“也没有，父母都不识字。”

李逵说：“既然你们的爹娘都死了，既无证人，又无遗嘱。那好，你们两家的人都搬到对方的家里去住，任何财产都不能携带。既然哥哥说绝对一样，换过来也不会有什么损失。弟弟认为哥哥家的财产多，那换过来你就心理平衡了。”众人听了，无不拍手称对，兄弟两人也无话可说了。

就这样，三下五去二，不到一个时辰，几个案子便全部审完。一衙役问李逵："老爷审案公正利索，有啥绝招？"李逵"嘿嘿"一笑说："黑爷爷办案凭的就是把心放正。"

三、鲁智深施计除奸

花和尚鲁智深，《水浒传》写他祖居甘肃渭州，梁山重要将领。有一天，鲁智深奉哥哥宋公明之命，下山到郓城办事。由于急着赶路，天黑了还没有找到住处。又往前赶，来到一个叫西溪村的村庄，客栈倒有一家，一问已经客满，只得走出来。

鲁智深在街上东看西看，只见村西头一个门楼透出亮光。心想，出家之人，随便找个地方便可。于是，就走向前去敲门。这时，里边传出骂声："你这个该死的，这几天跑到哪里去了？到今天才来。"随着骂声，门开了，一个花枝招展的三十多岁女人探出头来。她见一黑胖和尚站在门外，二话没说，扭头"咣当"一声关上了大门。

鲁智深见此，不便再敲门，心想：这女子准不是什么好鸟。一怒之下，扛起禅杖就走。走不几步，见离门不远处有棵大树。一提气坐到树杈上，把禅杖往树杈上一横，盘坐而睡起来。

忽然，一阵敲门声将他惊醒，只见刚才那门外站着一个男人。不一会儿，门开了，那男的一侧身挤进大门。鲁智深看得分明，也明白了，立时怒上心头，自言自语骂道："这对狗男女，看爷爷如何收拾你们？"他从树上轻轻跳下，走到那院落墙根，一提气越墙而过，轻轻落入院内。他蹑手蹑脚走到窗下，听到里边有嘻笑声。用舌头舔破窗纸，往里一看，那个男人头顶秃亮，搂着女人正亲热哩。

那女的娇声娇气，用手指敲着男的头，说："你这个没良心的，怎么才来啊？可想死我了！刚才一听门响我去开门，当是你来了，谁知是个黑胖和尚，吓我一跳。这几天我心慌意乱，光怕咱的事犯了。""你放心，犯不了。

过几天尸首一烂，就是有人扒坟，也辨不出是谁？只要近些天不犯，就没事。”女人说：“他死得太突然，就怕有多事的人到县衙告啊！听说新来的县官时文彬断案如神，要是让他知道了，可就麻烦了。”男的接着说：“咱们是用铁钉揳他头上的，没伤没坏，就是神仙来了也看不出破绽。过了三个月，满了百天，风平浪静，我明媒正娶你，咱俩就能做长久夫妻了。”

鲁智深听此，气得想一脚踹开门，杀了两个狗男女。可转念一想：不妥！下山时宋江哥哥再三嘱咐，千万不要鲁莽行事，遇事要多动脑筋，三思而行。于是决定暂将怒气咽下，看看再说。

天尚没亮，只见那男的蹑手蹑脚地溜了出来，接着进了一家酒店。于是，鲁智深就向一个早起拾粪的老头儿打听，方才进入酒店的人是谁？经询问得知，那个男人是这家酒店的老板，外人送号“李二快刀”，意思是说他心黑坑人、菜劣价贵。与他相好的女人叫刘爱花，其男人是个老实庄稼人，三天前得急病突然死去。鲁智深又探问清了刘爱花丈夫的坟地，到那里看了一番。

办完这些事后，鲁智深写了一张状纸，找到一个小乞丐，说：“给你二两银子，有一事相托，不知你敢不敢办？”那小叫花上下打量了鲁智深，说：“只要不是杀人放火、偷盗抢劫，我啥都敢办！”鲁智深说：“让你将这状纸送到郓城县衙，亲手交给知县时文彬大人，能办到吗？”那小乞丐笑道：“这有何难？”说后接过状纸和银两，蹦跳着往县衙而去。

鲁智深望着小乞丐远去的背影，提着禅杖往那家酒店走去。进了店里，往桌边一坐，大声说：“将最好的酒菜上来。”不大会儿，店小二就将四个菜端到桌上，又烫了一壶酒。鲁智深饿坏了，捞过就狼吞虎咽吃喝起来，风卷残云一般将饭菜吃了个干干净净。酒足饭饱之后，二话没说，提起禅杖就走。店小二向前拦住道：“客官，你还没交钱呢，怎么就走？”鲁智深一拳将店小二打倒，骂道：“李二快刀那个狗杂种欠我钱，洒家还想找他要账呢！”听到店内吵嚷，李二快刀走了出来：“哪来的秃驴，敢在此撒野？”鲁智深见到李二快刀，骂道：“你就是李二快刀？爷爷正要找你。”李二快刀听此一愣，说时迟那时快，鲁智深甩过一禅杖，将李二快刀打倒，扭头就大步往外走，李二快刀领着人随后就追。

鲁智深一直来到刘爱花丈夫坟前，方停下脚步。李二快刀赶到，大喊：“伙计们，快上去揍他！”不知深浅的一个店小二向前，让鲁智深一拳打翻到地上。接着又向前四个人，都让鲁智深打倒，好一会儿爬不起来。李二快刀只喊叫不敢近前，一跺脚，指着鲁智深骂道：“有种你就别跑，老子告你去！”听此，鲁智深哈哈大笑道：“你不用告了，知县时文彬马上就要前来！”

话音刚落，就听一阵锣响，知县时文彬坐轿来到了坟地。时知县根据鲁智深所写状纸，忙命衙役挖坟开棺，接着验尸。衙役们揭开棺木，在尸体头部找出钉帽，拔出了三颗四寸多长的钉子。这时，鲁智深已不见去向，只见轿杆上放着一纸，取过观看，上边写道：

梁山好汉讲忠义，抱打不平除奸恶。

奸夫淫妇要偿命，知县审案自斟酌。

知县时文彬看后，知道是梁山好汉路过此地，抱打不平，巧派乞丐告状。时文彬是个清官，梁山寨头领宋江、朱仝、雷横等人都曾是其下属。他遂命衙役将李二快刀和刘爱花带到大堂审问，在尸证面前，李二快刀只得将他和刘爱花通奸、定计害人的事儿交代出来。随即，李二快刀和刘爱花被押入死牢，后经上司批复，斩首示众。

四、公孙胜学练法术

入云龙公孙胜和吴用，并为梁山寨的军师。公孙胜不但有勇有谋，尤为重要的是会呼风唤雨、腾云驾雾的法术。几次关键性的战斗，都是他力挽狂澜，转败为胜。公孙胜呼风唤雨的本领是如何学来的呢？

原来，公孙胜的家在蓟州（今属天津）九宫县城里，父亲是个秀才，因屡试不第，只好在一个学馆里教书。不久，父亲病逝，公孙胜便跟着母亲来到二仙山下的外婆家中，靠砍柴出卖度日。

公孙胜从小聪明好学，不但熟读诗书，闲来还跟几个砍柴的兄弟使枪弄棒，演习武艺。有一天，公孙胜正在一个民间武师的指导下与伙伴演练枪法。忽然从二仙山上下来一位道长，过来看公孙胜他们的习练。道长看了一会儿，走到公孙胜身边。问过他的姓名之后，说道："你肯跟我上山学艺吗？"

公孙胜上下打量着这位鹤发童颜、一副仙家打扮的道长，那个民间武师忽然叫道："这不是紫虚观的罗真人吗？"公孙胜一听是罗真人，高兴得急忙上前叩了个响头，连说："愿意，愿意。"然后又把罗真人迎进自家，忙着沏茶款待。

这二仙山一带，无人不知罗真人有呼风唤雨、腾云驾雾的本领。多少人想拜他为师，可罗真人从未应过口。也是天生有缘，今天他见公孙胜天性聪明，是个可造之才，才破例收他为徒。听说罗真人要收儿子当徒弟，公孙胜的母亲也十分欢喜。当即备了香烛，叫儿子行了拜师之礼。接着收拾了几件衣服，让儿子跟着师父上山去了。

按公孙胜的心思，上了山后，师父一定会马上教他呼风唤雨、腾云驾雾的本事。哪想到师父却叫他到伙房帮烧火道童去吹灶火。这二仙山上有的是好柴草，而师父却偏偏叫烧火道童抱来湿柴，放进灶膛里，要公孙胜他们吹旺。公孙胜趴在灶堂门上，鼓起了腮帮子，"呼、呼"地向着灶膛吹去。腮帮子都鼓肿了，眼睛里冒出了金星，好歹才把火吹着。

一天，公孙胜想到母亲烧饭时，常把一根竹子斩头去尾，又把中间一段用根细铁条打通竹节，用它来吹火。他也这么做，果然轻松多了。这天中午，他正用吹火筒吹火。师傅来了，一见他手里的吹火筒，不问情由，一把夺过去，"咔嚓"一声折成两截。接着，严厉喝道："是谁教出这个偷懒的法子？""这……这……"公孙胜想，用吹火筒吹火省力气，谁不知道啊，还用得着教吗？师傅看看眼泪汪汪的公孙胜，叹了一口气说："你既然觉得吹火吃力，就到殿上去吹蜡烛吧。”公孙胜心想，吹蜡烛总要比在灶膛门口吹火省力一些，就高兴地去了。

公孙胜想错了，因为这紫虚观有前殿、中殿和大殿，每个殿上都有几百支大小不同的蜡烛，小的像手指，大的如棒槌。有的插得很低，有的插得很高。每天傍晚，把这些蜡烛点上，第二天清晨，又得把这些蜡烛都吹灭。一支又一支，从低到高，从前殿到大殿，等他把全部蜡烛吹灭，腮帮子肿得像鼓起的发面馍馍，头昏眼花的。

俗话说：熟能生巧，功到自然成。几个月过去，公孙胜慢慢摸到了吹蜡烛的诀窍，憋足了气，站在一排蜡烛的一边，“呼”地用力吹去，一下子能吹灭好几支。后来，他竟一口气能把一个殿的蜡烛全部吹灭，接着再去吹另一个殿里的蜡烛。

公孙胜一心想学的，是呼风唤雨、腾云驾雾的本事，却整天在这里吹蜡烛。他实在忍耐不下去了，有一天就偷偷地逃下山来。

公孙胜下山之后，听人议论说，大名府梁中书要把搜刮来的十万贯珠宝送给东京他老丈人蔡太师庆祝生辰，途中经过郓城黄泥岗。他想，对这种不义之财，劫之何妨？于是，就慕名前往郓城县东溪村，找到托塔天王晁盖，结识了吴用、刘唐、阮小二、阮小五、阮小七、白胜等人，大家一番谋划，智取了生辰纲。

不久，事情败露。为了逃避官兵的追捕，公孙胜和晁盖等人到了阮氏三雄住的石碣村暂避。一天，济州府派来大队人马，由巡检何涛带领前来捕人。那石碣村地处湖荡之中，官兵一时进不了村。无奈就弄来几十只大船，撑的撑、摇的摇，一齐向石碣村扑来。

傍晚，吴用见官兵的大船挤在一个狭窄的港汊里，顿时心生一计：他一面叫阮氏三兄弟集中一些小船，上面装满芦苇柴草，一面要公孙胜把二仙山上学的吹气本领使出来，效仿一下诸葛亮火烧赤壁之法。面对此情，公孙胜鼓足勇气，深深地吸了一口气，“呼”的一声，向着已经点火的小船吹去。

这一口气好强劲呀，吹得小船像一支支火箭，射向了官兵的大船船队。那些官兵被烈火烧得哭爹喊娘，霎时一个个都见了阎王。有些跳水逃命的，也让阮氏三兄弟捉住。

众好汉大获全胜，回去庆功。晁盖、吴用和阮氏三雄都称赞公孙胜的法术高强，能呼风唤雨。此时，公孙胜才清楚了师傅让他吹火、吹蜡烛的良苦用心。没过几天，他又回到了二仙山，向师傅承认了私自下山的错误。从此，他一心一意向罗真人学艺。后来，还真的学会了呼风唤雨、腾云驾雾的奇异法术。在一些重大战斗中，帮助梁山起义队伍立下了汗马功劳，成了名副其实的“入云龙”。

五、花荣从严传箭艺

祖籍山东青州的花荣的箭法高超，百步穿杨，外人送号“小李广”。他随宋江上了梁山后，一心想把自己的箭艺传授人。于是，便在士兵中选了二十名聪明伶俐的人收为徒弟，一天到晚教他们射箭。

花荣教授徒弟由基本要领开始，一练就是半年有余。半年过后，徒弟们掌握了基本要点，花荣非常高兴。一天，他把徒弟们叫到面前，说：“从今天开始，你们要用三个月的时间练眼力。”说完，他提了一只小甲虫，拴了一根线，挂在几十步远的树上。然后走过来，问众弟子：“你们谁能看出它是什么？”众徒弟使劲眨着眼睛，只能看到黑乎乎的一个小东西，是啥，谁也说不清。花荣说：“那是只小甲虫。在我眼里，它比一口锅还大，不信，我可一箭能射落它！”接着，花荣拉开弓搭上箭，只听“嗖”的一声，那小甲虫被射得无影无踪，拴甲虫的线还悬在树上，徒弟们个个惊叹不已。

遵照师傅花荣的吩咐，徒弟们开始练习眼力，开始，是每天盯着黎明的太阳看。逐渐地，再盯着上午的太阳看。火辣辣的阳光刺得大家睁不开眼，但人人咬牙练习，还是坚持下来了。接着，花荣又叮嘱徒弟们每天望着百米以外的一个微物看，直到看那微物像盘子一样大方可。

这样，徒弟们练了三个月的眼力，考验大家练习成果的时间到了。只见百步外的一棵树上坠一细线，下吊一枚铜钱。花荣把徒弟们叫到面前，说道："你们依次来射，把铜钱射落为准。"徒弟们满怀信心，一个个顺利通过。花荣见情高兴地说："这样吧，再考你们一下，标准不难，就是我站在百步之外，头顶圆球，你们每人将圆球射掉。"

二十个徒弟闻听，你看看我，我看看你，都担心万一射着师傅，那还了得？所以你推我让，谁也不愿意先射。花荣说道："难度一点也没有增加，为什么你们不敢射呢？这就存在一个心理负担问题。从今起三个月，练习心理，射箭时务必射准，艺高才能胆大。"

打这之后，徒弟们练箭更加认真，不敢有半点马虎。他们天天练啊练啊，专心致志、精益求精。转眼三个月过去了，花荣又早早来到练箭场。他脱去上衣，头顶着一个圆球往百步之外一站，命令道："一个一个依次射来！"这回，二十个徒弟没有一人再说别的了。依次拉弓射去，都只听"当啷"之声，圆球均落在地上。二十个徒弟个个百发百中，无一失手。

花荣接着说道："至今这段时间，你们练习的是射静止之物，三个月后，要考你们射运动之物，骑马射箭，还是射我身上一物，究竟射什么，到时候再说。"说罢走开。

三个月又过去了，花荣这次来到，衣盔齐整，骑着一匹宝马。他对徒弟们说："我骑马在前边奔跑，你们骑马在后边追赶，只准一箭，百步开外，要射掉我头盔上的红缨。"二十个徒弟互相推让，谁也不想先射。花荣在马上命令道："还是按上次顺序办。"说完骑马前行。徒弟们只得从命，催马拉弓，使出平生本事。花荣跑到百米之外，听身后一阵风响，红缨被一箭射掉。花荣勒回马头，奔了过来，又插上红缨。就这样一次次跑来跑去，二十个徒弟一个个拉弓引箭，箭箭射掉红缨。

花荣十分高兴，望着二十个徒弟，语重心长地说："射箭追求的不仅仅是一个'准'字，而且还非常讲究一个'气'字。所谓的'气'，只能意会体察。

你们以后要在‘气’字上狠下功夫。”接着又道，“梁山大寨，需要神箭手，就我一个怎么能行呢？你们可是身负重任啊。”

二十个徒弟一下跪倒在花荣面前，齐声说：“师傅，你的苦心我们知道了。我们练箭，谁也不敢马虎了！”就这样，经过花荣的从严传授，这二十名徒弟个个成了神箭手，为梁山的起义大业做出了贡献。

六、柴进义救九纹龙

九纹龙史进大闹史家庄（属陕西华阴县），杀了进剿的官兵，在家无法存身，便来到延安府寻找师傅王进。可问遍延安府，也没找到师傅。

身为朝廷缉拿重犯，逃往何处安身呢？史进忽然想起江湖上朋友们常讲的柴大官人。沧州柴进人称“小旋风”，为人仗义疏财，广交天下好汉。因他祖上曾有让位之功，宋太祖赵匡胤敕赐他家誓书铁券：“有过不咎，当斩不死。”于是，就决定到沧州走一趟。

一路晓行夜宿，这日来沧州地界，看看天色已晚，便住进野猪林外一家客店。晚上，史进翻来覆去睡不着。他想，自己和柴大官人素无交往，怎能两手空空贸然登门呢？必须带些进见之礼才是。可是带什么礼物呢？自己的盘缠已经花完。突然，眉头一皱，计上心来。

次日午时，一辆银车挂着标牌，前后一群持械保镖，沿着野猪林中的小道而来，这是官府要进京缴纳贡银。银车刚走进林中，只见一条大汉从树上跳下，大喝一声：“来人放下银两，饶尔等性命。如若不然，定叫你们个个人头落地！”保镖们一下散开，将大汉围在核心。枪来刀往打杀了一阵。只听一人高喊：“柳都头，咱们不是贼寇对手，还是逃走吧。”于是，众保镖押着银车就跑，大汉紧追不舍。车跑得快，他追得紧。追着追着，只听“嗵”的一声，那大汉被绊倒在地。从树林里一下又跳出十五六人，立即把大汉捆上。为首的柳都头喝道：“强贼！我们已埋伏多日，今天总算擒住了你这个截道贼子！”

这大汉不是别人，正是九纹龙史进。他本想劫些金银珠宝作为进见柴进之礼，没料想中了官府的埋伏。财没劫到，反成了阶下囚。柳都头洋洋得意，押着史进正要出林。只见尘土飞扬，奔来一彪人马，中间一匹高头红鬃烈马上端坐一位青年，正是周世宗的后代——小旋风柴进。

原来，柴进带一帮人正在林中狩猎，听见附近一片打闹之声，就过来看个究竟。柴进追上柳都头，勒马抱拳道："都头有何公干，押解何人，身犯何罪？"柳都头停止前进，抱拳答道："前些天有强盗拦路抢劫，弄得人心惶惶，不敢从此路过。我们奉命在此设伏数日，终于逮着一个。"

柴进听此，心中一惊：天下好汉，慕名前来投奔我者甚多，其中多数我并不认识。若此人是来投奔我的朋友，岂能撒手不管？于是骑马来到被捆绑的史进面前，言道："你是何方强贼，敢在此作案？我柴进前来问你，你要如实回答。"史进闻听嘴动了动，望着柴进，点点头，没有言语。柴进心里明白，此人我虽不识，定有来头，看来是必须出手相救了。

于是，柴进对柳都头抱拳说道："都头辛苦了，带兄弟们到敝庄歇息片刻，吃点粗茶淡饭，算我柴某人给大家贺功如何？"柳都头想了想：借此时机结交一下柴大官人也好。于是说道："真不好意思，那我就恭敬不如从命喽！"

柳都头带人来到柴进庄园，落座客厅。柴进叫过两个心腹，悄悄如此这般安排一遍，二人备马而去。

不一会儿，酒菜端上桌来，柴进亲自作陪，举杯说道："今日擒住强贼，为民除害，柳都头大功一件。俗话说，人逢喜事精神爽。算鄙人为柳都头和大家贺功，都开怀畅饮好了。"酒过三巡，菜过五味，柳都头及其随从在柴进等人的热情招待下，一个个喝得东倒西歪。柴进看红日西斜，派出的心腹已经返回。就对柳都头说道："世上没有不散的宴席，不敢耽误都头的时间，我就不再留您了。"柳都头醉醺醺地上马抱拳说道："官命在身，谢谢大官人美意，后会有期。"

柳都头一行押着史进走进野猪林，他提刀跃马，大声喊道："快走快走，都打起精神来！”府役们都吃醉了酒，个个东倒西歪的，听到都头喊叫，只好强打精神赶路。走不到半里，忽听一声锣响，路边树林中跳出五十余条蒙面大汉，拦住去路。一个高大汉子站到路中，哨棒一横说道：“此树是我栽，此路是我开。要想从此过，留下买路财。爷爷在此等候多时了。”府役们见此阵势，一个个吓得撒腿就跑。

柳都头蒙了一下，大声呵斥，哪还能止得住？无奈只好挺刀来迎。二人你来我往，一个马上，一个马下，刀来棒迎，战不到十个回合，柳都头渐渐力怯。那蒙面大汉使了个“横扫落叶”的招式，将柳都头打下马来，再追上一棒，脑浆迸裂。几个押解史进的府役见此，哪还敢再管史进，都恨爹娘少给了两条腿，跑得慢的，不免做了刀下之鬼。

这时，有人奔向史进，举刀“咔嚓、咔嚓”两下，割断了捆绑的绳子。史进一下认出是自己的启蒙师傅、打虎将李忠，正想致谢，李忠忙说：“遵柴大官人之命，我们前来救你。那使哨棒的大汉，就是武松。走，快去见柴大官人。”

原来，柳都头在柴进庄园喝酒时，柴进派了两名心腹到正住在自己另一庄园的武松和李忠送信，让他们带领数十名庄客，蒙面拦路相救。自此，史进留在了柴大官人处，避难歇息多日。之后上了梁山，成了马军八骠骑兼先锋使之一。

七、杨志失宝复夺宝

祖籍山西太原的青面兽杨志奉命押解花石纲，从太湖岸边向东京进发。过黄河时，遇到特大风浪将船打翻，船上的所有奇花异木、怪石稀珍都掉入河水，随从兵卒葬身河内，他被船老大救出方免遇难。

丢了花石纲，不能回京交差赴任，无奈，杨志只好一人逃走。他漫无目的地走啊走啊，这天来到济州南边的靠山庄，住进了一家客店。

夜里，杨志心中有事，怎么也睡不着。落脚何处呢？若回东京，数船奇珍失踪，高俅、蔡京他们不会放过自己。要上山落草吧，还怕辱没祖宗清白。想着想着，大腿一拍：“只好如此了！”

第二天，他往店家柜上交了五两纹银，说：“那房间我包啦，啥时走一同结算。”说罢，提刀走出客店。一连数天，早出晚归，天天如此。店家心里纳闷，他外出干了什么呢？原来，这几天杨志一直躲在店东一大片枣树林里。枣树林中有一官道穿过，过往行人每天都有许多。杨志看来往行人，多是挑担、推车买卖粮食的当地农民，不忍心抢夺。有一天临近中午，突然听到远处有车马声。他立即提刀出来观看，只见远远来了一辆马车，看样子准是官家的车辆。于是急忙蒙上面目，隐藏在一棵大树之后。一会儿，只听一人高声喊道：“大伙注意，这是一处险林，好有强人出没，都要多加小心！”

那赶车的打着响鞭，马蹄生风，一阵銮铃乱响，尘土飞扬而来。车前有四位大汉，扛着鬼头大刀。杨志看得真切，待那马车奔腾着来到面前，突然“嗖”的一声蹿到路中，大刀一横道：“此路是我开，此树是我栽。要想从此过，留下买路财。”那几匹马打了个立站，车上两位商人怒吼道：“何人如此大胆，竟敢抢劫知府大人的财物，还不给我拿下！”

车前四条大汉，挥刀直奔杨志。杨志一抖手中大刀，双方战将起来。来来回回六七个回合，杨志忽然使出杨家刀绝招，“啪、啪”几下将这四人的刀磕飞，用自己手中的刀背把他们打倒在地，一伸手拉过一个垫在下边，把四人垒压在一起。杨志往下一坐，那四位大汉，立时感到有千斤之重，叫喊不出声来。

杨志用刀指着车上那两位商人问：“你们是想死呢，还是想活？”两个富商吓得身抖似筛糠，滚到车下，趴着一个劲地磕头：“好汉爷饶命，好汉爷饶命！”杨志道：“饶命不难，将车上的财帛珠宝，每样拿出两件，放入两个箱内，就饶你们性命！”两个富商见此，赶忙结结巴巴地说：“我们，给给，给给！”

就这样，杨志夺得两箱财帛珠宝。他回到店中，找来一条担子，雇了随从挑着，准备赶赴东京打点高俅、蔡京，以保他官复原职。没想到在梁山脚下遇到林冲，于是便有了《水浒传》中英雄相斗的一场恶战。

八、刘唐英魂救百姓

《水浒传》写刘唐祖籍山西东潞州（今长治市），他起初在东平府府衙当都头，负责地方治安。有人因犯了命案，被其捉拿。东平府李孔目熟悉被捉之人，有意开脱，遂想法定为误伤人命，案犯免遭一死。

不料李孔目之妻萧蛾与人通奸，早存害夫之心。她偷窥到李孔徇私舞弊之事，使暗中告发。李孔目因此被定为死罪，秋后问斩。萧娥恐夜长梦多，于是用重金买通都头刘唐，商定将李孔目害死狱中。

正待行事，刘唐被派往汴京出差，路经郓城王沙湾村灵官殿。天空突降大雨，至晚未停，刘唐只得夜宿香案之上。三更时分，有神人至前，责怪其昧心害人，该遭天谴。若一意孤行，必定万箭穿心。刘唐惊惧而醒，此时雨停雷歇，月光如水，照见殿内供奉的神像正是所梦之人。刘唐连忙叩头谢罪，发誓永不作恶。

于是，刘唐连夜赶回东平，潜入萧娥卧室，杀了奸夫淫妇，放走李孔目。接着，则找到晁盖，先劫了杨志押送的生辰纲这一“不义之财”，随即又加入了梁山起义好汉之列。

宋江带领起义队伍招安后，带兵打方腊破杭州攻击侯潮门时，刘唐战死。随后，他的英魂飘飘悠悠来到郓城东溪村，想找昔日大哥晁盖的亡灵相聚。哪知因晁盖梁山落草，被族人砍头入谱，即把那“盖”字去了草头，写成“晁盍”。刘唐知后，心中不悦。

刘唐感到，凭晁盖的族人们这等无情无义，自己去了能算老几？但又能上哪里去呢？忽然，他想起当初王沙湾村灵官殿神仙显灵一事，心中暗想：灵官殿一年四季香火不断，这里距晁盖、宋江、吴用等众家兄弟的家乡又近，真是个好去处。于是便来到灵官殿落身，辅佐所供的王灵官，保佑一方百姓世代平安。

至清朝末年，当地土匪猖獗。一天半夜，一群匪徒将王沙湾团团围住，正要偷袭。忽然，灵官殿东侧墙下传出一女人的哭声。哭声惊动了更夫，他伸头仔细一瞧，只见土匪黑压压地正往护村墙上爬。更夫立即鸣锣报警，村民们迅速鸣枪开炮。土匪一看机会已经错过，便撤兵而去。天亮之后，村民怎么也打听不出夜哭的女人是谁。有人说，这是刘唐装扮的，为的是救一村百姓。

1947 年，刘邓大军强渡黄河进军鲁西南，农历五月十三日解放郓城，接着打了羊山战役。当时，刘邓首长曾把指挥部安在王沙湾村的灵官殿内，地图就铺在供桌上。国民党部队探听到这一消息，立即纠集重炮齐轰王沙湾。从早打到晚，一千多人的村庄哪能经得起如此炮轰！周围村庄的百姓都以为这下准把王沙湾炸平了，但实际上仅仅伤了两个人。老百姓都盛传王沙湾村有神灵保佑，敌人炮轰时半空中站着两位神仙，一个身穿黄马褂，手拿拂尘（即王灵官），一个黑脸大汉手挥大刀（即刘唐），炮弹都被他俩截住拨到别处去了。战斗结束，百姓们纷纷前往灵官殿烧香祭祀。后来，还传出歌谣：

灵官刘唐齐显灵，拨拉炮弹助刘邓。
弹弹土，拍拍腚，遭殃军，死个净！

据王沙湾村现存的碑文记载：灵官殿于民国二年（1913）重修，1950 年被拆。改革开放之后，村民们又自发募集资金，在灵官殿遗址上进行了重建。新建的灵官殿不但再现了当年的原貌，而且根据《水浒传》的记载，增添了刘唐醉卧灵官殿的内容。

九、索超夺斧龙虎山

北宋末年，朝廷开武科选将，年仅十八岁的索超赴京城汴梁报名应试。

在校场比武中，他施展祖传斧法，连战连胜，赢得全场喝彩。眼看夺魁在握，忽然闯进一使流星锤的小将，与索超大战起来。两人各使出神力，只听锤斧相撞，如山崩地裂一声轰响，索超手中的大斧，被那小将的锤磕去一半。就这样，因兵器方面的原因，索超败下阵来。

索超回到北京大名府的家中，一连睡了三天三夜，茶饭不思。爷爷索飞见孙子已经长大，为给他鼓劲励志，便将隐藏已久的一段家事说给他听："咱是唐朝开国元老鲁国公程咬金的后代，你使的斧法便是他老人家传下来的。他老人家的蘸花大斧是咱的传家宝，后来咱的先祖爷因为得罪了武则天，被抄家灭门，多亏家院程索将先祖爷救出。先祖携宝斧逃回老家——梁山泊附近的斑鸠店，又被官府察觉，才逃到这里安家。为免再遭不测，同时也是为报程索的救命之恩，先祖爷便改程姓为索姓。听老人们说，那把蘸花宝斧遗失在河南、山东交界处的龙虎山中。我到那里找过多次，根本没有龙虎山。我也到江西找过，那里有龙虎山，却没有宝斧的音讯。"

索超听了爷爷的讲述，下决心一定要找到祖传的宝斧。第二天一早，他就骑马提刀，告别家人，向山东、河南交界处寻找而去。风餐露宿，一日他来到一座高山前，忽听喊杀声大作，再看尘土飞扬，一队官兵正追赶一提锤少年。索超细看那少年，恰是在京城比武时将自己之斧磕飞的那位小英雄。见少年危在旦夕，索超大喝一声，策马挺刀相助，两人联手将官兵杀败。

经过询问，原来这少年姓汤名隆，山东龙虎庄人。那次比武中魁后，因打抱不平杀死高俅的一个亲戚，逃出京城，被官兵追杀，一直追到这里。两人相见，各述别后之事。当汤隆听索超说起到龙虎山寻找宝斧，当即说："这真是'踏破铁鞋无觅处，得来全不费功夫'，我家就在龙虎山下。我们村前有座虎山，村西有座蛇山，蛇在我们那里叫小龙，故人们称两山为龙虎山。当然，外人不知龙虎山这名。这龙虎山就在你老家斑鸠店东五十余里处，我还听老人们说过你先祖那把蘸花宝斧的事哩。走，回我家，我爹爹准知它的下落。"

到了汤隆家里，汤隆的父亲汤良告知："我听人传说，宝斧在龙虎山中姓解的一位猎户家里，明日我领你们去求宝斧。”索超大喜。

第二天吃过早饭，汤良带领索超、汤隆骑马进入龙虎山，找到了解姓猎户的家。谁知就在前一天，解姓猎户为护宝斧刚被官兵杀死，他家只剩下妻子李氏和两个儿子解珍、解宝。索超向李氏说明来意后，李氏说：“你们来晚了两天。”接着，便将她家数代保护宝斧的事情说出：“我们解家祖祖辈辈靠打猎为生，老祖爷曾在龙山洞捡到一把大斧。回家细观斧柄刻字，才知是鲁国公程咬金的那把蘸花宝斧，就收藏在家中，等程家后人来寻，让宝斧物归原主。可是，他老人家等了一辈子也没等到程家后人。就这样，我们家一代一代传到今天。谁料，前不久官府不知从何处得知宝斧藏在俺家，当地恶霸独眼龙突然带官兵来到，逼俺孩他爹交出宝斧。他爹不承认有此事，便被他们毒打一顿。他们在俺家里翻了一天，所有能刨动的地方，都被挖地三尺，也没找到宝斧。为防不测，我家商量着改换藏斧之处。他爹悄悄到了龙山藏斧洞，将宝斧取出，准备拴上铁链沉入虎龙潭中。谁料官兵早有埋伏，宝斧一取出洞门就被官兵截获，俺孩他爹也在与他们的打斗中丧命。”

得知此情，索超三人安顿好解氏母子三人，决定先了解恶霸独眼龙获得宝斧后的情况再说。一番打听，原来独眼龙想把宝斧献给东京朝廷，以求得官职和奖赏。而他要进京，龙虎山是必经之地。

这样，索超三人就预先在龙虎山必经路上设下埋伏。隔天上午，果见独眼龙骑着马，扛着蘸花大斧，带着一队官兵，得意扬扬行朝龙山、虎山之间的峡道而来。

突然，一声“留下买路钱，方可从此过”的喊声响起，震得山谷嗡嗡作响。索超跃马横刀拦住了去路：“独眼龙贼子，把爷爷的宝斧留下，方可留你一条狗命！”独眼龙吃惊不小，见一大汉挡道，随即喝道：“大胆蟊贼，竟敢拦截官府人马？难道不怕死不成？”“这宝斧本是爷爷我家的，我是唐朝鲁国公程老祖十二代孙，宝斧应物归原主。”“胡说，怎能证明你就是程咬金的后代？”“还我斧来，看我使出祖先神奇三斧你便知晓！”“大胆蟊贼，你分明是在此骗斧。”独眼龙大斧一挥，朝身后跟随的官兵喊道：“还不将这山贼拿下，碎尸万段！”

话音一落，只听“轰隆”一声，两边山崖上各滚落一棵大树，正好把官兵分开两截。紧接着，汤隆也跳将过来，堵住官兵。独眼龙见此，慌忙抡斧便劈。索超躲过大斧，反手一刀砍去，将独眼龙劈于马下。官兵见独眼龙身亡，一个个好似丧家之犬，抱头鼠窜。汤隆还要追杀，索超喊住：“弟弟莫追，宝斧已夺回，就饶他们狗命吧！”索超随即下马，向龙虎山磕了三个头：“猎户在上，你护斧丧命，我已给你报仇，你在九泉之下瞑目吧！”

后来，为防官府迫害，护斧的家人李氏领着儿子解珍、解宝前往登州投奔亲戚，在登州一山下落户。解珍、解宝子承父业，继续打猎养家糊口。再后来，解珍、解宝一同投奔梁山，没想到汤隆、索超此时已成为梁山一百单八将中的将领。在梁山，四人都为梁山起义大业立下了汗马功劳。

十、张顺救人捉水鬼

郓城西南四十里许有个村庄，叫张水坑。传说以前这个村子不叫这个名字，只因为纪念梁山泊好汉张顺（《水浒传》写其祖籍安徽小孤山，今属安庆市），才改的名。

村子距八百里梁山泊不远，这里的人家半渔半农，忙时耕田种粮，闲时张网捕鱼，虽说不上富裕，也算安居乐业。这年，村里出了一件怪事，一个俊俏的村姑去坑边洗衣忽然不见了，水边还放着洗盆和衣物。人们以为是不慎落水，捞了半天，活不见人死不见尸。正着急，有人在芦苇里发现了一把朴刀，上面刻着“替天行道”四个字，正是梁山起义军的记号。有几个愣头后生立即骂起来：“这伙乌贼，替天行道，行个屁！我们不如告诉官府，踏平山寨，报仇雪恨！”德高望重的家族长低头想了一阵儿，安抚大家不要急躁，说他自有道理。第二天一早，家族长就坐着小船向梁山大寨驶去。

宋江、吴用一班头领，把老人家接到忠义堂。施礼已毕，分主宾坐下。

宋江问道：“老伯不在家中种田，来到山寨有何事情？”家族长欠身答道：“老夫乃一荒村野汉，以往可没曾亏待过公明和众弟兄们……”接着，把事情讲了一遍。宋江听了不由大怒，众好汉也气得咬牙切齿。吴用站起来慢慢讲道：“事有出因，前几天有个江洋大盗因分赃不均得罪了同伙，来投靠山寨，想借兵报仇。宋大哥看此人行为不轨，没有收留。谁知他走时偷走一把朴刀，肯定是他在假借梁山之名，祸害百姓。不过，量他也走不多远，我看……”浪里白条张顺这时走上前来说：“小弟愿去擒拿此贼。”吴用如此这般交代了一番，张顺便和老汉下山去了。

那江洋大盗姓王，人称王水鬼，练就一身水上功夫，是个杀人不眨眼的魔王。他被宋江等人轰出忠义堂后十分恼怒，但又觉得自己身单力薄，报复不成。于是顺手摸摸腰间那把偷来的朴刀，心中暗笑：宋江宋江，我好心投靠梁山，你却不肯收留。此处不留爷，自有留爷处。不过，我也不能白白受辱，我给你添点麻烦吧。正好，他看到有个村姑在水坑边洗衣服，便干出了嫁祸于人的事来。

张顺来到出事的坑边，转了几个来回，纵身跳入水中没影了。当夜，月色亮如白昼，坑边来了个如花似玉的洗衣姑娘，那影子在远处也看得见。正洗着，忽然水中伸出一只手，就要来拖姑娘下水。那姑娘顺势也抓住水中伸出的手腕，用力往上提，直拖出一个贼来，就说：“你张顺爷爷在此等候多时了。”

原来，张顺下水之后，从偏僻处悄悄上岸隐蔽起来。待到夜晚，他男扮女装，来到坑边洗衣，以引蛇出洞。所抓之人，正是王水鬼。王水鬼一下子被摔倒在地上，张顺抡拳就打。王水鬼就地十八滚，一下子又滚回到水里。张顺“哈哈”大笑：“水贼哪里逃，叫你知道爷爷我的水上功夫。”话到人到，一步蹿到王水鬼头上像踩大葫芦一样，直把他蹬到水底。王水鬼好不容易露出头来，又被张顺踩了下去。王水鬼只好似憋水鸭子般逃跑，张顺紧追不舍，一直追到贼窝里。不仅捉住了王水鬼，还救出了失踪的村姑，翻了许多金银赃物。他把金银赃物送给村里，就押着王水鬼回梁山交差去了。

村民为感谢梁山好汉张顺救了村姑，除了水鬼，就把那个水坑叫了张顺坑，村子也改叫了张顺坑村。因为“顺”与“水”同音，时间长了，张顺坑就成了张水坑。张水坑村，现是郓城县武安镇的一个行政村。

十一、王英杀霸报妻仇

北宋末年，安徽两淮之地有个王家庄，庄里有个小伙子名叫王英。王英以赶车为生，练就了一身好武艺，三四十人近他不得。深宅大院，抬脚就上，好似走平地一般。由于他身材粗矮，勇似猛虎，江湖上给他送了个“矮脚虎”的绰号。他因为家贫，二十六七岁了，还没娶上媳妇。

有一天，他早早起床赶车进城，半路上忽听一阵哭声。王英觉得奇怪：大清早的，何人在啼哭？他停下车，循声望去，前面不远有座破庙，声音就是从那里传来。过去一看，只见一位老汉躺在地上，奄奄一息，一位十八九岁的姑娘守着在哭。

原来，他们是讨饭的父女俩。老汉连病加饿，已动弹不得。一个姑娘家，举目无亲，束手无策，只是双眼落泪。王英问明情况，便把老汉背到车上，返回家中，求医给老人看病。无奈病已入膏肓，医治无效。临咽气前，老人抓住王英的手，泪如雨下，又指指女儿，两眼一闭咽了气。

姑娘明白爹爹临死的心意，就对王英直说了：若王英未婚，愿与其结为夫妻，白头到老。王英家境贫寒，能有人愿意嫁给他，当然喜得合不拢嘴。就这样，在亲友们的帮助下，很快二人举行了婚礼。这姑娘生得倒也端正，起初因饥饿面色较黄，可是过了几个月，面色红润，显得美俊多了。并且又十分能干，家里料理得井井有条，人们都说王英交了好运。

再说王家庄西北六里有个张家寨，寨里有个财主张员外。张员外有三个儿子，一个比一个人品低劣，今天到东庄调戏人家的大闺女，明天到西村奸污人家的俊媳妇。人人恨他们，又都怕他们。他三个儿子中，最坏的要数老二，名叫张仁义。

一天，张仁义看到王英的媳妇长得十分俊俏，就动了歪心思。但他又惧怕王英的武艺，不敢胡为。他有个心腹管家叫张三，察觉了主子的心病，就给张仁义出了一个诡计。张仁义一听，连声叫道："好计，妙哉！妙哉！"

第二天，张三来到王英家，进门就喊："王英大哥在家吗？"王英从屋里出来一看，见是狗腿子张三，就说："是张大管家呀！什么事敢劳您的大驾亲临啊？"那张三作一揖道："王大哥，我家有一批货物寄放在郓城，想雇你的车拉来，你开个价吧？"

王英深知张家霸道，心想惹不起躲得起，便说道："我的车已租出去啦，你还是另雇他人吧。"张三心想：昨天还见他的车在家里，今天怎么就租给别人啦，想必是不愿给张家干。于是就说："你也不用打马虎眼，东家说了，只要你愿意干，他可以开高出别人两倍的价钱，你看如何？"王英是个直性子人，随即说："我的车就是不雇给张家，别人给十两银子我干，张家给一百两我也不干。"张三见王英说气话，假装不懂："那好，给你一百五十两！"

王英妻子见给这么多银子，比赶一年的车挣得还多，赶忙说："给谁干都是干，你就去拉呗！"王英白了妻子一眼，只好说："那好，我就去拉这一趟。"

第二天，王英刚走，他家大门就响起一阵拍打声。王英妻子喊道："谁呀？王英没在家，有事改天再来吧！"门外张三喊叫："嫂子，昨日我忘你家一件东西。""没有啊！""让我进去拿好吗？"王英妻子道："那你进来吧。"边说边走过去开了大门。门一开张仁义闯了进来，嬉皮笑脸道："王英出门回不来啦！"王英妻子一愣，张仁义随即抱住她亲着说："宝贝，你可想死我了。"他又摸又扯，王英妻子大骂："你这不知羞耻的东西，给我滚！"推了几推没推开，她接着大喊起来："来人呀！快来人呀！"张仁义道："你喊好了，我的家丁都给咱俩护院了，再喊，也无人来，无人答应。"

天近傍晚，王英回来了。他并没有拉成货物，而是前往郓城途中碰到一伙劫道的，结果被他一阵鞭打，那些强盗纷纷逃跑了。他猜测事情不妙，就掉转车头赶了回来。

王英推门一看，只见院里乱七八糟、一塌糊涂。进了屋门，发现妻子已悬梁自尽，就知道发生了什么事情。王英赶紧喊来了左邻右舍，人们告诉他说："你走后，张仁义糟蹋了你媳妇。我们劝了半天，她心平静了，我们才刚回去一会儿呀。"王英说："麻烦各位叔叔大爷将我妻埋在俺家老林上，我走了！"说罢操起一把大刀出了门。

当夜，王英悄悄来到张员外门外。查看了周围的情况后，一纵身上了院墙，轻轻跳了下去。见上房灯光通明，张员外正指着张仁义骂道："多少好女子你都占了，偏偏又看中那个叫花子。去路上截杀王英的，一个个都是饭桶草包，反被王英揍得鼻青脸肿，你想那小子能和咱家算完吗？"

张仁义说："不怕，我还有一计，明天派张三进城，买通官府，就说王英私通梁山强盗，把他抓进大牢，判个死罪，这事不就结了？"张家父子正议论间，只听"嘭！"的一声，门被王英一脚踹开："你们这帮恶魔，欺男霸女，祸害百姓，今天我要替所有受害百姓报仇雪恨！"王英喊着，挥刀一扫，把张仁义拦腰砍为两段，张员外吓得钻入床底。

接着，王英用刀往床下使劲捅了几下，只见鲜血喷洒一地，张员外再也没有吭一声。

王英一阵大杀，护院武师听到上房传来喊叫声，提起长矛奔来。被王英迎头碰上，不等他反应过来，手起刀落，脑袋便搬了家。张家的一些家丁知道不是王英的对手，一个个只顾自己逃命去了。王英见仇已报，一把火将张家大院点着，然后离开了张家大院。

从此王英逃往他乡，流落江湖。不久，他跟燕顺到了清风寨。最后上了梁山，加入了宋江领导的起义队伍。

十二、乐和机智退官兵

梁山农民起义英雄杀富济贫，替天行道，不到一年时间声势大振。宋徽宗闻听大惊，急令太尉高俅带领十万人马火速前往剿灭。梁山大寨得到消息，军师吴用清楚黑风口是个战略要地，而把关的将领李逵好酒，便再三叮嘱："黑风口位置十分重要，大敌当前，军务要紧，千万不要多酒误事。"李逵愿意立下军令状，说："如饮酒误事，甘愿提头来见。"末了，吴用还不放心，又派乐和（《水浒传》写其祖籍茅州，今属山东潍坊）下山，扮成店小二，住在黑风口下的杏花村酒店，以打探消息，做好策应。

李逵镇守黑风口，开始还牢记军师吴用的嘱咐，滴酒不沾。一连几日，不见官兵动静，未免酒瘾发作，把立的军令状抛到九霄云外。他独自离了黑风口，来到杏花村酒店。店伙计哪敢怠慢，马上端出杏花美酒。李逵一连吃了三大碗，大叫："不过瘾，再拿酒来！"酒店是梁山山寨开的，不能酗酒的规矩都懂得，可拗不过李逵，只得告知乐和。乐和一听大惊，慌忙出来说："李大哥，吴用哥哥咋对你讲的？军令状可是你自己立的啊！"李逵如何听得，乘着微醉，把乐和一拨拉，抱过酒坛子，咕咚咚喝了个够。喝完，踉踉跄跄地上山去了。

说来也巧，李逵前脚刚走，后脚就进来七八个打鱼汉子模样的人。他们望着李逵的背影，眼睛发直。乐和过来问道："客官从哪里来，这里正要开战，你们不怕吗？"内中一个人答道："久仰梁山起义军大名，专杀贪官污吏。我们是穷苦渔民，特来投奔梁山首领宋江大王。"乐和仔细打量这些渔民，心中犯疑。他治酒弄菜，不露声色地和这些人拉些梁山风光、渔家乡情。这几个人支支吾吾，更增加了乐和的疑心。他们问乐和："店家，刚才出店的是不是梁山好汉李逵？"乐和答道："正是。"一人又说："官兵围困，他却下山痛饮，岂不误事？"乐和笑道："客官不用担心，这李将军的脾性你们摸不透，他越喝酒越能杀官兵，喝一分酒，添一成力气，喝十分酒，那神力就无比了。他挥动双斧能砍得巨石飞腾，他吹一口气，能飞沙走石。"这几个人听了，都战战兢兢。乐和趁他们吃酒的空子，心生一计，吩咐一伙计上山，如此如此。

大约多半个时辰，这七八个人已经酒足饭饱。乐和上前说道："客官轻易不来这里一趟，何不到黑风口一游？如果有意，我愿带路。"这帮人一听，正中下怀，当然满口答应。于是，都跟着乐和来到山脚下。只见两山夹一水，狂风怒吼，浊浪排空。忽然，黑风口上，飞沙走石，巨石滚滚，那阵势令人胆战心惊/不寒而栗！那几个人只看得两眼发呆，不知说什么好。乐和说："这是李头领自己在挥斧练功，如果带上他那帮徒弟，气势比这还要震撼百倍！"乐和说到这里稍微一停，接着又说："这黑风口，无风三尺浪，有风刮掉头！有李逵在，别说来十万官兵，就是来一百万，也都会死无葬身之地。"

那七八个人一听，赶忙说："那是，那是。"说罢，扭头便走。原来，这七八个人是朝中奸臣高俅派来的情报探子。本想前来打探黑风口的防御情况，不想一进酒店就被乐和看出来了。乐和于是将计就计，悄悄派一伙计上山送信，安排让人在黑风口扬起飞沙，推下巨石，制造假象，蒙骗官军。高俅听了探子的汇报，再也不敢从黑风口攻打梁山寨了，便谎称梁山起义军一战即溃，随即班师回京。

十三、周通除霸报家仇

小霸王周通，本是山东青州城外周家庄人氏。家中虽谈不上富有，但过得也较为殷实。父亲周仁忠厚正直、勤劳能干，是个远近闻名的庄稼把式；母亲王氏，能织会纺，十分贤惠，对周通十分疼爱。一家三口人，男耕女织，其乐融融。

本村有一周姓大地主，仗着青州慕容知府是他的拐弯表叔，欺男霸女，无恶不作。他看谁不顺眼，张口就骂，抬手就打，外人送号"周霸王"。周仁有块地同周霸王相邻，每次犁地，周霸王都要多往周仁地里犁几垄。周仁为人老实，从不愿与人争斗，对于周霸王的这种所作所为，只是忍气吞声。

这样没几年，周仁的地就少了一亩多。更为气人的是，周霸王见周仁软弱可欺，竟然得寸进尺，开始多犁二三垄，继而多犁四五垄，后来竟然一次多犁七八垄。如照此下去，用不了多少年，周仁的这一地块，就会全变成周霸王的了。

为此，周仁刨出地界灰桩，找周霸王说理。没想到，周霸王不仅不认错，反而说灰桩是周仁自家打的，这个地桩不算数。周仁气不过与周霸王争吵，被周霸王的狗腿子暴打一顿。

周仁十分气恼，无奈只好到青州知府衙门击鼓告状。周霸王当即给他的亲戚、慕容知府送去纹银二百两，结果原告变成了被告。周仁被判以强占良民土地的罪名，自己的土地不但没有要过来，另外五亩地也被判给了周霸王。周仁当时气得发疯，对天高喊："衙门口，朝南开，有理无钱莫进来。天下哪有老百姓说理的地方！"一口气没接上，吐出鲜血死在大堂之上。

当时周通年龄已十二岁，见周霸王如此横行，他对母亲说："孩儿要外出拜师学艺，将来替父报仇。"母亲想了想，就拿了些衣物、路费，恋恋不舍地送走了儿子。

六年之后，周通外出学艺出师。一天晚上，周通悄悄返回周家庄，打算先把母亲接走，然后潜入周霸王家中报仇雪恨。他来到家门，见大门虚掩。进院一看，院里长得尽是荒草。他轻声喊了几声"娘"，但无人应声。他自感不妙，顿时心慌。推了推屋门，门被挂着，知道屋内无人，便折身返回，急忙找到对门邻居家。邻居低声告诉他说："在你离家一个月后的晚上，听到你母亲的叫骂声，大伙都知道又是周霸王在作恶，但谁也不敢过问。第二天，就见你母亲上吊死了。"听此，周通一跺脚离去。

周通来到周霸王院外，纵身一跃，便翻墙而过。悄悄来至上房，这时周霸王和他老婆还未安歇。周通一脚踢开房门，怒喝道："老贼，你为何强占我家祖地，害死我父，逼死我母？你欺压过多少邻里百姓，害死过多少人的性命？你仗着慕容知府权势，胡作非为，恶贯满盈。我今日特来取你性命，你还有何话说？"周霸王一看，来人面熟，听他这么一说，知道是邻居周仁之子前来寻仇，只吓得面色蜡黄，浑身筛糠，连连求饶。周通道："留你狗命，会有更多的百姓遭受祸害！"说罢，手起刀落，周霸王顿时身首异处。周霸王老婆见此，吓得早已尿了一裤裆，一句话也说不出。周通顺势一刀，周霸王老婆的头也掉了下来。

周通面北而立，双手合十，自语道："爹啊，娘啊，儿子给二老报仇了。"然后提笔蘸血，在墙上写道：

为民除害报家仇，从此江湖任飘游。
好汉做事好汉当，我乃周通斩贼首。

周通接着去了桃花山，与打虎将李忠一起落草为王。最终归顺了梁山，成为梁山一百单八将之一。

十四、杜兴劫道交李应

梁山一百单八将中的扑天雕李应和鬼脸儿杜兴，在上梁山之前，二人原是主仆关系。李应家在郓城县独龙岗，而杜兴家住中山府（今属河北省保定市）。二人远隔千里之遥，是如何结交的呢？为什么后来杜兴又当了李应家的管家呢？

杜兴出身小商之家，父亲杜福在中山府开了个绸缎店。杜福为人忠厚，人缘又好，买卖童叟无欺，生意还算兴隆。令他感到美中不足的是，夫人接连生了四个丫头，就是没有儿子。杜福自感没了希望，整天唉声叹气。时隔两年，当夫人又生产时，终于盼来了儿子。他高兴地说道："该咱杜家兴了！"邻居都说道："那就起名'兴'好了。"这样，杜兴的名字就叫开了。

杜兴和父亲的脾气迥然不同，自幼不爱读书，只爱舞枪弄棒，结交江湖好汉，花钱好似流水。父亲见他长大成人，想让他继承自己的事业，可是杜兴对经商一点不感兴趣，让他在店里卖货，卖出的还不如进价高。杜富十分生气，从此再不让他沾生意上的事了。

杜福心想：子不教父之过。在杜兴十六岁那年的一天晚上，杜福把儿子叫到跟前，对他说："实指望你兴家致富，可让你赶考，你书没读成；让你经商，你根本没有心思。照这样下去，别说兴家了，咱老杜家的家业非葬送你手里不可！"杜兴低头言道："你老有所不知，当今社会皇上昏庸，奸臣掌权，贪官横行，民不聊生……"不等儿子说完，杜福不禁大怒："别说了，朝廷的事你能管得了吗？你不走仕途之道可以，经商你必须学会。咱杜家从老辈起吃的就是这碗饭，靠的只有这个。从明天起，你跟神算孙仁义到蓟州卖绸缎，虚心跟他好好学！"

杜兴虽然不乐意，但父命难违，也只得依命去蓟州卖绸缎，学经商本事去了。绸缎卖完，一结算，不但没有赚钱，反而赔了二百多两银子。杜兴虽然不懂生意，但人聪明，他看出孙仁义从中使了手脚。便怒道："你为何这么不讲义气，怎配和我父亲是朋友！你只有前（钱）心，无有后（厚）心，你的后心让狗掏吃啦？"孙仁义也不示弱，两眼一瞪，说："你怎么敢骂我？心中还有我这个长辈吗？"杜兴怒道："我不光骂你，还要揍你哩！"话出拳到，孙仁义年已六十开外，弱不禁风，怎经得住他这一顿拳打，很快便倒地身亡。杜兴见此，知道人命关天，官府是不会罢休的。心想：三十六计，走为上策，只有闯荡江湖了。

杜兴闯荡数月，一天来到郓城西北三十五里的卧龙岗，眼看银钱花光，就在岗上的黑松林干起了劫道勾当。一连三天，过往行人都是当地农民和做小买卖的，他不忍心劫他们的钱物。就在那里等啊等啊，到了第七天中午，忽听不远处一阵銮铃响起。他一跃蹿到路边树杈上观望，见有数人骑马拥着一辆车飞奔而来。估计那辆车上，装的不是金银便是珠宝。等这群人走近，杜兴从树上跳下，大吼一声："此路是我开，此树是我栽，要想从此过，留下买路财！"

一骑马提枪大汉见有人拦道，勒马哈哈大笑："在此竟有人敢劫我的道，也算是个大胆蟊贼，你可知爷爷是谁？”杜兴把眼一瞪，道：“不管你是谁？爷爷我就是劫你的不义之财，把车上珠宝金银留下倒还罢了，若说出一个不字，别怪爷爷手中这把钢刀不认人！”那骑马大汉用手一指：“谁把此贼给我拿下？”话未说完，早有一骑白马青年跃出，怒道：“看枪！”随即两人一来一往，战不到三五回合，那青年的一杆银枪被杜兴一刀磕飞，吓得拨马而回。其余跟随，一拥而上，但不一会儿，七八个随从也都被杜兴打倒在地。

提枪骑马大汉见情笑了笑，说：“看你也算一条好汉，为何做贼劫道？你若识时务，快快逃走，我若用枪挑死你，怕污了我的英名！”杜兴听此怒道：“少废话，看刀！”说罢，挥刀砍去。只见那骑马大汉抖动浑铁点金钢枪，向上一磕，“当”的一声，把杜兴震得两臂发麻，倒退数步。杜兴不服，又一刀劈去，那提枪大汉勒马又向外一磕，杜兴的刀脱手而飞。杜兴噔噔倒退几步，“嗵”地一声倒在地上。被杜兴打倒的那几个人，一跃而起，把杜兴捆了个结实。

杜兴长叹一声说：“算我鬼脸儿倒霉！”再不言语了。那提枪大汉问：“你叫什么名字？”杜兴把头一仰道：“杀剐随便，不必再问！”那骑马大汉又道：“我扑天雕枪下不杀无名之鬼！”杜兴听此，大嘴一张：“你就是江湖上人称扑天雕的李应吗？”“大丈夫行不改名，坐不改姓，这还有假？”“我是中山府的鬼脸儿杜兴！”

李应听了一阵大笑，翻身下马：“真是不打不相识呀！快快松绑！没想我俩在此相遇！”李应又一指车子道：“你看我车里拉的何物？”家丁一掀，杜兴“哎呀”一声：“怎么都是刀枪呀！”“如今社会动荡不安，有枪方可保家自卫。杜兴，随我进庄，当我李家庄的管家好了！”李应言罢，杜兴磕头称谢。然后，大伙儿一同朝独龙岗李家庄而去。

十五、裴宣孝心受称颂

人称铁面孔目的裴宣，京兆府（今属陕西省）人氏，自幼聪明，熟读经书。

大宋宣和元年，京城开考。裴宣赴京赶考，三篇文章做得好，主考官观后非常欢喜，忙上奏折，欲点裴宣为头名状元。

徽宗皇帝御览奏折，就交与太师蔡京定夺。蔡京观后又气又恨，心想：此人不登我府送礼，显然眼里无我。若点此人为状元，将来对我一定不利，得想方设法让他名落孙山。思虑再三，终于计上心来。

第二天早朝，蔡京奏道："皇上点谁都可，唯裴宣不行。"徽宗问："这是为何？"蔡京答道："我主改年号为'宣和'，是吉祥之意，而他却名'悲宣'，岂不是克'宣和'而让我大宋王朝'悲'吗？这样的人不但不能重用，还应绳之以法！"徽宗一听言之有理，便道："裴宣科考功名作废，永不得录用！"裴宣无奈，只好回家。他自知从此仕途无望，便做了教书先生。

没过几年，裴宣母亲病故。为给母亲看病，家产几乎卖光。有一天，父亲把他叫到跟前，说："咱家的地卖光了，我在家也没有事干，光靠你教书的那点薪水也不是办法，不如趁我的身体还行，你给我找点活干。"裴宣理解父亲的心情，但让父亲干什么合适呢？父亲说："我到你教书的东家，看大门、养花草、干杂务活都行。不管工钱多少，只要他们管饭就中。"裴宣听父亲这么一说，竟又发了愁，不让父亲去吧，老人家说出了口，不遵父命，是为不孝；让去吧，如果东家也同意了，可到吃饭时，扛活的是下人，吃得孬，教书先生是贵客，吃得好，自己好吃好喝，而父亲却粗茶淡饭，也为不孝；再说，和父亲在一起，如果不想让别人知道两人的关系，平时见了面，怎么称呼啊？父亲想了想说："这个不难，就说我姓付，你叫我'老付(父)'不就得了？"

裴宣回到学馆，见了东家说："俺庄上有位姓付的老先生，祖祖辈辈种花，干这活可是行家里手，最近他老伴去世，一个人在家挺孤单的，我听说咱这里管花正缺人手，能否让他前来一试？"

东家知道裴宣有做官的料，无做官的命，教书教得非常好，因此非常信任他。再说，家中也正需要一个养花的，于是当场答应。裴宣随即回家叫来父亲，第二天就上工了。

每天吃饭，裴宣都偷偷同父亲换着吃，把自己好的那一份给父亲。开始谁也没有注意，可时间长了，没有不透风的墙，还是让学生发现了。东家的儿子对爹说了，东家不信："别瞎胡说，你老师聪明过人，哪能用白面馒头换黑窝窝，我不信。"又过了一段时间，东家的儿子又对父亲学说此事，儿子说："我说的全是真的，要不信你偷偷看看啊！"

东家心想：耳听为虚，眼见为实，我得亲自看看。第二天傍晚吃饭时，东家悄悄去看个究竟，一看果真如此。老付吃白馍炒鸡蛋，裴宣吃黑窝窝加咸菜。第三天又去看，他们还是换着吃，第四天还是一样，两人天天都是换着吃。

东家不可思议，便问裴宣："裴先生，你觉得是厨房做得不好吃呢，还是另有原因？你为何和老付换着吃？他干的是粗活，虽然他和你是一个庄上的，岁数也大，但尊卑有别，你哪能和他换着吃啊？"裴宣听后笑着说："东家有所不知，老付（父）脾气特别好，我让他孙子喊我爹，我跟他儿媳妇睡，他都不在乎。"

东家听了，虽然听出话里有话，但还是不放心。第二天就专门去找老付，问道："裴先生夸你脾气好，是真的？"老付说："一点不假，他也很讲义气，懂理识事，我跟他娘过了三十多年，他从来没有惹俺生过一回气。"东家一听，全明白了：裴先生和老付是父子关系。他知道了裴宣的孝心，教书行孝使人敬。从此，便让他们父子同桌用饭，再也不用换着吃了。

十六、蒋敬题匾救穷汉

神算子蒋敬祖籍是湖南潭州（今长沙市），后流落到山东，住进曹州府（今菏泽市）西门里蒋家胡同。他平日读书习文，年轻时就考中了秀才。

蒋敬写就一手好字，是闻名一方的书法家，人们都以收藏他的字为荣。蒋敬为人仗义，穷苦人求字，他分文不取。那些为富不仁、有钱有势的人即使千金相许，他也不写一字。

这天蒋敬闲来无事，来到西关集上转悠。抬头一望，见许多人围着一卖鸭的汉子在讨价还价。只见卖鸭汉子面带愁容，说：“我家老母有病，先生开了药方，但我一时拿不出钱来，无奈，只好把正在下蛋的鸭子拿来换点钱。看在为老娘抓药的份儿上，大伙就不要再砍价了，十只鸭子五百文，谁买谁掏钱。”

蒋敬听后，一步闯了进去，抓住鸭篓说：“这鸭子我全买啦，价钱就按你说的。”众人闻听，都不高兴了。其中一人说：“你这人咋不懂一点规矩，买卖争分文，他可以漫天要价，我也可以坐地还钱。人家正在讲价，你怎么不讲价就都要了呢？”蒋敬道：“他为老母看病，急等着用钱，就凭他这份孝心，我不给他还价。”众人无言以对。蒋敬对卖鸭汉子道：“我就住在前边不远的蒋家胡同，请你挑着送到家，到时付钱。”

二人来到蒋敬家中，蒋敬说：“你稍等片刻，我去拿钱。”可到堂屋一找，连一文钱也没找到。妻子又去了娘家，这可急坏了蒋敬。卖鸭汉子见他焦急的样子，心中便猜了个八九分。这时，蒋敬稍一沉思，对卖鸭汉子说：“你在此少等，我去去就回。”说罢走进书房，研墨铺纸，一挥而就写了几个字。他把字交给卖鸭汉子说：“家中一时没钱给你，请不要见怪。我写了几个字，你到西关张老板当铺去当，当价一定要高一点，可别当少了！”

卖鸭汉子见蒋敬一片真诚，便照此办理。来到当铺，卖鸭人朝向柜台说：“掌柜的，我当几个字。”掌柜的打开纸张一看，原来是“曹州府张记当铺”七个大字，落款是蒋敬，顿时喜笑颜开。原来，他多次求蒋敬为自己题写匾额，价钱随便要，可蒋敬就是不给写。今日派人送上门来，这面子可够大的。他一时高兴，便说：“要多少钱？”卖鸭汉子见老板高兴的样子，又想起来时蒋敬对他说的话，便鼓了鼓勇气说：“十两银子，少一两也不行！”

掌柜的听后说：“不贵、不贵！”随即拿出十两纹银，递给卖鸭人，说：“回去对蒋秀才说，改日我带礼登门道谢！”卖鸭汉子接过银两，急忙直奔药店，先给老母亲抓药。几天后，卖鸭汉子老母的病痊愈了，各种费用总共花了不到五两银子。

卖鸭汉子觉着剩下的五两银子不该归自己，便给蒋敬送去。蒋敬听后哈哈大笑："这银子我不要，算是我送给你的吧。你家里穷，但你是个孝子。百善孝为先，你的精神实在可嘉。这五两银子中不了大用，回家当个本钱，做个小买卖，好养家糊口。鸭子我也不要，你还是挑回去，好好喂养，让它们多下个能抵油盐酱醋钱。"卖鸭汉子再三拜谢而去。

后来，蒋敬参加了以宋江为首的农民起义军，在一百单八将中位列第五十三名，主管钱粮出纳。卖鸭汉子的母亲去世后，他也到梁山投奔蒋敬。蒋敬安排他在梁山泊为起义军养殖鸡鸭，改善生活。从此，卖鸭汉子也成了梁山农民起义军中的一员。

第三节　《水浒传》涉及人物的民间传说

在菏泽郓城一带，水浒人物的民间传说，内容广泛，数量很多。其中除英雄人物外，书中涉及的其他人物，包括反面人物，都有一些传说在民间流传。并且，还有《水浒传》作者施耐庵在郓城为官的传说故事。小说与传说相互印证，说明了宋代宋江起义在其家乡影响之深远。

一、武大郎善心恶报

武大郎的实际姓名叫武植，清河县武家村人。他自幼父母双亡，与兄弟武松相依为命。出身贫寒的武大郎因上不起学，先为富家子弟伴读，而后到潘家染坊做徒工。染坊掌柜看中了武大郎的为人正直和勤奋好学，并身材魁梧、相貌堂堂，便将爱女金莲许配与他为妻。

大比之年，武植进京赶考，以优秀的成绩考中了进士。之后，出任山东阳谷县令。他爱民如子，将一方土地治理得政通人和，百姓安乐富足，深得民众拥戴。

一天傍晚，武植正在批阅公文，忽然衙役来报："外面有一个蓬头垢面的人，自称家是清河县的，要见县官大人。"武植忙说："快把他请进来。"不一会儿，一个脏兮兮的人跑了进来，一下子扑倒在武植面前："武兄……""啊！"武植一看是昔日的同窗故友黄堂，大吃一惊，随吩咐准备酒菜。几杯热酒下肚，武植问道："兄弟，你为何落到了这般地步？""一言难尽哪！"黄堂叹口气说。

原来，黄堂和武植曾从小一块读书，黄堂家庭的经济状况远远好于武植。那时，黄堂没少资助武植。后来二人一起赶考，武植金榜题名，黄堂却名落孙山。武植做了阳谷县令，开始二人常有书信往来，而随着武植公务繁忙，相互联系渐渐减少。

不久前，黄堂遭遇横祸，一场大火把自家的房屋烧个精光。闲散惯了的黄堂一下子变得一无所有，如何受得了这种打击？以前的那些亲戚见他穷了，都躲得远远的，不再和他来往。无奈，黄堂想起了武植，就一路乞讨来见他。

"武兄，我修盖房屋，置买田园，重整家业就全靠你了。"黄堂边哭边说道。"唉，我两袖清风，哪有那么大的能力。你在我这里暂且住下，容我慢慢想办法。"武植轻轻叹了一口气，皱起了眉头。黄堂听了这句话，立刻感到如劈头浇了一盆冷水，以为武植忘恩负义了。心中非常不快，只是没表露出来。

之后几天，武植一直忙于政务，兴修水利，让阳谷百姓能在播种时节用上水，无暇顾及黄堂。黄堂在武植的家里闲住，虽说好吃好喝的，但他以为武植特意避而不见，一气之下就离开了阳谷。

回乡的路上，黄堂想起往日对武植的帮助，越想越气愤。为泄私愤，于是他就画了武植的画像，四处张贴。把武植丑化成侏儒般的矮子，并把他在阳谷县做县令说成是以卖炊饼为生。这还不解恨，又把其妻潘金莲说成"荡妇"。黄堂是个颇有文才之人，编起故事来有鼻子有眼的，相当生动鲜活。这样，一传十、十传百，对武植和潘金莲的不实之词，就传得沸沸扬扬了。

黄堂回到家中，只见一座新盖的房屋亮亮堂堂。一问妻子才知道，原来武植得知黄堂的遭遇后甚是同情，但无奈他为官清廉，缺少钱财。其妻潘金莲见情慷慨解囊，将嫁妆变卖，以了却夫婿帮助故友的心愿。武植赶忙派人到黄家，送来银两，并找人给盖起了新房。本来想一切停当之后再告诉黄堂的，谁知……黄堂见情懊悔不已，想连忙赶回到阳谷县，把自己所画所写的东西全部抹掉，可他编的故事已经家喻户晓。以致许多年后，施耐庵听到了这些故事，便写进了那部千古传诵的《水浒传》中。书中的武大郎和潘金莲，就成了与现实截然相反的一种形象。

二、郓哥火烧黑心商

《水浒传》中，郓哥通报信息，帮助武松杀了潘金莲和西门庆，为好友武大郎报了仇，没几年，郓哥家中唯一的亲人老爹因病下世，他也患了一场大病。为了看病，变卖了一切家产，就连卖水果的那点本钱也买了药。病好之后，郓哥一无所有，只好靠乞讨为生。

有一天，郓哥来到一家药铺门前，按乞丐行乞须先奉承户主的规矩大喊："施主，祝您生意发大财，钱财元宝滚进来。"叫嚷了半天，也不见有人递钱出来。郓哥从门缝往里一看，店掌柜正在财神爷面前祷告："愿今年百姓多生病，多得些头痛发热腰伤腿折的，我好多卖药多挣钱。"郓哥心想：这药铺掌柜可够心黑的，他这不是想挣昧心钱吗？

郓哥决定再串几家药铺看看，可是一连走了几家药铺，听到的几乎都是同样的话。郓哥越听越生气，心想这些药铺掌柜太没良心了，应该都盼着人们身体健康、无病无灾的，而他们却盼着人们生病发热腰伤腿折，这不是在损人利己吗？

郓哥来到郓城最后一家孙姓药铺，也没叫嚷，就侧耳一听。孙掌柜也在祷告，他说：但愿世间人无病，宁可架上药生尘。愿神灵保佑今年人们无病无灾、平平安安。郓哥听罢很受感动：这郓城的药铺掌柜中，到底还是有孙掌柜这样的好人哪！

孙掌柜的药铺和一家棺材铺相邻，郓哥离开药铺来到棺材铺前，又照例喊了好多吉利话，棺材铺掌柜也没派伙计出来送赏钱。郓哥凑上前去偷听，掌柜的正在财神爷面前祝愿说：希望今年多死人，棺材卖个大价钱。郓哥气得差点要撞门进去，没想到世间还有这种盼人死的坏种！

紧接着，郓哥又接连去了几家棺材铺，听到的竟然几乎同样的祝词。他暗骂：奶奶的，这棺材铺掌柜的心比药铺掌柜的心还黑还狠，那些药铺掌柜顶多只是盼着人们多生病，而他们却盼着活人变死鬼，简直比蛇蝎还毒，比虎狼还狠！我要把郓城的棺材铺走个遍，看到底有没有一个好人。

说来也巧得很，郓哥走到最后一家戴姓棺材铺，戴掌柜正在财神爷面前祷告：但愿今年少死人，普天下的好人都平安长寿。郓哥心想：这一回没白跑，总算遇到一个好的棺材铺掌柜。

回想所遇到的事，郓哥越想心中越气愤不平。那么多药铺、棺材铺的掌柜都怀着损人利己的心，不治一治他们，上天神灵也不会答应。于是，他就把自己的想法给乞丐头目说了。不料乞丐头目听完叹口气说：“咱们都是一些要饭的叫花子，还得靠别人施舍过日子，如何管得了这些大掌柜呢？算了吧。”

郓哥虽没得到乞丐头目的支持，但并没灰心。他召集了几十个平时关系不错的小乞丐弟兄，把自己所见、所听的事讲给他们听，然后说：“这些人想挣钱咱不生气，但不该这样狠如虎狼、损人利己，咱们一定要想个办法治一治他们。”小乞丐们听后，都十分赞成，并商定了具体办法。

正月十五闹元宵，郓城城内的一条主街上十分热闹。在文庙的殿堂中央，是至圣先师孔老夫子的塑像。凡是有儿孙的，都希望自己的孩子以后能够金榜题名、光宗耀祖，所以来这里烧香磕头的人很多。香客们正在磕头上香祷告，突然，从孔圣人塑像顶上飘落下一副对联，上联写的是“中药铺求人多病真不该”，下联写的是“棺材铺咒人多死就该烧”。众人不明白，你看我、我看你，不知是啥意思。但其中有两种人，一种是药材铺的掌柜；另一种是棺材铺的掌柜，他们心知肚明：恐怕是自己私下的祷告让神灵生气了，这是要烧他们的铺面呢。于是，都赶紧扭头往自己家的铺面跑。

就在这时，郓城场内的中药铺、棺材铺几乎同时着了火，火势汹汹，火舌乱窜，将药铺里的中草药烧个精光，棺材铺中的棺材也被烧成了灰。这些铺面着火的掌柜们只是想着自己平时没有安好心,惹怒了神灵,才有如此火灾，所以谁都没敢声张，更不可能想到这是人为纵火。

实际上，这是郓哥组织一帮小乞丐们干的。他们事先安排好，每两个人负责烧一家铺面，事先都踩好了点儿、摸准了道儿，在哪儿放火最合适，然后约定时间，统一行动。郓哥为了营造神秘气氛，还派人悄悄趴到文庙的孔夫子塑像上面，从上面扔下一副对联。

一场大火将郓城的中药铺和棺材铺烧得只剩下两家，一家是孙掌柜的药铺；另一家是戴掌柜家的棺材铺。此事在乞丐中间传开了，大家都佩服郓哥敢做敢为的正义感。待后来郓哥年老病故，有一千多人自发给他操办十分隆重的丧事。

三、高俅葬身宋江河

宋江领导的农民起义军占据梁山，举起替天行道的大旗，打恶除霸、杀富济贫，一时声势浩大。这一下惊动了北宋王朝的统治者们。在地方官军屡次围剿失利的情况下，皇帝就派奸臣高俅率十万大军，分水旱两路前来围剿梁山起义队伍。

高俅是个贪得无厌的人，他趁出兵之机一路上敲诈勒索，抢劫掠夺，搜刮了大量的金银财宝，装满了几十只大箱子。这个家伙做贼心虚，不敢把这些宝物送回京城。一是担心路上不安全，怕被强人夺去；二是怕走漏了风声，万一传进皇帝耳朵里，自己头上的乌纱帽肯定不保。但随军带在身边，战事胜负难料，一旦被起义军战败，财宝岂不要落在他人之手？

一路上，这高俅老贼绞尽脑汁，还是苦无良策。当他率领大军来到梁山泊岸边的郓城地界时，终于一计涌上心头：当时，正值春天，天旱无雨，运粮河里的水很少，他就派些心腹，从岸边偷偷挖一条地道通至河底。然后把装满财宝的几十只箱子藏在地道里边，再把地道口堵死，做上记号。想等凯旋回京时，再偷偷取出带走。

高俅安排好金银财宝之事，便组织兵力围剿梁山农民起义军。宋江等梁山好汉凭着山水之险，奋勇杀敌，一次又一次打败官军的进攻。高俅见久攻不下，便奏明皇上，搬来援兵。高俅重新布置人马，再次向梁山寨发起猛烈攻击。宋江见敌众我寡，粮草殆尽，久战不利，便决定撤离梁山，保存实力。一天夜里，趁着天黑风急，宋江率领起义军开始突围，杀出一条血路遁去。

高俅占领了梁山之后，忙奏明皇上，谎称起义军已被全部消灭，队伍休整几天便可班师。其实，老贼醉翁之意不在酒，是想趁机取走他那几十箱埋藏的金银财宝。于是，他派人在河上筑起两道拦河坝，先把两坝之间的河水排干净，然后带着心腹去挖埋藏于地道中的财宝。谁知挖着挖着，突然山崩地裂似的一声巨响，随之河底出现一个大黑洞。洞中蹿起一股几人高的水柱，将高俅及其心腹全部卷进了黑洞里，一个人也没有活。随即，河里的水位又恢复了原状。

人们虽然对高俅藏宝一事有所耳闻，但并不知道详情。再说，高俅等人都已葬身河底,外人谁还敢再来寻宝？于是,几十大箱珠宝永远深埋在了河底。

第二年春天，在高俅埋藏金银的河道里，逐渐长满了芦苇和莲藕。

人们传说，这是宋江等牺牲梁山好汉的英魂将高俅搜刮的金银变成的，是给两岸百姓带来了年复一年享用不完的财富。为了纪念宋江领导的梁山农民起义，当地老百姓便把这段运粮河叫作“宋江河”。因为此河在宋代是京都汴梁与梁山泊之间的一条黄金水道，所以有人又把这条河叫作“宋金河”，并一直沿用至今。

四、百姓同心饿蔡京

蔡京，北宋兴化仙游（今福建境内）人，先后四次为相，弄权长达十七年之久。在位期间，他与童贯等人狼狈为奸，设应奉局和造作局，大兴花石纲之役；建延福宫、艮岳，耗费国资巨大；设“西城括田所”，大肆搜刮民财；为弥补财政亏空，尽改盐法和茶法，扰乱币制，民怨沸腾。在对待宋江等梁山好汉招安的问题上，他阳奉阴违，坏事做尽，致使许多忠臣良将遭受迫害。宋钦宗即位后，立即将其免职下狱。后来念其在位尚有劳苦，遂判了流刑，发配到岭南韶关。

蔡京把平日搜刮来的金银财宝装了满满一大船，择日启程。在他看来，钱能通神，虽没有权了，但只要有钱，不管什么事照样可以摆平，山珍海味依旧可以尽情享用。

大船一路顺河行去，船上备有自京城携带的精美饮食，也无须上岸置办。走了几日，自备食物用完，蔡京便命船靠岸，打发家人购买。岂料时至过午，家人才沮丧地提着空袋回来了。蔡京见状恼怒道：“无用的奴才！他人有米面鱼肉，咱家有金银钱财，为何买不来？”家人说：“不知道因何走漏了消息，老百姓知道是老爷驾到，竟无人肯卖给咱食物！”蔡京说：“蠢材！岂不闻俗语说：‘银子不够添上钱，哪有不下雨的老天爷，’再去！多带银两！”家人只好按其吩咐去办。可是，直等到傍晚，家人终于回来了，可是米袋依然空空如也！

“启程！前面不远就是长沙。那里人烟阜盛，诗礼之乡，绝非此地刁民可比。”蔡京一行人强忍饥饿行船一夜，第二天早晨总算到了长沙。见岸上酒肆林立，人来车往，一派繁盛景象。蔡京见了不禁欣喜，便强打精神，带人上得岸来。可一上岸，便发现这里的人无论男女老幼，见了他们就指指点点，还不时有小儿投来果皮石子。挨进眼前一家气派豪华的酒楼，正待捡一处干净座位坐下，不想店小二过来说：“本酒楼掌柜已吩咐过，不接待你们这些人，请便！”蔡京听了，气得浑身乱颤，说：“岂有此理！老夫富有金银，粒米珠价，也自无妨！”“哦，是蔡京大老爷！”不知何时，掌柜的出现了，说：“本店米食皆为农夫汗滴入土而来，粒粒辛苦，岂是你的脏钱污财可以换得？

请吧！”

蔡京自知购食不成，无奈忍气出得酒楼，对随从说：“这厮好不晓事！偌大长沙，老夫不信没有晓事之人！走！”在市人的指戳唾骂下，他们沿街行去，见有一家门面不大装潢寒碜的酒家，便走了进去。

“蔡京老贼！滚！”一个满脸凶狠的老板娘一声大喝，三推两攘把一干人撵了出来，“睁开你狗眼看清楚了，老娘胜过母夜叉孙二娘，再不走，小心老娘拿你剁碎了，做包子馅！”蔡京等人早惊得面如土色，在路人的一片唾骂声中跌跌撞撞地离开。

连气带饿，蔡京已是虚弱不堪，就吩咐说：“快！……离……离开城里，到城外乡野人家，或可买得饭食充饥。”可是，乡下的百姓也不卖给他们饭食。蔡京的一位聪明家人只好装扮成乞丐，去村里乞讨一点残羹剩饭回来。但到了第二天便不灵验，百姓得知乞食者为的是蔡京，便不予施舍。

几个家丁一看，心下思忖：蔡京平日作恶多端，民怨沸腾，今天也算是恶有恶报。倘若继续跟着这个老东西，早晚也要饿死！于是，他们合计一番，偷偷回到船上，把金银珠宝尽数瓜分，并连同蔡京的两个年轻美妾一并拐去，远走高飞。

这时，蔡京已无力回到船上。可他无处安歇，只好住到就近的一座破庙里。他饥寒交迫，举目无亲，自知命已将尽，便写下一首绝命诗：

八十一年岁，三千里外无家，
孤身骨肉各天涯，遥望神州泪下。
金殿五曾拜相，玉堂十度宣麻，
追思往日漫繁华，到此翻成梦话。

写毕，蔡京不禁急火攻心，“哇呀”一声口吐鲜血，一命呜呼！

五、施耐庵郓城当训导

施耐庵，元末明初人，《水浒传》的作者。据说，施耐庵祖籍泰州海陵县，早住苏州施家巷，后迁兴化县白驹场（今江苏省大丰市白驹镇）。他自幼聪明好学，元延祐元年（1314）考取秀才，泰定元年（1324）中举人，至顺二年（1331）登进士。不久任钱塘县县尹，因替人辩冤枉正，受县官训斥，遂辞官回家。

至正十三年（1353），白驹场盐民张士诚率众起义反元，闻施耐庵才名，再三邀请他为幕僚。施耐庵抱着建造“王道乐所”的宏远理想欣然前往，为张士诚贡献了许多攻城夺地的计策。后因张士诚居功自傲，独断专行，亲信佞臣，疏远忠良，施耐庵几次规劝都不予采纳。于是愤而离开，并作《秋江送别》套曲，赠予同在张士诚幕府的鲁渊、刘亮等人。从此，浪迹江湖，替人医病解难。

后来，施耐庵在江阴祝塘财主徐骐家中坐馆教书。除教授学生以外，还与拜他为师的罗贯中一起进行《三国演义》《三遂平妖传》的创作，搜集、整理关于梁山一百单八将的故事，为撰写《江湖豪客传》准备素材。至正二十七年（1367），朱元璋灭了张士诚，到处侦察张士诚的部属。为避免麻烦，施耐庵征求兴化好友顾逖的意见，在白驹修了房屋，从此隐居不出，专心于《江湖豪客传》的创作。《江湖豪客传》一书，后定名为《水浒传》。

施耐庵年轻时，曾赴京赶考。为能金榜题名，别人到京后都千方百计托关系、走后门，而施耐庵却不愿摧眉折腰。他有个旧交名叫刘本善，当时已是国子监司业，是负责本次考试的官员之一。就连这么重要的关系，施耐庵也没有去拜访。考试的时候，他得心应手，书至文末，一点余墨不慎滴在试卷上。按照当时的规定，污卷就是废卷。因此，尽管他文章写得很好，仍然名落孙山。离京前，施耐庵去告别刘本善，刘本善深为施耐庵惋惜。恰好此时山东郓城县缺一训导，在刘本善的竭力推荐下，施耐庵就来到郓城就职。

施耐庵的江苏家乡人，多植桑养蚕。他来到郓城以后，发现此地的气候和土壤也适合植桑养蚕，这比种地效益要好得多，于是他就大力宣传植桑养蚕的好处，动员人们进行植桑养蚕，并亲自到农家进行指导。在他的大力提倡下，郓城人开始植桑养蚕，并逐渐发展到大面积植桑。尤其是在黄泥岗一带，桑树连片，数以千亩，百姓由此变得富庶起来。由于这些桑林是在施耐庵的倡导下植成的，所以老百姓便称之为“施桑林”。

后来，施耐庵深感官场黑暗，举步维艰，便愤然辞官，回到了自己的故乡。施耐庵走后，郓城缺少了倡导者和技术支持，蚕品销路遇到困难，加之黄河几次决口，桑林被淹，兴盛一时的植桑养蚕热潮日渐冷清。只是由于桑树易管理、寿命长，仍有一些桑树残存下来。直到1950年，黄泥冈一带还有施桑林的遗迹。

第四节 水浒一百单八将七十二名在郓城

在鲁西南特别是菏泽市郓城一带，曾长期流传这样一种说法：即是“水浒一百单八将，七十二名在郓城”。按照《水浒传》中所写，郓城籍的起义将领只有不到十人，那么，为什么民间却流传“七十二名在郓城”？

一、民间“七十二”之说

民间流传的“水浒一百单八将，七十二名在郓城”，如果从字面上深究，其中“在”字前肯定是省略了几个字，也就是说，是“什么”在郓城？按照这句话的语义顺延，无疑应该是省略了“籍贯、家乡”这样的意思。其中的“郓城”，因为县域在历史上几经变化，也应该理解成“郓城一带”，而绝非是指今天之郓城县域。比如，今天之梁山县，北宋时根本没有设置，其中很大一部分就属于郓城。如此分析，这句话明显就是说，水浒一百单八将中，七十二名都是老家在郓城一带的人。这个“郓城一带”，既包括今天的郓城县境，也包括周边梁山、巨野、鄄城、东平等县的一部分境域。

那么，郓城一带的梁山起义将领真的是有整有零的七十二人吗？应该不是的，无非是说大多数的意思。民间之所以经常有“七十二”“三十六”的说法，因为这是中国古代两个神秘而有趣的数字，常被广泛应用于古代文学作品和人们的日常生活中。如《史记·孔子世家》介绍孔子弟子三千、贤人七十二，古人把军事计谋概括为“三十六计”等。人们之所以喜欢这两个数字，因为它们是从古代历法的划分中推算而来，代表吉利之意。

古代人们根据五行学说，将一年三百六十天按五行分为五等份，由此产生“七十二”这个数字。《孔子家语·五帝篇》说：“天有五行，水火金木土，分时化育，以成万物。”王肃注云：“一岁三百六十日，五行各主七十二日也。化生长育，一岁之功，万物莫敢不成。”“三十六”这个数字，则与古代十月太阳历的历法有关。十月太阳历将一年分为十个月，每个月三十六天，又有阴阳区分五行，将一年分为五季，一季两个月，每季七十二天。

在古人们的心中，“三十六”“七十二”这是两个常接触到、用到的数字，就像今天人们十分熟悉的一年十二个月、五十二个星期一样。随着历法的演变，这些数字的实用性慢慢消失，而转变为习惯性使用。当数字在三十左右时，就习惯性地凑到三十六，当数字在七十左右时，索性凑成七十二，这两个数字逐渐由定数成为变数。

创作“水浒一百单八将，七十二名在郓城”传说的民间艺人，无疑是受到上述影响，把“大多数”定为“七十二”了。

二、起义将领大多数是郓城一带人

说到宋江起义英雄们的籍贯，《水浒传》中明确交代的有 87 人，遍及全国今 12 个省市。其中山东有 31 人，郓城籍的有宋江、吴用、朱仝、雷横、李应、扈三娘、宋清、白胜和一百单八将之外的晁盖等 9 人，其他地方籍贯的有李逵、阮氏三雄、花荣、黄信、解珍、解宝、邹渊、邹润、朱贵、乐和、时迁、孔明、孔亮、萧让、金大坚、李云、朱富、郁保四、樊瑞、燕顺 22 人。河南、河北、山西、陕西、北京、天津等北方省市的有 34 人，江苏、江西、湖南、广东、四川、海南等南方省市的有 23 人。在不明籍贯的 21 人中，一部分可以确定为与山东有关。如菜园子张青，书中没有交代其籍贯，但从他的菜园子和酒店在郓城附近可以判断，他应该是郓城一带的人。

在《水浒传》中，郓城籍的起义英雄好汉只有 9 人，而民间流传却说有 72 人，这是否符合实际情况呢？应该怎样理解它的真实性呢？我们认为，因为起义首领宋江是郓城人，起义的大本营也是当时郓城边界的梁山泊。在这样的情况下，起义队伍的大多数，或者相当一部分将领是郓城一带的，就当属情理之中。随之，民间关于“水浒一百单八将，七十二名在郓城”的传说就有了客观依据，而并非无木之本、无源之水。这就是说，从情理上分析，所谓“七十二名在郓城”云云是可能存在的，它具备了艺术的真实性。

所谓艺术的真实性，即不必真正有其事，但必须真正有其情。这就是说，艺术的真实性并不完全等于历史的真实性。历史的真实是千差万别、多种多样的，水浒一百单八将，有可能真的有“七十二名在郓城”，也可能实际上就没那么多，或者很少。所以，《水浒传》中写郓城籍的水浒英雄只有 9 人，民间传说却云“水浒一百单八将，七十二名在郓城”，这两种说法都具备艺术的真实性，无所谓谁对谁错，是可以并行传播的。

至于说，水浒将领老家在郓城一带的历史真实性，因为《水浒传》是小说，其中很多人物都是虚构的，其籍贯的真实性就更无从谈起了。《宋史》载宋江起义“三十六人横行河朔”，讲史话本《大宋宣和遗事》也载宋江是带领了三十六位将领举行了起义，所以在这种基本史实下，即便起义将领全部是郓城一带人，也凑不够七十二之数。充其量，也只能是三十六人中的大多数而已。

当今有些人为了考证“水浒一百单八将，七十二名在郓城”的历史真实性，说明郓城籍的起义将领实际上就是有七十二名之多，他们认为这句话中的“在”，就是“在郓城驻扎过、居住过、活动过”的意思，并从《水浒传》《大宋宣和遗事》《水浒后传》中列举了一些起义英雄“在郓城驻扎过、居住过、活动过”的例子（见樊庆斌主编《水浒别传·跋》第286页，北京体育大学出版社2017年出版），从而结论为：“水浒一百单八将，七十二名在郓城”是历史真实存在的，并非虚构。那么请问：如果“在”是在郓城驻扎过、居住过、活动过的意思，而宋江起义队伍的大本营，就是在郓城边界的梁山泊，梁山所有一百单八将都应该在郓城驻扎过、居住过、活动过，“七十二人在郓城”不是说多了，而是说少了呢！这不是与论者的主观意图南辕北辙了吗？另外，仅仅是一些水浒英雄在郓城驻扎过、居住过、活动过几天或几次，就被民间艺人创作了“水浒一百单八将，七十二名在郓城”的传说，大概率也是没必要这么进行、不可能出现、根本流传不起来的事情。

另有人在考证“水浒一百单八将，七十二名在郓城”的历史真实性，说明郓城籍的起义将领实际上就是有七十二名之多时，则认为有很多起义将领本来是郓城人，是《水浒传》作者施耐庵为了彰显宋江起义的规模之大、影响之深，故意把郓城籍的起义将领人数写少了，写成了外地的了（见樊庆斌主编《水浒别传. 跋》第287页，北京体育大学出版社2017年出版）。只是这种关于“有很多起义将领本来是郓城人”的说法，至今没有任何人列举出任何确凿的事实根据，统统是一些主观推断和想当然的做法。从《大宋宣和遗事》《水浒传》《水浒后传》等一类故事、小说中，肯定会找出一些与郓城关联度较高的水浒起义将领，比如是从郓城上的梁山，在郓城有过一些活动等，但这些仅是有些关联的事情，无论如何都不能为他们籍贯在郓城的结论作依据的。事实上，目前还找不到一个本来是郓城籍的起义将领，被《水浒传》作者施耐庵写成了外地人。

总之，“水浒一百单八将，七十二名在郓城”的传说，是很容易让人理解的，并不会引起什么歧义，这就是说，水浒一百单八将中，有大多数是郓城一带的人。这种民间传说与《水浒传》中的描写虽然有别，但都具备艺术的真实性。用艺术的真实性来考证历史的真实性，也即是说，用艺术的虚构来印证历史的真实，很多时候是徒劳无益的。

第五章　水浒遗存遗址

在鲁西南一带，《水浒传》中宋江起义的大本营梁山蓼儿洼，至今尚存遗址，并开发成了旅游景点。书中提到的不少地名，也存有遗址遗迹。如宋江故里、晁盖故里、智取生辰纲的黄泥岗、“三阮”居住的石碣村等。所有这些，都充分说明这一带是水浒英雄当年活动的广阔舞台，从中也可以看出鲁西南特别是菏泽市郓城一带民众对水浒英雄的浓厚情结，充分体现出人们较为自觉的水浒文化意识。

第一节　水泊梁山

在《水浒传》中，方圆八百里的梁山泊是宋江起义队伍的根据地和大本营。逾越千百年时空，至今梁山犹在，水泊尚存。这梁山，即是郓城东北方向梁山县境内的梁山四个主峰，而水泊，则是东平县境内的东平湖。当年山水相连，缥缈一片，沧海桑田巨变，今日已各自分离，独立存世。

一、梁山寨——梁山四峰

梁山，原名良山，因西汉汉文帝次子梁孝王刘武围猎于此，其死后亦葬于此而得名。它位于鲁西南梁山县城东南郊，由七脉十一峰组成。《水浒传》中宋江起义军于梁山四个主峰筑寨，据险御敌，演绎了一场波澜壮阔的起义壮举。梁山四个主峰中的最高峰，似猛虎昂首而卧，故名虎头峰。上面筑有梁山寨，俗名宋江寨，又称前寨。周围以巨石砌寨墙两层，今仅留存残垣断壁。寨中有忠义堂、旗杆石、起义军水井等遗址。寨子北坡下有黑风口，两侧深谷绝涧，悬崖峭壁，是通前寨的咽喉。黑风口西侧为郝山峰，筑右寨。东北方向雪山峰上筑左寨，因山顶平阔，上有演马场、练武场、点将台。梁山寨西北有小梁峰，筑后寨，为起义军家眷居住，上有粮仓、晒粮场。后寨和前寨之间有宋江马道相通，马道北端建有断金亭。

中华人民共和国成立后，托《水浒传》中宋江起义大本营之名，这里逐渐建成风景游览区。又经过几次升级改造、规划建设，2008 年被评为国家 AAAA 级旅游区，吸引了众多国内外客人来此观光游览，领略当年宋江起义英雄的神韵风采。

1.宋江马道

宋江马道，起自梁山北麓小梁峰的后寨，蜿蜒南伸，穿越青龙山、狗头山等山峰曲折回旋，直达虎头峰上的宋江大寨，是起义军将士搬运粮草、报事上哨、防卫进攻的要道。

据传说，梁山寨上原本没有这条道路。宋江上山以后，为了便于搬运粮草和调兵遣将，一心想修一条贯通前后寨的大道。可是从大寨到后寨，要翻过狗头山、狗爪山、鳌子山等群山诸峰，曲曲折折数里之长，并且满山遍野荆棘丛生、怪石突兀，要修条道路并非易事。宋江迫于需要，查看了许多天，也没找出合适的路线。

正在发愁之际，他夜里做了一个梦。梦中听到一阵马蹄声响，“嗒嗒嗒”由远而近。宋江大喜，心想既能奔马，必有大道，急忙循声看去，只见一匹白龙马飞驰而来。那马见了宋江，掉头便往回跑，四蹄踏出一条平平整整的大道，从虎头峰过骑三山、跨狗爪山、鳌子山，蜿蜒而去。

第二天，宋江按梦中之景实地查看，果然呈现出一条好路线，便派金大坚率众士卒依山势开路，遇沟壑架桥，终于修出一条可供兵马来往的山路。“宋江马道”之名，便由此而来。

2.黑风口

黑风口在虎头峰与骑三山相连的山凹处，两侧悬崖峭壁，谷幽涧深，呈“一夫当关、万夫莫开”之势。此处经常风大且急，素有“无风三尺浪、有风刮掉头”之说，故名“黑风口”。

此关因当时由梁山将领黑旋风李逵把守，故现建有李逵塑像。李逵塑像屹立在山巅，双手紧握板斧，豹眼圆睁，胡须怒奓。他头扎一顶头巾，身穿一件罗汉布褂，裸露着胸膛，双臂上青筋毕露，毛发竖立，脚穿草鞋，步履坚定，呈有“专管世间不平事，砍尽朝野奸佞人”之气概。

黑风口处，现在并竖有当代著名书法家沙孟海题写的“黑风口”三字石碑。

3．断金亭

“断金亭”的亭名，取《易经》上所谓“二人同心，其利断金”之意。当年林冲雪夜上梁山落草后，出于对晁盖、吴用、阮氏三雄等七位好汉入伙被拒绝的愤怒，在此亭内火并了胸怀狭窄、嫉贤妒能的白衣秀士王伦，拥立晁盖当了梁山泊寨主。

今日的断金亭，矗立于一百零八磴石级尽处的悬崖上。三面环临深谷绝涧，木石结构，粗犷雄浑。亭中置石桌石凳，古朴庄重。匾额“断金亭”，为当代著名书画家范曾题写。

4．忠义堂

在梁山主峰虎头峰上，有一平整之地，当年的宋江大寨就建在这里。寨内建有起义将领聚会议事的大厅——忠义堂。忠义堂原名聚义厅，托塔天王晁盖在曾头市中箭身亡后，宋江成了山寨之主，就把聚义厅改为了忠义堂。

现在仿建的忠义堂，为单檐歇山式建筑，左右两侧是厅堂。它重现了当年一百零八条好汉聚义梁山的风貌，其景观布局为：忠义堂院落中央是一根朱红色的旗杆，上面悬挂着一面杏黄旗，上书“替天行道”四个大字。忠义堂的两侧，又有两杆粉色的大旗，东面的旗帜上是“山东呼保义”（指宋江），西边悬挂的是“河北玉麒麟”（指卢俊义）。忠义堂的抱楹上，雕刻着一副红底金字的对联：“常怀贞烈常忠义，不爱资财不扰民。”

忠义堂内，正厅屏风的锦帛上绘有古朴典雅的工笔重彩山水画，描绘了水泊梁山的旧时风景。屏风前塑有宋江、卢俊义、吴用三首领雕像，神态各异、栩栩如生，两旁陈列着英雄排座次的桌椅、酒坛、大碗等。最引人注目的是东、西、北三面墙壁上的大型唐三彩陶瓷壁画《梁山泊英雄聚义图》，画面博大雄伟、气势非凡。

5.宋江井

梁山虎头峰水浒寨西有一石井，供起义将士吃水所用。传说这里原是一个深不可测的石潭，池水甘甜清冽，取用不竭，饮之爽心滋体，被当时樵夫猎户誉为“天露”。这石潭有一个出奇处，便是天旱水长，正常年景只有半池碧水，大旱之年则有整池水溢出。梁山起义军人马均赖此为生活水源，故称此潭为“宋江井”。

宋江被朝廷招安前夕，曾在此井中藏下许多兵器盔甲。后来经几场战争归来，梁山好汉殒命者十之七八，幸存下来的阮小七不贪高官厚禄，回到石碣村重操打渔旧业。怎奈渔霸横行，官府欺凌，他便率众乡亲重返梁山，取出井中之兵器盔甲，又扯起义旗，杀贪官，诛渔霸，抗官兵，另干出了一番轰轰烈烈的事业。

6.杏花村

梁山东麓山坳间昔有一片开阔地，上建一处村庄。村边植千株梨杏，人称十里杏花村。相传这里即是《水浒传》中描写的王林卖酒的地方。

每至阳春三月，这里梨花、杏花一片雪海琼涛，争妍斗芳，云蒸霞蔚，香飘十里，景象十分壮观。旧志称此为“杏林飞霞”，有诗赞曰：“桃杏值春开，馨香趁风起。闲步莲台间，生机千万里。”而今的杏花村，一些老树犹在，吸引了众多游客来此赏景怀古。

二、蓼儿洼——东平湖

今日之东平湖，即是《水浒传》中所描写的八百里水泊遗存水域，这部书的开头写道：“宛子城中藏虎豹，蓼儿洼内聚蛟龙。”当年的蓼儿洼，就是现在的东平湖。水浒英雄们几战官军、杀富济贫，都曾在这片水域中乘船出没。千百年过去了，虽不见了当年水兵厮杀的激烈场景，但有关水浒英雄好汉的故事传说，至今仍然在当地广为流传。

东平湖现在总面积627平方公里，常年水面209平方公里，平均水深2.5米，蓄水总量40亿立方米。此湖古时曾称蓼儿洼、大野泽、巨野泽、梁山泊、安山湖等多个名称，到清朝咸丰年间，才定名为东平湖。1985年，东平湖被山东省人民政府公布为省级风景名胜区，现为国家4A级景区。

东平湖风景区主要包括水浒影视城、六工山水浒大寨、聚义岛、千年宋城、戴村坝、腊山国家森林公园、昆山景区、黄石悬崖景区、白佛山、洪顶山摩崖石刻等一些景区景点。

1．水浒影视城

水浒影视城坐落在东平湖东岸，是新版电视剧《水浒》的主要场景拍摄地，以《水浒传》中描述的人物故事为背景，充分展现了水浒故里的历史风貌和民俗人情。主要建有王爷府、太师府、太尉府、青楼、樊楼、瓮城、御龙坊、汴梁御道、紫石街等仿宋建筑。古风浓郁，工艺精湛，细致逼真。

进入城中，犹如跨入历史深处；漫步城中，宛若畅游千年风情。作为影视拍摄基地，这里在完成新版电视剧《水浒》的拍摄之后，2000年以来，又吸引了《剑侠情缘》《楚留香新传》《卜案》《四手妙弹》《麻辣白玉堂》等20余部影视剧的签约入驻。影视城内精心编排的宋江迎宾、燕青打擂等30多项水浒演艺节目，为游客品读水浒故事、体验水浒文化提供了便利条件。水浒影视城现已成为集文化体验、风情展示、休闲度假、影视拍摄等项目于一体的综合性旅游服务区。

2．湖边景物

东平湖风景区三面环山，景色优美，素有“小洞庭”之称。沿湖周边，文物古迹遍布。

湖东岸，是水浒头领宋江攻打东平府的现今东平县城，这里有后汉东平国宪王刘苍及其后代墓葬，有称为东平古代八景之一的“黄石悬崖”。湖西岸，有京杭大运河故道，水浒英雄晁盖等好汉初聚地司里山，国家森林公园腊山，还有明朝万历七年修建的寺院“月岩寺”。湖北岸，有唐朝大将程咬金的“程公祠”，著名农民起义领袖“楚霸王”项羽的墓地，还有北齐名僧安道一书写的洪顶山摩崖刻经。湖东南方，有宋朝东平郡太守刘敞修建的乐郊池亭遗址。“唐宋八大家”之一的欧阳修泛舟梁山泊，登上乐郊池亭曾写道：“乐郊何所乐？所乐从公游……有山在其东，有水出逶迤。有台以临望，有沼以游嬉”。

在湖底，淹埋着隋代仁寿元年（601）建筑的一处清水石桥。桥长450尺，建桥时间比河北赵州桥还早5年。唐代诗人高适路过此桥，曾留下了“沙岸泊不定，石桥水横流”的诗句。据记载，石桥是在北宋咸平三年被淹没的。

3.聚义岛

东平湖中心有一小岛，呈椭圆形。传说水浒好汉晁盖、吴用、公孙胜、刘唐、阮氏三雄等人“智取生辰纲”之后，为躲避官府缉拿，便来到此岛寺院聚义，所以被称为“聚义岛”。

相传晁盖死后，也葬于此岛。岛上有一寺庙叫“观音堂”，由于晁盖生前喜爱梅花，为纪念晁盖，后人便把观音堂改称为“藏梅寺”。寺内原有一口大钟，与东平府院内的大钟合称为“姊妹钟”，撞击其中一个，另一口大钟则应声而和。现今寺院已毁，仅存钟架、残垣、断碑。

岛上现存留“洄源亭”遗址。洄源亭是唐朝著名诗人、东平郡太守苏源明所建。建成之后，他邀请濮阳太守、鲁郡太守、济南太守、济阳太守一同来洄源亭饮酒赏景。众人看到这么美好的景色，就把东平湖誉为“小洞庭”，吟诗作对中苏源明这样写道：“小洞庭兮牵方舟，风袅袅兮离平流。牵方舟兮小洞庭，云微微兮连壁绝。”宋代文学家苏辙夜过东平湖（梁山泊），为“小洞庭”美妙的夜色所陶醉，也留下了“更须月出波光净，卧听渔家荡桨声”的诗句。另外，李白、韩愈、白居易、李商隐、辛弃疾等文人莅临此湖，都曾留下了脍炙人口的诗篇。

4．石碣村

《水浒传》中“阮氏三雄”的故里，就在今天东平湖西岸的石庙村。石庙村原叫石碣村，村中阮氏三兄弟，均靠打鱼为生。

他们兄弟仨武艺高强，不畏强暴，秉承正义，名闻乡里。附近的吴用闻知后，便几次密访石碣村，诚邀三兄弟同聚大义。阮氏三兄弟欣然同意，随吴用一起投奔晁盖，先是“智取生辰纲”，接着又随同晁盖一同奔上梁山落草。

梁山起义将领受招安后，阮小二、阮小五被封为节义郎，阮小七授予盖天军都统制。因遭别人陷害，他们又回到故里，仍以打鱼为生。他们均年过六十，方离开人世。当地百姓尤其是阮氏族人为纪念阮氏三兄弟，在村内建起了“三贤殿”以加祭祀。如今这一带还流传着这样的歌谣：

吴用石碣访三贤，水泊梁山闹翻天。
天下英雄大聚义，百姓扬眉见青天。

第二节　郓城境内水浒遗存遗址

菏泽市郓城一带作为水浒文化的中心体现区，相关遗存遗址较多，如宋江故里水堡村（即原来的宋家村），晁盖故里晁庄，吴用故里车市村，白胜故里白垓村，雷横故里北雷屯，王沙湾村西刘唐醉卧的灵官殿，苏庄村宋江得三卷天书的九天玄女庙（旷庙），晁盖、吴用等七人智取生辰纲黄泥岗等。这些遗存遗址，从一定程度上昭示了宋江等水浒英雄人物的历史真实性，是水浒文化的历史印记。

一、宋江故里

北宋末年农民起义领袖宋江，为郓城县宋家村人。宋江故里宋家村原来离水堡村很近，后来随着人口繁衍，村庄发展，两村连在了一起。因宋江参与了起义造反的缘故，宋氏后人为避官府追查，惹出麻烦，于是将宋家村村名回避，并入水堡村。现走近水堡村，迎面竖有郓城县政府立的“宋江故居遗址”石碑。

在水堡村中，现存被当地人称为“忠心坑”的宋江宅院遗址。传说宋江接父上山时受因于还道村，晁盖派人用轿子抬走了宋太公，一把火烧了庄园。宋江后来起义失败被捕，惨遭杀害，举家犯抄，平地被掘三尺，日久沦为一“心”形的土坑。“忠心坑”之名，由此而来。这个坑中布满瓦砾砖块，杂乱不堪。历史上附近村民曾多次想要垫平，然而每一次垫土之人刚开始施工，便一命呜呼。如此一来，水堡村便有了一传世歌谣：“宁愿住牛棚，别垫忠心坑。”水堡人说这是宋江被奸臣毒杀悲愤含冤，死不瞑目，将一颗忠心变为老宅上的心形大坑，以昭世人，岂能往里填土？千百年来，忠心坑一直保留至今。

由“忠心坑”往北近百米，便是宋宅花园遗址，此地原与“忠心坑”连为一体。而今，新辟的水堡大街将宋宅及花园遗址一分为二。宋江花园占地约 5 亩，园内原来广栽花木，枝繁叶茂，宋江公务之余常陪其父宋太公在此赏花休闲。园内还掘有一井，至今尚存。此井常年水位较深，用水再多也从未干过。并且水的气味与众不同，生水饮之，落花香味；煮熟饮之，清香可口。现在，此处竖有郓城县政府所立的“宋江故居遗址”和“宋江井”两块石碑。

宋江家的祖墓宋林位于水堡村西南，占地 3 余亩。林内原来松柏遮天，坟墓较多，并建有一些墓碑、房屋。宋江起义失败犯抄后，祖坟被刨掉，其他坟墓也被铲平，墓碑推倒。该地周围至今没有坟头，留下的只是宋林的遗迹。

二、黄泥冈

《水浒传》中晁盖、吴用等七人智取生辰纲的黄泥冈，位于郓城县城东南 35 里黄堆集村。黄堆集村所处之地，古称黄土冈，到宋时称黄泥冈。

黄泥冈上原建有“三圣庙”（后改为“五圣庙”）。据明万历十九年（1591）《重修五圣庙碑文》记载：“黄是取土之色而然，堆是因地之势而起，此堆地形北顾比肩梁山之巅，南瞰下卑巨野之陂，东襟通汶河济水之津，西带接廪丘之墟，中央堆突坦荡，四周隐隐伏伏，纵缩广袤，支连金线岭之脉，详考在宋徽宗崇宁间，环梁山八百里皆水也，距梁山六十里许，为水浒南岸，古称黄土冈，即此处也。”碑文中明确写出了黄泥岗的地理方位及名称来源。

民国时期，黄泥岗曾出土草泥砖、支纹瓦等文物，经考定属汉代物品，证明自汉代即有村庄建于此处。起初，是渔民打鱼时在冈上晒网、休息，后来，人们为了水上捕捞方便，就近迁居于此。随着人员逐渐增多，村子又成了集市，称为黄堆集。黄堆集村紧靠交通要道，路旁树木茂盛，地势且高，所以非常方便过路客商停留休息。当时晁盖等人正是瞅准了这一特点，于此设计，智取了杨志押送的生辰纲。至今，这里仍为一块土冈之地，方圆约 3 平方公里，历尽沧桑，仍高于周围村庄 1 米余。1988 年，黄泥岗遗址被列为县级重点物保护单位。遗址上“黄泥岗”三字，为当代著名书法家朱学达题写。

黄泥岗附近有个白垓村，相传为梁山好汉白胜的故里。白胜十分善“偷”，白天偷盗也从未失过手，故人称“白日鼠”。他偷东西不是用于自己享受，而是常在夜间化装成“白衣大仙”救济穷人，以至这一带群众每逢春节，就设“白神”牌位供奉白胜。

黄泥岗东北角有一口古老的砖井，井水味道甘甜，夏天喝此生水也不会拉肚子，用它煮饭还极易煮烂。所以每逢腊八节，周围七八里的人们纷纷来这里挑水煮腊八粥。白胜当年开酒作坊，酿酒用的水就是从这口井里打出的。时至当代，这里曾有厂家利用优质水源酿造出黄泥岗酒，一时畅销近远。

三、九天玄女庙

郓城宋江河的东岸，苏庄村北，现存有一座庙宇，当地人称为“玄女庙”或“旷庙”，这便是《水浒传》中宋江躲避追敌又得三卷天书的“九天玄女娘娘庙”。

九天玄女又称玄女，是中国古代传说中的女神，据说为黄帝的师傅，后来被道教所信奉。她身穿九色彩服，骑凤凰，驾彩云，专门扶持英雄豪杰人物，传授兵法。

据原有修缮庙宇碑文记载，玄女之庙建于战国时期之前，具体时间已无从考证，最兴盛时占地四十余亩，前有戏楼、钟楼、山门，中有玄女殿、九女殿，后有祖师殿、玉皇阁，规模宏大，香火极盛。庙内有一眼非常奇特的井，每个角的井水都各不相同，分为咸甜苦涩四种味道，可以医治不同的疾病。因为井的口径特别大，当地人叫它“半亩井”。

当年宋江回宋家村搬父亲上梁山的路上，被官兵追杀。他来到还道村，眼前只有一条两旁无有遮挡小路，无处可躲。情急之下，他一头扎进一座三间破庙。可是庙太小了，根本没有私密之处藏身，他只好掀开神龛钻了进去。官兵闯进来，举着火把往神龛里一阵乱照。宋江眼看自身性命难保，突然神龛里刮出一阵黑风，吹灭了火把，将官兵刮得哭爹喊娘，狼狈逃窜。宋江见情说道：“多谢神明保佑，宋江日后一定重修庙宇，再塑金身。”

这时，忽听得有人喊：“宋星主，我家娘娘有请。”宋江遂跟着两位青衣女童走到殿后，却发现眼前别有洞天。一条石径通幽，两旁松树参天，奇花异草遍地，柳绿桃红， 流水潺潺。宋江暗自惊异：我在郓城这么久，怎么不知道还有这么好的一个去处？再往前走，忽见一座大殿，里面灯火辉煌，两边都是青衣女童，玄女娘娘端坐在七宝九龙床上，宋江赶紧施礼。玄女娘娘赐酒三杯，又让宋江吃了三枚仙枣，说道：“我奉玉帝之命，传你三卷天书，望你替天行道，辅国安民。”宋江再拜退出。他刚走到一桥上，被送行女童猛地一推，随即惊叫一声醒来，原来是做了一个梦。可惊奇的是，嘴里尚有淡淡的酒香，手里还捏着三枚枣核，再摸摸袖中，果然有三卷兵书。

后来，宋江按照梦里的样子重修了庙宇，又把一对九龙玉杯供奉在殿内。他并在殿前廊柱上刻了自己书写的楹联一对：“圣慈垂佑，岂敢罪下丰都；天罡地煞，旨在替天行道。”传说梁山起义失败后，神医安道全便在此庙出家。自此， 这里的僧人都会习武行医，成为玄女庙的传统。到清朝末年，住持法兴大师武功高强，能头朝下爬上玉皇阁。他有两个徒弟，大徒弟元斌在 1928 年一天夜里，发现玄女殿前冒出蓝色的火光，就地深挖，掘出了两个九龙玉杯。他偷偷拿到济南卖掉，被师父知道后打了个半死。二徒弟元善精通医术，是远近闻名的外科医生。他一直在民间行医，直到 1963 年去世。

四、灵官殿

《水浒传》中"赤发鬼醉卧灵官殿"一章所叙述的灵官殿，其实是一座庙宇，它位于今郓城东南四公里处的王沙湾村，这座庙内所敬之神，为唐代武探花王灵官。

郓城北靠黄河，历史上曾多次遭受黄水泛滥之灾。唐代天复二年（902），黄河又一次决口。朝廷命王灵官率民治水，九天九夜轮班修筑堤坝，眼看大坝就要合龙，忽然洪峰又起。在危急关头，王灵官带头跳入激流，结成人墙，挡住洪水。拦水坝合龙了，百姓得救了，可王灵官却被洪水吞噬。王灵官死后，众百姓念其厚恩，自动募捐兴建庙宇，塑其金身，加以供奉，故名灵官庙。

据《水浒传》所述，刘唐到郓城找晁盖商议夺取生辰纲之事，曾因酒醉在此灵官庙夜宿。后来身为梁山起义将领的刘唐战死，其英魂飘飘悠悠来至郓城，意欲再找晁盖等当年智取生辰纲的老友叙旧。当莅临灵官庙后，发现这里一年四季香火不断，距晁盖、吴用等众兄弟的家乡又较近，心想真是个好去处。于是就在灵官庙长住下来，辅佐王灵官保佑一方百姓世代平安。

现存灵官庙为当代重修，当地人为了纪念刘唐这位水浒英雄，便在灵官庙的大殿中制作了刘唐醉卧供桌的塑像，供世人瞻仰。

五、乌龙院

《水浒传》中宋江杀惜的乌龙院，其遗址在郓城城内东北隅。此处当时乃一幽静雅致场所，东邻大佛寺，北靠无名山，西边银沙涌浪，南边盘沟畅流，可谓形胜得势。因为此处的房舍庭院为东西走向，宛如乌龙摆尾，故人称乌龙院。

乌龙院原是乾坤布局的二进院，内有大小房舍十几间。宋江为安顿困境中的阎婆惜，在此处讨要了一处楼房，作为其母女住所。怎奈阎婆惜水性杨花，不但移情别恋，而且恩将仇报要挟宋江。宋江无奈在此乌龙院楼上将其杀掉。由此，宋江走向了四处逃亡、被捕入狱、上梁山落草之路。乌龙院作为宋江杀惜之场所，随之闻名古今。

元末郓城秀才时文润在他的《公明夜雨记》中，曾写过这样的诗句："原是空阁关不住，十间床帏一间开。早知公明及时雨，何不风中锁楼台。"民国二十四年，江苏大丰人蔡飞任郓城知县，念与《水浒传》作者施耐庵有乡党之缘，故在乌龙院遗址上立碑留记，上书"乌龙院遗址"六个大字。当代"文革"时，石碑被砸毁。而今只剩下清凉古井一口，存于郓城一宾馆院内，

第三节　郓城周边水浒遗存遗址

菏泽市郓城周边的一些县域，如阳谷、高唐、东平等，也现存不少水浒遗址遗迹。有的遗址遗迹，当代改革开放以来经过投资建设，还成了著名的旅游景区。鲁西南一带所有这些较为集中的水浒遗迹遗址，从物质硬件方面共同构建了水浒文化的集中体现区。

一、景阳冈

《水浒传》中武松打虎的景阳冈，其遗址在阳谷县城东十八公里处，张秋镇境内。这里既是水浒英雄武松打虎故地，也是景阳冈龙山文化遗址，现为国家级文物保护单位，国家首批 4 A 级景区。

据《阳谷县志》记载，宋时这里曾冈阜起伏，草密林茂，人烟稀少，野兽出没。后来的景阳冈，渐成一片沙丘，周围炊烟袅袅，村庄稠密。沙丘顶部正中，曾建有一座民族样式的庙宇，俗称"武松庙"。据传始建于明代中期，

后被毁。现存武松庙为1958年修建。庙前方有一刻有“景阳冈”三个大字的石碑，系当代著名书法家舒同所题。庙东二三百米处，有一刻有“武松打虎处”的墨玉色石碑。

1973年以来，经山东省考古队多次试掘，认定景阳冈为“龙山文化”遗址。该遗址分为南北二冈，中间是一条公路。南冈东西长86米、南北宽75米，面积约6450平方米。北冈东西长24米、南北宽47米，面积约1128平方米，冈顶较平，高出四周地面约4米。遗址文化内涵较为丰富，从断崖观察，北冈文化层厚约2.5米，南冈约2米，还暴露有灰坑。从采集的标本看，以泥质陶为主，夹沙陶次之。陶色以灰陶为主，其次为黑陶、红陶，纹饰有绳纹、篮纹、方格纹、弦纹、叶脉纹等。可识器形有鼎、瓮、器盖等，还采集有石镞、石凿、骨凿等。1978年被定为省级重点文物保护单位。

在景阳冈旧址上，现建成了景阳冈旅游区，园区内主要景点有以下几个。

一是三碗不过冈酒店。此酒店是一处古色古香、飘着酒旗的乡村酒舍，当年武松曾在此豪饮十八碗后打死猛虎、为民除害。现为景阳冈旅游区的一个主要游览景点，游客在这里可以大块吃肉、大碗喝酒，尽情体味当年武松打虎前畅饮的英雄豪情。

二是山神庙。当年武松乘着酒兴走上冈来，看到不远处有一个败落的山神庙。走近看见庙门上贴着一张官府印信榜文，大意为景阳冈上新有一只大虫伤害人命，现今杖限猎户人等行捕未获。如有过往客商人等可定时结伴而行，单身客人不许过冈云云。武松读了印信榜文，才知道这里真的有虎。这座山神庙建于明代，现为当代重建。

三是武松打虎处。现存武松酒后躺过的大青石板一块。英雄打虎武松的故事已发生了千百年，如今青石板周围的断枝枯树还隐约显示着当年武松与老虎搏斗的痕迹。

四是武松庙。此处为景阳冈的最高点，由山门、碑亭和大殿组成。武松庙大殿正中，是行者武松的塑像。武松塑像背后是一组名为“武魂雄风”的彩刻壁画，画面以日月星辰、天书和“替天行道”“忠义两全”帅旗及一百单八将中十个步军头领为背景，共分《武松世无双》《神威毙猛虎》《报仇狮子楼》《大闹快活林》《血溅鸳鸯楼》《雄风贯长虹》等六个部分，再现了当年武松行侠仗义的曲折而悲壮的人生轨迹。

五是景阳湖。景阳湖占地200亩。水源是地下水和黄河水，以水质优良、鱼虾鲜美闻名，娱乐项目有钓鱼、划船、民俗表演等。

二、狮子楼

狮子楼，因《水浒传》中武松为兄报仇在此怒杀西门庆而名扬天下。它坐落在阳谷县城大隅首西南角，始建于北宋景祐三年。岁月悠悠，中华人民共和国成立后几经改建，如今成为引人入胜的旅游景点。

狮子楼的来历，当地流传着这样一个传说：宋代宋仁宗年间（1023），阳谷县人口兴旺，买卖繁荣，店铺林立。在阳谷城西街的隅首处，有一中药铺。店主叫赵润春，膝下无儿，只有一女，名为秀姑。父女经营药铺，童叟无欺，生意昌隆。当地恶霸西门庆一次闲逛经过药铺，看上了秀姑美色，于是心生歹念，派人杀害了赵润春，霸占了药铺和秀姑。成亲之夜，秀姑为报杀父之仇，用酒灌醉西门庆，将其关在屋里，点火烧屋，然后毅然自杀。可西门庆并未被烧死，只是将西花园鸳鸯阁化为灰烬。为镇邪压惊，西门庆听从风水先生建议，盖起了狮子楼，于楼前雕刻了一对红眼披鬃、龇牙咧嘴的石狮。后来，武松为兄报仇，在此斗杀西门庆。随之，狮子楼开始声名鹊起。

阳谷县投资发展旅游事业，于2003年建成占地30亩的狮子楼旅游景区。该景区以《水浒传》《金瓶梅》中有关故事内容为背景，集中反映了宋代民风民俗的历史原貌，主要景点有：王婆茶馆、武大郎故居、酒馆、纸扎店、西门药店、盐店、绒线铺、绸缎庄、客栈、狮子大酒楼、棋社、戏台、玉皇庙等。节日期间，景区举行大型节庆和庙会等活动。日常娱乐项目有：山东快书、武大郎和郓哥大街表演、阳谷风情表演、舞狮子、踩高跷、老年秧歌表演、豫剧团演出、民间杂耍表演、糖人表演、书法表演，工艺品制作表演等。

临街的主要建筑狮子大酒楼，为宋式建筑，二层五开间三进深，青砖灰瓦，飞檐斗拱，雕梁画栋，雄伟壮观。建筑面积451平方米，高15.8米。楼前并列威武大石狮一对，楼内陈列水浒人物塑像，形态逼真，生动传神。当代名人沈雁冰、刘海粟、李苦禅、顾颉刚等均有题咏留此。

三、十字坡

十字坡遗址，位于莘县樱桃园镇南二华里处，传说即《水浒传》中张青、孙二娘夫妇开店之地。20世纪50年代初，遗址上曾有残碑一块，上刻“十字坡”三字，周围碎砖断瓦遍布。后残碑被毁，遗址旁金堤河上所建之桥，被命名为“十字坡桥”。站在桥头，可以饱览金堤河两岸的秀丽景色。

据当地民间传说，樱桃园村原名顺河集，乃孙二娘老家。张青营村本称张家庄，系张青故里。解放初期，张青营村曾有张青庙一座，并有人保存着张青画像与可盛斗米的石靴一只，后毁于“文革”中。孙二娘、张青当时开黑店，也为贫困所迫，后来金盆洗手上了梁山。所以他们夫妻俩仍受到当地百姓的尊重，几百年来，民间艺人在这一带串乡演出，都忌讳说唱《武松打店》以及《水浒传》中有关孙二娘卖“人肉包子”的故事。

四、李逵井

李逵井，位于高唐县城北湖区南岸中部，本是一眼无名枯井，因《水浒传》中李逵深入井里救出柴进而扬名。

《水浒传》中李逵大闹高唐州、怒杀殷天锡后，柴进被高唐知州高廉报复，捉住丢进一眼枯井内。梁山众将领赶来相救，李逵一马当先奋勇下到井底，将气息奄奄的柴进救了上去。他这种置生死于度外的英雄气概，被人们演绎成一段舍己救人的佳话，该井也从此被称为“李逵井”。

千百年来，“李逵井”几经埋没，又几次掘复。1998年5月，高唐县图书馆配合北湖区开发建设，对李逵井进行了勘探。此井为青砖砌建，井深距离水面大约 6 米，下底直径约 2 米，上口直径 1 米左右。现已成为市级文物景点——柴进花园的附属景点。井台外 2 米为保护区，保护区边沿向外 3 米为保护范围。从保护范围向外 40 米为建设控制地带。

五、柴进府

柴进府，位于高唐县城内鱼丘湖东北角。此府原名柴府，据《高唐县志》记载，始建于宋神宗元丰年间，为后周世宗柴荣之五世孙柴皇城私宅。柴皇城，即《水浒传》中梁山好汉柴进之叔父，因其漂亮的花园被高唐知州高廉的小舅子殷天锡看中，欲仗势霸占，气愤身亡。李逵打死殷天锡，救出被高廉捉住投入井里的柴进，共上梁山。

柴氏家族原籍本不在高唐，而在沧州横海郡。据传，当年柴皇城随皇帝狩猎，来到高唐。他见此处良田沃野一望无垠，黎民百姓忠厚勤劳，无匪无盗环境安宁，意欲留居。他奏明皇上，获封后便留居下来。随之，在东城墙根探入城圈内的一处高地上，开始营造柴府。经细致规划，精心施工，一处华丽庄严的古典宅院很快建成。柴氏由此成了高唐这个小县城中的首个皇家贵族，柴府也成了高唐县最华丽的宫廷建筑。

柴府后来毁于兵燹匪患，明弘治十四年（1501），由驿丞张廷威重建，为高唐驿馆，称“鱼邱驿馆”。时有正厅和后厅各 5 间，东厢房 7 间，东西马房各 10 间，仪厅 3 间，鼓楼 1 座，东有马神庙 3 间。驿馆有递马 60 匹，马夫 30 名，抄牌 2 名，可见当时驿馆之规模。后于嘉庆五年（1800）、道光十五年（1835）重修。清代康熙、乾隆皇帝下江南路过高唐时，曾驻跸于此。天长日久，风蚀雨剥，威严的柴府也逐渐成了残垣断壁、瓦砾一堆。

今之柴府，是 1999 年在原址上重建的。为依托《水浒传》中梁山好汉柴进之名，改称“柴进府”。柴进府四面湖水环抱，为花园式建筑，前门、中厅、后寝、回廊均为宋代风格。整个建筑面积为 938 平方米，分为三部分，东西两院加花园。东院为府第，府第为二进院，步入前院主厅，面阔5间，歇山式，灰瓦顶，吻兽相配，彩绘相宜，飞檐吊角，古色古香。院内东西建有回廊、亭、轩、水池。后院为寝殿，面阔5间，歇山式，东西厢房各3间。西院为单体院落，步入朱红大门，迎面为仿古戏楼，面阔3间，歇山式建筑，两侧耳室各1间。

紧邻柴进府西侧，另建有柴家花园。柴家花园现存遗址，面积1万余平方米。1998年，在遗址上复建了以宋式建筑为主体的风景点，并被列为市级文物旅游保护区。

置身柴进府，凭栏西望柴家花园，水天一色，仿古建筑错落其间，恍若置身于江南风光之中。看斜阳草树，观李逵井，寻宋时遗迹，仿佛又听到了梁山英雄们金戈铁马的杀伐之声。

第六章　水浒遗韵民风

伴随着宋江起义故事、水浒戏剧、《水浒传》小说的传播过程，菏泽一带特别是郓城作为水浒文化的发源地和中心体现区，遗韵流俗渗透了当地社会生活的方方面面，潜移默化地影响着一代又一代的后人，深深根植于人们的政治思想、伦理道德、生活习俗中，在很大程度上影响了当地民风民俗的形成和民众品格的塑造。

第一节　不屈压迫的抗争精神

自《水浒传》、水浒故事和戏曲广为传播以来，菏泽一带的民众受到宋江起义不屈压迫、敢于反抗的精神影响，面对封建官府的残酷压迫剥削，以及外来帝国主义的侵略掠夺，往往像宋江等梁山起义英雄那样，扯起勇敢抗争的大旗，发动一次次规模大小不等的武装斗争，如明朝末年徐鸿儒领导的白莲教起义，晚清的捻军起义、近代的大刀会、巨野教案等。有民谚称："曹州（菏泽）百姓真大胆，敢把造反当会赶。"这些武装斗争虽然都被朝廷派兵镇压下去，但其中彰显的不屈压迫、敢于反抗精神，却长存于世，激励后人。

一、明末徐鸿儒白莲教起义

徐鸿儒，又名徐涌，原籍巨野县，后迁居郓城县，明末白莲教起义首领。《水浒传》中宋江聚众起义的故事，对徐鸿儒产生很大的影响，以致扯起造反大旗。明清年间，查继佐的《罪惟录·徐鸿儒传》记载："儒误信梁山泊演义故事，巢于梁家楼，结曹州张世佩，以妖术咒纸人起战，号四大金王。"

明代万历年间，滦州人王森组织白莲教从事反对明王朝的秘密活动。后来事情暴露，王森被捕死在狱中，白莲教组织遂分为两支，一支由徐鸿儒领导，在山东郓城一带活动，另一支由王森的之子王好贤等人领导，在河北武邑、景州一带活动。天启二年（1622），徐鸿儒、王好贤等人约好，在中秋节那天同时起义。由于计划泄露，徐鸿儒提前于5月11日在郓城、巨野交界处的梁家楼首举义旗。广大贫苦农民及白莲教信徒两万多人云集其麾下。次日第一仗，就旗开得胜攻陷郓城。

徐鸿儒起义以后，自称中兴福烈帝，建年号为大成兴胜元年，设立了都督、总兵等官职。规定队伍头系红巾，并制订了周密的作战计划。接着，他从巨野发起攻击，锋芒所向披靡。六月初，徐鸿儒挥师继续东进，渡过运河，攻克邹县、滕县、峄县。

朝廷得知徐鸿儒攻破邹、滕等县，惊恐万状。急令山东巡抚赵彦为总指挥，同时起用退职回家的沂州人、前大同总兵杨肇基为山东总兵官，全力镇压起义军，企图首先收复邹县。孟子六十六代孙孟承光也带领乡勇协助攻城，均被起义军打退。徐鸿儒起义军以邹县为根据地，派遣部队北攻兖州、曲阜，西攻巨野，还远征沛县、日照和郯城，纵横驰骋在山东南部、运河两岸广大地区，起义队伍发展到十万余人。

为了扑灭徐鸿儒起义的烈火，朝廷下令山东都司杨国盛、廖栋招募兵丁，汇集乡勇，加紧训练，并留下准备戍守边防的官军进行协助。同时，又命令支援辽东前线的广东部队由陈九德率领留在山东镇压起义军。由于几路官军的联合围攻，起义军受挫。进攻巨野的农民军被知县赵延庆及廖栋率领的官军击败，再次进攻兖州的起义军也遭到敌人的前后夹击，已经攻克的郓城县城又重新被官军占领。

六月底，山东都司杨国盛、廖栋合军攻打邹县，敌众我寡，城中起义军形势十分危急。率兵进攻巨野、郓城的徐鸿儒得此消息，挥兵东进，再渡运河，从背后向官兵杀来，杨国盛、廖栋招架不住，邹县之围遂解。

七月，徐鸿儒率领起义军避实就虚，直插运河重要渡口韩庄、夏镇，切断了明廷漕运粮饷的通道，并在彭家口截获官府粮船四十艘。他们计划先取兖州，再攻济南。后来，攻兖州失利，起义军一部转攻徐淮，主力坚守在邹县、滕县的峄山一带，与明军对抗。经过激烈争夺，夏镇又被官军占领。为了集中兵力迎击官军，徐鸿儒命令起义军撤出滕县，与邹县的起义军合师攻打曲阜。曲阜知县孔闻礼据城固守，数日攻城不下。这时，山东都司杨国盛率援军又至。起义军旋即放弃攻城，趁机绕到官军背后袭击，把杨国盛部杀得溃败不堪。

徐鸿儒起义军虽然取得了一系列的胜利，但朝廷几路官军联合加紧围剿，形势渐成被动守势。他们在九月集中精锐兵力进攻兖州失利后，无奈退守根据地邹县。山东巡抚赵彦调动各路明军接着跟进，实施包围，起义军被围困三个月，城内弹尽粮绝，人员也仅剩数百。此时，叛徒、都督侯五和总兵魏七等把徐鸿儒捆绑起来，打开城门向明军投降。11 月 21 日，徐鸿儒和他的父亲徐东明、母亲傅氏以及重要部属十八人，被押送北京，慷慨就义。

邹县失守、徐鸿儒牺牲后，时在外地的起义军将士一路转战，打回巨野、郓城。在郓城武安、飞集一带，起义军被官兵包围。经过浴血奋战，上万人壮烈牺牲，被就地掩埋。今郓城南飞集“万人固堆”，即是被杀起义军将士的丛葬墓地。

历时 190 多天的徐鸿儒起义失败七年后，李自成领导的农民大起义爆发，明王朝不久灭亡。

二、晚清菏泽一带捻军起义分支

从 1853 年开始，鲁、豫、皖一带爆发了前后坚持 16 年的捻军起义，沉重打击了清朝腐朽统治。所谓“捻”，即农村迎神赛会时要搓捻子燃油，因此得名。他们活动分散，每一股称为一捻，少则几人几十人；多者几百上千人。越是荒年，人数越多，“居者为民，出者为捻”。其中，菏泽一带就有捻军起义军的一些分支。这些起义队伍的首领推崇水浒好汉，英勇尚武，在与官府的斗争中彰显了大无畏的抗争精神。

1．曹县捻军起义分支

曹县一带捻军起义分支队伍的首领是董执信，曹县人。他相貌奇伟，头上长有七八个发旋，自幼厌文喜武，爱掂刀弄枪。他于清代咸丰二年（1852）捻军初起时即参加活动，以其家乡曹县魏湾集一带为根据地，接受安徽捻军盟主张乐行的指挥，活动于豫鲁苏皖各地，与南方的太平天国革命运动相呼应。

咸丰八年（1858）八月，张乐行率领安徽捻军从成武、单县席卷而来，董执信率曹县捻军响应，共同包围了曹县县城。清军曹州总兵多隆武当时驻军青土集，胆怯不敢接战，被清廷摘去顶戴，革职留用。驻曹县县城千总樊咨岳率官兵出城应战，当即被捻军击毙。九月，捻军攻克县城，知县茅篪赴省未归，典史黄钰等人逃窜，教谕赵介福、团练沈汝林等率官兵四百余人顽抗，被全歼。清廷闻讯从徐州调来大批官兵围剿，捻军主动撤出县城南去。

咸丰九年（1859）九月，安徽捻军自河南民权县北来，与董执信率领的曹县捻军第二次会师。清廷守御千总袁静宇纠集各地团练，沿黄河故道北堤设防堵截。捻军黑、红、蓝、白、绿五旗人马并出，数万人鏖战三昼夜，冲破官兵防线，战至曹县西北，逼近曹州城。袁静宇率官兵四千余人尾追到刘岗、韩集一带，陷入捻军重围，袁静宇战死，官兵大部被歼。

咸丰十年（1860）十月，曹县全境纷纷响应捻军，董执信占据魏湾寨，另一将领孔广润占据普连集寨，不时围曹县城佯攻。知县靳昱昼夜巡城，寝卧城楼，不敢回衙休息。官兵不下城墙，署内很快断炊。年底，清帅僧格林沁亲督大军追剿捻军到曹州，董执信等曹县围城捻军方主动退去。

咸丰十一年（1861）六月，曹州捻军首领郭秉钧、刘前，定陶捻军首领焦国昌，各率众前来与董执信、孔广润会师。曹县知县靳昱派张步瀛等人赴僧格林沁大营请兵未至，又到刚剿灭宋景诗黑旗军的胜保大营求救，胜保派郑琴堂率三百余人来援，驻扎于西关外皇宫寺。董执信未等敌人站稳脚跟，即率领捻军夜袭。当晚击杀郑琴堂，全歼来援官兵。靳昱复去胜保大营求救，胜保派参将王天保率五百余人来曹县，进城内协助地方官兵固守。是时，捻军号称十万之众，有时围城数重，城内豪绅惶惶不可终日。十二月，僧格林沁大军来曹，捻军见状大部转移到安徽，与盟主张乐行部会合。

董执信领导的捻军在皖北经过一个冬春的休整，次年五月复又北上，至曹县境外集楼、曹楼等处驻扎，并攻打曹、单二县。清廷震恐，急令僧格林沁亲统马步官军前来围剿。随即，董执信所率捻军在东明沙窝一带与清军相遇，结果作战失利，损失惨重，仅董氏子弟就伤亡一百七十余人。前此，清军剿捻屡剿不灭，遂改用剿抚并施的政策。在此政策的诱惑下，董执信为延缓清军追击，率领余部向僧格林沁投降。

董执信投降后，清廷先是令僧格林沁“妥为安置，令其营前效力”。事隔两天，又急谕说：“董执信等断难驯服”，决心将他们全部杀掉。据《山东平捻记》记述，“董执信不久被解除武装，送到北京”，惨遭杀害。

2.定陶捻军起义分支

定陶捻军起义分支队伍的首领是焦桂昌，又名焦瑞林，定陶县人。

焦桂昌青少性刚愎，善结交，仗义疏财，邻里尊崇。他科考生员后，声誉满乡，威望日高。清代咸丰六年（1856），随着捻军势力的扩大，官府募练义勇，自备长枪，名曰长枪会，行守城御捻之事，焦桂昌被推为定陶长枪会练总。咸丰十年（1860），官府停其养练，募练义勇生活无着，于是焦桂昌代表义勇同定陶县衙官员交涉。县衙官员无言以对，便向清军统帅僧格林沁诬告长枪会包藏祸心，寻难构衅，亟宜征剿。僧格林沁遂遣将引军压境捕治，这一下激起了会众的极大愤慨。时值皖捻南来，焦桂昌便集结广大会众，与皖捻汇集一起，正式举起了反清的大旗。

咸丰十一年（1861）四月，焦桂昌联合菏泽郭秉钧、刘前，郓城常连佩等，集结数千兵马，围攻定陶城。团总张云祥急报清廷，僧格林沁遂率大军镇压，焦桂昌被迫率部转移，活动于冀鲁豫三省交界处，攻官府，杀贪官，截漕运，屡次打败清军。同年六月，焦桂昌、郭秉钧与曹县董执信等会师，厚集兵马，攻打曹县城。知县靳昱急派张步瀛求援清军，僧格林沁即派郑琴堂率军营救。郑琴堂刚至曹县，即被焦桂昌、董执信的义军杀死，三百余名清军被歼灭。

同治元年（1862）五月，焦桂昌率众在马集与清军交战，因失去与各路捻军的联系，被清军击败遭俘。六月，焦桂昌及其母亲、妻子和两个儿子被兖沂道员卢朝安一并杀害。

三、晚清鄄城黑旗军起义分支

与捻军起义同时，鄄城一带出现了一支黑旗军起义分支队伍。首领刘占考，清末濮州（今鄄城县）人。

刘占考家境贫寒，自幼靠唱戏和卖苦力生活。咸丰十一年（1861）农民武装起义在曹州各县蓬勃兴起，同时地方武装团练也随之到处建立。刘占考和当地的地主团练素有矛盾，为避团总陷害，遂与河北黑旗军领袖宋景诗取得联系。宋景诗慨然助以三千人，嘱其在黄河以南发展。

刘占考率部回到故里，先击败马梦成、于士钦的地主武装，接着又攻破红船集，在本村设立大本营，竖起黑旗，号称“堂主”。他北联河北宋景诗、丁书堂，南联鄄城贾儒坤、陈尚突，曹州郭秉钧、焦桂昌、刘前，巨野倪广和，共谋举事。当年三月，他率部攻下濮州，遂之挥师南下进逼曹州，使曹州城闭城二十多天，内外交通断绝。当时流行歌谣云：“四月里，四月八，刘占考把黑旗拉，出门碰见蔡老昌（僧格林沁的外号），打罢胜仗往南杀。”五月，他又联合倪广和第二次包围曹州城四十多天。八月，他率部数千人北渡黄河，与大小红绿旗起义军会合，连挫清军。

清廷闻讯震惊，咸丰皇帝谕旨：“山东濮、范等处匪徒，陆续渡河，深入直隶，逼近临漳、内黄、滑县一带，东境河岸已为匪徒往来熟径，必须赶快剿除以固畿南门户，勿任久踞河岸。”十一月，僧格林沁亲率马步军来濮围剿，血袭刘家桥，攻陷红船集，刘占考两战失利，遂转战河北，复陷濮州。

此时，清廷改变策略，对刘占考进行诱抚。刘占考在战事失利的情况下，遂就抚清廷，改名刘效忠，跟着陕西军务提督雷正绾前往陕西镇压回民起义。不久，被削去官职，解甲归田，暂住菏泽城内。半年后，山东巡抚丁宝桢谎言调他做登州镇守，行到济南，将其杀害。

四、晚清郓城王果勇农民起义

与捻军起义同时，郓城县爆发了王果勇领导的农民起义。王果勇，郓城县祝庄村人，清末秀才。

清咸丰三年（1853），因不满官府的残酷压迫和剥削，王果勇响应太平军和捻军起义，联合附近村民数十人，与临清宋景诗率领的黑旗军取得联系，共同反抗清政府的黑暗统治，抗击清兵的烧杀掠夺。很快，全县民众踊跃参加，几个月的时间就发展到千余人。

王果勇将起义民众编制成军，加紧训练，以提高战斗力。1865 年，在菏泽城西葭密寨与清军的战役中，他联合菏泽县郭秉钧的起义军，将清廷钦差大臣僧格林沁所带的清兵包围，击毙击伤和俘虏清兵千余人，僧格林沁亦被起义军击毙。后来，王果勇领导的义军终因与围剿的清军力量悬殊而失败。

五、近代鄄郓一带抗捐斗争

晚清光绪年间，鄄城、郓城一带爆发了一次反对官府横征暴敛的抗捐斗争。斗争开始取得了一些胜利，后来抗捐首领被官府诱骗杀害，以失败而告终。

1.鄄城的抗捐斗争

鄄城抗捐斗争的首领是王宗朋，字兰居，濮州（今鄄城县）人。

王宗朋自幼爱好武术，刀枪鞭棍样样精通。他性格豪爽，刚强正直，于光绪二十年（1894）以练武强身、扶弱保家为宗旨，创建了“红沙会”。会员很快发展到附近七八个村庄，计五千余人。

光绪二十六年（1900），濮州闫店段黄河堤防堰长周五典、冯德宣到乡下抓民伕、收堰捐，声言“三丁抽一”去复堤，堰捐由原来的每年每亩五百钱增至一千，三日交不齐送县衙问罪。王宗朋闻讯，便带着几个“红沙会”会员赶到，撵跑了周五典二人，抗住了堰捐。

光绪二十八年（1902），清政府为支付对外战争赔款加征土地税，濮州官府潘某到箕山一带坐镇催收。王宗朋偕同“红沙会”会员往见潘某，要求他上达百姓苦难，免去税款，如果官府责怪，他一人承担。潘某慑于“红沙会”的力量，未敢强行征收。抗捐斗争的胜利，提高了王宗明和“红沙会”的威望。“红沙会”随即由濮州发展到郓城、梁山、嘉祥、巨野、济宁、汶上、寿张、沛县等十几个州县。

袁世凯出任山东巡抚后，严令各州县禁止帮会活动，镇压抗捐运动。光绪二十八年（1902），郓城知县抓捕了该县的抗捐领袖任清合。王宗朋带领三十多名会员奔赴郓城县衙，与知县进行面对面的说理斗争。郓城的抗捐群众，团团包围了郓城县衙。知县迫于压力，释放了任清合。

为了共同抗捐，王宗朋、任清合分头串联嘉祥、巨野、郓城、济宁、濮州、东平、寿张、汶上、梁山、丰县、沛县等十一州县的“红沙会”“大刀会”“长枪会”，成立了“督总会”，王宗朋、任清合分别被举为督老总和副老总。

光绪三十二年（1906），濮州黄河堤防的堰长周五典再次下乡征收复堤税，压榨民财，惹起民怨沸腾。附近各庄长暗地酝酿罢免周五典，拥戴王宗朋为偃长。周五典闻讯杀心顿起，遂与濮州知州王赓廷密谋，连夜去曹州诬告王宗朋“造反”，并请求发兵拘捕。曹州知府准告，发兵五百人，进驻王蛔堆（今鄄城镇）。接着，王赓廷、周五典以商量复堤为名，将王宗朋骗到王蛔堆，杀害于北门外。

宣统元年（1909），八州县民众为王宗朋集资立起“思慕碑”，永作纪念。

2．郓城的抗捐斗争

郓城抗捐斗争的首领是任清合，又名任建洁，今郓城县人。

任清合出身富裕家庭，长期充当屯长。他重义气，所需公费都由其个人支付，未曾收过民众分文，虽破产但不悔。后辞去屯长一职，靠卖糖果糊口。

光绪二十八年（1902），任清合因带领农民开展抗捐斗争，被郓城县衙拘捕，鄄城抗捐首领王宗朋闻讯带人前来加以解救。之后，为了共同抗捐，王宗朋、任清合分头串联嘉祥、巨野、郓城、济宁、濮州、东平、寿张、汶上、梁山、丰县、沛县等十一州县的“红沙会”“大刀会”“长枪会”，成立了“督总会”，王宗朋、任清合分别被举为督老总和副老总。

光绪三十年（1904），清政府为搜刮民财，实行卫地变价，每亩作钱三十余吊，鲁西南各县官府派遣差役逼迫催缴，激起郓城、济宁等十余县民众反抗。任清合召集三千多人开会，反对卫地变价。他被推为老总，带领大家包围了郓城县城。县知事杨跃林惧民众人多势大，火速向省府求援。山东巡抚周馥即派按察使尚其亨前往镇压。尚其亨来到郓城，诡称协商，请任清合进城，加以诱捕，逼其承认卫地变价。任清合回答：“这须由民众开会公约，不能擅专。”尚其亨施以酷刑，任清合坚强不屈，痛骂不休。接着，尚其亨以“聚众反抗政府，侮辱国家大员”的罪名，将任清合斩首，并将首级悬挂在城楼上，借以威吓民众。

任清合遇害激起民众义愤，几千人把郓城县城团团包围，一致声言与任清合报仇，不取消卫地变价，绝不解围。两日后，曹州镇总兵龙殿扬、知府丁镗带兵来到郓城，会同郓城县知事杨跃林合力镇压，群众迫不得已方愤恨回乡。

任清合虽死，而官府慑于民众威势，未敢实行卫地变价。为纪念任清合为民献身的精神，郓城、巨野、嘉祥、济宁等十县民众于光绪三十二年（1906）为其立碑纪念。

六、近代曹州地区大刀会

曹州地区的大刀会，原是以农民为主体的自发性群众自卫组织，随着帝国主义及其教会侵略步步深入，遂与之发生尖锐矛盾，并在对抗中获得迅速发展。大刀会受宋江起义英雄好汉的影响很大，会员普遍推崇江湖义气，英勇尚武。

曹州地区大刀会创建于光绪初年，发展于甲午战争前后，创始人刘士端，是曹县、单县交界处烧饼刘庄人。他以“保卫身家强健身体”为宗旨，成立大刀会，吸引了许多群众参加，在与当地土匪对抗中名声大振。

起初，官府对大刀会不加过问，而且还给予不同程度的支持，使大刀会迅速发展，后来，大刀会斗恶霸，烧教堂，剿衙门，事态发展震动了清政府，急令两江总督刘坤一、山东巡抚李秉衡派兵镇压。大刀会在庞三杰、彭桂林等人领导下，在苏鲁交界处的马良集曾与清军“开仗鏖战”。大刀会失利后，撤回单县。不久，曹县、单县大刀会因主要首领刘士端被害，受到很大的打击，被迫四散逃逸。刘士端的徒弟彭桂林跑到巨野发展大刀会，其他徒弟有的到菏泽、定陶等地发展会众。

巨野的大刀会发展很快，以曹言学、曹作胜一支实力最强，拥有会员二千余人，在与教会势力的斗争中显示了自己的力量。光绪十三年，大刀会会员刘德润等人杀死两名德国神父，酿成震惊中外的“巨野教案”。另外，李崇礼领导的大刀会，刘景春、陈兆举等人领导的大刀会，刘补充、刘道袍等人领导的大刀会，人员都在千人以上，反帝斗争都开展得十分活跃，是曹州地区大刀会的一股重要力量。

菏泽县大刀会有三大支派，最强的一支在城东菏泽、巨野交界一带。另外，一支在菏泽城西北白虎、李村一带，一支在城东南安陵、半截堤一带。城东大刀会首领是徐传忠、韩姑娘等人，他们曾率众攻打了沙土、马庄教堂，没收了几户天主教徒的财物。徐传忠牺牲后，韩姑娘带领这支大刀会又转移菏泽城西北，摧毁了朱楼、田寺、史庄的教堂和洋学。菏泽城西北的大刀会，首领是张学让、杨雁飞，同样开展了反洋教、烧教堂的活动。

郓城县的大刀会主要有两大支派，一支活动在西南黄安一带；另一支活动在北部潘渡一带。

鄄城县的大刀会，在黄河以北和临濮一带有几百人。他们在光绪二十六年（1900）进入菏泽境内，剿了田寺洋教徒孟继荣的家，后又砸了史庄洋学。

引马一带的大刀会曾和郓城大刀会协手，攻打宋庄教堂和佃户张庄教堂。

光绪二十五年（1899），定陶县李七妮、李永周曾在黄店村庙内设场组织大刀会，先后惩罚了张庄、王庄、李庄、王楼三义集、赵庄等处天主教徒和不法地主。

1899 年，袁世凯代替毓贤任山东巡脱，残酷镇压大刀会，使大刀会进行了一次大的转移，逐渐发展到直隶等地，形成席卷中国北部的义和团运动，掀起中国近代史上第二次革命高潮。

七、震惊中外的巨野教案

清光绪二十三年（1897），巨野县大刀会会员刘德润等人怒杀两个德国神父，彰显了菏泽人民像宋江水浒好汉一样不屈压迫和侵略的大无畏精神。此次事件,因帝国主义的步步逼迫和满清政府的屈膝求和而震惊中外,史称“巨野教案”。

当时在曹州府巨野县，德国天主教会建有中心教堂1所、传教点 21 处。该中心教堂设在巨野县城东 7 公里处的磨盘张庄，主教是德国传教士薛田资。薛田资借传教之名，强占民田，搜刮民财，横行乡里，民愤极大。而地方官员却畏之如虎，对其置若罔闻，百般忍让。于是，当地大刀会人士刘德润，联络奚效方、奚金兰、曹言学等人，愤起夜闯教堂，一则想教训一下为非作歹的教主薛田资，二则想警示一下逆来顺受的清廷地方官员。

1897 年 11 月 1 日夜三更时分，刘德润等 10 余人悄悄潜入磨盘张庄中心教堂,破窗跳进主教薛田资的平时住处,向薛田资睡床扑去。而薛田资的住室,临时让给了路过此处安歇的汶上传教士能方济、鄄城传教士韩理。两人闻声惊叫，被刘德润等人用利器刺伤致死。主教薛田资侥幸逃过一劫，连夜逃到济宁，电告德国驻华公使海靖并转德国政府。

事后，清朝政府迫于帝国主义压力，与德国签订了《胶澳租界条约》，容忍德国强行占领了胶州湾，并承诺严惩凶手。为了尽快破案，清朝政府不分青红皂白，大肆搜捕无辜群众。有关官员采取刑讯逼供、屈打成招的手段，将与事件无关、毫不知情的50余名民众逮捕下狱，其中无辜农民雷协身、惠潮被斩决枭示，其他四人监候待质，三人监禁五年。其实，真正杀死洋教士的刘德润等人，却早已远走他乡。

巨野教案中，德国侵略者的强盗行径及清政府的昏庸无能，进一步激起了更大规模的反侵略、反洋教斗争。光绪二十六年（1900）六月七日，巨野北部大刀会集结1000余人，两次攻打磨盘张庄教堂，拆除教堂建筑，烧毁教堂供奉的圣像及《圣经》。随后，巨野西部大刀会首领徐传忠带领数千人，攻打黄庄教堂和马海教堂。巨野县大刀会首领李崇礼、袁效东、杨大故等率3000余人，攻打曹州、郓城两处教堂。他们还联络济宁一带的民会，在微山湖附近先后攻打大小教堂72处。这些斗争，后来被清廷派兵镇压下去。

巨野教案的历史见证磨盘张庄教堂，1967年“文革”中被拆除，唯传教士用的椅子、大床及教堂门窗遗存，被县文物管理所收藏。1977年，巨野教案遗址被公布为省级重点文物保护单位。

第二节　设场演练的尚武习俗

作为水浒文化发源地的菏泽一带，特别是郓城县及其周边地方，设场演练的习武之风源远流长，经久不衰，水浒好汉的尚武精神和豪爽英气，深刻地影响着人们的精神面貌和日常生活。相传一些水浒好汉及其后人将自己的武术特长总结成特色拳法，广泛传承于民间。在当地，人们出于对水浒英雄的热爱，还把一些传统武术拳种加以改造，冠以水浒英雄的名字，进行习练。长期以来尚武习俗，促使一批批武林英杰、高手名家不断涌现。

一、设场练武遍布城乡

菏泽一带的人们习练武术，长期的封建时代主要为门派传人设馆授徒，代代相传。至近现代，官学当中的武学以及官办武术馆、民间武术会社、拳场大量涌现，成为培养武术人才的摇篮。随着官办、民办武术馆场的逐渐建立，以及武术内涵由征伐攻击向强身健体的扩延，武术的学练和普及又掀起高潮，武术技艺水平进一步提高，民间习武之人遍布城乡，出现“县县有武馆，乡乡有拳场，村村有习武之人”的局面。

在明清时期，菏泽各县不少村庄都设有拳场，一般男性青壮年习惯在农闲时节通过练武强身健体，防身护院。郓城县农村一度有拳坛 30 多个、拳场 1000 多个。定陶作为菏泽境内人口最少的县，习武鼎盛时拳坛也达 20 多个、拳场 400 多个。菏泽一带曾流传“吃了曹州的饭，喝了雷泽的水，都会伸伸胳膊踢踢腿”的民谣，可见习武之风的广泛普及。

民国十八年（1929），菏泽创办了第一个官办武术馆——曹州国术馆。随后，郓城国术馆、成武国术馆、鄄城国术馆、定陶国术馆、巨野国术馆、曹县国术馆等相继成立。当时这些国术馆中，最有影响的当数曹州、郓城、鄄城、巨野 4 个国术馆。1937 年抗日战争爆发后，这些以传承中华武术、培养武术人才、增进全民健康为宗旨的武馆相继停办。

在近现代，随着官办武学和国术馆的兴起，带动了菏泽民间武术学校、会社、拳场的发展。这些民办武学、会社、拳场作为普及武术的教学阵地，一时成效显现，人才辈出。菏泽民间兴办的私立武学，最多时达到 30 余所。因为武术精英多在民间，所以私立武学在立足普及的基础上亦培养了不少优秀人才。如清代同治年间，郓城县武进士冯殿扬捐资兴办武学，前后招收 3 期学员共 40 余人，全部考中武生，其中考中武举人 36 人、武进士 2 人，清代武状元张宪周，就是其弟子。

菏泽近现代教门会社较多，其中不少教门会社是以习武为支撑而建立，如红枪会、大刀会、红沙会、红拳会、白莲教等。这些教门会社的首领多为当地知名的武师，以至教出很多出类拔萃的会员。有些会员在其教门会社组织领导下，秉承正义和凭仗武功，反官府杀污吏，反侵略毁教堂，开展了可歌可泣的英勇斗争。

往昔菏泽的庙会、重大节日等，每每都有武术表演。角力、摔跤、套路等武术比赛，更是民间闲暇的重要娱乐方式。打拳、练剑，被人们视为健身强体的日常运动。武术村、武术世家相继涌现，外出打拳也成为一些武林人士的谋生手段。

二、水浒拳种广泛流传

菏泽作为武术之乡，拳种众多，有大洪拳、小洪拳、少林拳、梅花拳、太极拳等四十个拳种流行，其中不乏本地独创的拳种。在水浒之乡郓城一带，还有一些带有水浒特色的拳种和阵法，如水浒拳、宋江阵。水浒系列拳中，又可细分为武松拳、武松醉拳、林冲枪、智深拳、智深棍、李逵斧、杨志刀、燕青拳、时迁轻功、孙二娘双刀等拳械规范和完整套路。这些水浒系列拳，不少为传统拳种依托水浒之名，加上一些创新改造而成，有的仅是把传统拳种和刀法冠以水浒及水浒人物的名字，从中体现了当地人民群众的水浒情结和水浒意识。

其中，水浒拳被列为山东省非物质文化遗产名录，宋江阵被列入菏泽市非物质文化遗产名录。

1．水浒拳

《郓城县志》记载，宋江起义失败后，一些溃败义军将领回到故里郓城，隐姓埋名于民间乡村，靠打拳卖艺为生。为怀念起义岁月，遂将自己的拳法称为“水浒拳”。有资料则载明，水浒拳为水浒英雄阮小七所创（见张志雷《水浒武术文化研究》，人民体育出版社 2015 年 11 月出版）。至元朝初年，水浒拳掌门人为避社会污蔑的水浒贼寇之名，便把此拳混在“大洪拳”中传授下来。到了清朝光绪年间，随着义和团运动的兴起，水浒拳传人迅速壮大自己的门派，水浒拳得以独立传授，并在社会上有了一定的地位。

1932 年，水浒拳第八代传人汪秀严在郓城县潘渡村开馆传授水浒拳，授徒300多人。1970年，第九代传人谭连本响应国家号召挖掘和发展民间武术，开馆授徒5000余人。水浒拳从此流传到鄄城以及黄河北岸范县、台前和阳谷一带，成为鲁西南民间影响力较大的一个拳种。

水浒拳与传统大洪拳在很长时间内都是同教同练，它集众家之所长，击技性强，内容丰富。其特点为大开大合，不要虚招，随机应变。所有动作整齐划一，并表现一个“狠”字。手法清晰刚劲，腿法坚实有力。

水浒拳有五个基本拳术套路：水浒初势（水浒拳帽）、水浒一路、水浒二路、水浒八式和水浒二郎架。除水浒初势外，四个拳术套路各含一个辅助套路，叫“拆”。每个套路，配有一套拳术对练。

水浒拳内容丰富，拳术趟子多，每套拳路都以水浒英雄的名字冠名。如宋江脱靴、李逵扯旗、时迁倒卷帘、武松脱铐、水浒初势、水浒一路二路、水浒八式、水浒二郎架、燕青拳、智深拳、李逵板斧、徐宁钩镰枪、史进齐眉棍、呼家双鞭等。

水浒拳套路的特点是：步法规格美观大方，功架规格大开大合，稳健扎实，发力充沛，走如风，站如钉。腰似钻，眼赛电，速度快捷，准确无误。手法明晰而有力，身法灵活而不乱，腿法发力充沛而快捷，眼随手动，视对方有逼人肺腑之势等。

套路一：水浒拳初势。水浒拳初势，也称为水浒拳帽，是初学者练习基本功后首先学练的一个拳术套路。其步型简洁清晰，速度较慢，手法清楚，容易掌握，目的是为更好地学练难度较大的拳术套路而奠定基础。套路中有几个难度较大的动作，如“揭竿而起”“五不落”“外摆莲花”等。

套路二：水浒拳一路。水浒拳一路，是在水浒拳初势练习的基础上学练的套路。除练习五种步型、三种手型外，特别强调练习身法。拳谚说“腰似钻、眼赛电”，此套路中的“接山云客”“群式”等动作，就是专为练习身法设计的动作。其中“豹子穿林”动作中有“瓦泥步”，“夜叉探海”动作中有叉腿平衡，难度增大。

套路三：水浒拳二路。水浒拳二路，是一个功夫拳术套路。步型舒展大方，刚劲有力；走如风，拳有声，站如钉；旋转如旋风，震脚如雷声，打寸力，放寸劲，身法自如；手法缠绕有力，脚腿膝并用，再加上"通天炮""伍子胥探井"等几个平衡动作，练起套路来铿锵有声。

套路四：水浒拳八式。水浒拳八式，是一个内外兼修、刚柔相济的水浒拳套路。其套路拳掌结合，手脚并用，动作连贯性较强，综合使用前三个套路的运动方法行如流水、动若惊雷，体现了水浒拳派中的主要手法、腿法。如扎膝托腮、偎身靠打、托腮抄裆、二龙戏水、何仙姑端笊篱等动作。

在水浒拳传授中，除拳法外，另有一些兵器套路传授，如：

双斧套路。双斧是一种短兵器，铁斧木柄，步战武器。双斧趟子短、劈四门，适合集体练习。双斧的使用方法有劈、砸、削、扫、砍、推、拉、挂等，配合五种步型，动作大方舒展、大开大合、勇猛有力。

钩镰枪套路。钩镰枪是在枪头的一旁添加一镰刀式利器而成，使用方法有拦、拿、扎、劈、崩、挑、挂、勾、掠、拧、缠、旋、捣把、盖把等，步战和骑战都可练习使用。

双手剑（也称为双手带）套路。双手剑使用方法有劈、刺、斩、削、带、拦、撩、推、挂、剁、崩、缠、绕、拧、挑等，这也是水浒拳兵器中的一个发展，剑路多，习练难度大。

另外，水浒兵器套路中，还有长、短、双、软各种特点的器械套路。这些兵器套路除了各具风格外，共同的特点是进攻性强，勇往直前，击打点准确，动作紧凑，连贯性强。

2. 宋江阵

"宋江阵"的出现，与水浒故事流传、水浒戏曲上演相关，属于民间一种水浒信仰现象，是依托水浒好汉宋江之名创立的一种武术集体演练。这种演练活动，是由一些武术爱好者扮成梁山好汉，在庙会广场表演各种阵式和武术套路。

宋江阵的流传范围很广，在菏泽郓城一带以及在福建、台湾地区都曾长期兴盛不衰。这些地方的宋江阵，表演内容和套路各不相同，可能存在互相影响的关系，尚无资料证明他们之间的先后传承关系。

菏泽郓城一带的宋江阵，传说创始人是元朝兵部侍郎、郓城人樊执敬。他自幼聪敏好学，精通各种作战阵法。郓城南关当时有一片杂树林，樊执敬经常在树林里摆兵布阵，并请家人按自己设计的宋江阵法进行操练。后经明朝兵部侍郎樊继祖（樊执敬曾孙）、清代光绪钦点武状元张宪周和近代武术名士孙振奎、孟继恩、姚云腾、陈连田、刘千周、刘缵忠、刘贵全等人世代相传，进一步发扬光大，受到广大群众欢迎，成为民间民俗表演形式之一。

福建省厦门、泉州、漳州一带和台湾地区的宋江阵，传说是源自戚继光的“藤牌舞”或“鸳鸯阵”，或是郑成功整军习武的“藤牌兵”与“五花兵操”。其武术内涵都是强调勇猛忠义，强调“替天行道，忠义两全”。福建厦门的宋江阵，2007 年还被列入了福建省级非物质文化遗产名录。

菏泽郓城一带宋江阵的演练，灵活多样，表演不拘人数，既适于大型广场群体展演，又适于街头巷尾、舞台厅堂甚至田间地头表演。它可以真刀真枪地拼杀，也可以花拳绣腿地取乐。

关于宋江阵的人员组成，起初是一百零八人，象征宋江起义将领三十六天罡，七十二地煞。后因梁山一百零八条好汉皆死于非命，宋江阵表演者认为一百零八乃不祥之数，便不再由一百零八人组成，而改为只要是双数即可。宋江阵所用兵器，也不再做统一要求。郓城宋江阵现在所用的兵器，有头旗、双斧、斩马刀、拐马钩、月牙铲、盾牌与短刀、单刀、双刀、大刀、鞑刀、扑刀、雨伞、双锏、双鞭、齐眉棍、铁棍、铁尺、竖旗等。

关于宋江阵的阵式，有 15 个环节。（1）开四门：1、2、3、4 之顺序，由头旗引导插角做出开四门的阵形（全阵人员做巡查以捍卫四城城门）。（2）龙卷水：阵旗于圆阵左上方，插角切入，其余人员随后成“W”字形跑步呐喊前进（属七星阵阵式含有避邪之作用）。（3）龙穿心：全阵以旗、斧分为二路纵队，由圆阵正后方穿入。（ 4 ）个人武器表演：队员逐一上阵表演，也可择优上阵（除展示各种兵器外，尚含有个人武功展示成分）。（ 5 ）龙门阵：全阵在旗、斧的引导下，由圆阵正后方，一组一组切入，武器交叉成二路纵队相向进入。定位后，依战鼓声操演兵器（也可视为谋营前的阵形整理）。（ 6 ）谋营：旗阵与斧阵分别以反方向，在旗斧带领下跑步呐喊绕圈，后集结成两实心圆。斩马刀上前操演，意即攻破城堡。（ 7 ）对打：城堡已攻破，人员分两人一组，依次操演对打动作，表示两军交战的激烈情况。（ 8 ）蜈蚣阵：全阵队员再次依旗、斧分为两阵，由正后方进入。定位后，闻战鼓声由两行跳开成四路纵队，再闻鼓声，全阵人员高举武器，大声齐呼。（ 9 ）蛇蜕壳：蜈蚣阵后，全阵由旗、斧分别引导，左右转走，至阵后方成一路纵队折返向前方迈进。（10）蜘蛛结网：全阵以旗引导，绕圈冲跑呐喊，然后以旗为圆心围一实心圆。（11）连环对打：展示各种兵器及攻守功夫。可全体参与或择优出场操练。（12）排八卦：旗与斧等架成拱门形，阵员由门下冲过，全阵由旗斧双刀、月牙铲、盾牌、长柄武器等组成四层。（13）巡城：最外圈执长柄武器人员闻鼓声后，立刻弓步面向武器交叉，类似城门，月牙铲及盾牌出城巡查。（14）撞七星：全体成两圆阵，内外面相向，依战鼓声，每次由月牙铲带动，外圈逆时针，内圈顺时针方向交叉慢跑，当快擦身而过时，两人武器在头上方轻敲一下，一直到回原位置时，齐声高呼，武器直举。（15）收场：全阵成四层，依次由月牙铲、盾牌、长柄武器向圆心跳入。跳出一次后，全体再一齐往圆心跳入，旗斧至阵前致敬礼三次，阵形立刻成二路纵队，旗斧再上前致敬礼三次。

宋江阵的阵形变化，主要分为四部分：（ 1 ）双人套路：打圈阵形中有蜈蚣阵、五花阵；（ 2 ）三人连环套路：打圈阵形有七星阵、龙卷水阵；（ 3 ）单人和对打表演：包括个人武术、兵器表演，双人赤手对打，赤手对大刀；（ 4 ）八卦阵形变化：梅花阵、发彩、巡城、排城、破城、跳中城、黄蜂结巢、黄蜂出巢等。

宋江阵的操练，通常分为三个阶段，即单人操练、双人兵器套路和全阵团体操练。

单人操练时，每人选练一种兵器。

头旗：即总司令旗，由宋江角色者所持。在“宋江阵”的兵器装备中，是领导指挥的中心，不但要引领全队，还要鼓动全队的士气，进攻时头旗在全队的正中心，被包围时不可以被拿走。拿头旗的人，必须反应灵敏，武艺高强，而且具有领导能力，操练头旗是枪法、棍法并用，虎虎生风。

双斧：拿双斧的人，是黑旋风李逵角色者。此人是全队武艺最高强的人，在阵式中所站的位置，是在头旗的旁边，有保护头旗的作用，在肉搏战中可做最后的格斗，以免头旗被夺。由于拿斧之人地位重要，必是富有正义感、有胆识的忠义人士。

棍：棍是代表性武器，出似猛虎，扫似疾风，行似巨龙，一路打平。拿齐眉棍的角色，由行者武松、花和尚鲁智深和浪子燕青扮演者担任。棍是攻防并兼，任务是守卫头旗和双斧，为最后防卫的武器，持棍的队员通常须身手敏捷。

月牙铲：原是佛家防身之用，因为它的刃形状像半月形。在阵中，它既可以攻击，又适合防守。

盾牌和短刀：盾牌直径约二尺三寸，呈圆笠状。拿这种武器的人，称为盾牌兵。盾牌兵握盾牌在左手护身，右手执短刀，用来攻击敌人的下半身。

斩马刀：主要功用是攻击敌人腰部，以及砍斩马腿。拿斩马刀的人，一般由身材高大壮硕之角色担任。

一人演练的其他可选武器还有钩、杈、双刀、大刀、铁伞等。

双人对打演练，是将单人兵器的演练，变化为随机应变的小型战斗。即铁伞对扫刀、盾牌对月牙铲、大刀对月牙铲、钩对盾牌、大刀对双刀、棍对棍等。

团体操练，通常以行阵绕圈为主，阵形变化有：开四门、龙卷水、龙穿心、龙门阵、谋营、破城、对打、蜈蚣阵、蛇蜕壳、蜘蛛结网、八卦阵、巡城、撞七等。其中，八卦阵是宋江阵团体操演最重要的队形。宋江阵操练队形时，需先排好队，由头旗带领到神位前祈祷，并在兵器上贴上符，以确保操演时不出事故。

另外，在宋江阵中，乐队是不可少的，它可以鼓舞士气，渲染气氛。主要乐器有鼓、锣、钹。鼓是整个场面的灵魂，因动作要依战鼓而行。操演时，成员可多达几十人或数百人，一般以36人阵最为普遍，队员手握兵器，依各种阵法队形变化，摆开勇猛应战的姿态，犹如水浒英雄再世，呈现万夫莫敌、锐不可当的威凛气势，既富紧张刺激气氛，又兼具力与美的动感，观赏性十足。

三、武林名家不断涌现

菏泽一带民间习武之风的兴盛，不断涌现出一批批像水浒英雄那样的武林精英、名家，不但民间拥有众多的武林高手，随着官办武学的涌现，以及武举考试逐渐被人们视为出仕之路，还有许多人考中了武举人、武进士。在清代，菏泽武进士、武举人的数量位居全国各州府前列，其中武进士就有56名。

1. 清代武状元吴德新、田在田、张宪周

（1）吴德新

吴德新，直隶东明（今东明县）人，清道光乙巳科武状元。

吴德新幼时倾慕汉代大将霍去病，立志为国立功。他勤奋习武，十几年苦功练就臂力过人，弓马娴熟，韬略深通。道光二十五年（1845），他经殿试考中武状元，道光帝钦命其为乾清门头等侍卫，赐花翎。

之后十余年间，吴德新奉职勤勉谨慎，毫不懈怠，被外放广东清远县游击期间，在防御堵截匪盗中多次立功，提升为副将。道光三十年（1850），广东苗人叛乱引发地方骚动，清政府派吴德新领兵平叛。临战之时，他一马当先，往来冲杀，如入无人之境，威震苗营，大捷而归。

（2）田在田

曹州巨野（今巨野县）人，清咸丰壬子科武状元。

田在田自幼习武，善弓马，通韬略。清咸丰二年（1852）壬子科应试，被钦点为武状元，授予头等侍卫，乾清门行走。

咸丰五年，田在田受命领兵进攻山东高唐太平天国起义军，靠过硬的武功力斩太平军高唐守将。咸丰十年，田在田再次受命领军围攻宿县，又用计大胜太平军。咸丰十一年至同治元年间，田在田任江淮提督，与太平军交战屡次失利，曾被削职。后被朝廷重新起用，授予甘肃肃州镇总兵，驻守肃州。

光绪二十三年（1897）田在田卸任回家，11年后再次被起用，光绪帝赏其太子少保衔。宣统元年（1909），又赐予其都统之职。

（3）张宪周

张宪周，曹州郓城（今郓城县）人，清光绪庚寅科武状元。

张宪周少时拜武解元李凤山为师，习练武术，练功十分刻苦，曾将原来习武用的60斤大刀、180斤练石重新打造，重量增加一倍，以提高臂力。光绪十六年（1890）庚寅武科会试，张宪周名列五魁。同年殿试，被光绪帝钦点为武状元。

光绪二十年，张宪周由陆部参镇殿将军赴任开封协镇，在任上爱民如子，治安有方，使民有余粟、女有余布、商有余财，路不拾遗、夜不闭户。后迁任崮关、娘子关一品参将。其地盗贼杀人越货，为害乡里，民不聊生。张宪周率兵平匪，歼匪于铜家堡，地方遂变安宁。他重农治本，兴修水利，使当地五谷丰登。任满离职时，百姓赠旗罗伞牌。

光绪二十六年（1900），八国联军进犯北京，光绪帝和慈禧太后仓皇西逃，敌人闻讯追赶。张宪周奉命护驾，行至居庸关，利用山高谷深埋兵布阵，出敌不意以白刃迎头痛击。敌军洋枪洋炮置于无用，张宪周挥刀大显神威，士卒奋勇杀敌，斩敌首级千余，使皇帝与慈禧太后化险为夷。光绪帝在西安龙德殿召见张宪周，赞其“挽狂澜之既倒，支大厦之将倾，乃社稷之臣，诚功莫大焉”。光绪帝返京后，又御赐金匾并亲书“捍御功伟”四字，此匾存留至今。

2. 近现代武林高手杨士文、谢协群、赵鸿举

（1）杨士文

杨士文，曹州（今菏泽市牡丹区）人，民间武林高手。

杨士文12岁时拜师学艺，专攻梅花拳，16岁时已拳脚技法精当，刀枪纯熟。民国八年（1919），他师从北派武林泰斗王子平习练摔跤，技艺大进。20世纪20年代初，上海滩洋人横行，国人受欺。杨士文在上海大世界表演武艺时，一个膘肥体壮、满脸横肉的日本武士闯入场内，气势汹汹要与之比武。杨士文施展摔跤绝技，一个“插裆扛摔”，将日本武士重重地摔倒地上，当场毙命，一时轰动上海，令国人扬眉吐气。

民国十七年（1928），国民政府在南京举行国术考试，杨士文、吴体泮等5人代表菏泽参赛。杨士文先后击败众多武林高手，夺得最优等名次，获宋美龄银盾奖章二枚；冯玉祥奖优胜锦旗一面和刀、剑各一把；中央国术馆馆长张之江奖其“发扬国光”匾一块。队友吴体泮，也获得优等奖。

（2）谢协群

谢协群，单县人，民间武林高手。

谢协群自幼习武，家学渊源，武功精湛。他青年时期就是当地的著名武师，大刀使得出神入化，人称“大刀一郎”。“谢家一郎真英雄，大刀专杀日本兵。鬼子若是遇见他，阎王面前去报名。”抗战初期流传在湖西（今单县）一带的这句顺口溜，即是对谢协群英勇杀敌的高度赞誉。

1938年秋，日军30多人和伪军100多人到单县谢寨抢粮。谢协群探知消息后，带领村中50余名青壮年埋伏在地形复杂的小刘楼村西，待日伪军经过时突然出击，以大刀、长矛与之展开白刃搏斗，打得毫无准备的日伪军措手不及。谢协群一柄大刀东砍西杀，砍死5个、砍伤3个。在我党地方部队的协助打击下，这股日伪军慌忙退走。

（3）赵鸿举

赵鸿举，菏泽县（今牡丹区）何楼村人，民间武林高手。

赵鸿举自幼爱好武术，师从武师朱凤君，深得师门真传，尤其精于点穴和擒拿功夫。民国二十九年（1940），30多名日寇和100多名汉奸到菏泽县何楼抢粮抓人，老百姓四散逃命。这天赵鸿举正感冒高烧，等他穿好衣服走出门来，刚好与闯进大门的三个日本兵碰个照面。日本兵见他只身一人，端起刺刀就哇哇叫着向他刺来。赵鸿举不慌不忙，用“豹子撞林”“凤凰展翅”和“死鸡拧头”的招式，力毙三个日本兵。

待赵鸿举走到村口，又遇到两个日本兵，同样被他徒手击毙。在他刚刚钻进庄稼地里时，忽听得背后有人大呼救命，转头看见是一个日本兵正狞笑着追赶本村的一位妇女。赵鸿举怒火中烧，迎头跑去，一记“浪子踢球”和“雄鹰捕兔”便打发了这个日本兵。一阵工夫，赵鸿举就徒手毙杀了六个日本兵，这事被当地群众传为抗战佳话。

第三节 讲情重义的正直品格

宋江等水浒英雄好汉讲情重义、正直豪爽、诚信待人、勇于担当的品格情怀，对后世影响深远，成为千百年来菏泽一带的浓郁民风和为人处世的行为规范。当地民间对外交往义气为先，邻里相处团结互助，还盛行异姓交友结拜，不是血亲胜似血亲，为朋友敢于“两肋插刀”，十分推崇江湖义气，帮贫济困、见义勇为等。

一、义气为先的品格情怀

菏泽一带的人们，一向讲情重义，厚道坦诚。特别是男子汉外出与人交往，总以义气为先，好朋好友。大家信奉“你敬我一尺，我敬你一丈”“多个朋友多条路”“在家靠父母，出门靠朋友”等处事信条。与这里人打交道，很能感受到他们讲诚信，不藏奸，不露滑，不使“拐弯心眼”。特别在经济贸易时，重义轻利，甘愿吃亏，讲究“买卖不成仁义在”“吃亏是福”。所以菏泽人和山东人一样，在全国享有忠厚淳朴的美誉。

在菏泽一带的广大农村，乡里乡亲都习惯于团结互助、扶危帮贫。谁家有了遭难遇险的事，大家自发解囊相助；谁家举办婚丧嫁娶之事，街坊四邻不请自到。人们普遍爱“面子”，讲自尊，信奉“树要一张皮，人要一张脸”“脸面值千金”和“人以和为贵”“低头不见抬头见”等。谁要做了有损公众利益之事，他所在整个家族的人都要感到抬不起头来。生活困难借东西，被借者痛痛快快，借者“好借好还”“借一平瓢还一尖瓢”。谁家生活再拮据，只要亲朋好友来了，就要好酒好菜招待。

正因为菏泽民众推崇正义，奉行正义，所以对不义之人之事深恶痛绝，特别对贪官污吏、社会丑恶现象勇于反抗斗争。“路见不平一声吼，该出手时就出手”的水浒精神，浸润着一代代的菏泽人。遇到损人利己、鸡鸣狗盗之辈，人们会嗤之以鼻，让这些社会渣滓像过街老鼠一样人人喊打。眼见恃强凌弱、横行霸道之徒，人们会纷纷指责，继而见义勇为。面对旧时官府的压迫和剥削，人们会团结起来，进行各种各样的斗争。在封建社会及近现代，菏泽一带曾多次爆发农民起义，就是广大民众以正义反抗邪恶的一次次伟大行动。

二、异姓结拜的民间习俗

水浒好汉们异姓结拜，共聚大义。这种“四海之内皆兄弟、团结起来就是力量”的行为，潜移默化地对菏泽一带的后世人们产生巨大影响。至今当地民间还流行着异姓结拜的习俗。这一结拜习俗分为两种形式，一是个人之间的“拜把子”，虽非血缘同姓，却求亲密一家，不同生、愿同死，共患难、齐进退等。一种是人数众多的“结社”，即组织民间社团组织，以实现“出入相扶，守望相助”的目的。

1.个人结拜

个人结拜，雅称义结金兰，俗称拜把子、换帖等，是广泛流行菏泽一带民间的异姓人员结为亲生兄弟的一种形式。志趣、性格等相近、互相投缘的人，通过一定的仪式，结为亲兄弟般的关系，生活上互相关心、支持帮助，遇事互相照应，共同办理。久而久之，遂演变成一种具有人文色彩的人际交往习俗。这种个人结拜，多为两人结拜，也有个别多人一起结拜的。

旧时，结拜有规范性的礼仪程序，即以自愿为基础，通过协商同意，选择吉日良辰，在一个大家都认为较适宜的地方，如祠堂等，上挂关公等神像，下摆三牲祭品（猪肉、鱼、蛋），以及一只活鸡（男结拜为公鸡，女结拜为母鸡），一碗酒和“金兰谱”（也称誓言）。“金兰谱”每人一份，按年龄大小为序写上各人名字，并按手印。仪式开始后，每人拿一炷香和“金兰谱”。然后，把鸡宰杀了，鸡血滴入酒中，男人左手（女人右手）中指用针尖刺破，把血滴入酒中，搅拌均匀，先洒三滴于地上，接着以年龄大小为序，每人喝一口，剩下的放在关公神像前。这种形式，习惯叫“歃血立盟”。

结拜者不分男女老少，人数无限定，但却有一些忌讳。如宗亲者不结拜，姻亲者不结拜，辈分差别者不结拜，八字不合者不结拜，破族规者不结拜，没通过盟誓仪式者不算正式结拜，等等。随着社会进步和文明程度的提高，人们逐渐认为只要彼此好好相处，不必拘泥于某种形式。所以一些结拜的青年人，对旧时烦琐礼节相对淡薄，仪式一般从简，多以口头盟誓为主。

结拜仪式完成后，参与结拜人之间即以兄弟称呼，也有俗称为老大、老二、老三……从此便意味着生死与共，有福同享，有难同当。一旦结拜，几辈子都是亲戚。“仁兄弟”“干姊妹”视对方父母、兄弟姐妹为亲生一样，遇年节和红白之事双方都要相互走动、参与。如一方老人去世，仁兄弟要和亲生儿子一样披麻戴孝，跪棚送终。

2.团体结拜

团体结拜，即组织成民间社团组织。这样的团体结拜，与个人之间的结拜一样，都是愿望能达到“出入相扶，守望相助”的目的。

关于民间社团，具体情况比较复杂，人员规模也差异较大。特别是社团宗旨，更是多种多样。金元之际，我国北方农村中普遍兴起一种“锄社”。这种民间自发的结社，是为促进生产互助自救、携手并进的一种形式。当时还有开明乡绅大力倡办的“义社”,开仓赈济离散贫民,以图稳定社会恢复生产。到了清代，民间社团有了很大的发展，其中不少社团带有宗教色彩。因为以扬善抑恶为教义的宗教,最容易聚集人心。当时,以白莲教影响较大,教徒众多,还爆发了颇具规模的白莲教起义。

在近现代，以“强身健体、保卫村家，防御盗贼”为宗旨的社团渐起高潮。菏泽一带不少乡村聚众设坛，练拳习武，如大刀会、义和团等。这些尚武社团，开始是保家护村实行自卫，后来逐渐走向反官府反洋教的斗争。菏泽一带的大刀会分支众多,力量也强,在反帝反封建斗争中发挥了积极作用。如巨野人、大刀会会员刘德润就曾带人夜闯当地的磨盘张庄教堂，杀死两名德国神父，酿成了震惊中外的巨野教案，彰显了中国人民不甘屈辱的大无畏精神。

第四节　日常生活的水浒印记

水浒文化作为一种文化现象，它浸润于人民群众日常生活的方方面面和细微之处。在菏泽特别是郓城一带，民间很多日常娱乐、饮食活动中都打有水浒的印记。并有一些水浒民歌、歇后语在广泛流传，被人们咏唱叙说。聚会饮酒方面，更是沿袭了水浒英雄好汉们的豪爽之风，水浒酒文化特色凸显，深入人心。

一、水堡纸牌

水浒纸牌，在菏泽一带又称“老妈妈牌”“婆婆牌”，因最初是宋江故里水堡的乡亲们所发明创造，亦称水堡纸牌。它作为人们闲暇娱乐生活中水浒文化一个符号，起源于元代，至今已有600多年的历史。水堡纸牌采用雕版印刷，程序繁多，工艺十分精湛。

水浒纸牌及其雕版印刷，现已被列入山东省非物质文化遗产名录。

1．纸牌内容

据《曹州府志》记载，在宋末农民起义领袖宋江遇害100多年之后，宋江故里水堡村的齐氏、付氏、杜氏三家，出于对家乡名人宋江及水浒众多英雄人物的怀念，寄托悠久的哀思，集思广益，研制出来的一种特殊的纸牌。这种纸牌每张都有水浒人物画像，既能用来纪念，又可以作为闲时娱乐的工具，这就是水浒纸牌的来历。

至元末明初，由于元散曲和明话本的繁荣，各种水浒传说、故事被艺人进一步加工演说，对水浒纸牌的流行更是起到了推波助澜的作用。从而，水浒纸牌的发明地水堡村，也步入了纸牌制作的黄金时期。据《郓城县志》记载，水浒纸牌最鼎盛时期，全村共有制作作坊100多家，每天的产量可达1万副，前来从事交易的远近客商如水如潮，可谓“车水马龙到水堡，往来只为水浒牌”。

水浒纸牌共120张，每张规格为长6厘米，宽1—3厘米。水堡村民根据北宋官府捉拿梁山好汉的赏银数目，按顺序设计人物而成。他们将梁山寨水浒一百单八将，分门别类地编排出三种牌艺，即万字牌、条字牌、丙字牌。宋江的皇榜赏银数额是九万贯，所以万字牌的首张牌页便是九万宋江，末张是一万燕青，依顺排出九万至一万各4张。条字牌的首张是九条卢俊义，末张是一条张顺。丙字牌的首张是九丙吴用，末张是一丙张青。还有红花子牌，第一张是梁山寨起义首届首领王伦，两头红印花的一张牌是第二届首领晁盖，黑瞎子牌是阎婆惜，他们三个人的牌各四张。至此，共计120张纸牌。

水浒纸牌的娱乐，开始时是在菏泽郓城一带流行，很快波及广大中原地区。至清代，江南也逐渐兴盛起来，成为深受民众欢迎的一种娱乐方式。这种纸牌，在南方一带被改称为“交子”牌。

水浒纸牌从雕版到印刷，共有60多道工序，工艺精湛，十分讲求质量，以期能够达到既美观又经久耐用的效果。水浒纸牌的雕版印刷，代表了元代当时的较高水平。经过后来制作人的技术改进，越来越成为一种纸质艺术品。

2．雕版技术

（1）用料：选壤性土质（即半沙半淤的地块）上树龄在30年以上的梨木，要求材径大于版宽10—20厘米，选取二膘整料（芯不可用，易裂）。截取的料坯要在开水中蒸煮一个时辰（两个小时许），然后取出晾干。料坯蒸煮后可增加木质的韧性，多年使用，永不变形。版料尺寸为36厘米×28厘米，厚度5—6厘米。

（2）刨面：用刨刀将版料正面刨平，要领是竖刨顺着木料纹理走，横刨专清除板面凸痕边梗。刨净的板面，要滑润如小儿肌腹，以面腮擦之，滑如流水。

（3）上油：阴干时的板料，应抹一层植物油，目的是让油渗入纹理，雕刻时增加韧性。待雕刻时，又要用温水把油污清洗干净。

（4）打线：根据版面的大小打线，以定边界，使底版和版面上的线相吻合。

（5）印底版：以祖传牌版印制成底版。

（6）裱底版：用稀糨糊裱贴在版料上，正面朝向版料，确保刻出的是反图。

（7）刻版：先以圆刀刻出边框，叫“清趟子”。然后以大小刻刀按印好的底版雕刻，圆孔一般要用手钻。

（8）修版：目的是将刻出的牌版线条进行细加工，去掉糙边。雕刻好的版共有4块。

（9）版面内容：每块版上分为3行，每行5张，共15张。分别为一丙至九丙、一万至九万、一条至九条、黑瞎子、红花子和老千，在排列顺序上并不太严格，每版都不相同。雕刻好的版面内框以28厘米×19厘米为多，牌面大多为6厘米×3厘米。也有窄到1.5厘米的，各家尺寸都不一样，有时根据客人要求的尺寸单独制版。

3．用料方法

（1）熬糨子：糨子的传统取料一般有两种，一种是用小麦面和成面块，搦出面筋，沉淀后将上面发黄的水倒掉得到淀粉；另一种做法则是先把小麦粒煮半熟，然后再磨成面粉，反复过箩，加水搅拌后澄清，倒掉水。先在锅中放入一定数量的水，然后加入榆树皮粉（目的是增加黏度）。水加热到30℃左右时，把沉淀好的淀粉浆加入锅中。边搅拌边加热，锅中沸腾并有气泡冒出时，用力快速拌匀，离火后继续搅拌。熬糨子的精要之处在于火候（水堡村熬糨子只用麻秸、芝麻秸做燃料），火候差，则糨糊黏性不足，且易霉变；火候过了，则糨糊发涩，用时起结。上好的糨子，以细润光亮为佳。

（2）调墨：水浒纸牌初创时期，曾以锅底灰为原料。取法是用勺子沿锅底轻刮，选取细腻的锅底灰。但锅底灰极难溶于水，要用糨糊在锅底灰中反复揉搓至块状，再用磨石在细石板上研磨，边研磨边加水，形成墨汁，盛容器中备用。用锅底灰调出的墨汁不容易掌握稀稠分寸，太稠了，难印而且易出现着墨不匀，俗称“花塌”；太稀了又容易出现晕散，俗称“洇纸”。这种以灰为墨的方式，大约延续了100多年，至明代中期开始使用进口化学颜料。

（3）裁纸：传统的水浒纸牌，只用“灯笼纸”。所谓灯笼纸，是一种透明柔韧的绵性薄纸，原产于山西，以蚕丝、棉花或桑树皮为原料制成，因常用来糊灯笼，俗称“灯笼纸”。

4．印刷技术

（1）清版：将版置于案上，揭下版面蒙纸，刷去尘土及杂质。

（2）上墨：先以少量墨水置入墨盆，然后用蘸刷在盆底反复排刷，至盆底着墨均匀且无流墨时，再用蘸刷在版面上按照上下左右的顺序排刷，至版面着色均匀为止。

（3）印牌：以纸正面朝下覆盖版上，用搪刷同样按照上下左右的顺序排刷，分别印出牌面和牌背。这道工序讲究的是用力均匀，强弱适度。用力太弱易皱，用力太强易烂。着色均匀之后，揭下晾干。

（4）印红花：在印刷结束后，搪牌之前，要为红花子、老千等牌以红色印章做标记。所印标记。一般以2厘米的方形木料刻成方形印章，用大红颜料朱砂（传说朱砂有辟邪镇妖的作用）和糨糊做成印泥，印在牌的上中部。

印章框与牌边一般呈 45° 角或平行。

（5）搪牌：搪牌，又叫排刷子。在案上均匀地刷一层糨糊，然后将印好的牌背（花纹以菱形或太阳纹为主），面朝下覆在案上，用板刷刷平，在纸上均匀地刷上糨糊，再覆一层纸，用板刷刷平。如此一层层裱贴，一般需裱 10—12 层白纸。最后，将印好的牌面纸正面朝上裱贴在最上层，再轻刷一层糨糊。

（6）上挣子：用竹片或针锥将搪好的纸掀起一角，以手面提起，粘在挣子的木格上，晾干。

（7）潮平：待挣子上的纸牌阴干后，以竹片或刀片取下，用抹布均匀地将纸牌擦湿，使其自然潮平（也可以用少许芝麻油轻擦一遍）。

（8）上光：上光，也称拉碴子。将牌纸放在平整的石板上，将碴子小头朝下放牌纸上，由两人在碴子两端来回拉动，直至将牌面磨得平整发亮为止。最后给背面上光。

（9）配牌：将版一印制的牌 4 张和版二印制的牌 4 张裁切后，便是一副完整的水浒纸牌。配牌之前还要经过挑选，目的是把印刷质量不好的牌剔除。

（10）裁切：裁切，又叫铡牌。分为开大铡和开小铡。开大铡，即将纸牌按版式中每一行裁开；开小铡，即是将开大铡后的每一行再裁成 5 个单张。

（11）包装：包装，又叫封牌。包装纸和捆牌纸条也是用灯笼纸刷制而成的，把裁好尺寸的纸牌按顺序、类别、数量进行包装，每副 120 张，每 10 副为 1 打，50 打为 1 包。每打用包装纸封好，再用白布打成包，整个工艺流程就全部结束。

二、郓城壮馍

郓城壮馍，菏泽郓城一带著名的传统地方小吃。据传，昔时宋江起义军经常行军打仗，携带这种壮馍比较方便，不易很短时间内变质，所以大量食用。随之，借水浒好汉食用之名气，这种壮馍更加广泛地推广开来，被人们更多地作为食用品。有人因此也称其为“好汉馍”，意思是说，这本是梁山好汉吃的饼，吃了能气力充足，以壮行色。

郓城壮馍形如圆月，直径约30厘米左右，皮分多层，面皮肉馅。馅以鲜羊肉为主，也有素馅的，如鸡蛋加韭菜等，以葱、姜、菜蔬、香油等为佐料。皮为小麦精粉，经过擀皮、包馅制成形状后，放在特制的平底煎锅中进行烧烤加工（火候和时间要恰到好处），经几次翻动即成。

此种壮馍色泽金黄，外焦里嫩，油而不腻，香酥可口。如果再配以葱白蒜泥，吃起来更觉鲜美异常。大街上的壮馍摊前，经常围着一些人抢买抢吃刚出锅的壮馍，即便是已围了数十人，有的人也有十足的耐心，可见壮馍受人喜爱食用的程度。

其实，壮馍各地都有，如比较有名的徐州壮馍、西安的壮馍等。只是郓城壮馍在用料、做法及风味等方面独具特色，并且壮馍摊点众多。做壮馍做出名气者，犹以郓城城关何家为优。

郓城壮馍的具体做法大致是：

1. 以小麦精粉为原料，凉水和面，需要越瓤越好。

2. 肉用牛、羊肉，尤以牛腩，即牛的肋下及肚皮间的“花肉”为最佳，细细将其剁成肉泥备用。

3. 配料以葱姜为主，辅以五香料粉。平常农家因买肉不多的缘故，往往杂以细粉之类趁数，但口味就有些差强人意。

4. 将肉馅和配料加油、盐，顺时针搅和均匀备用。

5. 制作时，先揪成小孩拳头般大的面剂，然后揉成棒槌形，再用面轴轧成长舌状。

6. 将调好的肉馅用木勺或木片抹上面皮（面与馅比例三比二）打匀，两手扯平，拉成二尺长条，然后从小头折叠，叠成方块，两头露口处用手压合，再以面轴轧成长七寸、宽四寸、厚六分的椭圆形。

7. 将平底锅上火加入适量油，油以植物油、动物油混合为佳，烧热。

8. 将面饼半浸入平底油锅中边炸边翻，炸成绛红色捞出，控油（倘若煎炸数量较多，一般可将锅略倾斜放置，将面饼先从油较深处放置，逐渐向较浅处翻煎，待推转一圈，正好可出锅）。

9. 出锅之后，以快刀“十”字形切开，上盘。从刀口上看，一层面夹一层肉，面如纸薄，肉如丝絮，既美观又美味。

三、水浒歌谣

在菏泽郓城一带，民间长期流传着一些歌颂水浒英雄的歌谣，语言质朴，内容贴切，诙谐幽默，朗朗上口。这种通俗文学形式的出现，反映了水浒英雄在当地广泛深远的影响程度，以及人民群众浓厚的水浒情结。

水浒歌谣中，有专门歌颂某个英雄人物的，有根据鲜明特点将几位英雄人物一起歌颂的，有用当地流行歌谣形式填上歌颂水浒人物内容的等。

1.《梁山头领晁盖颂》

托塔晁保正，自有天王命。
聚义造了反，来把朝廷轰。
夺了生辰纲，奔赴梁山峰。
招兵又聚将，敢把官兵迎。
要和宋天子，来分输和赢。
天子发人马，来剿晁保正。
疆场对了阵，官军折了兵。
天王发了誓，要夺汴梁城。
为民来除害，捉拿宋徽宗。

2.《鲁智深颂》

花和尚，鲁智深，一把铲子二百斤。
前边切西瓜，后边砍龟孙。

3.《李逵颂》

黑旋风，瞎胡闹，
说话就要嗷嗷叫。
打仗光膀子，
上阵抡斧子。
喝酒抓坛子，
审案拍桌子。
让他别吵闹，
他说要到东京城里撒泡尿。

4.《武松颂》

二武松，真好汉，
杀了西门庆个王八蛋。
又仗义，又能干，
好人受了坏人的骗。
要是哥哥不出事，
也用不着十字坡上住黑店。

5.《阮氏兄弟颂》

阮氏兄弟水里钻，
不怕地来不怕天。
夺了生辰纲，
哧溜上梁山。
小二小五点子背，
剩个小七闹得欢。
一家三口都战死，
你说人家冤不冤？

6.《军师吴用颂》

说吴用，真有用，
教书先生闹动静。
生个法子抢了宝，
上了山寨嫌人少。
一来二去巧用兵，
水泊梁山兴了风。

7.《风雨雷电英雄颂》

风是西北风，
燕青打擂到郓城。
雨是连阴雨，
武二郎住到黑店里。
雷是惊天雷，
不要命的是李逵。
闪是黄金闪，
杨雄杀妻没人管。

8.《东西南北英雄颂》

东边有个黑宋江.
闹了江州上法场。
西边有个镇关西，
一拳打成了西瓜泥。
南边有个一丈青，
嫁了个女婿叫王英。
北边有个十字坡，
孙二娘开店用大锅。

9.《拍豆角赞英雄》

拍豆角，一月一，
宋江杀了阎婆惜。
拍豆角，两月两，
晁盖夺宝黄泥岗。
拍豆角，三月三，
李逵探母下了山。
拍豆角，四月四，
林冲受了窝囊气。
拍豆角，五月五.
武松打死吃人虎。
拍豆角，六月六，
吴用打仗会念咒。
拍豆角，七月七，
鲁智深拳打镇关西。
拍豆角，八月八，
矮脚虎头上插黄花。
拍豆角，九月九，
戴宗送信飞步走。
拍豆角，十月十，
卢俊义坐牢真不值。
拍豆角，说十一，
时迁馋了偷吃鸡。
拍豆角，到腊月，
聚义厅里咱说说。

（注：“拍豆角”是一种农村流行的游戏）

10.《十二个月英雄颂》

正月里，正月正，
五虎上将数林冲。
教头风雪山神庙，
放火烧了草料棚。

二月里，草发芽，
梁山好汉鲁提辖。
三拳打死镇关西，
五台山上出了家。

三月里，三月三，
郓城来了众好汉。
黄泥岗上巧定计，
取了生辰纲上梁山。

四月里，说端详．
清河县出了个武二郎。
景阳冈上打猛虎，
英雄美名天下扬。

五月里．五端阳，
十字坡开店孙二娘。
打遍天下无敌手，
正遇好汉武二郎。

六月里，白天长，
下山送书是刘唐。
英雄失落招文袋，
婆惜刀下见阎王。

七月里，扯瓜秧，
宋江发配浔阳江。
浔阳楼上题反诗，
梁山泊众人劫法场。

八月里，树叶黄，
宋公明三打祝家庄。
一丈青单斗王矮虎，
豹子头活捉扈三娘。

九月里，看菊花，
东京城里把兵发。
呼延灼力战梁山将，
宋头领大破连环马。

十月里，立了冬，
卢俊义避难走山东。
时迁火烧翠云楼，
众英雄攻破大名城。

十一月，交数九.

梁山跟曾家结冤仇。
史文恭箭射晁天王，
好汉们发兵破二州。

十二月，过新年，
天罡地煞聚梁山。
聚义厅，排座次，
要打汴京夺江山。

四、水浒歇后语

歇后语，是劳动人民在生活实践中创造的一种富有智慧和幽默色彩的语言形式。它由两个部分构成，前半截是形象的比喻，像谜面，后半截是解释、说明，像谜底。前后配搭起来十分自然贴切。在一定的语言环境中，人们说出前半截，“歇停”一下，不用说明后半截，就可以领会和猜出这句话的本意。因为水浒英雄的形象在菏泽特别是郓城一带被人们所普遍熟知，所广泛传诵，以至他们的事迹和特点就成了创造歇后语的素材，许多含有水浒人物内容的歇后语，随之流传开来。比如：

1．涉及李逵的歇后语

李逵骂宋江——过后赔不是。
李逵断案——强者有理。
李逵敬酒——非喝不可。
李逵升堂——乱判一通。
李逵上阵——身先士卒。
李逵卖煤炭——黑吃黑。

2．涉及林冲的歇后语

林冲到了野猪林——绝处逢生。

林冲误闯白虎堂——单刀盲入。

林冲误入白虎堂——祸从天降。

林冲雪夜上梁山——被逼无奈。

林冲上山——官逼民反。

林冲看草料场——英雄无用武之地。

3. 涉及时迁的歇后语

时迁偷鸡——不打自招。

时迁进牧场——顺手牵羊。

时迁照镜子——贼头贼脑。

时迁报警——贼喊捉贼。

4. 涉及其他水浒人物的歇后语

史进认师傅——甘拜下风。

孙二娘开店——谋财害命。

母夜叉撒泼——惹不起。

潘金莲给武松敬酒——别有用心。

武松打虎——一举成名。

景阳冈老虎扑食——就三股劲。

鲁提辖拳打镇关西——抱打不平。

梁山的军师——无用（吴用）。

杨志卖刀——英雄末路。

解珍解宝坐班房——难兄难弟。

花荣射箭——百发百中。

梁山兄弟——不打不亲。

武大郎上墙头——上不来下不去。

武大郎攀杠子——够不着。

武大郎玩夜猫子——啥人玩啥鸟。

武大郎看戏——人云亦云。

武大郎开豆腐店——人软货不硬。

张天师捉妖——拿手好戏。

王伦当寨主——不能容人。

高俅当太尉——一步登天。

五、水浒酒文化

在《水浒传》中，宋江等众英雄人人善喝豪饮，大家聚集梁山，过着一种“大块吃肉、大碗喝酒”的生活。酒增力量，酒添豪气，酒壮行色，因此酒馆处处在，酒人时时有，酒事，成为水浒文化的重要内容。千百年来，这种水浒酒文化被水浒故地的菏泽特别是郓城一带传承下来，发扬光大。酒文化观念深入人心，各种酒场名目繁多，劝酒招数花样迭出，豪饮之人比比皆是，酒风浓郁弥漫城乡。

1.酒文化观念深入人心

在菏泽一带，酒文化观念一直得到认可，深入人心。不少人都认为，大家喝酒不是单纯喝酒，而是“喝”的一种文化。第一，它是人际交往中增进友谊、联络感情的一种席面形式。喝酒“感情深，一口闷；感情浅，舔一舔”，“酒逢知己千杯少，能喝多少喝多少”，“好朋好友，一醉方休”。第二，它是招待亲朋好友的一种热情礼节。“无酒不成席”，“好菜没有酒，主家要出丑”，“喝酒没喝醉，主人好惭愧”。第三，它是隆重场合的一种欢乐气氛助燃剂。“无酒不成欢”，特别是逢年过节、婚丧嫁娶、迎来送往等重要日子和场合，必然备酒助兴，几乎无一例外。

有些人还认为，喝酒，与男子汉的性别密切相关，只要是个男人，就要学会喝酒，不然惹人笑话，说你像个娘儿们。“男人不喝酒，枉在世上走。”与一个人的交际范围和能力有关，要想在社会上混得好、吃得开，就要练习喝酒的本事，“男人不喝酒，交不了好朋友”，“人在江湖走，哪能不喝酒”。与一个人性格豪爽有关，“酒壮英雄胆，酒气豪气连”，“东风吹，战鼓擂，要论酒量谁怕谁”。甚至与一个人的进步有关，要想仕途升迁得快，就要以酒进行攻关。“不会喝酒，前途没有”，“只要陪头喝好酒，以后好事经常有”。如此等等，不一而足。

喝酒，成为人们日常生活的一项不可或缺的内容。人们在高兴欢乐时要喝酒，以示助兴庆祝。在情绪烦闷时要喝酒，意欲一醉解千愁。在重要时节和场合要喝酒，期望能达到团聚欢乐的目的。在公务闲暇之时要喝酒，找三五好友云侃陶醉一番。一些文人雅士，在酒桌上行酒令凑趣添乐，酒场后还要酿酒诗卖弄风骚。酒后的茶余饭后，喝酒之事又成为人们津津乐道的热门话题。自己喝多者，狂夸英豪，别人喝多者，遍受称赞。喝醉者，毫无羞涩可以夸夸其谈；喝少者，满面惭愧或者默默无言。总之，不但喝酒是一场热闹，街头巷尾评酒也成为一种自娱自乐的美谈。

2.各种酒场名目繁多

人们喝酒的酒场，在菏泽一带名目繁多。因为大家喜欢喝酒，信奉“无酒不成欢”“无酒不成席”，所以就创造了许许多多的酒场，以尽酒兴，凑热闹，行欢乐。菏泽一带流行的酒场，择其主要，列举如下。

逢年过节酒：一年中，春节、元宵节、二月二、清明节、端午节、中秋节等传统节日，人们一般要团聚喝酒。就春节时喝酒来说，又有大年三十守夜酒、大年初一过年酒、初二以后串亲酒等。这几次酒场连续下来，豪饮者也常常呈不堪重负之感。

青年嫁娶酒：娶媳嫁女、一般都要设几次酒场。少不了就得有定亲酒、看好（娶亲时间）酒、婚日庆祝酒、女婿回门酒等几场酒。在广大农村，人们十分看重孩子的嫁娶之酒，生怕办不好惹人笑话，相互攀比之风愈演愈烈。

生老病死酒：孩子出生、老人故去，一般都要举行酒场，或庆祝，或哀悼。如孩子出生，一般设满月酒、百日酒、周岁酒。以后，每年要举办孩子生日酒。

这类酒场，名为庆祝，更多的是为了至亲们团聚热闹一番。

迎来送往酒：这种酒场，分个人和集体两类。亲朋好友、重要人士之间，出行前有送行酒（或曰辞行酒），回来后是接风酒（或曰洗尘酒）。有时相互之间进行，有时找人作陪。这类酒场不一定多喝，主要是借酒表示一番相互之间的深厚情谊。

亲朋好友团聚酒：这类酒场除亲属团聚外，其他名目较多，如同学酒、老乡酒、战友酒、老同事酒等。在当代社会，此类酒场日渐兴盛，并举行时间呈定期化，或一季、半年、一年一次，轮流做东招待。酒间大家畅谈叙旧，开怀豪饮，是最为热闹的一类酒场。

公务酒：公务接洽招待宴席，必备酒品。并且酒必定是好酒，菜必须是好菜，以表示热情隆重。因为非个人出资，大手大脚铺张浪费处甚多，动辄上千元。此类酒场十分重视仪式感，以显示出热情诚恳、讲究礼节。

闲叙酒：公务闲暇，三五好友相聚，喝酒热闹一番，乃日常生活中司空见惯。此类酒场多于家庭或小酒馆、街头餐饮夜市进行，一般时间拉得很长，边叙边喝，气氛融洽，其乐融融。特别是盛夏之夜，为乘凉避暑而举行闲叙酒场者，城镇街头餐饮夜市比比皆是，呈一种夜景壮观。

此外，还有乔迁酒、开业酒、升学酒、晋职酒、庆功酒、发财酒、拜师酒、谢师酒、还愿酒等，可谓数不胜数。

3. 劝酒招数花样迭出

以质朴厚道著称的菏泽一带民众，在各种酒场十分讲究“喝足喝好”，努力尽好地主之谊。因此劝酒招数花样迭出，时常引发场面热闹、气氛高涨。

一般酒场，分程序劝酒和自由劝酒两种。所谓程序劝酒，就是大家约定成俗的劝酒套路，每场都要进行的。而自由劝酒，乃是在场人员自由发挥，用流行的招数进行劝酒。

程序劝酒，一是主陪（招待主人）提议酒。主宾坐定，喝酒开始，一般由主陪提议，大家同喝三杯酒。或每人斟满一大杯，提议几次喝完。这一程序，是大家共同完成的。二是主陪、副主陪带酒。由主陪、副主陪带动几杯酒，引导大家多喝。这一程序，也是大家共同完成的。三是相互敬酒。先是主陪、副主陪和其他陪人向客人敬酒，接着由客人向招待主人们回敬。这时的敬酒，酒量大者，通常是一一逐人进行，酒量少者，则无奈与需敬酒人一起举杯。敬酒一般连敬两次，寓意“好事成双”，但敬酒数量各不相同，有满杯一次喝干的，有分几次进行的。大的原则如此，具体情况也有诸多区别。

自由劝酒，就招数繁多了。有用语言劝酒的，一般选择能说会道、久经酒场之人担当陪酒之职，一番唇枪舌剑、花言巧语，能喝酒者不得不畅怀豪饮，不能喝酒者也无法自制，直至喝得超量晕醉。有用流行的酒令劝酒的，大众酒令的行令方法，主要有猜物、猜数、划拳等。这里，列举较为流行的几种方式。

猜物。主要是把某物藏起来，使在席之人或猜有无，或猜数量。猜对者不喝，猜错者则喝。菏泽一带盛行猜火柴杆（因为烟酒不分家，酒场上一般都有火柴）。其方式不一。有二人猜，猜有无。有多人猜，猜数量。

包袱、剪子、锤。此三种物件循环相克，包袱（手掌伸开）胜锤（拳头握紧），锤胜剪子（食指和中指伸直），剪子胜包袱，喊输者喝酒。这种行令，多于两人之间进行，伸手与口喊瞬间开始，考验的是人的头脑反应灵敏度，以及手口密切配合度。

老虎、杠子、鸡。此酒令为三种动物和一种物件，两人之间进行，各用一根筷子相击，同时口喊或老虎、或棒、或鸡、或虫。杠子击虎，虎吃鸡，鸡吃虫，虫吃杠子，喊出相互之间被吃者喝酒。若棒子与鸡，虎与虫同时喊出，因相互之间不吃，则不分胜负。

明七暗七。所有人依次喊数字，从一数起，连着下数。轮到谁时，凡涉及七（明七）或七的倍数（暗七），一律要隔过去才行。忘记隔过去而喊出该数字的，便要喝酒。

压指。胜负的办法是，大拇指压食指，食指压中指，中指压无名指，无名指压小指，小指压大拇指。出指被压住者，或出指速度慢者，就要喝酒。

互相不压者，则继续进行。

成语接龙。要求从指定一人开始，说出一个成语，第二人要接着这个成语的末字，再说一个成语。这个成语的首字必须是前一成语的末字（同音字亦可）。依次进行，说不出者喝酒。

划拳。划拳在两人之间进行，各出若干手指，同时各报一个数字，谁报的数字恰为二人所伸手指之和，便为赢家，输者就得喝酒。如果两人所说数字相同，则不计胜负，重新再来一次。划拳中所报数字，一般以吉庆语相修饰。如“一心一意，哥俩好，三星高照，四季来财、五魁手，六六顺，巧七门，八仙过海、快得利、满堂红（或全到）”、等等。由于猜拳之人趁着酒兴互相伸手，大呼小叫，气氛热烈火爆，带有很强的刺激性，因此深得广大民众的喜爱。

4. 酒风浓郁弥漫城乡

在全国，山东人以善喝能喝酒闻名。在山东，菏泽人秉承水浒遗风，善喝能喝亦可拔得头筹。这里酒店、酒场比比皆是，豪饮之人数量众多，酒风成为一种民风，特色浓郁弥漫城乡。

首先，在菏泽一带城乡，喝酒之风十分盛行，人们互相交往、求人办事、招待客人、节日送礼等，必以酒品为先。酒成了宴席必备物，热情招待彰显物，送人礼品首选物，消费开支重要物，成了人们日常生活中一项不可或缺的重要内容。

其次，如前面所述，菏泽城乡各种酒场名目繁多，劝酒招数花样迭出，致使善喝能喝酒者比比皆是，喝酒氛围十分浓厚。特别是农村青年人，没事就聚到一起豪饮。一次喝个半斤八两，属于稀松平常。以至人们相互起绰号，就称某人为“张不倒”“王不晕”“李斤半”“刘八两”等。

广泛普及的喝酒之风，催生了菏泽一带酒品市场的繁荣和酒业的发展。在城乡商店和贸易市场，各种酒品琳琅满目，销售量很大，买酒占人们日常消费款项的比例日益增高。市内各县都拥有一些大大小小的酒厂，并名牌迭出，如定陶御思香酒、鄄城陈王酒、巨野花冠酒、郓城水浒酒等。这些优质酒品不但在各类评比中获得奖项，而且各领风骚几多年，畅销省内外市场。

第七章　当代水浒文化的弘扬

在当代，全国对水浒文化的研究和弘扬几度升温。特别是20世纪80年代改革开放以来，源于对“文革”运动中评《水浒》批宋江的反弹，更是掀起了一股经久不衰的“水浒热”。于此情形带动下，作为水浒文化发源地和集中体现区的菏泽特别是郓城一带，水浒文化的研究和弘扬持续不断地取得了显著成绩：专门研究机构和组织相继成立，各种研究和普及活动大力开展，学术和文创成果不断涌现。特别在文化搭台经济唱戏、发展水浒旅游和水浒产业方面成效初现，“水浒之乡”成为菏泽一张亮丽的地方名片，弘扬水浒文化在促进全市经济和社会发展中发挥着十分重要的作用。

第一节　水浒文化的学术研究

菏泽关于水浒文化的学术研究，以市里高校和郓城县为主。菏泽学院逐渐重视水浒文化的地方特色作用，利用人才聚集的优势，各种研究活动得以健康开展，硕果累累。郓城作为水浒故里，全县人民水浒情结十分浓郁，同样重视水浒文化的研究和弘扬，一支水浒文化研究队伍迅速成长，成果频出。

一、水浒文化的专业机构和阵地

为了更深入地研究和弘扬水浒文化，自2000年以来，菏泽学院和郓城县，相继成立了一些专门的研究机构，设立了一些发表活动信息、研究成果的学术阵地。市内新闻界也强化措施，在一些版面和栏目中，大力开展水浒文化研究的宣传和普及工作。

1.菏泽学院水浒文化研究院

菏泽学院水浒文化研究院，2017年7月成立，研究工作的宗旨是，立足山东，放眼全国，以“水浒”为核心，以文化为方向，以研究为基础，结合相关单位和研究团队，创设“水浒文化”的学术平台，打造菏泽学院对外交流的文化名片。

水浒文化研究院是菏泽学院的科研机构，集行政、研究、教学于一体。现有专、兼职研究人员三十多人，院长肖兰英。

水浒文化研究院的工作职责为：挖掘搜集水浒文化相关资料，整理研究资源，营造水浒文化研究氛围；密切联系国内外水浒文化研究专家学者，了解水浒研究动态，构建研究平台；积极组织调动校内外水浒文化相关学者、教师的研究积极性，壮大研究力量，提升研究水平；紧密结合地方经济、文化建设，为地方经济社会发展提供决策参谋；完成上级交办的其他工作。

2.菏泽学院水浒文化研究基地

菏泽学院水浒文化研究基地，是依托菏泽学院文学与传播系建立的专门研究机构，2011年6月成为“十二五”山东省高校人文社会科学研究基地，2016年5月顺利通过终期验收，2017年4月成为“十三五”山东省高校人文社会科学研究基地。目前设置水浒文化传播、区域文化研究与开发、《水浒传》与中国文学三个研究方向，基地主任为田智祥，学术带头人分别为田智祥、潘守皎、程日同。

基地努力开创科研新格局，引领全校水浒文化研究走向深入，逐步取得丰硕的成果。基地不仅深入发掘校内科研潜力，而且聘请了山东省水浒研究会会长杜贵晨等十多位兼职研究员。

基地的第一批8个科研项目于2013年立项，从文学、法律、武术、旅游、传播等多个角度对水浒文化进行研讨。基地设立以来，共有邵子华《〈水浒传〉人学研究》、石耿立《说人物谁是人物》与《用文字摆平好汉》、孙琳《〈水浒传〉续作研究》、张志雷《水浒武术文化研究》、潘守皎《水浒文化与黄淮海社会》等多部专著出版。

3.郓城县水浒学会

郓城县水浒学会，成立于2002年7月，学会的活动宗旨是：挖掘和研究郓城有关水浒故事和水浒文化发展及其历史渊源和人文景观，开发利用郓城水浒旅游和水浒文化资源，进一步弘扬水浒文化。

学会的主要工作，一是组织本会成员及水浒文化爱好者对发生在郓城的水浒故事和民间传说及《水浒传》写到的与郓城有关的人物和事件进行实地考察和研究。二是组织开展水浒研究，并同省内外有关水浒学术单位进行交流活动。三是为开发水浒资源、服务经济建设建言献策，当好参谋。

学会注重开展了以下各种活动：一是推动理论研究。一批热心研究水浒的人士认真研读，广泛交流，发表了大量研究文章。如康传忠、曹先锋、卢明、赵洪玺、刘兆全等人，都写有不少水浒研究论文。二是加强纵向联系。保持与中国水浒学会、山东省水浒文化研究会的紧密联系，吸引国内外专家学者关注郓城的水浒文化发展，争取他们在知识、资料、信息等方面的支持，使县级的水浒研究与全国、全省的研究挂钩，提升本县水浒研究的档次和质量。三是扩大横向交流。发挥学会联系桥梁的作用，积极“走出去”，扩大水浒文化的切磋与交流。组织人员先后参加了中国水浒学会在江苏省大丰市、兴化市和浙江省杭州市举办的全国水浒文化研讨会，使郓城的研究成果交流到外地，也学习了外地的经验，捕捉到全国及世界各地水浒研究方面的信息，开阔了眼界，拓宽了思路。

4.菏泽学院学报《水浒文化研究专栏》

菏泽学院学报《水浒文化研究专栏》设立于2006年，刊稿原则立足于本校，放眼全国，为校内外的广大水浒文化研究者提供广阔的发表平台。至今已刊用各类水浒研究稿件200多篇，作者范围包括台湾在内的20多个省市。

2007年11月，该专栏被中国人文社会科学学报学会、地方高校学报联络中心授予“优秀栏目奖”，2010年7月，被全国高校文科学报研究会、地方高校学报联络中心授予“优秀栏目奖”，2010 年 10 月、2014 年 11 月，先后两次被全国高校文科学报研究会授予“特色栏目奖”。

5. 郓城县《水浒文化》期刊

《水浒文化》期刊由郓城县委宣传部 2002 年创办，水浒文化发展有限公司承办，双月刊，每期印刷 5000 — 10000 册，向省内外免费发行。截至 2019 年，已出版发行计 48 期。

《水浒文化》植根于郓城水浒文化研究，开辟不同的栏目，整理、挖掘水浒故事、传说，大力开展传统的优秀文化推介；反映新时期的郓城变化，讴歌为郓城发展做出贡献的优秀人物，描绘郓城风土人情，为郓城经济文化的发展力争做出重要贡献。

该刊以水浒文化研究为主要内容，专注于文学性、艺术性、趣味性、可读性。描画一幅悠长的历史画卷，展示水浒文化的历史背景、人物画廊、故里风情、社会景观等。

该刊以开放的精神办刊，推崇独特的文字，独到的见解，精敏丰饶的情趣，以及与水浒有关的风土人情，为钟情水浒、热爱文学的人们提供一个宽广的舞台。同时，与商家和企业合作办刊，向公众展示优秀企业文化、实用商业信息，搭起商家通往市场的桥梁。

《水浒文化》秉承“弘扬水浒文化，发展郓城经济”的宗旨，立足水浒故里，致力于水浒文化的研究，以较强的知识性和趣味性得到了广大读者的好评，先后被评为“菏泽市优秀刊物”“菏泽市优秀内部资料性出版物”，承办单位水浒文化艺术中心被评为“对外宣传工作先进单位”，荣获“山东省水浒文化事业贡献奖”。

6. 市内新闻媒体有关栏目

市内新闻媒体有关栏目，积极配合水浒文化的研究和宣传，陆续刊发这一方面的文稿，制作播发这一方面的学术讲座。从而让水浒文化的研究成果为广大群众所了解，推动水浒文化的更好普及。

如《菏泽日报》“曹风”副刊，曾刊发张德学《水浒主要人物解析》6篇、《水浒女性人物解析》6篇等系列文学评论稿件。《牡丹晚报》文艺版，曾刊发石耿立《水浒人物杂谈》14篇等。菏泽电视台《百姓讲坛》栏目，曾播发卢明《水浒人物13讲》、张德学《话说宋江6讲》、石耿立《水浒人物12讲》等。

二、水浒文化的研究和宣传活动

菏泽水浒文化的研究和宣传活动，一是举办或承办了一些全国性、全省性的水浒文化研讨会，以扩大影响；二是菏泽的省级、全国水浒学会会员和高校教师“走出去”，参加省级、全国性的水浒文化研讨会，开阔学术视野；三是市内新闻媒体积极配合，开展水浒文化的普及性宣传，刊发相关稿件，播发相关讲座等。

1. 2006年水浒文化暨明清小说研讨会

2006年5月下旬，郓城县人民政府和中国水浒学会主办了“全国水浒文化与明清小说研讨会”。山东省委原副书记王修智，菏泽市政协主席孔令昌，中国水浒研究学会、山东省水浒文化交流中心及菏泽学院的领导佘大平、张虹、韩之波等，与近百名在水浒文化及明清小说研究领域造诣颇深的海内外专家学者出席了本次研讨会。大家围绕水浒文化开展研讨，并为水浒旅游开发建言献策。

研讨会上，王修智做了专题讲话。他指出，宣传水浒文化要区分开其精华和糟粕，发展水浒文化旅游要突出特色，避免重复建设。有的专家提出，要将传统的水浒文化推上现代文明的舞台，让世人感受水浒文化的永久魅力。郓城更要抓住“突破菏泽”的历史机遇，打响“英雄之城、义气之乡、好汉故里、诚心之源”等水浒文化品牌，把水浒文化与当地经济发展结合起来。

与会专家还就水浒文化与经济发展、水浒文化与旅游开发的关系进行了深入研讨，就加强水浒文化研究和水浒文化资源开发利用提出了不少中肯建议。

这次活动的成功举办，对促进郓城水浒文化研究和旅游发展起到了推动作用。

2．2011年海峡两岸忠义水浒文化论坛

2011年9月25日，海峡两岸忠义水浒文化论坛在郓城举办。来自台湾、大陆的专家学者，围绕水浒文化的“忠义”观等几个方面进行了学术交流。

山东省水浒文化研究会会长杜贵晨教授主持论坛，来自台湾的菏泽市旅台同乡会会长高秉涵、洪门总会主席刘沛勋、淡江大学中文系教授黄复山、“中央研究院”中国文哲研究所副研究员蒋秋华、台湾师范大学国文系教授林保淳、台湾师范大学国文系教授陈廖安等，来自大陆的山东师范大学教授王恒展、桂林师专副教授朱明秋、济宁学者周晴、梁山县水浒研究专家赵萍等，在会上各自阐述了自己的学术研究观点。

3．水浒文化及其传承发展高端论坛暨2015年水浒文化研究基地建设专家咨询会

2015年4月14日，水浒文化及其传承发展高端论坛暨水浒文化研究基地建设专家咨询会于在菏泽举办。

在会上，十余位《水浒》研究界的著名专家学者应邀与会，就《水浒》与当代中国社会、水浒文化传承等问题进行研讨，提出了深刻而独到的见解，并对菏泽学院水浒文化研究基地今后的工作、科研方向提出了指导性意见。

4．2017年“水浒与郓城”历史文化名城专家座谈会

2017年9月20日，郓城县举办“水浒与郓城”历史文化名城专家座谈会。中国水浒学会会长张虹，副会长浦玉生、喻学才、郑铁生、王益庸等多位国内知名水浒文化研究专家莅临参加会议。郓城县政协主席王秀忠、县人大副主任孙兴忠、县政府副县长李耀亮、李天然等领导同志出席座谈会。

座谈会上，中国水浒学会会长、湖北大学教授张虹，东南大学旅游文化研究所所长、教授喻学才，中国水浒学会副会长、天津外国语大学教授郑铁生，中国水浒学会副会长、杭州水浒研究会会长王益庸等专家，结合外地经验，就郓城发展水浒文化旅游关于历史积淀与现代建设的关系、注重游客多元化体验、

加强区域合作、湿地保护与综合利用等方面，提出了学术观点和工作建议。

5．新时代水浒文化研讨会暨2019山东省水浒研究会年会

2019年10月25—27日，“回眸与前瞻”——新时代水浒文化学术研讨会暨2019山东省水浒研究会年会在菏泽学院举行。来自中国水浒学会、山东省水浒研究会、山东省社会科学院、梁山水浒研究院等研究机构和山东大学、山东师范大学、复旦大学、浙江师范大学、湖北师范大学、山西师范大学等高校的近百名专家学者出席会议，提交论文59余篇，发言60余人次，大家围绕《水浒传》的文学辐射、文化纵深、主题新阐、人物别解、文本细读、地域文化、研究回眸等方面加以探讨，提出了许多深刻、独到的见解，并对水浒之乡菏泽学院的水浒研究给以肯定和寄予厚望。

三、水浒文化的各种研究成果

在菏泽市水浒文化研究者、爱好者的辛勤努力下，仅近些年来，就发表各种研究论文数百篇，有关专著十多部，充分显示了菏泽作为水浒文化发源地和集中体现区的学术实力与水浒情结。

1．菏泽学院水浒文化研究的论文（2006—2020年）

菏泽学院自改革开放以来，校内教师发表水浒文化方面的学术论文150多篇，涉及90多位教师参与研究写作。2018年后，学校又确立水浒研究课题12项，有的已完成。这里，列举的是教师们在2006—2020年发表的论文。

（1）王建：《柳子戏“水浒剧目”研究》，载《菏泽学院学报》2006年第3期。

摘要：鲁西南地区是水浒文化的重要发祥地，而对在中国两大曲牌体声腔体系之——“弦索”系统的基础上发展演变形成的地方剧种柳子戏中的水浒剧目，却从未有专家学者予以关注。柳子戏中的水浒剧目虽然不多，却也对市民生活与商业文化的刻画、日趋现代化的叙事结构、鲁西南人民的英雄性格与雍容华贵的地域风情的展露描画出了戏剧史上的辉煌一页。

（2）王灵芝:《鲁达慈悲情怀辨考》，载《菏泽学院学报》2006年第3期。

摘要：一部《水浒》，把一百单八将性格写尽。其中的鲁达是个任性率直的鲁莽人，既助人救人，又杀人放火，但作者却安排他放下屠刀，立地成佛，最终找到一个较完好的生命归宿。鲁达这样的仗义英雄，禅杖打尽不平路，戒刀刺向对垒人，虽五台山出家，却又不像出家人性格，除了“戒淫欲”外，杀生、偷盗、嗔怒、恶口样样没禁，却能立地成佛，这完全因为他有一腔撼天动地的慈悲胸怀，并且童心无忌。

（3）邵子华：《从金批“水浒”看金圣叹文化人格的分裂》，载《学术探索》2007年第1期。

摘要：金圣叹的思想性格极其复杂，其中的许多构成因素互相对立，这在他点评《水浒》的过程中得到淋漓尽致的表现。他既维护封建制度，又崇尚率性而为；既沉溺于传统的文化意识，又能够从传统文化意识中站立出来。他的意识深处，始终存在情与理的尖锐冲突。金圣叹外儒内庄，释心墨行，一颗敏感的心在两个极端之间来回追逐。

（4）邵子华：《“水浒”构建和谐社会的一面镜子》，载《菏泽学院学报》2007年第1期，《明清小说研究》2007年第2期。

摘要：《水浒》中法纪荒废，江湖义气泛滥，义与不义尖锐对立，社会结构严重窳败。梁山起义的失败，宋江用忠来调解社会结构要素冲突的破灭，说明建设和谐社会要依靠社会规范的建构，利用规范把个体的行动和社会秩序统一起来，使人的主观意志服从于规则和特定的价值体系。《水浒》以其剔肤见骨的深刻和真实，从反面为我们昭示了一条走向和谐社会的必由之路。

（5）冉维山：《“水浒传”与我国传统社会大众心理诉求》，载《菏泽学院学报》2008年第3期。

摘要:《水浒传》以艺术的形式逼真地再现了传统中国人的社会生活场景，描写了大众文化和大众生活的侧面，酣畅淋漓地抒发了普通大众长期被压抑的心声，深刻地表达了传统中国大众的宗教诉求、政治诉求、社会诉求。

（6）邵子华：《金圣叹思想性格的矛盾及其文化意蕴》，载《武汉理工大学学报》（社会科学版）2008 年第 4 期。

摘要：金圣叹的思想性格充满矛盾，其中的许多构成因素互相对立，这在他点评《水浒》的过程中得到淋漓尽致的表现。他既维护封建制度，又崇尚率性而为；既沉溺于传统的文化意识，又能够从传统文化意识中站立出来。金圣叹外儒内庄，释心墨行，在他的意识深处始终存在情与理的尖锐冲突。这种复杂矛盾的思想性格中蕴藏着丰富的文化内涵。

（7）邵子华：《"水浒"：构建和谐人生的一面镜子》，载《明清小说研究》2007 年第 2 期、《重庆三峡学院学报》2010 年第 2 期。

摘要：和谐社会的根基在于社会成员个体生命的和谐，和谐的生命结构包括自我的需要、族群的需要和终极的需要。《水浒》中各色人物的生命状态大都处于本能性物欲的畸形膨胀和高层次信仰需要的严重缺失状态，这种情形造成了个体生命的倾斜和群体生命关系的尖锐冲突。《水浒》从反面为我们提供了构建和谐人生的一面镜子。

（8）孙琳、徐兴民：《从男性视角看"水浒传"中女性被视地位》，载《菏泽学院学报》2008 年第 3 期。

摘要：《水浒传》中的大多女性人物形象处于一种男性视角下的被视地位，从创作角度来看是小说作者有着士大夫的价值取向，因而更多地关注于男性英雄形象，而对于女性有一种天生的蔑视；从接受者角度来看，则体现了以男性为主体的接受者狂欢化的一种欲望投射，这一点在水浒戏中表现得更为突出。

（9）潘守皎：《"水浒传"的道教语境》，载《菏泽学院学报》2009 年第 3 期。

摘要：《水浒传》成书于元末明初，然而水浒故事却始于南宋。世俗社会的文化深刻地影响了这个故事本身，并对于后世记录和加工这个故事涂上了一种鲜明的颜色。这种世俗社会的文化主要是指当时在中国广为传播的道教。水浒故事产生的时代、水浒故事传播的时代、小说成书的年代都是道教日益影响中国世俗社会的重要时期，由此，我们可以看出水浒故事发生、传播和成书的道教语境。

（10）张连义：《世俗伦理的民间特征与水浒英雄的群体选择》，载《菏泽学院学报》2009 年第 6 期。

摘要：水浒英雄从聚义梁山到归顺招安有着一条内在的线索，这就是制约众好汉的以“义”为主要表现形式的世俗伦理。它是介于江湖义气和政治伦理之间的一种具有多重含义的伦理规范。它不仅使梁山英雄从分散到聚集于水泊，而且最终导致众好汉的悲剧命运。它的形成，不仅在于梁山好汉的背景，更在于故事流传过程中人为的加工。这种伦理，带有浓郁的民间特征。

（11）穆瑞丽、刘富顺：《水浒武术文化的发展战略》，载《武术科学》2010 年第 5 期。

摘要：水浒武术文化是我国民族传统体育文化的集中体现，文章分析了水浒武术文化的本质属性，客观地对水浒武术文化的发展状况、问题进行分析，加强水浒武术的研究、整合和推广，使其成为山东农民全民健身的新亮点，并在战略的基础上提出一些可行性建议。

（12）刘富顺、穆瑞丽：《水浒武术的继承与发展》，载《四川体育科学》2010 年第 4 期。

摘要：水浒武术文化是我国民族传统体育文化发展的重要组成部分，本文分析了水浒武术的本质属性及发展状况，认为：保护水浒武术，关键要维护其生存空间，与社会互动、与教育结合、与地方经济相融合等手段，才能合理有效地继承与发展水浒武术。

（13）张志雷：《“水浒传”与十八般武艺》，载《时代文学（下半月）》2011 年第 1 期。

摘要：《水浒传》中介绍王进等人均“习得武艺十八般”，还列出了十八般武艺的具体名称。明代三部列举十八般武艺的著作，从记载的内容与著作作者所处的年代看,《水浒传》是最早列举出十八般武艺具体名称的作品。

（14）张志雷:《“水浒传”与宋代武术》,载《名作欣赏》2011年第11期。

摘要：本文分析了《水浒传》中武术与宋代武术的共同特征，武举考试名额少，民间武术蓬勃发展，武术体系有了雏形，即武术门派流派化，十八般武艺的具体化，以及大量套路演练化。

（15）张志雷、穆瑞丽:《“水浒传”中的武术文化》,载《菏泽学院学报》2011年第4期。

摘要：《水浒传》中武术的名称、相扑绝技、武打艺术、武术精神等水浒武术文化很值得专家学者与普通读者深入分析、研究。《水浒传》中武艺是武术的主要名称；相扑是当时十分著名的武术竞赛项目；梁山将领智勇双全，其路见不平、拔刀相助的精神，是一种侠义武术精神。

（16）张志雷：《“水浒传”中的武艺解读》，载《兰台世界》2011年第22期。

摘要：本文分析了《水浒传》中武艺的含义、器械、传承人，认为宋元时期民族战争频繁，兵器形制复杂，武艺繁多；宋代各类教头之中，以禁军教头为代表，专职传授武艺，是武艺的传承人；同时佐证了宋代军队训练有专职人员，训练严格、专业。

（17）李化来、刘新敖：《金圣叹评“水浒传”之对偶结构》，载《湖南城市学院学报》2011年第6期。

摘要：金圣叹在评点《水浒传》时提出了自己的叙事结构理论。对偶艺术形式在中国传统文化中无处不在，尤其是诗词文章、建筑学、哲学等，深深影响着小说理论的构建。金圣叹在评点中也多次提出对比、对看的观点。作家评点家对于对偶结构的美学追求，有着深刻的文化渊源。

（18）潘守皎：《水浒故事缘起与经过新考》，载《东岳论丛》2011年第12期。

摘要：水浒故事的缘起是北宋末年的宋江起义。由于史料记载的片段、零碎和不成体系，人们对宋江起义的缘由、经过和结局不甚了然。本文在搜罗宋代史料的基础上，又对地方历史地理详加考证，从而描绘出宋江起义的缘由、经过和结局，并进一步阐述了它们和小说情节的渊源与联系。

（19）李化来：《“水浒传”中的广告行为解析》，载《菏泽学院学报》2012 年第 1 期。

摘要：《水浒传》虽然是一部侠义小说，但作者在行文过程中有意无意地把笔墨涉猎到广告文化中来。《水浒传》就是中国古代广告史的缩影，从最早的叫卖广告到音响广告、实物广告、招幌广告、张贴广告，各种形式无所不有，这些广告形态在中国广告史上有着重要的地位。

（20）李化来：《“水浒传”与山寨文化》，载《沧桑》2012 年第 1 期。

摘要：《水浒传》刻画了很多绿林好汉的形象，在描写人物的同时，作者也涉及了好汉的根据地——山寨。本文梳理山寨的定义、山寨的文化，包括山寨的地势选择、山寨头领、山寨的管理形式等。

（21）李化来：《金圣叹评“水浒传”之空白与召唤结构》，载《沧桑》2012 年第 2 期。

摘要：金圣叹作为 17 世纪的文学评点家，在解读评点《水浒传》时，提出了与西方接受美学空白与召唤结构相似的观点。金圣叹以自己的评点实践，揭示了作者如何设置文本空白，读者应如何来寻找并填补文本的空白。

（22）张晓春：《品味“水浒传”中的体育文化》，载《名作欣赏》2012 年第 20 期。

摘要：水浒文化具有丰富内涵，影响深远，在人类历史文化长河中闪耀着永不磨灭的光辉，水浒体育文化是水浒文化传承和发展的重要组成部分，其中的水浒武术又称梁山武术，其精髓部分体现在崇文尚武和义气豪爽两大方面；水上运动主要体现在游泳、划船等方面，作为战斗的技能和工具在著作增色方面凸显其重要作用；民俗体育具有浓厚的乡土风味和气息，集娱乐性、表演性、趣味性、节庆性等特点。

（23）穆瑞丽:《水浒武术旅游开发的可行性分析》，载《当代体育科技》2012 年第 19 期。

摘要：本文运用文献资料、逻辑推理、归纳演绎等研究方法，从旅游开发的视角对水浒武术的发展前景进行分析，论述了水浒武术旅游开发的现实意义。客观地分析水浒武术旅游开发的研究、整合和推广，使其成为鲁西地区旅游事业发展的新亮点，并在战略的基础上提出一些可行性建议。

（24）刘秀娟:《“水浒传”中的古代中国法律文化赏析》，载《名作欣赏》2012 年第 29 期。

摘要：《水浒传》是一部艺术作品，艺术源于现实，因而分析其中的古代中国法律文化，如法律思想、行事立法等，结合当时特定的历史背景，阐述在历史长河中产生的社会效应。古为今鉴，在强化法治建设的今天，要制定符合人民需要的法律，而不是依靠强权和暴力来实施法律，这样才能健康地走在依法治国的轨道上。

（25）杨友峰：《水浒武术文化发展研究》，载《体育成人教育学刊》2012 年第 6 期。

摘要：从地域文化的视角对水浒武术文化的形成与发展进行了研究，特殊的地理背景、悠久的尚武传统是水浒文化产生的根源。同时，分析了水浒武术文化发展中的困境与机遇，并提出了发展对策。

（26）赵作元：《浅析“水浒传”中的酒旆》，载《哈尔滨学院学报》2013 年第 8 期。

摘要：酒旆是中国古代一种广告表现形式，它在春秋战国时期就已经出现了。中国古典名著《水浒传》中有着大量的酒旆描写，这些酒旆名称不同、形态各异，大都代表着特定含义，尤其是有些酒旆上面的广告词饶有趣味。解读这些酒旆，对于理解《水浒传》这部小说，了解北宋的社会风貌以及今天的广告文案创作都具有一定意义。

（27）邵子华、王建：《关于“水浒传”人学研究的对话》，载《菏泽学院学报》2013 年第 4 期。

摘要：邵子华与王建就《水浒传》人学研究的问题进行了学术对话。邵子华认为，人学研究的方法是感受与反思，内容是对《水浒传》中的民族心理问题、人类精神现象与人的内在生命进行全面、细致的考察。人学研究的原则是立足于人类立场，秉持理性的批判态度，胸怀对未来热情的想象，坚定地奔向一个明确高远的理想目标，从中寻找人类跨越人性陷阱、冲出精神重围的道路。

（28）张存金：《序邵子华"水浒传人学研究"》，载《菏泽学院学报》2013 年第 4 期。

摘要：从人学角度研究《水浒传》，是一种新的尝试。邵子华的《水浒传人学研究》综合采用了许多跨学科的知识和手法，表现出开阔的学术视野和精深的理论素养。其中，最为重要的两种研究方法是感受和反思。他把水浒人物的种种行为都放到自己敏感的心灵里观照、蒸煮，由此得出了许多富有个性的独到见解。他的许多观点能够直抵人心的幽微处，提醒人们在社会生活中努力确立人的主体精神。

（29）邵子华：《关于"水浒传"的人学研究》，载《佛山科学技术学院学报》（社会科学版）2013 年第 5 期。

摘要：纵观对《水浒传》的各种研究，均不同程度地忽视了对水浒人物内在生命的细致考察，这种情形使得《水浒传》中人学因素的价值没有得到应有的重视。《水浒传》人学的研究方法主要通过体验和反思，对水浒人物的情绪、意识、价值观和思维逻辑、行为特征做出恰当的分析和评判，对他们的理性和欲望、文化内涵和生理本能的构成因素及其矛盾冲突的过程做出完整的描述和清晰的揭示，进而为当代社会的人格建设提供一些借鉴。

（30）刘洁：《论电视剧新版"水浒传"改编的成功之处》，载《名作欣赏》2013 年第 29 期。

摘要：2011 年新版《水浒传》的改编虽然有很多缺陷，但其在女性人物塑造、细节设置等方面的表现却可圈可点，有其成功之处。在人物塑造上，用现代意识对原著中主要女性人物进行全新的演绎，满足了女性群体的收视需求，在一定程度上提高了电视剧的收视率。在细节设置上，对细节的合理增添，也使得人物的塑造更加丰满，更能突出电视媒体的优势。

（31）孙琳：《“残水浒”对金评宋江伪忠义形象的接受与改编》，载《名作欣赏》2013 年第 35 期。

摘要：程善之的《残水浒》接受了金评水浒中独恶宋江的观点，并在宋江形象善“伪”的基础上进行了情节改编，使宋江形象对国不忠、对友不义。从而体现了对《水浒传》的接受性和改编性，凸显了续书的独特价值。

（32）孙琳：《“残水浒”对水浒空白结构的发现与弥合》，载《菏泽学院学报》2014 年第 1 期。

摘要：民国程善之的《残水浒》作为水浒续作，充分发掘了《水浒传》中众多情节和人物描写方面的空白，像扈三娘的失语、众军官的出路、石碣的来历等，并将自己对国事的关注和因果思想纳入其间，还将现代的女性节义观借程小姐之口进行了阐发。尽管尚存在诸多缺陷，但作为续水浒之作，对人们在水浒的接受方面则增益不少。

（33）王建：《菏泽学院学报“水浒文化研究”特色栏目发文汇析》，载《济宁学院学报》2014 年第 5 期。

摘要：《菏泽学院学报》“水浒文化研究”栏目立足校内与本省，放眼全国，经过筹备初创期、初步发展期与深入发展期，形成了较好的学术场域，提供了较广阔的发表平台，也呈现出发展的瓶颈，下一步应有针对性地改变栏目设置的方式，设置分支栏目，依托相关学术机构，创设审稿专家库，并采取特殊的组稿制度。解剖学报的典型栏目，以期寻找经验、发现问题、总结规律，促进提高和发展。

（34）邵子华：《水浒好汉人格的现代观照》，载《明清小说研究》2014 年第 4 期。

摘要：水浒好汉受到人们普遍的喜欢，并成为一种心理情结和精神寄托。但是，如果我们分别从水浒一百零八个好汉各自的人生轨迹来考察，特别是站在今天时代的立场上来观照，就会发现水浒中"好汉"的意味很特殊、很复杂。在水浒好汉中——甚至是一些长期备受人们喜爱的好汉在内——有三种人格充斥着。这三种人格是：臣妾人格、物化人格和情景型人格。而我们时代的好汉，应当是有胆力、有正义感的人。

（35）韩文祥:《水浒体育文化研究》,载《体育文化导刊》2014年第11期。

摘要：运用文献资料法和实地考察法等，对水浒文化中的体育现象进行研究。作者认为：当今水浒地域体育遗存真实存在。水浒体育文化是从鲁西南文化中发展而来，具有鲁西南的地理特征以及鲁西南人的性格特点，丰富多彩、喜闻乐见。建议：继续传承、推广、普及水浒体育文化项目，造福后人。

（36）王长虎：《从水浒文化视角透视梁山子午门功夫的演进》，载《中华武术研究》2015年第2期。

摘要：本文运用文献资料、专家访谈等方法从水浒文化视角分析研究梁山子午门功夫的演进，探讨在水浒文化影响下，梁山子午门功夫及其文化的形成与发展，推进非物质文化遗产项目的文化保护。主要结论：认为子午门功夫历史源远流长，拳种内容丰富，水浒文化特点突出，深受齐鲁文化、水浒文化的滋养熏陶，形成了独特的武术文化。

（37）刘秀娟:《水浒酒文化主题旅游的内生式发展探析》,载《酿酒科技》2015年第7期。

摘要：水浒酒是一种地方酒，发展酒文化主题旅游，用文化力提升品牌力，品牌力促进经济力。内生式发展，是一种自我导向的发展。在水浒酒文化主题旅游中引入内生式发展的相关理论，对区域产品品牌塑造具有非常好的促进作用。根据地方特点，《水浒传》中的酒文化、周边地区丰富的水浒旅游文化资源以及水浒武术，均可以成为水浒酒文化主题旅游内生式发展的社会资本。

（38）王建：《水浒文化及其传承发展高端论坛综述》，载《菏泽学院学报》2015 年第 4 期。

摘要："山东社科论坛——水浒文化及其传承发展"高端论坛暨 2015 年水浒文化研究基地建设专家咨询会，于 2015 年 4 月 14 日在菏泽市成功举办，10 多位《水浒》研究界的著名专家学者应邀与会，就《水浒》与当代中国社会、水浒文化传承等问题进行研讨，提出了深刻而独到的见解，并对菏泽学院水浒文化研究基地今后的工作、科研方向给出了指导意见。

（39）程娟娟：《以"水浒传"为例论网络文学中英雄形象的嬗变》，载《菏泽学院学报》2015 年第 4 期。

摘要：网络文学以戏仿的形式解构经典，颠覆传统，具有鲜明的后现代文化品格。作品将《水浒传》中高高在上的英雄还原为世俗生活的平凡人物，同时大大丰富了某些边缘化的人物形象，对于被妖魔化的女性形象也进行了新的解读。网络作品将英雄从神坛打入凡俗人间，狂欢化的艺术手段体现了大众文化时代个人思想的自由和对权威的反抗，是对神话模式的质疑，对人生价值意义的再思考，具有一定的价值追求。

（40）曹金合：《论"水浒传"中武松的叙事伦理》，载《菏泽学院学报》2015 年第 4 期。

摘要：《水浒传》中表现武松的侠义、道义、情义等令人敬仰伦理道德的时候，正是叙事时间设置凸显的时候。英雄伦理、情节结构安排展示的复仇伦理、交游线索、剪辑表现的侠义伦理，将一个传奇式英雄在道德形象和审美形象之间的矛盾裂隙融合得天衣无缝。其中包蕴相互矛盾或者相关的性格，都展示了武松的某一个侧面。只有全部合起来，才构成一个完整的有血有肉的武松的形象。

（41）陈海燕：《从"世界文学"视域看赛译"水浒传"的价值和意义》，载《菏泽学院学报》2015 年第 4 期。

摘要：法国思想家莫兰的"复杂性思维"，为世界文学的突破性认识提供了新的视角。赛珍珠双重文化身份以及所形成的杂糅性、超越性思维，与莫兰的“复杂性思维”具有相似性和一致性。因此，从由复杂性思维建构的世界文学新视域认识，考察赛珍珠双重文化身份及其所译的《水浒传》，对全球化背景下的跨文化的文化对话和文学交流具有重要价值和意义，对我们实施“文化走出去”战略也具有重要启示和借鉴价值。

（42）刘玉芝：《从“水浒传”看宋朝酒业的发展》，载《农业考古》2015 年第 6 期。

文稿从《水浒传》的内容出发，根据史料的记载，发现宋朝在酒业发展的过程中不仅在生产层面上拥有先进的酿酒技艺，盛产众多的美酒；在销售层面也有广泛的消费群体，并配以精美的酒器、众多的酒店、出众的品牌意识；更为重要的是从国家层面来说，宋朝实行严格的榷酒政策，酒税也是国家赋税的重要来源之一。因此，全面了解宋朝酒业的发展，具有非常重要的意义。

（43）孙琳：《以“水浒传”为例论接受视野下经典名作续作》，载《菏泽学院学报》2016 年第 1 期。

摘要：《水浒传》经典化地位的获得，离不开无数后来读者的接受与改编。续作是名著经典化历程中不可或缺的必经环节，续作客观上促进了原著的普及化与经典化，并将续作者特有的时代、思想、经历累加于原作之上，使原作成为大众耳熟能详的经典名著。续作虽主要由同文体续书构成，但也应包含图像接受、戏剧再创作、评介争论、连环画乃至当下的影视改编等。

（44）潘守皎、王莹：《“水浒传”与宋元佛教》，载《菏泽学院学报》2016 年第 3 期。

摘要：《水浒传》是一部道教色彩非常浓厚的小说，但从很多情节之中也表现出中国佛教，尤其是宋元以来佛教对当时社会的深刻影响。这些影响体现为：寺院组织结构和皈依浮图的仪式日益为人们所熟知；佛教的果报思想和重要的佛教人物日益深入人心；作为僧徒管理的度牒制度，在小说中更带有宋元以来的文化特征；佛道之间的矛盾，在小说中也有呈现。所有这些，都体现出佛教越来越世俗化的特征。

（45）刘玉芝：《“水浒传”中的酒文化》，载《菏泽学院学报》2016年第4期。

摘要：《水浒传》中蕴藏着丰富的酒文化，涉及物质、礼仪、节日民俗、精神等各个层面。《水浒传》中的酒文化是当时社会政治、经济、文化等内容的集中反映，完美结合了中国文化传统中雅文化与俗文化，也是中华民族精神的集中体现。

（46）程日同：《“水浒传”人物悲剧结局的再思考》，载《菏泽学院学报》2016年第6期。

摘要：一般说来，《水浒传》人物的结局具有悲剧性质，作品中自然有其佐证。但是，其中尚有不少因素冲淡了这种悲剧性。这些因素大致可归为两个方面：其一，梁山起义人物实现了接受招安的预期目标；其二，梁山起义人物所秉持的“忠”具有明显的江湖色彩，消解了一定的悲剧性。

（47）程娟娟：《试论〈水浒传〉网络改编作品中的戏仿现象》，载《鲁东大学学报》（哲学社会科学版）2017年第3期。

摘要：戏仿经典是大众传媒时代值得关注的文学现象，狂欢性的嬉闹与戏谑性的模仿成为网络改编经典的标志性风格。在《水浒传》的网络改编中，出现了社会现实、文本语言、大众流行文化等不同类型的戏仿手法，呈现出狂欢化的渎圣姿态、讽刺性的艺术追求、陌生化的审美体验、游戏性的写作态度。网络改编作品是在大众文化崛起的背景下对经典文本的再阐释和再解读，显示了不同文化权力机制的更迭与较量，而戏仿的美学特质和文化内涵值得进一步地探索。

（48）肖兰英：《论“水浒传”中郓哥、唐牛儿的作用》，载《菏泽学院学报》2017年第6期。

摘要：郓哥、唐牛儿是《水浒传》中的两个不起眼的小人物，作者对他们着墨不多，但刻画得非常生动，尤其是在作品中所起作用至关重要，可谓小人物大关联。他们人物虽小，却有力地推动了故事情节的发展，改变了主要人物的命运走向；恰如其分地衬托了主要人物形象；他们出入常人里巷，更能反映社会生活本色，起到拓展深化作品思想主题的作用。

（49）刘冬秋、孙洪波：《可译性视角下“水浒”元素留存的对比研究》，载《菏泽学院学报》2017年第6期。

摘要：《水浒传》是中国文化“走出去”战略的重要内容，从译本的质量及流传程度可管窥其对外传播情况。本文采用对比研究的方法，重点考察赛珍珠译本和沙博理译本对作为水浒元素的詈言、方言和回目的翻译。以“可译性的语言功能观”为理论框架，认为不可译性是客观存在的，但并非不可补救。

（50）马丽：《郓城坠子里的“水浒情”》，载《文化创新比较研究》2018年第7期。

摘要：本文就郓城坠子如何与水浒文化相融合进行传承提出论点，从郓城坠子与水浒文化相互支撑、相互出彩的实际情况出发，论述了郓城深厚的水浒文化底蕴，丰富郓城坠子的艺术资源，游离在真实史料和民间传说之中，郓城坠子的水浒情怀跃然纸上。这儿的坠子和水浒传说都是山东省非物质文化遗产保护项目，且现在的坠子传承人王合义还是山东省和菏泽市的非遗传承人，从这个层面上讲，郓城坠子和水浒传说的融合也是郓城文化的传奇。

（51）刘玉芝：《非物质文化遗产视角下水浒文化保护研究》，载《菏泽学院学报》2018年第3期。

摘要：水浒文化内容的广泛性、实体性、民族性、独特性和完整性，使其具备了成为非物质遗产的基本条件、基本要素、基本内涵和根本依据。但把水浒文化当作非物质遗产保护时，不可避免地会遇到水浒文化自身的“异变”，外来文化的侵蚀、生存环境遭到破坏和知识产权遭到侵犯等问题。为了解决这些问题，有必要采取规范水浒文化的保护行为、重视挖掘水浒文化遗址内涵、扩大水浒文化的影响力、整合水浒文化的遗产资源，实行联合保护等一系列有效策略。

（52）时培根：《鲁智深“三拳”背后的“罪与罚”》，载《安徽文学（下半月）》2018 年第 7 期。

摘要：鲁提辖拳打镇关西是《水浒传》中的精彩篇章，鲁智深“三拳”不仅影响后续故事走向，而且能够丰富水浒人物内涵。通过分析“三拳”相关情节与“罪与罚”释义，可知“三拳”关乎道德层面和法律层面的“罪与罚”。鲁智深明知犯法而坚持以暴制暴，是对社会原罪的惩罚。而其除恶扬善、伸张正义的方式，最终造成他人的毁灭和自身的惩罚。从劝谕的角度审视，有助于我们理解与揭示水浒故事所蕴含的深层意义和现实警示价值。

（53）古海鹏：《“互联网 +”背景下水浒文化旅游的发展模式探讨》，载《互联网天地》2018 年第 11 期。

摘要：2015 年 7 月 4 日，国务院印发《关于积极推进“互联网 +”行动的指导意见》，2018 年，文化部和国家旅游局的职责整合，组建文化和旅游部，作为国务院组成部门。这样，就给文化旅游产业的发展带来了前所未有的良好机遇。水浒文化在我国流传广泛，影响巨大，具有很高的旅游开发价值。但由于多方面的原因，水浒旅游尚处在初级开发阶段，对采取何种模式促进发展，本文提出了自己的见解。

（54）肖兰英：《宋江形象争议的成因探析》，载《菏泽学院学报》2018 年第 6 期。

摘要：宋江是《水浒传》的核心人物，梳理造成宋江形象争议的原因，会便于更冷静、更客观地评价宋江这一人物形象，便于更准确地理解和把握《水浒传》的思想内容、艺术成就。从敏感的政治题材、不同价值取向的形象来源、形象自身矛盾的多面性、接受者立场不同和时代变迁四方面加以梳理，发现这四个方面交织在一起，从而使接受者对宋江做出不同的评价。

（55）程娟娟：《网络时代的“水浒传”批评》，载《临沂大学学报》2019年第4期。

摘要：在网络时代，新旧媒体的融合发展为日益僵化的水浒批评带来了新的生机活力。学院派批评通过电视等新媒介的传播获得了广泛的认可，网络写手以发帖等方式自由地表达自己的观点，形成了百家争鸣的互动局面。与名家讲座自上而下的启蒙色彩不同，草根侃水浒的方式以自由而开放的格局，打造了一个集体狂欢的文化广场。这两种截然相反的研究路径代表着学术的通俗化努力与批评权力的下放，从不同角度丰富了当下的水浒批评。

（56）刘海芳：《水浒故里郓城民间剪纸的传承与保护》，载《美术教育研究》2019年第15期。

摘要：传承与保护是对国家优秀民族文化的一种基本态度，保护民间剪纸艺术就是守卫传统剪纸文化。传统需要坚守，传统剪纸文化更需要在传承、保护和创新中发展。相关工作者既要“送”文化，又要“种”文化，使传统剪纸文化从“清流”到“潮流”，让人们了解更多的非物质文化遗产知识，增强人们的民族自豪感。

（57）肖兰英：《“水浒传”中小吏启示录》，载《菏泽学院学报》2019年第6期。

摘要：从经典名著中汲取经验和智慧，服务于当下社会，是学术研究的应有之义。《水浒传》中的小吏，身份只是官府中“服役人员”，地位虽然卑微，能量却很大。花样翻新的敲诈勒索手段和贪墨狠毒行为，给人留下深刻印象。并且《水浒传》中一连串惊天动地的大案，也多与这些小吏有关。所有这些，都给我们留下不少启示。在反腐倡廉的当下，《水浒传》中的小吏很值得深入研究。

（58）孙琳：《传统水浒“忠义观”的消解与现代重构》，载《厦门广播电视大学学报》2020年第1期。

摘要：“忠义”，是《水浒》在君主专政时代得以传播的基础。伴随民主、科学、法制等观念大量涌进，传统的“忠义观”逐渐消解。尤其是君主制崩解之后，其基础彻底瓦解，新概念、新名词不断添加于《水浒》主题阐释之上。传统水浒“忠义观”的消解，体现了时代核心价值观念的变化与转移。“忠义”的内涵发生了变化，“忠义”指向的对象从君主转向为民族、国家、人民。

（59）刘洁、朱礼金、王玲：《水浒特色小镇的建设机制及路径》，载《体育科技》2020 年第 1 期。

摘要：本文通过对水浒特色小镇建设的现实意义、建设机制进行分析，认为水浒特色小镇建设为脱贫攻坚促进城乡经济协调发展提供了有效抓手。水浒文化、社会资本和市场需求，分别是水浒特色小镇建设的活力之源、重要保障和基础条件。提出了“以文化特色为核心，把人本理念融入小镇建设中”“以多产业、多引擎、多架构为框架，突出产业特色”“优化市场，培养复合型人才”“建立多元评价体系，完善运营管理”等发展路径。

（60）王萃、孙琳：《新时代水浒文化研究学术研讨会综述》，载《菏泽学院学报》2020 年第 1 期。

摘要：山东省人文社会科学研究基地水浒文化研究基地承办的新时代水浒文化研究学术研讨会，以“回眸与前瞻”为议题，从文学辐射、文化纵深、主题新阐、人物别解、文本细读、地域文化、研究回眸等视角深入探讨水浒文化研究的方方面面，取得丰硕成果，为日后的水浒文化研究奠定了坚实基础。

（61）孙琳：《“宣和谱”对“水浒传”忠义主旨的消解》，载《连云港师专学报》2020 年第 1 期。

摘要：《宣和谱》是清初文人反拟《水浒传》创作的一部水浒戏，其创作主旨隐喻着对宣和之政的针砭。《宣和谱》在人物和情节方面未脱《水浒传》窠臼，但对其忠义主旨持否定态度。并通过增设人物、修改情节的方式，消解《水浒传》的忠义主旨，带有鲜明的时代特色。

（62）刘洁、张志雷、朱礼金：《水浒特色小镇建设与体育文化融合发展研究》，载《菏泽学院学报》2020 年第 2 期。

摘要：本文研究认为：建设水浒特色小镇，是实现鲁西南区域精准脱贫的有效抓手，并为水浒文化的保护、传承与弘扬提供了重要载体。水浒体育文化是小镇建设的核心要素，产业融合、技术融合、市场融合是水浒特色小镇与体育文化融合发展的路径机制。建议：科学规划，出台产业融合标准；凸显文化特色，建立体育产业示范基地；优化市场，培养复合型人才等。

（63）刘玉芝：《水浒文化应融入地方高校文化创意课程》，载《人文天下》2020 年第 9 期。

摘要：水浒文化博大精深、流传甚广，与鲁西南地区文化有着密不可分的联系，可以视为鲁西南地区的文化标识。把水浒文化纳入地方高校文化创意课程体系，不仅能为这一课程指明道路，也能提供丰富的水浒资源。文章以菏泽学院为例，从融入课堂教学、创新教学方式、鼓励学生研究、营造文化气氛、推进产学研一体化、打造信息化教学环境等方面提出了水浒文化具体融入地方高校文化创意课程的途径，希望以此为地方文化与高校互融发展提供借鉴。

（64）程娟娟：《谈当下水浒批评的不同维度》，载《临沂大学学报》2020 年第 4 期。

摘要：在当下丰富多元的水浒批评中，文化学者鲍鹏山独辟蹊径，在细节中反思人性，见解中展现胆识，趣味中传播文化，显示了学术通俗化的努力。网络名人十年砍柴发现了水浒社会中的血酬定律，犀利大胆的文风使他在网络上名噪一时。青年作家魏新在挥洒自如的文字游戏中调侃梁山好汉，文本中夹杂着大众文化的喧嚣与后现代的调侃幽默。这三位研究者显示了文化场域的代际交替、焦虑影响，使他们在解读经典时呈现出了极具个性色彩的独特风格。

（65）刘玉芝：《“水浒传”中的蹴鞠文化》，载《濮阳职业技术学院学报》2020 年第 5 期。

摘要：蹴鞠是宋代流行的一项体育运动，也是独具特色的社会文化，《水浒传》中就深刻反映了这一时期的蹴鞠文化特征。从《水浒传》来看，这一时期蹴鞠已成为一项全民参与的大众体育文化、渐趋成熟的蹴鞠职业文化、走向表演的蹴鞠娱乐文化、初具规模的蹴鞠商业文化和以德引争的蹴鞠礼仪文化。这些既是宋代蹴鞠兴盛的原因，但也导致了后来蹴鞠的衰落。

（66）董艳玲：《“水浒传”中明媚女性形象的叙事功能和文化意义》，载《菏泽学院学报》2020 年第 6 期。

摘要：《水浒传》中有些“明媚”的女性形象，她们是传统女性的代表，相夫教子、温柔体贴又沉着冷静。在整个水浒故事中，她们是助燃剂或导火线，推动了情节的发展。同时又让梁山好汉的性格更加鲜明，使人物塑造更具有血肉和人情味。她们不仅影响了故事的谋篇布局，故事背后还有深层次的文化因素。

（67）孙洪波、吴冰雪：《“水浒传”疫情词的两译本考释》，载《菏泽学院学报》2020 年第 6 期。

摘要：本文通过《水浒传》赛珍珠译本和沙博理译本平行对比的方法，重点考察“瘟疫、时疫、热病、疟疾”四类疫情词的翻译，发现两位翻译者有不同的翻译策略。赛珍珠多保留原文的风格和语言表达形式，目的在于向外国传递中国特色文化气息；沙博理一般用直译加意译的翻译手法，翻译方式更加多样，词汇选择更加丰富精准。

（68）李庆华：《水浒文化与近代鲁西南乡村社会》，载《菏泽学院学报》2020 年第 6 期。

摘要：文化，对地域社会具有形塑作用。近代鲁西南民众反叛的地理环境、历史背景、社会控制的维度、村落模式、防御方式及民众的应对和心理机制，与《水浒传》描述的有诸多相同或相似之处。这反映了中国传统乡村社会结构趋于稳定，民众对灾荒和变乱的应对多是对传统方式的传承。鲁西南乡村受《水浒传》影响很深，书中的文本景观再现于近代，说明了近代鲁西南的社会运行发生严重的障碍、离轨和失控，整个鲁西南社会处于重度失范状态。

2. 菏泽学院水浒文化研究的专著

（1）孙琳：《〈水浒传〉续作研究》，中国社会科学出版社 2014 年 12 月出版，39 万字，本书通过对明清之际、清末、民国、中华人民共和国成立以后等各个时期《水浒传》续作的分析研究，说明这些续作乃历史文化发展进程中的必经环节，是古典精品巨大影响的客观效果，并非通通是“狗尾续貂”式的低劣作品。视觉独特，观点稳妥，自成一家，有助于读者加深对古典名著续作的正确理解。

（2）张志雷：《水浒武术文化研究》，人民体育出版社 2015 年 11 月出版，20 万字，本书包含水浒武术与历史武术的联系、《水浒传》中的武术文化、水浒武术文化的后世传承和影响等方面的内容，资料翔实，论述客观，有助于读者深入理解水浒武术文化的内涵和当今的传承发展。

（3）邵子华：《〈水浒传〉人学研究》，凤凰出版社 2019 年 5 月出版，本书综合采用一些跨学科的知识和手法，尝试从人学角度研究《水浒传》。其中，作者把水浒人物的种种行为都放到自己敏感的心灵里观照、蒸煮，由此得出许多富有个性的独到见解。这些见解和观点能够直抵人心的幽微处，提醒人们在社会生活中努力确立人的主体精神。

（4）孙琳：《清代水浒戏曲三种考论》，新华出版社 2020 年 6 月出版，33 万字，本书通过对《宣和谱》《虎囊弹》《忠义璇图》三种清代水浒戏版本、作者创作时间、内容、主题等方面的考论，探究清代水浒戏与元明水浒戏的联系和区别，以及清代水浒戏对《水浒传》和水浒戏的传播与衍化作用，视觉独到，分析透辟，给人以启示。

（5）潘守皎：《水浒文化与黄淮海社会》，人民出版社 2016 年 11 月出版，20 万字。本书内容含历史地理、民情风俗、社会文化三个部分，重点揭示了黄淮海鲁西南文化对水浒人物品格以及《水浒传》情节的影响，包括儒学、经典历史故事的影响，墨家、兵家文化的影响，儒释道三教合流的影响。

（6）王洪涛：《〈水浒传〉镜像下的鲁西南民俗研究》，中国社会科学出版社 2017 年 4 月出版，21 万字，本书以《水浒传》中的具体描写为依据，深入研讨了各种体现鲁西南特色的水浒民俗现象：物质民俗（衣食住行等），精神民俗（语言、思想理念、宗教信仰等），行为民俗（节日、礼仪、游戏和竞技等），地域民俗（郓城、梁山、东平、阳谷四县等），提出了如何进行水浒民俗文化的保护和开发的重要课题。

（7）张辉：《水浒体育文化》，人民体育出版社 2020 年 11 月出版，约 20 万字。本书通过对《水浒传》中武术活动、民俗体育活动、水上活动进行研究分析，探讨了这诸多活动形成的社会历史根源、挖掘了其中蕴含的丰富文化内涵，以及在整个水浒文化中的重要作用。旨在由此促进现代体育健身和旅游业的发展。

（8）田智祥:《水浒学刊》第一辑，齐鲁书社 2019 年 10 出版，约 30 万字。本书为菏泽学院水浒文化研究基地编辑出版的水浒研究论文集第一期，共收录多角度研究水浒的论文 20 篇。

3.郓城县水浒文化研究的专著

（1）曹先锋：《水浒故地话水浒》，时代文艺出版社 2006 年 5 月出版，12 万字，分史话水浒、遗迹寻踪、英雄简介、民间传说、水浒遗俗、知识链接、浅议水浒、水浒新篇八个部分。书中用通俗易懂的语言，阐述了有关水浒文化的几个方面内容，为有志于《水浒传》研究的人士提供了有益的参考。

（2）康传忠：《水浒·郓城·宋江》，青海人民出版社 2006 年 11 月出版，15 万字，分为五章，分别是《水浒传》与郓城、宋江与郓城、郓城的“民间水浒”、施耐庵与郓城、《水浒传》研究拾零。该书在如上几方面做了较为详尽的解读和探讨，既具资料性，又有一定的学术性。

（3）张虹、康传忠、曹先锋：《水浒争鸣》第九辑，青海人民出版社 2006 年 12 月出版，30 万字，遴选当时全国范围内《水浒》研究学术论文 40 篇，内容包括《水浒》的作者、版本、传播史、成书年代、思想蕴含、艺术成就和国内外影响等，对深入研究《水浒》有重要的推进和启示作用。

（4）赵西安、徐淑亮、曹先锋：《说水浒爱家乡》，青海人民出版社 2008 年 6 月出版，约 10 万字，分史话水浒、遗迹寻踪、美德传扬、民间传说、民风民俗、爱我郓城六个部分，是一本反映水浒文化及郓城文化的地方教材，适于一般文化程度者和中小学生阅读。

（5）吕扬：《江湖大义说水浒》，由中国文联出版社 2010 年 5 月出版，33 万字，围绕江湖义气，解析水浒英雄人物，具有独特视觉和新颖观点，适于一般文化程度的读者阅读。

（6）卢明：《正话水浒》，黄河出版社 2010 年 7 月出版，19 万字，收入作者关于《水浒传》的评论文稿 58 篇。分主题篇、人物篇、情节篇、关联篇四大部分。作者根据多年的研究，对《水浒传》的相关内容进行了深入解读和探讨，很具参考价值。

（7）李艳丽主编：《水浒文化丛书》四卷本，山东人民出版社 2011 年 1 月出版，103 万字，分水浒文化概论、水浒传说、水浒人文、水浒印象四卷，全面阐述了郓城作为水浒文化发源地和集中体现地，其历史文化特别是水浒文化的整体概貌，具有丰富的史料性。

（8）卢明:《好汉文化探究》，中国文史出版社 2018 年 11 月出版，45 万字，分好汉文化探源、好汉文化内容和传承、郓城好汉情结、郓城好汉文化景点、郓城水浒酒文化、水浒访谈录、水浒漫谈等内容，对了解郓城水浒文化的概貌及后世传承很有帮助。

第二节　水浒文化的文艺创作

水浒文化，作为菏泽特别是郓城县一带一种优秀的传统文化，被当代广大文艺工作者、爱好者所自觉接受和继承下来。他们怀着非常浓郁的水浒情结，将水浒文化的许多内容作为文艺创作的重要题材。无论小说、诗歌、散文、绘画、剪纸等各种形式的文艺创作中，都有一些涉及水浒文化内容的作品。

一、水浒文化的创作实践

在菏泽特别是郓城县，浓厚的水浒氛围，浓郁的水浒情结，使得广大文艺工作者、爱好者把水浒文化的内容纳入自己的创作实践中，创作了大批涉及水浒文化内容的作品。市内的文艺期刊上、新闻报纸的文艺副刊上，会经常看到有关水浒内容的故事新编、小说、诗歌、散文等，有些人还写出了长篇文学著作、通俗教育读物。

在历史上，宋江的性格为“勇悍狂侠”，具有强烈的反抗精神，最后起义失败被杀害。而《水浒传》中的宋江，却是一生秉承忠义思想，后来投降了朝廷。对宋江的形象，水浒之乡郓城的人们更认同历史上的记载。一些人在创作文学作品时，主要描写的则是他仗义疏财、杀贪官斩污吏的事迹，塑造的是英勇顽强、视死如归的英雄好汉形象。

在菏泽一带，广泛流传有“水浒一百单八将，七十二名在郓城”的说法，以此为据，有人还写作了与郓城联系紧密的七十二位梁山好汉的《故事新编》。这些故事中的梁山好汉，既秉承《水浒传》描写的性格特点，又在《水浒传》叙述事迹上有新的拓展，延续性与创新性结合，并非“另起炉灶”，以至可信度较高、可读度亦强。

涉及水浒文化的文学作品，内容广泛，丰富多彩，有颂扬水浒人物的小说、诗歌或绘画、剪纸，有《水浒传》的文学评论，有水浒遗迹或景点游览散文，等等。这些作品，陆续不断地出现在市内文学期刊《牡丹文学》《郓城文艺》、新闻媒体文艺副刊及文学网站上。有的人还投稿一些全国性、全省性的文艺刊物，在更大范围产生了影响。总之，水浒文化的素材，已成为全市文艺创作取之不尽的永恒性源泉。

二、水浒文化的创作成果

自 20 世纪 70 年代末期改革开放以来，菏泽市特别是郓城县涉及水浒文化内容的文艺创作，取得了较为丰硕的成果，仅小说、诗歌、散文就可达数百篇，其他各类作品同样频出，为菏泽文艺百花园注入活力、增光添彩。特别在郓城，有些文艺爱好者讴歌水浒人物，续写水浒故事，逐渐形成了一支自觉宣传和弘扬水浒文化的骨干力量。

有关水浒文化内容的文学书籍有：

1. 李登朝的《呼保义宋江》，山东文艺出版社1986年出版发行，20万字。该书依照水浒外传故事，以及民间流传故事，描述了宋江于家乡郓城一带仗义疏财、结交天下英雄好汉的事迹，兼写了白胜、孔明、石秀、雷横等人物，讴歌了水浒一些人物面对社会邪恶的抗争精神。

2. 孙景全的《水浒英雄谱》画册，山东美术出版社1988年8月出版，书中为孙景全线描水浒人物，配以朱希江关于赞颂每位水浒人物的七言绝句诗文，范曾题写书名并撰写前言。

3. 牛牧野的《牛牧野画水浒人物》，中国科学技术出版社2001年9月出版，该书中画的水浒人物，性格鲜明、栩栩如生，有相当的艺术水准和影响力。

4. 牛牧野的《水浒一百零八将图赞》，天津美术出版社2007年4月出版。本书由牛牧野绘制线描人物图，遍寻国内一流书法家书写牛牧野的水浒人物赞词，并配有著名篆刻家赵山亭篆刻。

5. 赵统斌的《水浒全传图咏》，大众文艺出版社2008年出版，约12万字，该书对《水浒传》中的120个重要场景绘制成线条图画，每一场景配上七绝颂诗一首，由市内书法家将全诗书写，篆刻家刻画刻字，力求做到诗书画三绝，极具可读性、观赏性。

6. 张继战、李传递、杨艳的《水浒菜的传说》，中国戏剧出版社2009年8月出版，约38万字。该书主要解说郓城县烹饪协会会长李传递创制的水浒系列菜品，配以线描人物图画和与菜品相关的水浒故事，文字叙述深入浅出、生动形象。

7. 樊庆斌、卢明的《水浒别传》，北京体育大学出版社2017年出版，约20万字。该书参考《大宋宣和遗事》《水浒后传》中的描写，以《水浒传》

中的人物性格为依据，描写了七十二位曾在郓城活动过的水浒英雄的故事，从中体现了郓城人们浓厚的水浒情结。

另外，菏泽剪纸名家、市剪纸艺术协会会长杨秀玲还以水浒文化为主题，创作了一批水浒人物的剪纸作品。她的水浒人物剪纸作品，有《水浒 108 将》长卷，也有水浒人物单幅。制作工艺精湛，形象栩栩如生，广受人们赞誉。

第三节 水浒文化的景点建设

将一些著名的水浒遗址遗迹进行开发建设，建成供人游览观赏的旅游景点，是弘扬水浒文化创造“硬件条件”的重要内容，同时也是发展我国文化旅游事业的需要。20 世纪 80 年代改革开放以来，水浒文化集中体现区的梁山、东平、阳谷等县，都陆续建成了水泊梁山风景区、东平水浒影视城、阳谷景阳冈和狮子楼景区等，菏泽市郓城作为水浒故里和水浒文化发源地，更是在水浒文化景点建设方面付出了努力。其中水浒好汉城经过分期扩建，已成为闻名遐迩的 4A 级旅游景点。另外，宋江湖、宋江河、宋江故里等，都也初步建成或正在建设中。

一、郓城水浒好汉城

郓城县水浒好汉城，位于郓城县城水浒路西段，目前是国家 4A 级旅游景区，山东省十大旅游目的地品牌之一“水浒故里”的核心景区之一，中华古民居博物馆、央视推荐钻石旅游线路、水浒故事的源头景区。

郓城水浒好汉城总投资约 10 亿元，整个工程分为四期。自初建之日起，该景区采用整体搬迁的方式，按照古建筑修复“不改变原貌”的原则，将散落在山西、陕西、浙江、安徽等地民间具有水浒文化特色的元、明、清建筑征集到郓城。现已建成了古城墙、忠义楼、乌龙院、宋江武馆、朱贵酒店、晁氏庄园和狗娃大剧场等一大批景点，此外，又对原处本地的郓城古县衙、文庙等进行了恢复性重建，设定的水浒风格古建筑群已经显现。

水浒好汉城占地面积600余亩，共计36院落、72景观、108个景点，拥有忠义楼、郓城县衙、晁家庄等原汁原味的古代建筑群，它和宋江武校的武术教学与交流，以及狗娃艺术团的武术、舞蹈及水浒情景剧表演于一体，向观赏游客呈现了一处综合性的水浒文化景观。

水浒好汉城第四期工程已经陆续开工，将建设水浒文化中心、水浒客栈、水浒美食街、水浒市井荟、中华武志馆、六艺学堂、枕水人家精品民宿、勾栏瓦肆水浒戏社、水岸闾里——餐饮文娱街等项目，打造一个标准高、设施全的水浒文化旅游景区。

1. 水浒好汉城的建设历程

水浒好汉城2004年始建，2007年五一节第一期工程完成。当时的名称为“水浒文化一条街”。景区的一期工程景点，主要有宋江武馆、宋宅、乌龙院、九天玄女庙、朱贵酒店、古筝坊、戏楼、水浒文化博物馆、及时雨茶楼、孙二娘客栈等。2008年1月，景区被命名为“山东省文化产业示范基地”。2008年5月，获评国家3A级旅游景区。

2011年，“水浒文化一条街”二期项目开工。历经近五年时间，从一条街逐渐发展为一座旅游城，成了集旅游、武术、民俗风情、水浒文化、影视拍摄于一体的综合性人文景观基地，随之改名称为“水浒文化旅游城”。二期工程的主要项目是郓城县衙、晁家庄、忠义庙、明伦堂、大佛寺、忠义庙、寅宾馆等景点。2011年，在由亚洲旅游文化联合会等单位联合主办的第十七届亚洲金旅奖中，郓城获得“中国好汉之乡”的殊荣。2014年4月，郓城水浒文化城晋升为国家4A级旅游景区。

自2016年开始，水浒文化旅游城进行第三期工程建设。在原有基础上，进行扩容、整合、调整、提升与完善。这期间，景区名称又改为“水浒好汉城”。2018年春节期间，三期工程建成的忠义楼、郓城古城墙、文庙建筑群等景点，正式向游客开放。在水浒好汉城，游客不仅可以观赏到一座座精美的古建筑，而且可以欣赏到极具地方特色的坠子书、莲花落子、古筝等非物质文化遗产项目表演，还可以观赏到狗娃艺术团武术舞蹈表演、各种武术套路和竞技武术表演、《李逵坐衙》《智取生辰纲》等精彩情景剧表演，以及状元大刀绝活表演等。

目前，水浒好汉城已经进入第四期的升级、扩容阶段。郓城县委、县政府决心举全县之力，立足独有的资源优势，高举“好汉郓城”品牌，营造“好汉之乡”氛围，积极打造水浒旅游小镇、水浒故里集散中心等旅游全域化精品，为进一步弘扬水浒文化提供一个良好的硬件载体。

2.水浒好汉城的主要景点

（1）水浒文化博物馆。水浒文化博物馆是一座仿宋建筑，以对应水浒好汉活动的那个时代。馆内共四个展室，主要展示水浒文化遗迹、水浒人物、古兵器等内容。

四个展室中，第一个展室，以图片、模型和实物的形式介绍郓城县的旅游资源、历史发展和故事传说，包括《水浒传》写到的东溪村、西溪村、宋家村等相关的图片、碑文拓片、文字介绍等。第二个展室，展示的是郓城古代军事武术人才概况。郓城自古尚武之风盛行，不少人通过武科科举成为军事武术人才。仅明代就有武举人 22 名，清代出了武进士 12 人、武举人 24 名。第三个展室，是宋江武校的荣誉殿堂，有历次比赛中获得的奖杯奖牌。第四个展室，是古兵器收藏室，墙壁上写有梁山一百单八将介绍。

（2）交椅门。交椅门位于水浒好汉城东侧。组成大门的四根高大石柱上，各有一把巨大的椅子，分别代表着晁盖、宋江、卢俊义、吴用的座位。一百单八将中没有晁盖，此处却设有他的交椅，这是因为晁盖是来自郓城的水浒英雄，宋江之前的梁山寨首领。

石柱高 6 米，木椅高 4.8 米，加起来是 10.8 米，体现了水浒 108 条好汉之数。交椅门两边各有一组杏黄大旗，呈“八”字形排列，代表着景区向八方游客敞开。

（3）尚武楼。交椅门西侧不远处，便是尚武楼。该楼造型别致，楼体呈深红色。红楼四周有圆木条搭成的装饰架，架上悬挂着108只红灯笼，上写着108名好汉的名字和绰号。此楼是由宋江武校建起的第一座楼，见证了宋江武校的发展历程。

（4）忠义亭。忠义亭的建立，缘起于宋江的剑亭。相传宋江曾于自家花园内设立剑亭，常在此练剑，歇息之间进行自省，恐有不忠不孝、不仁不义之举。后来由36天罡演化为36把利剑高悬亭上，倘有不忠不孝、不仁不义之人，顷刻之间，会剑落人亡。后人称其为忠义亭，为辨识忠奸之处。

（5）忠义楼。忠义楼是好汉城景区内十分显眼的一座仿古建筑，为上下五层的斗拱结构，坐落于高台之上，多重飞檐，十字歇山顶，雕梁画栋。游客登楼极目，近瞰郓城城区，远望金河碧野，追思古代先贤，品味水浒故事，最能启发诗意情怀。

忠义楼下部的高台之内，是一个较大的展室。精美的水浒文化展示中，有图片、实物、塑像和声光品，还有体现水浒故事的蜡像：东侧小室内，是施耐庵在书房专心著书的情景。西侧小室内，是宋江起义失败后被奸臣迫害与李逵等人饮用毒酒的情景。

（6）忠义庙。忠义庙坐落于水浒好汉城西部，是在归纳古代忠义敬奉楷模的基础上建立的。庙里供奉的是关羽、岳飞、宋江三人，他们都是忠义双全，为国家民族建立了不朽勋业，并为人民群众深切爱戴。这三人被建庙纪念，体现了传统文化的共同价值观念。

（7）宋江武馆。宋江武馆，是一座方形四合院。当年宋江从家乡宋家村来到郓城县城，在此处创办武馆、传授武艺。由于他既会武功，又熟读经史，被县令看中，进入县衙当了一名押司。

宋江武馆大院内，是徒弟们练武的地方，阴雨天可在东西厢房下层习练。院子里陈列的，是当时练武用的一些器械。正房是武馆师傅宋江的休息住处，东西两侧简单地摆放了桌椅家具，可以用来日常休闲和会客。东西厢房的上层，是徒弟们的休息之所。

宋江武馆除有正门外，另设四个小门，西北为天道之门，西南为信义之门，东北为勇略之门，东南为忠孝之门，这是宋江武馆基本宗旨的体现。徒弟学成出师的时候，要打正门，所有在学弟子聚集一处，镇守正门，要打出正门才算真正学成出师。否则，就只能根据自己的情况，从其他四个小门走出武馆。

（8）宋宅。宋宅，是一处古朴典雅的小四合院。据传宋江来到郓城县城开武馆、做押司，就买了一所房子安居。他驰名大孝，人称“孝义黑三郎”，在城内安顿好后，也把父亲接过来享清福。

宋宅的正房住宋太公，东厢房是宋江的住所，西厢房是宋江的五弟宋淮的住处，兄弟俩共同照顾宋太公。在正房的东西两侧，各有一小隔间，左边的隔间是书房，是宋太公读书的地方。右侧的隔间，是宋太公的卧室。宋宅的院子里，四个角落各有一扇小门，门上分别题字为春云、夏雨、秋月、冬雪一年四季美好的景色，表达了宋太公的愿望，希望家里好景常在。

走出宋宅大门，外边还有个过堂，名为“医圣堂”。相传宋太公是一名儒医，医术十分高明。当时他居家无事，便在宋宅门口开了个药店，悬壶济世号脉诊病。平时宋江忙于公务，宋淮便来医圣堂协助宋太公管理。

（9）及时雨茶楼。及时雨茶楼是一座徽派建筑，白墙灰瓦，呈现出一种古雅、简洁的建筑风格。

及时雨茶楼对应的水浒故事是，第十八回“美髯公智稳插翅虎，宋公明私放晁天王”：晁盖等七人智取生辰纲事情败露，何观察等人前往郓城县破案捉拿，需往县衙下书，恰巧县衙早朝刚退。于是何观察走到县衙对门一个茶坊里坐下，吃茶等候。这天，正赶押司宋江值日。他与何观察见面知情后，想法稳住何观察，吩咐茶博士：“那官人要再用茶，一发我还茶钱。”随即离开茶坊，飞马东溪村向晁盖通风报信。晁盖等人闻听，立即动身上梁山入伙，这才有了后来的林冲火并王伦，晁盖做了山寨之王。

（10）晁家庄。晁家庄为托塔天王晁盖的庄园，是典型的北方地主庄园，古代城堡式建筑。建筑面积 2200 平方米，设有城门、过厅、演武场、正房、东西厢房、马厩、粮仓等，不少房间可通往暗道，通过暗道可上至城墙用于防御，下至迷宫用于逃生。

晁家庄第一进院落，中间为客厅，亦称之为中堂，是家人聚会、聊天、接待宾客之场所。第二进院子，东厢房是晁盖居住的房间，西厢房为接待内亲居住之处，正房是晁盖父母居住的房间。第三进院落，为晁盖的演武场。晁盖平生不近女色，最爱刺枪使棒，亦自身强壮，绰号“托塔天王”。他经常带领家丁，在此练武强身。第三进院落的西厢楼房，一层是晁家放置生活工具和农具的地方，二层为仆人居住之处。东厢楼房，一层为晁家厨房，二层为招待亲朋好友居住之处。

晁家庄的后门城墙上，写有“慎检德”三个大字，这是晁家的家训：为人处世慎之又慎，生活简朴，修好德行。

（11）朱贵酒店。朱贵酒店，是一座青砖灰瓦的两层楼房古建筑。《水浒传》中，朱贵起初以开酒店为名，专门探听朝廷讯息，了解官兵部署情况，及时发现、介绍好汉上梁山入伙：凡有上梁山之人，朱贵便向湖对面的港湾里射一支响箭，对面便会摇出一艘快船过来接应。林冲火并王伦后，朱贵依旧为山寨开酒店打探消息，有很多水浒好汉就是通过朱贵酒店来到梁山起义大本营的。

在朱贵酒店，展示的是郓城的地方名酒——水浒酒和黄泥岗酒。一部《水浒传》，计有600多场喝酒的场面，很多大快人心的除暴安良故事，不少都是在好汉们豪饮之后才更显精彩。

（12）孙二娘客栈。孙二娘客栈为三进院，前边的院子是独立的，后边二三进院子连在一起。位于前边的客栈是一个三层小楼：一楼是豪华间，为大客商居住之所。二楼是普通两人间和三人间，为平常百姓所住。三楼是一个小阁子楼，又叫作“解元阁”。

传说清代康熙丙午年，郓城有一个叫魏希徵的青年参加科举考试，考试前一天偷偷跑进三楼的小阁子楼住了一晚，结果高中第三名解元。以至店主人就把这间阁楼叫作了“解元阁”，每年赶考的秀才都想出高价在此住上一夜，以图吉利。

（13）青面兽镖局。青面兽镖局，是一处厅堂式古建筑。青面兽为水浒好汉杨志的绰号，他乃名门之后，武艺高强，最初曾设立“青面兽镖局”，靠押镖谋生。后来杨志出任殿帅府制使、大名府管军提辖使，无奈时运不济，先是丢了花石纲，被高俅赶了出来，不久又被夺了生辰纲，终于无奈上梁山落草。青面兽镖局经儿辈杨庆传袭，几百年从未失过手。

青面兽镖局正厅是接待大宗业务客户的场所，相当于现在的贵宾室。设立椅子的大小，代表镖师在镖局地位的高低。镖椅对面放置着独轮镖车。独轮镖车的特点是只有一个车轮，这样的车子，走起路来平衡不易掌握，但走崎岖不平的山路比较方便。

镖局院子里有个大台子，上面放置桌椅板凳，用以下棋喝茶。下面隐藏的是镖局的金库。金库的入口在室内，入口处设有机关，暗道里面还有机关，可谓防守森严，固若金汤。

（14）郓城县衙。郓城县衙，始建于北宋，后经多次恢复和重修。近些年重修的县衙建筑面积5400平方米，设有大堂、二堂、六房、后宅和监狱等建筑。现内部布置了宋朝服饰和县衙文化展览，并向游客演出情景剧《李逵坐衙》。

县衙大堂，是知县发布命令、举行重大典礼和公开审理大案要案的地方。堂前植有两棵树，一棵为杨树，名曰三阳开泰；一棵为银杏树，名曰官民同乐。大堂上方书有“亲民堂”，正面屏风上面悬挂“明镜高悬”的匾额，屏风上彩绘“海水朝日”图，象征着官爱民，为官者，清如海水，明似日月。左右墙上挂着的是郓城从有记载的汉朝开始到现在共计220位历任县长的名字。

二堂是知县的日常处理一般事务的办公室，正中上方书有“琴治堂”雅称，意思为要效仿先贤宓子贱的智慧，足不下堂鸣琴而治。二堂两侧的房间，分别是县丞署和主簿厅，为知县辅助人员的办公场所。西厢房为快班房，为三班衙役（皂班、壮班、快班）休息、等待任务的地方。后宅则是知县的住所，为三跨院，大门上方悬有“退思”的匾额。内设有西花厅，供招待客人休闲之用，中间是知县就寝的房间，东边称为东书房，是知县读书学习的地方。

（15）文庙。文庙是景区内一大型建筑群院，其主要建筑为大成殿。历史上的郓城文庙大成殿气势宏伟，大于一般县城的文庙大成殿。支撑殿檐的雕龙石柱，更是非常粗壮和精美。

现文庙是根据古代文庙的情状在景区内重修，使用了古文庙的部分构件，形成了古今文庙的继承关系。主建筑大成殿规模仅次于曲阜大成殿，居山东省第二。整个大殿飞檐斗拱，雕梁画栋，殿顶金黄琉璃瓦饰以碧绿色图案檐边，显得既金碧辉煌又精巧雅致。大殿室内正中供奉有至圣先师孔子之像，两侧是四配十二哲人之像。文庙大院内的两侧庑殿，依古制供奉着孔子弟子及配享的先贤。

（16）大佛寺。景区内的大佛寺，占地面积十余亩，分为四进殿阁，一进殿是天王殿，供奉着可保民间风调雨顺、百姓出入平安的弥勒佛、四大天王和韦驮菩萨；二进殿为大雄宝殿，供奉着可保国泰民安、人们健康长寿的三世佛、十八罗汉，东西两厢分别供奉地藏、观音两位菩萨；三进殿为中华民族万姓先祖纪念堂；四进殿为藏经阁，收藏佛家经典著作等数万部。大殿前方分设钟鼓楼，游客可以撞钟祈福、擂鼓纳祥。

（17）好汉书场。好汉书场是景区内开辟的一个演唱场所，每天都有说书艺人在这里为游客献上精彩的演唱节目。

在好汉书场常年表演的，有两位说唱艺术家王和义、贾如生。王和义善说坠子书，贾如生善演山东落子，他们都是山东省非物质文化遗产的传承人。王合义在2012年平顶山全国说书比赛中获得说书状元的称号，同年，在第七届中国曲艺牡丹奖天津赛区获得牡丹奖。

（18）状元大刀表演。状元大刀表演，是水浒好汉城演艺展示的一项重要内容。一般是在重要节日、重大活动和重要客人到来时，一些威武雄壮的武师上场，轮番把一百多斤重的大刀舞得呼呼生风，令人拍手叫绝。

所谓状元大刀，是指清代武状元张宪周使用过的大刀。张宪周系郓城人，清代光绪年间经殿试，被皇帝钦点为武状元。1900年庚子之变，光绪帝和西太后逃难，张宪周曾随行护驾，杀敌立功。光绪帝表彰他说："挽狂澜之既倒，支大厦之将倾，乃社稷之臣，诚功莫大焉。"之后，他官至兖州镇守使。

（19）水浒故事场景表演。水浒故事场景表演，是景区每日为游客例行的一种文艺表演，依据《水浒传》中的一些经典场面进行。

如《智取生辰纲》表演，演员们演绎杨志押运生辰纲经过黄泥岗，军士耐不住暑热，闹着停下休息。此时白胜挑着酒唱着小曲到来，军士们争着买酒喝，杨志禁止不得。随即这些押差被下有蒙汗药的酒醉倒，接着晁盖等七位好汉劫取生辰纲，胜利归去。

再如《李逵坐衙审案》表演，扮演李逵的演员独自一个人溜到寿张县衙，知县等人被吓跑。于是李逵自扮知县，拉来几个衙役，在大堂上审案，过了一把当官的瘾。

（20）狗娃艺术团表演。在好汉城景区，还有一个精彩的例行表演，就是狗娃艺术团的武术舞蹈表演。

狗娃艺术团成立于1994年，这年他们出席央视春节联欢晚会，表演了大型武术舞蹈节目《狗娃闹春》，一炮打响，享誉中华。从此一路凯歌，取得了很多的成就和荣誉。他们相继参加了申奥、世妇会、迎港澳回归等国际和国家级活动演出百余次，在北京奥运会开幕式上表演了《地球奔跑》《人体鸟巢》大型武术舞蹈节目，还多次赴美国、日本、法国、韩国等国家，以及台湾、港澳等地区演出，有些成员在几十部影视作品中担任角色。每逢重大节日、重大活动和重要客人到来时，狗娃艺术团就会出演精彩的节目，让游客感受武术舞蹈的无穷魅力。

另外，水浒好汉城中的建筑景点，还有宋时郓城酒楼、郓城戏楼、宋江杀惜的乌龙院、宋江得到天书的九天玄女庙等。

二、宋江湖风景区

宋江湖风景区位于郓城县城东北部，程屯镇冷庄村旁，占地面积 1000 多亩，其中水上面积 800 亩，现为国家 3A 级景区。

宋江湖，是宋代八百里梁山泊遗水。当时的梁山泊，郓州和济州各占一部分水面。梁山泊水域如用今天的行政区域指称，大致在郓城东南部，巨野北部，汶上西部，梁山中南部，呈肾状弯曲形。而现在的宋江湖，即在宋代梁山泊的西北部。

中华人民共和国成立后，郓城县政府对宋江河进行了逐年治理，先在李楼筑坝截流，余水改经郓城河入淮，宋江湖也就成了一个独立的湖面。

宋江湖原为生态经济区域，湖中生苇产莲，喂鱼养虾。改革开放以来，有关方面开始注重开发它的旅游价值，植树修岸，建亭立碑，疏通水道，把这一自然水域打扮得更加亮丽。

如今，游人未到湖边，远远地就能闻到扑鼻的荷香。站在湖畔，更见杨柳绕岸，荷影满塘。极目远眺，是一眼望不尽的苇荡，风来蒲动，荷摇凫飞，一片纯天然的生态景观。宋江湖深处，有成片的芦苇与小岛把湖面分隔成大小不等的水域,有的水道悠长狭窄,有的水面宽阔,还有的曲曲折折,迂回盘旋。岛上挺拔着杨柳，间或有几丛野花点缀其间，给整个湖区带来无限生机。

当年水浒好汉出没于烟波浩渺的梁山泊中，行侠仗义，杀富济贫，做出了一番惊天动地的壮举。其后近千年沧海桑田，留下了这一片静谧的湖水。游人乘舟入荡，一边观赏美景，一边怀念水浒英雄们当年穿行在八百里水泊之上，与天地为伍、与自然为邻的情景，自然别有一番感慨在心头。

三、宋江河景观带

宋江河自郓城县城西南迤逦而来，经城南，然后折而向北，成为环绕半个县城的一条静水。郓城县政府充分利用宋江河的水域优势，在此河两岸修建广场园林，供人们休闲娱乐、游览观光，呈现一条优美的风景带。

北宋年间，宋江河为广济河（五丈河）的一段。广济河自开封流来，经郓城县注入梁山泊。因是重要的漕运通道，所以往来船只很多，华东一带的粮食物资都要通过这条河道运往汴京（开封）。中华人民共和国成立后，对宋江河进行过多次治理，使该河成为灌溉、防洪、排涝的重要工程。20世纪六七十年代，城南、城东的宋江河段成为一座中型水库——宋金河水库。水库全长9公里，年平均积水面积8000亩，每年引蓄水量1738万立方米，流域面积133平方公里。1990年，10万名民工深挖治理，使水库更为宽阔。

近年来，郓城县委、县政府立足于城市长远发展战略，着力搞好城市的美化，努力满足人民群众日益增长的精神文化需求，又进一步狠抓了宋江河景观带的建设。宋江河风景带以河道为轴线，沿河两岸设置了一批绿地休闲景观，穿插水浒故事景点和游玩设施，南北两端各设拦河坝一座，形成一个以蓄水、游览、憩息、文化娱乐为一体的综合场所，一个具有时代气息的城市观光带。

宋江河景观带东南部，有一个较大的广场。广场北部，是一高冈，冈上草木成荫，花草满路，小亭矗立。宋江河东侧北端，也有一处广场，广场上建有古色古香的亭廊，供人们观憩。宋江河跨河拱桥如虹卧波，桥南水中有一组音乐喷泉。音乐响起，众泉喷涌，高者水柱可达数十米，并有水幕电影投射到喷泉上，美轮美奂，令人称羡。

一条宋江河，河水清清，碧波荡漾。沿河岸边铺有石板小路，路旁是长长的绿化带，高树挺拔，灌木葱茏。入夜时分，宋江河两岸霓虹闪烁、灯火辉煌。沿河的彩色灯带，勾画出整条河道的轮廓。美丽的宋江河给郓城人民带来了良好的休闲娱乐环境，成为人们的水上乐园。

四、宋江故里景区

在宋江故里郓城县水堡乡，现正在建设宋江故里景区。整个景区占地42亩，预计总投资8598万元。

景区内计划建有土城堡、宋江故居、老酒坊、兵器厅、工匠铺、铁匠铺、酒楼、戏台、纸牌坊、手工坊等。其中，宋江故居占地12亩，为二进住宅，分别是宋太公居房、宋海、宋河、宋江、宋清、宋淮兄弟5人住房。北设后花园；东为药房医馆、厨房、私书学堂。西边为下人住屋，榨油坊、粮仓、马厩等。

第四节　水浒文化的产业发展

继承弘扬水浒文化，除精神层面的内容外，在其他具体工作方面亦大有可为。也就是说，注重软件、硬件并举，共同发力，互为促进。比如文化搭台、经济唱戏、大力发展水浒文化产业等。菏泽市郓城县作为水浒故里和水浒文化集中体现区，近些年来在弘扬水浒文化方面，走出了一条打水浒牌、做水浒文章、大力发展水浒文化产业，进一步促进经济建设发展的路子，并初步取得成效。

一、水浒品牌的产业发展

底蕴深厚、深入人心的水浒文化，像一块金字招牌，在当代人们生产生活中继续发挥着历久弥新的重要作用。郓城县立足水浒资源优势，实施文化搭台、经济唱戏的发展战略，大力推进水浒品牌的产业发展，21世纪以来逐步取得突出成绩。

一是水浒旅游产业方兴未艾。郓城县作为水浒故里，水浒遗址遗存较多，如宋江、晁盖和吴用故里，宋江杀惜的乌龙院和躲避追敌的玄女庙，刘唐醉卧的灵官殿，七星聚义打劫生辰纲的黄泥岗，以及宋江河、宋江湖等。另有2004年开始建设、如今已成为国家4A级别景区的郓城水浒好汉城。以上这些硬件基础，就为发展水浒旅游产业创造了优越的条件。经过科学论证整合、投入资金建设，目前已初步形成水浒故里两日游线路：即到水浒好汉城参观古代建筑及水浒景点、观看狗娃艺术团表演，感受水浒文化精髓；到宋江河风景带漫步，享受城市休闲；到水浒水上景区观光，领略昔日八百里水泊风貌；到宋江故里和黄泥岗探微，寻觅水浒英雄足迹；到宋江怡情园参与拓展训练，品尝水浒美食，领受水浒故里的独特魅力等。郓城的这一水浒旅游线，也已正式列入省委、省政府规划实施的全省“五区一线”旅游规划中的重要“一线”，具有十分可观的发展前景和市场潜力。

二是宋江武术学校成绩斐然。郓城县两位水浒爱好者和农民企业家樊庆斌、刘国庆，热衷于水浒文化的继承弘扬和产业建设，从20世纪80年代开始筹建以宋江为校名的武术学校。经过30多年的艰苦奋斗和开拓进取，已建成以宋江武术学校为主体、多业并举的水浒创业集团。在他们的麾下，宋江武校办学成就斐然，向各地有关单位输送了大批武术人才，参加重大武术赛事均取得优异成绩，在校学生艺术团参与多部电视剧拍摄和央视春晚名扬全国。另外，他们还投入巨资建成了获得国家4A级旅游景区资质的水浒好汉城，参与了宋江河和宋江湖开发建设。

三是水浒品牌产品走俏市场。至目前，依托水浒名片谋求发展的郓城企业，主要有水浒酒业公司。水浒好汉人人喝酒是海量，酒文化为水浒文化的重要组成部分，沿袭当代经久不衰。该厂生产的系列水浒酒，适应了广大群众的水浒情结和生活需求，畅销当地和省外市场。此外，郓城生产的水浒旅游纪念品，有宋江剑、水浒纸牌、水浒象棋等，受到人们的普遍喜爱。

二、宋江武术学校

宋江武术学校始建于1985年，是一所亦文亦武的民办学校。在郓城党政领导的亲切关怀和社会各界的大力支持下，学校取得较快的发展，现已是一所文武兼修、以武见长的封闭式、寄宿制、12年一贯制学校。校园占地面积420余亩，建筑面积9.5万平方米，固定资产6.5亿元，设有从小学到高中各个年级以及散打、套路、拳击、柔道、摔跤、影视、跆拳道、空手道、武术舞蹈、足球、攀岩、轮滑等专业班80余个，有来自全国各地的学生4000余人，教职工 400 余人。

1. 艰苦奋斗的建校历程

宋江武校是樊庆斌、刘国庆于 1985 年创办的。办学之初，他们付出了常人难以想象的艰辛。

樊庆斌，这位听着水浒英雄故事长大的郓城汉子，自幼崇拜英雄，痴迷武术。为提高自己的武术技能，他干过马戏团，当过武校教练。在从武实践中，他深知中华武术充满智慧，具有独特的民族魅力。由于对中华武术的强烈热爱，他产生了在水浒故地办武校的念头。于是，他找到师弟刘国庆商议，一番筹措把办武校的事定了下来。

当时，他们两人家底薄，经济状况差，一共才凑了 300 元钱。在这种情况下，他们就到周边地区"化缘"。樊庆斌、刘国庆两人骑着自行车没日没夜地奔波，从鄄城到巨野，从菏泽到梁山，走遍 7 县 68 个村庄，行程 3600 多里，遍访了武林同仁志士，千方百计求得理解和支持。时值夏秋之交，暑气逼人，有时日头正中午也要急着赶路。夜间宿牛棚、睡场院，蚊虫叮咬，露水湿衣，他们也顾不得理会。有一天，走到鄄城引马集西，突降大雨，道路泥泞，泥巴粘得自行车推都推不动。樊庆斌等人就顶风冒雨，踏着一步一滑的淤泥道路，扛着自行车走了十几里路。经过 3 个多月劳苦艰辛，最后借到 3 万元，又通过银行贷了一些款，便开始了校舍的筹建。

由于资金紧张，樊庆斌、刘国庆精打细算，恨不得一分钱掰成两半花。为购得便宜一些的建材，他们跑遍 5 县 17 个单位；舍不得花钱雇装卸工，就自己动手搬运；5 角钱一副的手套舍不得买，十指常磨得鲜血淋漓。一次到侯集镇窑场运砖，小拖拉机原本只能装 1200 块，为节省运费，他们硬是装了 1500 块。不想路逢大雨，拖拉机刹车失灵，把樊庆斌从车上抛出四五米远。

施工期间，正值冬季，石灰结了冰，根本无法搅拌。按常规严冬需停工两个月，可欠账要及时偿还，寒假过后要招生，别说两个月，两天也耽误不起。为了照常施工，夜间就在屋里架起大铁板，烧火融化冻结的石灰，以备天明使用。有一次，等着换班的刘国庆发现樊庆斌好长时间没出来，进屋看时，只见他直挺挺地趴在火堆旁，原来被浓烟和毒气熏得昏了过去。凭着发展武术事业的坚定信念和百折不挠的拼搏精神，1985 年 2 月，一片废墟上终于矗立起了一座教学楼。

学校建起来了，办学的路子如何走？樊庆斌、刘国庆认为：习武者是青少年，他们正是学习文化的好时候，如果没文化，再好的武功也一事无成，一个文盲练武者很难走通世界冠军之路。于是他们确定，学校走文武结合的路子，以“发展中华武术事业，普及文化基础教育，为国家培养文武全才和社会主义‘四有新人’”为办学宗旨，制定了“以德建武，以文保武，以武养文，文武并进”的办学方针。

为了把学校办好，樊庆斌、刘国庆去北京、下上海，跑青岛，赴兰州，聘来了北京体育大学教授贺子文,上海体育学院教授李福轩,全国螳螂拳拳王、山东省武协主席于海，山东省武术队高级教练赵瑞章等，就连在武术界被称为中国七大奇人之一、且一向不愿出山的“神力大刀”陈永生，也因樊庆斌三顾茅庐的真诚而感动得从天津而来。同时，学校又从社会上招聘了一批德才兼备的文科教师。

宋江武校的教学要求非常严格。三伏天，宋江武校的教练场上，学生不但练武不辍，而且训练量有增无减，教练让哪个学生做 40 个俯卧撑，哪怕做 39 个累趴了架，也得从头再来。三九天，宋江武校的学生们依然身着单衣迎着寒风呼啸训练枪棒。哪怕手掌冻得发面馍似的，别人击拳四十，你少一次也不行。

宋江武校同时又非常注重情感化管理。学校的学生来自全国各地，有的还从外国而来，饮食习惯千差万别。为了让教师员工和学生们吃好，学校经常派炊事员轮流外出学习厨艺。平时开饭，都有值日老师负责，炊事员在饭场问询饭菜的可口情况。逢年过节，伙食部门均有安排，清明吃鸡蛋，端午吃粽子，中秋吃月饼，学生虽远离故土，却如居家中。为了防病，学校每年都同县防疫站签订卫生防疫合同，出资落实各项防疫措施。有一年郓城境内流行红眼病，有的公办学校为避瘟神不得不停课，而宋江武校却是一片净土。学校坚持让老师与学生同住，学生宿舍门牌都写着住宿教师的名字。这样，老师可以随时处理学生中发生的事情，加深师生感情，把教师对学生的关心体现在每时每刻。

樊庆斌、刘国庆一心扑在办学上，几乎没吃过一顿安生饭，没睡过一个囫囵觉，就是大年三十也很少和家人一起安安稳稳坐下来吃顿团圆饭。每天，天不明他们就爬了起来看着学生们出操训练；深夜，等学生都睡下了他们还带着教练巡查，直到夜深人静，才拖着沉重的步子往家里走。

2．奋勇拼搏的教学成就

建校30多年来，宋江武校经过奋勇拼搏，取得显著办学成绩。

宋江武校一直把武术训练放在工作的首位，兴建了一流的训练场馆，配备了一流的武术教练，制定了“以德建武，以文保武，以武养文，文武并进”的办学方针。建校以来，宋江武校培养了一大批优秀武术人才，已向国家队、省优秀专业队、武警部队和高等体育院校输送专业人才5000多名，为全国各地输送教练员5500余名，为各大企业输送高觉悟、知法律、善搏击、懂管理、通文秘、晓英语、能攻关、会驾驶的复合型高素质保安人才6000余名，在国内外重大赛事中获奖牌2450余枚。学校自1999年开始单独组队参加省散打锦标赛，8次获团体总分第一、金牌总数第一“双冠王”称号。拳击、跆拳道代表队获2002—2005年省锦标赛金牌和团体总分四连冠，武术套路在省锦标赛中亦多次夺冠。山东省第九届中学生运动会上，宋江武校代表菏泽市参赛，武术套路荣获金牌总数和团体总分双第一。在2006年1月的全国散打俱乐部争霸赛中，宋江武校组织两队出赛，“宋江武校俱乐部”获团体总分第一名，“郓城水浒酒业俱乐部”获团体总分第三名。“宋江武校俱乐部”的杨晓靖力挫群雄，夺得全国“武状元”，王强夺得全国第二名。在山东省多届运动会上，宋江武校都为菏泽市夺得奖牌的“半壁江山”。从宋江武校走出了一批世界、亚洲和全国武术冠军，袁新东、袁晓超、康永刚、边茂富等是其中的优秀代表。2010 年广州亚运会上，宋江武校的学生袁晓超、魏宁和姜春鹏获得 3 金 1 铜。2019 年 10 月举行的第 19 届全国武术学校散打比赛共设 13 枚金牌，宋江武校一举夺得 4 枚。

宋江武校把文化课的教学放在重要位置，半天学文，半天练武，文武并进。在全校 400 余名教职工中，大学本科以上文化程度的占 92%，高中级职称的占 75%。文化课按教育部的规定设置。在市县历次联考中，学生的及格率都在 95% 以上。学生刘博因品学兼优获宋庆龄奖学金和"全国小状元"称号。2007 年宋江武校考入北京体育大学武术专业 28 人，创下全国一校一次录取人数占全国总招量 10% 的最高纪录。

宋江武校注重培养各类艺术人才。1994 年宋江武校学生表演的武术舞蹈《狗娃闹春》荣获央视春晚一等奖，随后成立了狗娃艺术团，开设了影视和武术舞蹈专业。狗娃艺术团相继参加了申奥、世妇会、迎港澳回归等国际和国家级演出百余次，在北京奥运会开幕式上有张艺谋执导、宋江武校学生参演的《地球奔跑》《人体鸟巢》受到观众好评。2020 年中央电视台的春节文艺晚会上，宋江武校学生为著名歌唱家成龙演唱的歌曲《万里长城永不倒》伴舞。学生还多次赴美国、日本、法国、韩国和港澳台等几十个国家和地区演出。学生先后在大陆和港澳著名导演执导的《狄仁杰》《微服私访》《狩猎者》《少林寺传奇》和新版《水浒传》等几十部影视作品中担任角色。其中 18 集电视连续剧《水浒少年》中主要人物均由宋江武校学生扮演，该剧荣获我国影视最高奖——"飞天奖"一等奖。2012 年 9 月，由宋江武校输送的学生袁晓超主演的功夫片《太极》轰动国内外，业内人士评价说："袁晓超的横空出世和他奥运会武术冠军的背景，让他的未来变得光明可期，成龙和李连杰功夫巨星自此后继有人。"

宋江武校学生毕业后发展和就业前景广阔。近几年，每年考入北京体育大学、上海体育学院等国内著名高等院校的学生都在百人以上，往国家队和各省市专业队输送专业运动员 60 名以上，为全国各地武术馆校输送教练员 200 人左右，为武警部队等特等兵种输送兵员百人左右，同时，每年都有一些学生走进全国各影视剧组，在演艺界施展才华。

宋江武校目前是中国青少年职业拳击训练基地、山东省优秀运动队后备人才基地、北京体育大学教育实习基地、吉林体育学院竞技运动人才基地。宋江武校先后被评为“全国群众体育先进单位”“全国先进武术馆校”。在全国武术 20 年大总结中，被评为“全国十大武术名校”。2014 年 2 月被中国武协评为“2010—2013 年全国十杰武术学校”。2017 年 12 月荣获国家体育总局颁发的“全国体育事业突出贡献奖”。校长樊庆斌2011 年荣获全国“五一劳动奖章”，历任郓城县政协常委、郓城县政协副主席、菏泽市工商联主席、菏泽市政协副主席、山东省民间商会副会长等职，是第九、十、十一、十三届全国政协委员，第十一届山东省政协常委；副校长刘国庆连续当选为第十、十一届山东省人大代表，2012 年当选为菏泽市第十八届人大代表，2017 年 1 月当选为郓城县人大常委会委员。

三、郓城水浒酒业

郓城水浒酿酒有限公司坐落在郓城古老的宋江河畔，公司（原山东水浒酒业有限公司）始建于 1949 年 5 月，是菏泽地区最早的酒厂之一，是一家国有骨干企业。1965 年，正式向国家工商总局注册“水浒”商标，成为我国首家以古典文学名著注册的酒类品牌。2006 年 9 月，企业改制更名为“山东省郓城水浒酿酒有限公司”。

水浒系列酒在继承传统工艺的基础上，不断发扬光大，采用高科技技术和现代化质量检验及计量检测等设备，以优质高粱、精选小麦为主要原料，经过泥池发酵、缓慢蒸馏、长期储存，科学勾兑而成，具有“窖香浓郁、酒体协调、绵柔回甜、余香悠长”等特点，深受广大消费者、国内同行和国家级品酒大师的赞誉。

自1983年以来，水浒系列白酒多年被评为山东省优质产品；1988年被评为“中国历史文化名酒”；在第五届全国白酒评选中，荣获“全国白酒优秀产品”；首届中国食品博览会“金奖”；并获“第二届北京国际博览会”金奖。被评为“山东省最佳质量产品”“山东省优秀产品”“菏泽地区消费者信得过产品”和1997—1998“山东省优秀质量免检产品”，1998年12月被省经贸委认定为“山东名牌产品”。“水浒”商标1997年以来被省工商局审定为“山东省著名商标”，2002年度52° 水浒108酒（芝麻香型）又被山东省轻工业办公室、山东省白酒工业协会认定为“山东白酒创新品牌”。2009年1月水浒系列白酒被山东省食文化研究会、山东商报社评为“山东历史文化名酒”。2018年，水浒酒携手菏泽牡丹花于故宫专题展览。2019年，水浒酒斩获“苏鲁豫皖四省标志产品”荣誉称号。同年山东在录酒企中，水浒酒业综合实力位列十三。

公司先后被评为“菏泽地区质量、计量信得过单位”“菏泽地区酿酒大王”“菏泽地区环境保护工作先进单位”“菏泽地区一轻系统先进企业”“菏泽地区食品卫生规范单位”，连续八年被评为“省级重合同守信用企业”。1999年5月公司正式通过了ISO9002国际质量体系认证，实现了文件化的质量管理体系。

公司目前占地面积200余亩，固定资产2200万元。现有职工800多人，其中专业技术人员200多人，主要生产“水浒”牌系列饮用白酒，主要产品包括53° 和45° 水浒108酒、43° 和32° 水浒传酒、36° 世纪缘酒、36° 水浒英雄酒、36° 水浒群英会酒，以及新品水浒头把交椅酒，年产原酒（65°）5000吨、优质白酒15000吨。截至目前，公司拥有总资产1.6亿元，净资产1.2亿元，银行信用等级：3A级。

附录

现当代作家与水浒文化

在现代和当代，有很多著名作家、学者都对古典名著《水浒传》写过评论文章。他们从不同角度阐发的学术见解，可以帮助广大读者更加深入、正确地理解《水浒传》的内容，同时也可以从中得到其他方面的启发和教益，进一步继承和弘扬水浒文化，更好地树立社会主义核心价值观。这里，仅录下较有代表性的几篇文稿。

鲁迅：讲史小说《水浒传》

《水浒》故事，亦为南宋以来流行之传说，宋江亦实有其人。《宋史》（二十二）载徽宗宣和三年“淮南盗宋江等犯淮阳军，遣将讨捕，又犯京东、江北，入楚、海州界，命知州张叔夜招降之”。降后之事，则史无文，而稗史乃云“收方腊有功，封节度使”（见十三篇）。然擒方腊者盖韩世忠（《宋史》本传），于宋江辈无与，惟《侯蒙传》（《宋史》三百五十一）又云，“宋江寇京东，蒙上书，言宋江以三十六人 横行齐魏，官军数万，无敢抗者，不若赦江，使讨方腊以自赎”。似即稗史所本。顾当时虽有此议，而实未行，江等且竟见杀。洪迈《夷坚乙志》（六）言，“宣和七年，户部侍郎蔡居厚罢，知青州，以病不赴，归金陵，疽发于背，卒。未几，其所亲王生亡而复醒，见蔡受冥谴，嘱生归告其妻，云‘今只是理会郓州事’。夫人恸哭曰：‘侍郎去年帅郓时，有梁山泺贼五百人受降，既而悉诛之，吾屡谏不听也。’……”《乙志》成于乾道二年，去宣和六年不过四十余年，耳目甚近，冥谴固小说家言，杀降则不容虚造，梁山泺健儿终局，盖如是而已。

然宋江等啸聚梁山泺时，其势实甚盛，《宋史》（三百五十三）亦云“转略十郡，官军莫敢撄其锋”。于是自有奇闻异说，生于民间，辗转繁变，以成故事，复经好事者掇拾粉饰，而文籍以出。宋遗民龚圣与作《宋江三十六人赞》，自序云“宋江事见于街谈巷语，不足采著，虽有高如、李嵩辈传写，士大夫亦不见黜”（周密《癸辛杂识》续集上）。今高李所作虽散失，然足见宋末已有传写之书。《宣和遗事》由钞撮旧籍而成，故前集中之梁山泺聚义始末，或亦为当时所传写者之一种，其节目如下：

杨志等押花石纲阻雪违限

杨志途贫卖刀杀人刺配卫州

孙立等夺杨志往太行山落草

石碣村晁盖伙劫生辰纲

宋江通信晁盖等脱逃

宋江杀阎婆惜题诗于壁

宋江得天书有三十六将姓名

宋江奔梁山泺寻晁盖

宋江三十六将共反

宋江朝东岳赛还心愿

张叔夜招宋江三十六将降

宋江收方腊有功封节度使

惟《宣和遗事》所载，与龚圣与赞已颇不同：赞之三十六人中有宋江，而《遗事》在外；《遗事》之吴加亮李进义李海阮进关必胜王雄张青张岑，赞则作吴学究卢进义李俊阮小二关胜杨雄张清张横；浑名亦偶异。又元人杂剧亦屡取水浒故事为资材，宋江燕青李逵尤数见，性格每与在今本《水浒传》

中者差违，但于宋江之仁义长厚无异词。而陈泰（茶陵人，元延祐乙卯进士）记所闻于篙师者，则云“宋之为人勇悍狂侠”（所安遗集补遗）《江南曲序》），与他书又正反。意者此种故事，当时载在人口者必甚多，虽或已有种种书本，而失之简略，或多舛迕，于是又复有人起而荟萃取舍之，缀为巨秩，使较有条理，可观览，是为后来之大部《水浒传》。其缀集者，或曰罗贯中（王圻田汝成郎瑛说），或曰施耐庵（胡应麟说），或曰施作罗编（李贽说），或曰施作罗续（金人瑞说）。

原本《水浒传》今不可得，周亮工（《书影》一）云“故老传闻，罗氏为《水浒传》一百回，各以妖异语引其首，嘉靖时郭武定重刻其书，削其致语，独存本传”。“所削者盖即靠灯花婆婆等事”（《水浒传全书》发凡），本亦宋人单篇词话（《也是园书》十），而罗氏袭用之，其他不可考。

现存之《水浒传》则所知者有六本，而最要者四：

一曰一百十五回本《忠义水浒传》。前署“东原罗贯中编辑”，明崇祯末与《三国演义》合刻为《英雄谱》，单行本未见。其书始于洪太尉之误走妖魔，而次以百八十人渐聚山泊，已而受招安，破辽，平田虎王庆方腊，于是智深坐化于六和，宋江服毒而自尽，累显灵应，终为神明。惟文词蹇拙，体制纷纭，中间诗歌，亦多鄙俗，甚似草创初就，未加润色者，虽非原本，盖近之矣。其记林冲以忤高俅断配沧州，看守大军草场，于大雪中出危屋觅酒云：

> ……却说林冲安下行李，看那四下里都崩坏了，自思曰：“这屋如何过得一冬，待雪晴了叫泥水匠来修理。”在土炕边向了一回火，觉得身上寒冷，寻思：“却才老军说五里路外有市井，何不去沽些酒来吃？”便把花枪挑了酒葫芦出来，信步投东，不上半里路，看见一所古庙，林冲拜曰：“愿神明保佑，改日来烧纸。”却又行一里，见一簇店家，林冲径到店里。店家曰：“客人那里来？”林冲曰：“你不认得这个葫芦？”店家曰：“这是草场老军的。既是大哥来此，

请坐，先待一席以作接风之礼。”林冲吃了一回，却买一腿牛肉，一葫芦酒，把花枪挑了便回。已晚，奔到草场看时，只叫得苦。原来天理昭然，庇护忠臣义士，这场大雪，救了林冲性命：那两间草厅，已被雪压倒了。……（第九回《豹子头刺陆谦富安》）

又有一百十回之《忠义水浒传》，亦《英雄谱》本，“内容与百十五回本略同”（《胡适文存》三）。别有一百二十四回之《水浒传》，文词脱略，往往难读，亦此类。

二曰一百回本《忠义水浒传》。前署“钱塘施耐庵的本，罗贯中编次”（《百川书志》六）。即明嘉靖时武定侯郭勋家所传之本，“前有汪太函序，托名天都外臣者”（《野获编》五）。今未见。别有本亦一百回，有李贽序及批点，殆即出郭氏本，而改题为“施耐庵集撰，罗贯中纂修”。然今亦难得，惟日本尚有享保戊申（一七二八）翻刻之前十回及宝历九年（一七五九）续翻之十一至二十回，亦始于误走妖魔而继以鲁达林冲事迹，与百十五回本同；第五回于鲁达有“直教名驰塞北三千里，证果江南第一州”之语，之语，即指六和坐化故事，则结束当亦无异。惟于文辞，乃大有增删，几乎改观，除去恶诗，增益骈语；描写亦愈人细微，如述林冲雪中行沽一节一节，即多于百十五回本者至一倍余：

……只说林冲就床上放了包裹被卧，就坐下生些焰火起来，屋边有一堆柴炭，拿几块来生在地炉里；仰面看那草屋时，四下里崩坏了，又被朔风吹撼摇振得动。林冲道：“这屋如何过得一冬，待雪晴了，去城中唤个泥水匠来修理。”向了一回火，觉得身上寒冷，寻思：“却才老军所说五里路外有那市井，何不去沽些酒来吃？”便去包里取些碎银子，把花枪挑了酒葫芦，将火炭盖了，取毡笠子戴上，拿了钥匙出来，把草厅门拽上，出到大门首，把两扇草场门反拽上，锁了，带了钥匙，信步投东，雪地里踏着碎琼乱玉，迤逗背着北风而行，——那雪正下得紧。行不上半里多路，看见一所古庙，林冲顶礼道："神明庇佑，改日来烧钱纸。"又行了一回，望见一簇人家，林冲住脚看时，见篱笆中挑着一个草帚儿在露天里。林冲径到店里，主人道："客人哪里来？"林冲道："你认得这个葫芦么？"主人看了，道："这葫芦是草料场老军的。"林冲道："如何？便认的。"店主道："既是草料场看守大哥，且请少坐，天气寒冷，且酌三杯权当接风。"店家切一盘熟牛肉，烫一壶热酒，请林冲。又自买了些牛肉，又吃了数杯，就又买了一葫芦酒，包了那两块牛肉，留下些碎银子，把花枪挑了酒葫芦，怀内揣了牛肉，叫声"相扰"，便出篱笆门，依旧迎着朔风回来。看那雪，到晚越下得紧了。古时有个书生，做了一个词，单题那贫苦的恨雪：

广莫严风刮地，这雪儿下的正好，扯絮挦绵，裁几片大如栲栳，见林间竹屋茅茨，争些儿被他压倒。富室豪家，却道是"压瘴犹嫌少"，向的是兽炭红炉，穿的是棉衣絮袄，手拈梅花，唱道"国家祥瑞"，不念贫民些小。高卧有幽人，吟咏多诗草。

再说林冲踏着那瑞雪，迎着北风，飞也似奔到草场门口，开了锁，入内看时，只叫得苦。原来天理昭然，佑护善人义士，因这场大雪，救了林冲的性命：那两间草厅，已被雪压倒了。……（第十回《林教头风雪山神庙》）

三曰一百二十回本《忠义水浒全书》。亦题"施耐庵集撰，罗贯中纂修"，与李贽序百回本同。首有楚人杨定见序，自云事李卓吾，因袁无涯之请而刻此传；次发凡十条；次为《宣和遗事》中之梁山泺本末及百八十人籍贯出身。全书自首至受招安，事略全同百十五回本，破辽小异，且少诗词，平田虎王庆则并事略亦异，而收方腊又悉同。文词与百回本几无别，特于字句稍有更定，诗词又较多，则为刊时增入，故发凡云，“旧本去诗词之烦芜，一虑事绪之断，一虑眼路之迷，颇直截清明，第有得此以形容人态，颇挫文情者，又未可尽除，兹复为增定，或撺原本而进所有，或逆古意而益所无，惟周劝惩，廉善戏谑”也。亦有李贽评，与百回本不同，而两皆弁陋，盖即叶昼辈所伪托（详见《书影》一）。

发凡又云：“古本有罗氏致语，相传灯花婆婆等事，既不可复见，乃后人有因‘四大寇’，之拘而酌损之者，有嫌一百二十回之繁而淘汰之者，皆失。郭武定本即旧本移置阎婆事，甚善，其于寇中去王田而加辽国，犹是小家照应之法，不知大手笔者正不尔尔。”是知《水浒》有古本百回，当时“既不可复见”；又有旧本，似百二十回，中有“四大寇”，盖谓王田方及宋江，即柴进见于白屏风上御书者（见百十五回本之六十七回及《水浒全书）七十二回》。郭氏本始破其拘，削王田而加辽国，成百回；《水浒全书》又增王田，仍存辽国，复为百二十回，而宋江乃始退居于四寇之外。然《宣和遗事》所谓“三路之寇”者，实指攻夺淮阳京西河北三路强人，皆宋江属，不知何人误读，遂以王庆田虎辈当之。然破辽故事虑亦非始作于明，宋代外敌凭陵，国政弛废，转思草泽，盖亦人情，故或造野语以自慰，复多异说，不能合符，于是后之小说，既以取舍不同而分歧，所取者又以话本非一而违异，田虎王庆在百回本与百十七回本名同而文迥别，殆亦由此而已。惟其后讨平方腊，则各本悉同，因疑在郭本所据旧本之前，当又有别本，即以平方腊接招安之后，如《宣和遗事》所记者，于事理始为密合，然而证信尚缺，未能定也。

总上几本观之，知现存之《水浒传》实有两种，其一简略，其一繁缛。胡应麟（《笔丛》四十一）云，“余二十年前所见《水浒传》本尚极足寻味，十数载来，为闽中坊贾刊落，止录事实，中间游词余韵神情寄寓处一概删之，遂既不堪覆瓿，复数十年，无原本印证，此书将永废”。应麟所见本，今莫知如何，若百十五回简本，则成就殆当先于繁本，以其用字造句，与繁本每有差违，倘是删存，无烦改作也。又简本撰人，止题罗贯中，周亮工闻于故老者亦第云罗氏，比郭氏本出，始着耐庵，因疑施乃演为繁本者之托名，当是后起，非古本所有。后人见繁本题施作罗编，未及悟其依托，遂或意为敷衍，定耐庵与贯　中同籍，为钱塘人（明高儒《百川书志》六），且是其师。胡应麟《笔丛》四十一），亦信所见《水浒传》小序，谓耐庵“尝人市肆骏阅故书，于敝楮中得宋张叔夜擒贼招语一通，备悉其一百八人所由起，因润饰成此编”。且云“施某事见田叔禾《西湖志余》”，而《志余》中实无有，盖误记也。近吴梅著《顾曲麈谈》，云“《幽闺记》为施君美作。君美，名惠，即作《水浒传》之耐庵居士也”。案惠亦杭州人，然其为耐庵居士，则不知本于何书，故亦未可轻信矣。

四曰七十回本《水浒传》。正传七十回楔子一回，实七十一回，有原序一篇，题“东都施耐庵撰”，为金人瑞字圣叹所传，自云得古本，止七十回，于宋江受天书之后，即以卢俊义梦全伙被缚于张叔夜终，而指招安以下为罗贯中续成，斥曰“恶札”。其书与百二十回本之前七十回无甚异，惟刊去骈语特多，百二十回本发凡有“旧本去诗词之繁累”语，颇似圣叹真得古本，然文中有因删去诗词，而语气遂稍参差者，则所据殆仍是百回本耳。周亮工（《书影》一）记《水浒传》云，“近金圣叹自七十回之后，断为罗所续，因极口诋罗，复伪为施序于前，此书遂为施有矣”。二人生同时，其说当可信。惟字句亦小有佳处，如第五回叙鲁智深诘责瓦官寺僧一节云：

……智深走到面前，那和尚吃了一惊，跳起身来，便道：“请师兄坐，同吃一盏。”智深提着禅杖道：“你这两个，如何把寺来废了？”那和尚便道：“师兄请坐，听小僧……”智深睁着眼道：“你说你说！”“……说：在先敝寺，十分好个去处，田庄又广，僧众极多，只被廊下那几个老和尚吃酒撒泼，将钱养女，长老禁约他们不得，又把长老排告了出去，因此把寺来都废了。……”

圣叹于“听小僧……”下注云“其语未毕”，于“……说”下又多所申释，而终以“章法奇绝从古未有”誉之，疑此等“奇绝”，正圣叹所为，其批改《西厢记》亦如此。此文在百回本，为“那和尚便道：‘师兄请坐，听小僧说。’智深睁着眼道：‘你说你说！’那和尚道：‘在先敝寺，十分好个去处，田庄广有，僧众极多……’”云云，在百十五回本，则并无智深睁眼之文，但云“那和尚曰：‘师兄听小僧说：在先敝寺，田庄广有，僧众也多……’”而已。

至于刊落之由，什九常因于世变，胡适（《文存》三）说，“圣叹生在流贼遍天下的时代，眼见张献忠李自成一班强盗流毒全国，故他觉得强盗是不能提倡的，是应该口诛笔伐的”。故至清，则世异情迁，遂复有以为“虽始行不端，而能翻然悔悟，改弦易辙，以善其修，斯其意固可嘉，而其功诚不可泯”者，截取百十五回本之六十七回至结末，称《后水浒》，一名《荡平四大寇传》，附刊七十回之后以行矣。其卷首有乾隆壬子（一七九二）赏心居士序。

清初，有《后水浒传》四十回，云是“古宋遗民著，雁宕山樵评”，盖以续百回本。其书言宋江既死，余人尚为宋御金，然无功，李俊遂率众浮海，王于暹罗，结末颇似杜光庭之《虬髯传》。古宋遗民者，本书卷首《论略》云“不知何许人，以时考之，当去施罗未远，或与之同时，不相为下，亦未可知”。然实乃陈忱之托名；忱字遐心，浙江乌程人，生平著作并佚，惟此书存，为明末遗民（《两浙鳝轩录》补遗一《光绪嘉兴府志》五十三），故虽游戏之作，亦见避地之意矣。然至道光中，有山阴俞万春作《结水浒传》七十回，结子一回，亦名《荡寇志》，则立意正相反，使山泊首领，非死即诛，专明“当年宋江并没有受招安平方腊的话，只有被张叔夜擒拿正法一句话”，以结七十回本。俞万春字仲华，别号忽来道人，尝随其父宦粤。瑶民之变，从征有功议叙，后行医于杭州，晚年乃奉道释，道光己酉（一八四九）卒。《荡寇志》之作，始于丙戌而迄于丁未，首尾凡二十二年，“未遑修饰而殁”，咸丰元年（一八五一），其子龙光始修润而刻之（本书识语）。书中造事行文，有时几欲摩前传之垒，采录景象，亦颇有施罗所未试者，在纠缠旧作之同类小说中，盖差为佼佼者矣。

聂绀弩：《水浒》的后世影响

《水浒》是一部产生过重大的积极影响的小说，这里所说的影响，不仅是指在文学方面。在文学方面的影响，是大家都知道的。《水浒》以前，中国文学中没有长篇小说。《三国演义》大概和《水浒》出世的时间差不多，我们还没有足够的材料证明两者谁先谁后。因此，《水浒》在中国小说史上与《三国演义》同样，是开辟者，是对中国小说形式的共同奠定者。以后的小说，都追随着《水浒》和《三国演义》，形成了几百年的“章回小说”的成规。而在用语上，在现实主义手法上，在人民大众的立场上，《水浒》比《三国演义》的影响更大。越是有艺术价值的优秀小说，就和《水浒》的距离越近，越能接受《水浒》的优良传统。此外，还有从《水浒》的一个故事或整体演化出来的小说：一种是暴露豪绅、恶霸、市侩荒淫无耻生活的《金瓶梅》； 一种是《水浒后传》；另一种是反《水浒》的《荡寇志》。戏曲也有取材于《水浒》的，明代李开先的《宝剑记》，写林冲故事；沈璟的《义侠记》，写武松故事；邱园的《虎囊弹》，写鲁智深故事；许自昌的《水浒记》，写取生辰纲和宋江杀惜的故事，都是艺术性较高的作品。到了清代，皮黄戏盛行，戏曲和小市民的低级趣味投合得更紧，《水浒》戏又着重于色情或奸情方面，《水浒》的消极方面，被过分强调。

文学以外的影响，可以分三点来谈。一是对一般社会的；二是对士大夫的：三是对农民起义的，而主要的则是对农民起义的影响。

对于一般社会的影响

明人袁中道的《游居杮录》有这么一段有趣的记载：

> 常志者，乃赵阳门下一书吏，后出家……龙湖（李贽）悦其善书，以为侍者，使钞《水浒传》。每见龙湖称说《水浒》诸人为豪杰，且以鲁智深为真修行，而笑不吃狗肉诸长老为迂腐，一一作实法会。初尚恂恂不觉，久之，与其侪辈小有忿，遂欲放火烧屋。龙湖闻之大骇，微数之，即叹曰："李老子不如五台山智证长老远矣，智证能容鲁智深，老子独不能容我乎！"

以上，虽然也是由李贽"称说"所诱致，基本上则是因为《水浒》本身具有巨大的魅力，使人不能不"作实法会"，而且除了受过特殊训练，成见已深的士大夫以外，"作实法会"的人，恐怕不止常志一个。清初李焕章《织斋集钞》里有一篇《水浒人传》，也是很有趣的：

> 水浒人，居乘东偏八里。……幼为富人灌园，一日，窃《水浒传》读之，竟再读，觉百八人在胸、在喉、在齿牙。就寝，则又在梦寐。不禁为市人演说，市人辄称曰"水浒人"。……崇祯末，大盗秦渠数万逼乘，时水浒人在围城中，大言："以我当敌，事必济。"众为之失笑。已事急，姑听之。水浒人乃为帛书一矢加城外曰："邑中大腹豪，我素所仇也。今我大言诳邑中，邑中以事急，姑听我。君夜半率二三骑来，止萧公祠，大众乘其后。城且陷，我与君共大腹豪焉。"秦渠果潜来。水浒人率精甲百人，突出缚之。盗大奔溃去，邑中人大惊喜，争以金帛卮酒奉水浒人曰："若习孙吴几年矣？"水浒人笑曰："始自窃读《水浒》时，孙吴我不知谁何氏，吾但知雪夜赚索超耳。"水浒人姓杨，名文杰，皆衣食百八人。水浒人颇

自矜，谓比施耐庵省笔墨……

这位“水浒人”，虽然是用欺骗的手法破了敌，但倒是可以看出《水浒》对他产生巨大影响的力量。《水浒》的影响，可以使一个略识全无的灌园者变成了谋略军事家。另还有纪昀的《阅微草堂笔记》卷一记载：

有凌虐其仆夫妇死而纳其女者。女故慧黠……始则导之奢华，破其产十之七八，又潜间其骨肉，使门以内如寇仇；继乃时说《水浒传》宋江柴进等故事，称为英雄，怂恿之交通盗贼，卒以杀人抵法。……

这位“女子”倒是一个自己对《水浒》“不作法会”而使别人“作实法会”的人。但不管怎样用法,《水浒》总算被侮辱与损害的人用作报仇雪恨的工具了。清张岱的《陶庵梦忆》里，也有一篇题为“及时雨”的短文：

壬申七月，村村祷雨，日日扮潮神海鬼。余里中扮水浒。且曰：画水浒者，龙眠、松雪，近章侯，总不如施耐庵。但如其面，勿黛；如其髭，勿鬣；如其兜鍪，勿纸；如其刀杖，勿树；如其传，勿杜撰；勿弋阳腔，则十得八九矣。于是分头四出，寻黑矮汉，寻梢长大汉，寻头陀，寻胖大和尚，寻茁壮妇人，寻姣长妇人，寻青面，寻歪头，寻赤须，寻美髯，寻黑大汉，寻赤脸长须。大索城中，无，则之郭，之村，之山僻，之邻府州县，用重价聘之，得三十六人。梁山泊好汉，个个呵活，臻臻至至，人马称捉而行。观者兜截遮拦，直欲看杀卫玠……

在一个村子里，为求雨而扮演《水浒》人物能够如此不惜工本，从中很可看出人民群众对《水浒》的兴趣，另外，也可看出《水浒》在人民群众中的影响之深。

还有一样东西，可以看出《水浒》影响的普遍性，这种东西就是“水浒牌”，即把《水浒》人物画在纸面上当作赌具的纸牌。这种纸牌不知起于何时，但流行很广，有的已演化成麻将了，有的现在还在某些地方流行。关于这种纸牌的记载，明代就有了。陆容《菽园杂记》记载：

斗叶子戏，吾昆上自士夫，下至僮竖，皆能之。……近得阅其形制：一钱至九钱各一叶，一百至九百各一叶，百万贯以上皆图人形，万万贯呼保义宋江，千万贯行者武松，百万贯阮小五，九十万贯活阎罗阮小七，八十万贯混江龙李进，七十万贯病尉迟孙立，六十万贯铁鞭呼延灼，五十万贯花和尚鲁智深，四十万贯赛关索杨雄，三十万贯青面兽杨志，二十万贯一丈青张横，九万贯插翅虎雷横，八万贯急先锋索超，七万贯霹雳火秦明，六万贯混江龙李海，五万贯黑旋风李逵，四万贯小旋风柴进，三万贯大刀关胜，二万贯小李广花荣，一万贯浪子燕青。……

这一种纸牌，似乎不是直接从《水浒》来的，人物的名字与绰号和《水浒》有些出入；和龚开的《宋江三十六人赞》及《宣和遗事》中宋江的记载相符的地方较多。但不管怎样，显然是同从宋江的故事来的。这种纸牌，起初称“斗叶子”游戏，后来称为“水浒牌”，则是从清初画家陈洪绶的作品开始。他至少画过两次，其中一次是替徐也赤画的。柴萼的《楚天庐丛录》说：

陈老莲“水浒牌”，白描画四十纸，高四寸，闭寸有奇。人长不及寸或二寸许，神采如生。上横书若干贯、若干钱、若干子及空一文、半枝花名目。旁注姓名，下注某某者饮。首叶署款：“友弟

> 陈洪绶为也赤兄写”十字，小楷如粟。另一页署款：“苧萝陈章侯为也赤先生图于梧柳园之槎庵”十八字。行书。副页四十，皆史及超先生书赞。……按《宝纶堂集》有“客萧山徐也赤、张处仲见过书赠”一诗，则也赤为萧山人。槎庵，来道之方伯别号。……章侯客来氏久，必作于园中者，故署槎庵。想当日定有数本，张宗子《陶庵梦忆》云：“周孔嘉丐余促章侯画《水浒》四十人，为孔嘉八口计”之语。又周栎园《读书录》云：“初画《楚辞》于山阴，再刻水浒牌行世”，则此牌必已付刻，惜无人模印耳。……

其中写多少贯之类，据清王士祯《居易录》说，是从张叔夜的招安榜文来的。宋张忠文公叔夜招安梁山泺檄云：“有赤身为国，不避凶锋，拿获宋江者，赏钱万万贯，双执花红。拿获李进义者赏钱百万贯，双花红。拿获关胜、呼延灼、柴进、武松、张清等者，赏钱十万贯，花红。拿获董平、李进者，赏钱五万贯。有差。”

说“水浒牌”中的多少贯，是采用张叔夜榜文中捉拿宋江等人的悬赏钱数，这仅是流传的一种说法，是否真实不必深究。总之，《水浒》人物被画上纸牌，它真实地反映了《水浒》为社会广大民众所深知的情况。

对于士大夫的影响

《水浒》到了士大夫们那里，对《水浒》的看法，大体可以分为以下几派：

第一派的人，是从根本上反对《水浒》的。他们不一定都是当时标准的“卫道之士”，然而他们和“卫道之士”却完全一鼻孔出气。明陈继儒在他的集子里《答吴兹勉书》中说道：“《水浒》乱行肆中，故衣冠窃有猖狂之念。”袁中道的《游居柿录》说道：“但《水浒》，崇之则诲盗。”半月老人《荡寇志续序》写道：“独不喜观前后《水浒》传奇一书。盖以此书流传，凡斯世之敢行悖逆者，无不借梁山之鸱张跋扈为词，反自以为任侠而无所忌惮。

其害人心术，以流毒于乡国天下者，殊非浅鲜。”明田汝成《西湖游览志余》中亦说道：“而《水浒》叙宋江等事，奸盗脱骗机械甚详。然变诈万端，坏人心术。”

通过以上举例可以知道，在有些士大夫眼中，是把《水浒》看成“变诈万端、坏人心术”教唆人造反犯罪的书籍，十分明确地表示了反对的态度。

第二派的人，可以说是喜欢《水浒》的。只是他们的议论中，总是尽量地称赞《水浒》的文字，却避免谈及内容。明胡应麟《少室山房笔丛》说道：

> 《水浒》，余尝戏以拟《琵琶》，谓皆不事文饰而曲尽人情……第述情叙事，针工密致，亦滑稽之雄也。今世人耽嗜《水浒传》，至缙绅文士亦间有好之者。第此书中间用意，非仓促可窥，世但知其形容曲尽而已。至其排比一百八人，分量重轻，纤毫不爽，而中间抑扬映带，回护咏叹之工，真有超出语言之外者。

清句曲外史《水浒叙》曾这样写道：

> ……孰谓施耐庵《水浒》一书，取一百八人而传之，分之而人各为一人，合之而事则为一事；以一百八人刚柔燥湿之性，各写其声音笑貌，而遂以揭其心思，纤者毋使之为弘，疏者毋使之为密，非如化工之舞万物，欲其各肖而无一同也？虽以一百八人邈若山河，岂惟走险者啸而复离，抑且守正者仇而未合，非如化工之鼓舞万物，欲其纵横组织，一合而无不同也？然则《水浒》者，耐庵恢史公之合传而广之者也。不宁惟是，言椎埋则传游侠也，言金币则传货殖也，言卜算则传龟荚也。日星河岳之灾祥，风云水火之变动，以及朝庙威仪车马声伎，无不备载，则天官、河渠、礼乐、律历诸书，倾其沥液者也。其他，忠臣孝子之怨慕，童妇之贞淫，虫鱼鸟兽之声色，

各肖其状而绘其神，有史公当日之思未及属，笔未及濡，而褚少孙之荼弱所不能补者，非纪言纪事之大观欤！……

他们在谈《水浒》文字的时候，赞美之词真是洋洋洒洒；但在要涉及内容的时候，就用"非仓促可窥"之类的话闪闪烁烁、吞吐其辞、含糊了事。

另外有一种人，既公开赞美《水浒》的文字，又"明目张胆"攻击《水浒》的内容。他们认为《水浒》的艺术性和政治性，乃是两个很不调和的东西，于是陷在一种自造的矛盾里面拔不出来。这就是士大夫对《水浒》看法的第三派。这一派人以清代金人瑞（圣叹）最为典型。他在《水浒传序》里，一方面高度称赞《水浒传》的文字：

天下之文章，无有出《水浒》右者；天下之格物君子，无有出施耐庵先生右者。……《水浒》所叙一百八人，人有其性情，人有其气质，人有共形状，人有其声口。夫以一手而画数面，则将有兄弟之形；一口而吹数声，斯不免再映也。施耐庵以一心所运，而一百八人各自入妙者，无他，十年格物而一朝物格，斯以一笔而写百千万人，固不以为难也。……忠恕，量万物之斗斛也；因缘生法，裁世界之刀尺也。施耐庵左手握如是斗斛，右手持如是刀尺，而仅乃叙一百八人之性情、质、形状、声口者，是犹小试其端也。若其文章，字有字法，句有句法，章有章法，部有部法，又何异哉！……

另一方面，金圣叹又攻击《水浒》的内容，认为其人不出绿林，其事不出劫杀，失教丧心，诚不可训。金圣叹对于《水浒》的见解，是矛盾到极点的。

除了以上的三派人之外，在士大夫中，有没有人称赞过《水浒》内容的呢？肯定是有的，这就是第四派人，明李贽（卓吾）就是其中一个。他原来就是极力推崇《水浒》文字的，在周晖《金陵琐事》中记载了他的话："宇宙内有五大部文章：汉有司马子长《史记》，唐有杜子美集，宋有苏子瞻集，元有施耐庵《水浒传》，明有李献吉集。”把《水浒》与《史记》并列，可见评价之高。他对《水浒》内容的称赞，见于他自己的《忠义水浒传序》，其中说：

> 独宋公明者，身居水浒之中，心在朝廷之上，一意招安，专图报国，卒至于犯大难，成大功，服毒自缢，同死而不辞，则忠义之烈也，真足以服一百单八人之心，故能结义梁山，为一百单八人之主。

除李贽高度称赞水浒英雄外，锺惺的《水浒序》中也说道：“嘻，世无李逵、吴用，令哈赤猖獗辽东！每诵秋风思猛士，为之狂呼叫绝。安得张韩岳刘五六辈，扫清辽蜀妖氛，剪灭此而后朝食也！”渴望能有李逵、吴用这样的水浒英雄，来保卫疆土打败敌寇。

清徐渭仁为《徐钢一百单八将图》题跋写道：“施耐庵感时政陵夷，作《水浒传》七十回；罗贯中客伪吴，欲讽士诚，续成百二十回。……当至正失驭，甚于赵宋，士诚跳梁，剧于宋江。三百年后，有高杰、李定国之徒，闻风兴起，始于剧盗，归于忠义，安知非耐庵、贯中教之也。……”其中，也是对《水浒》的内容给以肯定的。

对于农民起义的影响

《水浒》对推动后世农民起义产生过很大的影响，农民起义的一些领袖常把《水浒》当作教科书，来指导行动、鼓舞斗志。

明清年间，查继佐的《罪惟录·徐鸿儒传》记载：“儒误信梁山泊演义故事，巢于梁家楼，结曹州张世佩，以妖术咒纸人起战，号四大金王。”半月老人的《荡寇志续序》说：“近世以来，盗贼蜂起，朝廷征讨不息，草泽奔走流离，其由来已非一日，非由于拜盟结党之徒，托诸《水浒》一百八人以酿成之耶？”近代罗尔纲的《天地会文献录》记载：天地会拜会的歌词道：一拜天为父，二拜地为母，三拜日为兄，四拜月为嫂……这乃是从金人瑞七十一回本《水浒传》的“昔分异地，今聚一堂，拜星晨为弟兄，指天地作父母”的梁山泊大聚义的誓词而来。清末刘治襄的《庚子西狩丛谈》记载：“小说中之有势力者，无过两大派：一为《封神》《西游》，侈仙道鬼神之魔法；一为《永浒》《侠义》，状英雄草泽之强梁。由此两派思想，浑合制造，乃适为构成义和拳之原质。”

那些农民领袖们向《水浒》学习一些什么呢？其一是军事。这从以下的材料可以看出：一是清刘銮《五石瓠》：“张献忠之狡也，日使人说《水浒》《三国》诸书，凡埋伏攻袭效之。”二是清末无名氏《庄谐杂录》：胡文忠公（林翼曰：“至草泽中，又全以《水浒传》为师资，故满口英雄好汉。”三是张德坚《贼情汇纂》：“贼之诡计，果何所依据？盖由二三黠贼，采稗官野史中军情仿之，行之往往有效，遂宝为不传之秘诀。其裁取《三国演义》《水浒传》尤为多。”

看了以上这些材料，仔细想想，真是“势所必至，理有固然”。那些起义农民，出生于下层，大都谈不上什么文化和教育之类，更谈不上军事教育，可是居然也会用兵打仗，是什么道理呢？原来是从《水浒》之类的书中学去的。

其二，农民领袖们向《水浒》学习的，是如何制定吸引民众响应的政治纲领。《水浒》的政治纲领有两条：一条表现在“替天行道”这句话上；另一条表现在“忠义”这个名词上。所以一些农民起义首领也效仿起来，很多时候也打起“替天行道”“忠义”的大旗。

《明史·李自成传》记载：“自成自号奉天倡义大元帅，号罗汝才代天抚民威德大将军。”《太平天国史料》二五四页记载：平满大元帅洪告示：奉天倡义平满大元帅洪，代天伐暴招讨副元帅。……旗上有“顺天行道”四字。陈自尘的《宋景诗历史调查报告提要》说：宋景诗等人在经济上则号召：“替天行道”“劫富济贫”。清柴萼《梵天庐丛录》谈到义和团时说：其旗之长方者，或书“助清灭洋”，或书“替天行道”。清无名氏《天津一日记》：（义和）团居江苏、浙江各会馆，门悬大黄旗两面：上书“替天行道”“扶清灭洋”等字。以上这些，都显然是受了《水浒》中“替天行道”的影响。

罗尔纲的《天地会文献录》中说：《水浒传》的理想，是以忠义为集团的共同信条。天地会也以忠义来做维系群众的规律。《水浒传》梁山泊有一个英雄聚义的“忠义堂”，故天地会会员聚会的地方也叫作“忠义堂”。所以洪门诗中说道：忠义堂前无大小，不欺富贵不欺贫。忠义堂前兄弟在，城中点将百万兵等。《近代秘密社会史料》卷首有《洪门总图》三幅，《洪门会场图》及《会场陈设图》各一幅，《三合会会所图》一幅，都绘有“忠义堂”。清曹大观《寇汀纪略》中写太平天国军队：一路裹胁奸民，江西之建、抚，广东之潮、嘉，福建之漳、泉，俱剪红色绸缎绫，约三尺长为包巾，四周用“合和同”三字戳记印之。亦有“忠义堂”三字者。这些，又显然是受了《水浒》中“忠义堂”的影响。

《水浒》对农民起义的另一种影响，是一些起义首领也效仿水浒人物给自己起了绰号。《明史·李自成传》里面有这样的一些记载：

> 崇祯元年，陕西大饥，延、绥缺饷，固原兵劫州库。白水贼王二，府谷贼王嘉胤，宜川贼王左挂、飞山虎、大红狼等一时并起。……又有神一元、不沾泥、可天飞、郝临庵、红军友、点灯子、李老柴、混天猴、独行狼诸贼，所在蜂起。延安贼张献忠亦聚众据十八寨，称八大王。……曹文诏破贼河曲，王嘉胤遁去……其党共推王自用号紫金梁者为魁。用结群贼老徊徊、曹操、八金刚、扫地王、射塌天、阎正虎、满天星、破甲锥、邢红狼、上天龙、蝎子块、过天星、混世王等及迎祥、献忠，共三十六营……会总兵官曹文诏率陕西兵至……前后杀混世王、满天星、姬关锁、翻山动、掌世王、显道神等。……八年正月，大会于荥阳。老徊徊、曹操、革里眼、左金三、改世王、射塌天、横天王、混十万、过天星、九条龙、顺天王及迎祥、

献忠，共十三家，七十二营，议拒敌未决。

凡有关明末农民起义的记载，起义首领普遍有绰号，以绰号代正名，正名反而不彰。这其中，受《水浒》的影响最大。因当时流行的小说中，只有《水浒》中英雄个个都有绰号。

不但明清农民起义的一些首领受《水浒》的影响，普遍给自己起上绰号，并且，他们还把自己与水浒英雄的情况对比，起上与水浒英雄一样的绰号。清文秉的《烈皇小识》里有："混天飞、独行狼、混江龙（《水浒》中李俊的绰号）等据芦保山岭，……不沾泥手杀贼首双翅虎(《水浒》上有插翅虎)……高嘉计号险道神（《水浒》中郁保四的绰号）……常安国号托天王（《水浒》中有托塔天王）……刘正国号关索（《水浒》中有病关索）。"

《明季北略》有一篇"群贼推自成为王"，其中说："李自成结九九十八寨响马，内有二十四人为首，各有混名。"与《水浒》人物的绰号相关的有：第三名翻江龙吕佐、第十三名一枝花王千子、第十四名雨里金刚王命、第十九名混天龙马元龙。

其他如明锺惺、王世贞的《明纪会纂》，清吴伟业《绥寇纪略》及《明季北略》等书中，都有"一丈青""混江龙""黑旋风"……及稍加变的从《水浒》来的绰号之类。

通过以上情况，人们会得到一些什么印象呢？总之，《水浒》在广大人民那里发生了普遍而又巨大的影响。它与人民群众的生活紧密结合起来，《水浒》的故事为大家所喜闻乐道。他们扮演《水浒》英雄，把英雄们画在纸牌上，更好事的，则从《水浒》故事附会出种种荒唐然而有趣的传说资料，如武松墓、潘巧云妆楼之类。而其中的急进分子则受了《水浒》的影响而参加革命运动，已经参与了的又以《水浒》为学习资料。明末的农民起义、清代的天地会、太平天国运动、义和团运动等，都或多或少地受到了《水浒》的影响，这都是毫无疑问的（文系节选）。